大清定局

向敬之 著

上海三联书店

图书在版编目（CIP）数据

大清定局 / 向敬之著. —上海：上海三联书店，2021.5
ISBN 978-7-5426-7362-6

Ⅰ. ①大… Ⅱ. ①向… Ⅲ. ①中国历史－清代－通俗读物
Ⅳ. ① K249.09

中国版本图书馆 CIP 数据核字（2021）第 043052 号

大清定局

著　　　者 /	向敬之
责任编辑 /	程　力
特约编辑 /	汤　成
装帧设计 /	鹏飞艺术
监　　制 /	姚　军
出版发行 /	上海三联书店

　　　　　　　　（200030）中国上海市漕溪北路331号A座6楼

邮购电话 /	021-22895540
印　　刷 /	三河市延风印装有限公司
版　　次 /	2021年5月第1版
印　　次 /	2021年5月第1次印刷
开　　本 /	710×1000　1/16
字　　数 /	275千字
印　　张 /	28.5

ISBN 978-7-5426-7362-6/K · 630

定　价：56.80元

目录

引

子

天女误食孕清始祖，
是抄来的虚构

1

古希腊人的想象力是独特而神奇的，不粉饰光明情爱，也不遮掩隐恶假丑，创作出的神话如同史诗一般唯美。

坐镇奥林匹斯山的宙斯，既是众神之王，也是人类之王，拥有无上的权力和力量。但万能的宙斯，以贪花好色著称，除和三任正式妻子外，还同不少女神和凡间女子生过不少子女，这些子女或为监管一方的天界神祇，或为半人半神的人间英雄。

正因如此，不论是希腊神话中宙斯一脉，还是罗马更名不换人的朱庇特一系，都成就了希腊罗马神话的丰富多彩、源远流长。我们从中看到了普罗米修斯之火、斯芬克斯之谜、风神的皮囊、俄狄浦斯的情结、阿喀琉斯之踵、潘多拉的盒子，看到了尤诺对情敌们的怨恨、维纳斯与阿多尼斯的畸恋、阿波罗对雅辛托斯的痴爱，看到了帕里斯燎原的特洛伊战火、众神捉弄奥德赛使其艰难回乡、赫拉克勒斯与狮子搏斗杀死九头蛇、冲洗奥革阿斯牛栏……一切的一切，都是丰裕而美丽的。

中国古代的历史学家们，自司马迁开始，写王朝的正史时，虽然没有读过古希腊罗马神话史诗，却以自己的方式，为封建王朝的君王，尤其是开国帝王，大肆造神。

因为这些帝王，都是天子。

　　胡军版电视剧《朱元璋》中安排，朱元璋登基前夕，李善长们给他造了一个神奇的出生经过，被朱元璋拒绝。朱元璋要写明自己是农民的后代，以此作为帝王术第一招，和天下最多的百姓拉近关系。

　　电视剧设计李善长们替朱元璋造神，还是有史料依据的。《明史·太祖本纪》记载，朱元璋"母陈氏。方娠，梦神授药一丸，置掌中有光，吞之寤，口余香气。及产，红光满室。自是夜数有光起"。

　　中国历代君王，为标榜自己君权神授，是天之骄子，总会安排史官给自己或自己的先祖弄一个神乎其神的起源。如果实在找不到自己的哪一代祖宗作为始祖，就干脆像唐太宗李世民那样，拉来道家老子李耳做始祖。

　　道家之源，始于老子。

　　李唐之祖，肇启李耳。

　　《旧唐书·高宗纪下》说：唐帝室姓李，太宗李世民自认为是老子李耳之后。唐高宗乾封元年，帝至亳州老君庙祭拜，追封老子为太上玄元皇帝。老子绝对想不到，死后1137年，还被一个不知有没有血缘关系的后世之君追封为皇帝。

　　李世民和李治是找名人神化，认作祖宗，毕竟他们家的先人李暠在几百年前创建了西凉国，做过一任太祖皇帝。

　　而汉高祖刘邦和明太祖朱元璋，一个无赖出身，一个做过和尚，祖上都是面朝黄土背朝天的农民，不好神化，就干脆神化自己。

　　司马迁虽然被汉武帝刘彻阉了，但还是要为主子塑造神之后裔的身份，于是安排刘邦的母亲刘媪昏倒在河边，被一黑龙附体，天昏地暗，因而受孕。

　　龙是虚构的，而真正扑在刘媪身上的，应该是一个黑大汉。

　　刘媪要么是被强奸，要么是偷情。

　　太史公为了掩盖刘邦是其母野合所生的杂种，故而让他名义上的老爹刘太公欣然接受，弄了一个见不得阳光的传说："其先刘媪尝息大泽之陂，梦与神遇。是时雷电晦冥，太公往视，则见蛟龙于其上。已而有身，遂产高祖。"（司马迁《史

记·高祖本纪》)

司马迁胆子很大，在神化刘邦时，移花接木地说刘邦不是刘太公的儿子，冠冕堂皇地称刘太公亲眼看见老婆被别人睡了，并且怀了刘邦。果然，这个野种不同于同母的两个哥哥和一个弟弟，但他还算有良心，称帝后，把中国第一顶太上皇的帽子给了真正的养父。

明朝的史官不敢把像刘邦一样嗜杀的朱元璋造神为野种，于是给后世撰写《明史》的史官一些暗示。朱元璋之父朱世珍"生四子，太祖其季也"（《明史·太祖本纪》）。此"季"则是以伯、仲、叔、季作次序，指最小的一个。朱元璋原名朱重八，却是家中的老四（老幺）。朱老四的血统要比刘老三来得正，是朱父的种。朱元璋的神化，靠的是其母受孕后梦食神药。

不论是刘老三汉高祖，还是朱老四明太祖，都有史官给他们造神，都是其母受孕前后被虚无的神仙关照了一回。他们的先辈是否也有神仙之后，那就无从考了。

草莽英雄一旦被神化，就是开天辟地的一代天子。

2

清朝的皇帝，除了像顺治、康熙之类的皇帝被弄了出生异象外，他们的肇源始祖，也被史官们弄了一个神仙之后的身份。

《清史稿·太祖本纪》写清太祖努尔哈赤，第一段的内容是："始祖布库里雍顺，母曰佛库伦，相传感朱果而孕。稍长，定三姓之乱，众奉为贝勒，居长白山东俄漠惠之野俄朵里城，号其部族曰满洲。满洲自此始。"

《清太祖武皇帝实录》卷一交代"满洲远流"，对清始祖布库里雍顺的记录更为详细："满洲原起于长白山之东北布库里山下一泊，名布尔湖里。初，天降三仙女浴于泊，长名恩古伦，次名正古伦，三名佛古伦。浴毕上岸，有神鹊衔一朱果置佛古伦衣上，色甚鲜妍。佛古伦爱之不忍释手，遂啣口中，甫着衣，其果入腹中，即感而成孕。告二姊曰：'吾觉腹重，不能同升，奈何？'二姊曰：'吾等曾服丹药，谅无死理。此乃天意，俟尔身轻上升未晚。'遂别去。佛古伦后生一男，生而能言，倏尔长成。母告子曰：'天生汝，实令汝以定乱国，可往彼处。'将所生缘由一一详说，乃与一舟：'顺水去即其地也。'言讫，忽不见。"这个佛古伦，就是佛库伦。

　　仙女佛库伦三姐妹下凡，在长白山下的布尔湖里池洗澡，没有遇到偷窥偷衣的牛郎，但有一只神鹊衔着一颗朱果，放在佛库伦的衣衫之上。佛库伦上岸，见朱果色泽鲜妍，穿衣时衔在口中，果入腹中，因而受孕，不久产下一个生而能言、体貌奇异的男孩，即布库里雍顺。

　　好一个美丽的神话，成了清前开国神话。

　　好一颗奇异的朱果，成了清朝皇家的种。

　　金庸的《神雕侠侣》也写到了朱果，那是补充能量的红牛。大雕给杨过吃的就是朱果，果然独臂小子抡起独孤求败的钝剑，凌空飞舞，威力生猛。

　　但在史书中，朱果就是大清朝的开族种子。虽然没有强调武力如何如何，但创造的历史更为神奇。

3

　　以朱果作为君王家族的开族种子，并不是清王朝史官们的独创。

　　反而言之，清朝史官以朱果作为清王朝开族之种，是抄来的。

　　《史记·殷本纪》记载：殷商的始祖"殷契，母曰简狄，有娀氏之女，为帝喾次妃。三人行浴，见玄鸟堕其卵，简狄取吞之，因孕生契"。

　　简狄洗澡，吞食了一只燕子生下的一颗蛋，因而受孕，生契。

　　简狄洗澡后吃了玄鸟产下的燕蛋。佛库伦洗澡后吃了神鹊衔来的朱果。有趣的是，雷同的不仅如此，而且史官们给女主人都安排了两个陪浴者。

不过当时，简狄已是有妇之夫，而佛库伦是未婚少女。

契很幸运，出生后就是王子。其父帝喾死后，哥哥帝挚和帝尧先后继位，契长大后，辅佐禹治水有功，帝舜乃命契曰："百姓不亲，五品不训，汝为司徒而敬敷五教，五教在宽。"契教化有功，被侄女婿帝舜封于商，赐姓子氏。

《史记·殷本纪》评价："契兴于唐、虞、大禹之际，功业著于百姓，百姓以平。"

布库里雍顺虽然是仙女之子，但他长大后就被其母佛库伦放养了。布库里雍顺独自驾舟，顺流而下，登岸后碰到三姓家族械斗，争做老大。布库里雍顺以其奇特之貌、天女之子，"定三姓之乱"。

三姓家族握手言和，交手为舆，共同拥戴布库里雍顺为首领，还把最漂亮的女子嫁给他，跟着他在长白山东面俄漠惠之野俄朵里建城开族，号为满洲。

魏源《圣武记·开国龙兴记》引《开国方略》，及王先谦《东华录》等书中记载，万历四十年（1612）十二月，努尔哈赤征讨乌拉部，擒获其贝勒布占泰后，说："我爱新觉罗氏，由上天降生，事事顺天命、循天理，数世以来，远近钦服，从不被辱于人。汝即不知百世以前事，岂十世以来之事亦不知耶？"

努尔哈赤以天女之后自居，向败军之首炫耀自己肩负天命，打他是遵循了天理。

努尔哈赤为了让神话现实化，就以布库里雍顺为开族始祖，到他正好是十代。

清史大家孟森在《清朝前纪》中写道："则雍顺之得姓，及诞自天女，据太祖自言，及其可以质诸邻敌之闻见，不过十世以来之事。从太祖本身而上溯之：二世为显祖，三世为景祖，四世为兴祖，五世为妥罗即脱罗兄弟，六世为董山即充善兄弟，七世为肇祖。再溯其前，不过三世，即满十世之数。是知《实录》'雍顺开国，越数世而后国乱，又遁荒越数世而后传至肇祖，必为悠谬之词。"由元初至明洪武二十五年，"百二十年间，正合三世以来之时限。斡朵里必有始祖，始祖又必在元初。太祖自述雍顺之生，前于肇祖者为三世，则雍顺之即为元初受万户府职者，又无疑矣"。

孟森在《清始祖布库里英雄考》中认为：天女之子布库里雍顺确有其人，本名为布库里英雄。布库里为其诞生之地，真名无从考而被冠以英雄人号。

由此似乎可以推断，布库里雍顺为元初人士，至于是天女未婚而孕所生，还是亲生父母无从考，那都是一个神话般美丽的谜。

毕竟，那神奇的朱果，无论在历史中，还是小说里，都是一种力量的象征。

也就是这个神乎其神、玄乎其玄、有母无父的"天女之子布库里雍顺"，肇启了后金汗国—大清帝国的皇族世系。

天命汗篇——太祖建国

没被尊为祖皇帝的
关键性人物

1

中国历朝历代的开国皇帝，无论是承袭正朔，还是自立建国，差不多都会将先祖追尊为皇帝，以示自己的天命有渊源。

这是胜利者要往自己的脸上贴金，也让先人享受一回后世的荣耀。

这是汉人儒家礼制。

努尔哈赤创立后金，没有推行这种礼遇计划。皇太极称帝后，也只对先人选择性封王。

顺治五年（1648）十一月戊辰，顺治帝于圜丘祀天，以太祖武皇帝配，追尊太祖以上四世：六世祖猛哥帖木儿为肇祖原皇帝，曾祖福满为兴祖直皇帝，祖父觉昌安为景祖翼皇帝，父亲塔克世为显祖宣皇帝。

他们是努尔哈赤的六世祖、曾祖、祖父和父亲，也是顺治皇帝的先人。

顺治帝至太庙跪拜，敬奉册书和宝玺。

奉太祖祭天，四祖入庙，大赦天下。

这不是顺治帝的决定，而是多尔衮的主意。但，顺治按部就班地敬天法祖，还是开心的。虽然即将要将皇叔父摄政王多尔衮晋升为皇父摄政王，非其所愿，然给先人尊庙号、赠谥号，也是顺治帝完成了太祖、太宗未竟的事业。

猛哥帖木儿为努尔哈赤的六世祖，即其曾祖父福满的曾祖父。

在福满上面，还有其父锡宝齐篇古与其祖董山（童仓）。

锡宝齐篇古的生平履历，不见诸历史记载：一是此期女真人的文字已遗失，事迹靠口传；二是锡宝齐篇古并未承袭其父董山（童仓）的建州左卫都督职位，而由其长兄妥罗（脱罗、土老）继承，传至其子脱原保。

锡宝齐篇古的政治作为不突出，而脱罗父子在董山被明廷处死后，主动与明朝搞好关系，不扰边图谋自立，而是积极朝贡马匹和貂皮，不定期朝拜明廷的天皇帝。

《明实录》中对脱罗父子的来贡，有着明确的记载，然而在嘉靖二年（1523）七月，实录中记载的建州左卫首领，换成了章成。而且《明世宗实录》卷四十记载："嘉靖三年六月甲辰，建州左卫女直都督章成等四十七人，入朝贡马，赐缎、绢、衣、靴鞋有差。"

章成之后，建州女真断断续续换了几任首领，传至锡宝齐篇古之子福满，做了建州左卫都督。福满生子六人，各有城池，是为宁古塔贝勒，又为后世所说的六祖。

此六祖之称，不为皇家庙号，而是作为努尔哈赤的六个祖父。他们很团结，又以居住在赫图阿拉的老四觉昌安最有才智，颇具声望，还和明朝辽东总兵李成梁拉上了关系。

李成梁要操控女真各部，奉行朝廷的既定方针"各自雄长，不使归一"（《明英宗实录》卷八十九），于是力挺觉昌安，使之日见壮大，利用他和他的儿子塔克世为向导，不时出兵惩罚称雄不称臣的女真"异端"，却没想到最后成就了觉昌安之孙努尔哈赤的帝王事业。

努尔哈赤起兵反抗，打出的旗号是其祖觉昌安和其父塔克世，死于李成梁伙同图伦城主尼堪外兰制造的一场阴谋。明军之所以对女真豪强加强彼此制约、助长群殴，也是因成化三年（1467）董山挑起的丁亥之变，使明朝的皇帝集群吃一堑长一智，对待辽东日见崛起的女真势力，强化民族歧视和民族分裂政策。

可以多给官职、敕书、彩帛和金银，哪怕是对管辖几百人的头人也给一个

都督的名分。"分其枝，离其势，互令争长仇杀，以贻中国之安！"（《神庙留中奏疏汇要》第 1 卷《兵部类》）

一旦羁縻政策失效，谁冒头，就打谁。

清前的辽东，上演了一场惊心动魄的打地鼠游戏。

董山死于斯。

王杲亡于斯。

清佳努和杨吉努灭于斯。（《清史稿》作"清佳砮""杨吉砮"）

努尔哈赤侥幸躲过明朝的武力镇压，成就了后世子孙的皇帝梦。

多尔衮和顺治帝这一对叔侄，在现实的权力场上明争暗斗，但在追尊先人的意见上还是统一的。他们一同将努尔哈赤的父亲塔克世、祖父觉昌安和曾祖福满抬入太庙祭祀，却跳过了董山、锡宝齐篇古父子，直接将六世祖猛哥帖木儿尊为肇启皇家的源头皇帝。

锡宝齐篇古政治作为不显，不被追尊，无可厚非。有学者认为他是一个虚构人物。

董山（童仓）则不然。他是一个关键性人物。

如果不是董山（童仓）在一场女真内讧中劫后余生，挑起一场著名的"卫印之争"，那么努尔哈赤世系也未必能成为中国历史上最后的皇族。

2

努尔哈赤的六世祖猛哥帖木儿，在纷争的元明之际，聪明地接受明成祖使者的邀请，将部族由朝鲜带回了中国，于永乐四年（1406）成为明帝御封赏赐的建州左卫指挥使。

宣德八年（1433）二月，建州左卫都督佥事猛哥帖木儿再次朝贡，被封为右都督、都指挥佥事，成了大明王朝的正一品武官。

这是明廷对忠诚的猛哥帖木儿"报效朝廷之诚心"的奖励！

与此同时，朝廷命令猛哥帖木儿协助明辽东都指挥佥事裴俊，招抚不受约束、经常扰边的女真豪强杨木答兀。

是年闰八月二十五日，杨木答兀联合七姓野人，率三百余人，突袭驻扎在斡木河畔的猛哥帖木儿与裴俊的招抚团。

一番激战，杨木答兀失利逃走。

招抚团追击，杨木答兀整兵再战。

猛哥帖木儿及其长子权豆被杀，次子董山被掳，兄弟凡察逃脱。

这就是清前女真历史上一起大事件：斡木河之变，又称斡木河之难。

第二年，凡察向宣德帝朝贡。他在明朝的武官序列中有正式的编制，曾被封为建州左卫指挥佥事、都指挥佥事。斡木河之变发生时，他官拜都指挥使。

他大难不死，自然要对宣德帝大肆诉苦。宣德帝对于这位忠于朝廷的酋长，很是感动，于是颁旨，将凡察破格升为建州左卫都督佥事，独掌卫事。

一纸任命状，钦定了凡察为建州左卫首领的位置，也算是兄终弟及。

旧印不知所踪，朝廷颁发新印。

让明廷和凡察都没想到的是，董山也是大难不死，被毛怜卫指挥哈儿秃重金赎回。家园残破，董山投靠叔父，却暗地里与大哥留下的寡嫂结成了利益集团。

正当凡察几度迁徙，不断强大时，董山获得了大多数部众的暗中支持。于是，董山向朝廷报告：建州左卫的旧印在他手中。

他要改变兄终弟及的局面，重新续写子承父业的历史。

一卫二印，叔侄之间互不相让。

董山宣扬"旧印已获"。

凡察坚持"欲留新印"。

新与旧，无非权力之争。

卫印之争，迫使朝廷出面干预："诸司无一卫二印之理，此必尔二人以私意

相争，然朝廷法度，已有定制。"（《明英宗实录》卷七十三）

明英宗下旨："尔凡察仍掌旧印，尔董山护封如旧，协心管事，即将新印遣人进缴，不许虚文延缓，以取罪愆！"

明都指挥李章加等力挺凡察独掌卫事，英宗主张凡察、董山叔侄同署都督佥事，但必须交出新印。英宗命辽东总兵曹义，前往建州左卫调查情况。

曹义回报，民心支持董山，故请新设建州右卫，安置凡察。

董山成了最后的胜利者，于正统七年（1442）二月升为都督同知，掌建州左卫事务。

董山的建州左卫，凡察的建州右卫，以及李满住的建州卫，杂居一起，并无严格行政区划。

李满住娶了董山的寡嫂，董山娶了李满住的女儿，亲上加亲，姻盟一统。李满住日渐衰老，董山势力大振，成为三卫的实际领导人。

董山做大做强，明里暗里叫板明廷，最后在成化三年不敌明军"捣其巢穴，绝其种类"的全面围剿。

明宪宗下达了"种族屠杀令"，董山被迫入京请罪，死于非命。但，他挽回的左卫，留下的基业，为后来努尔哈赤的起事打下了一定的基础。

当初董山若非据印力争，只会导致家族世系衰落，未必有后来努尔哈赤的壮大。然而，这样一个关键性人物，作用不在福满、觉昌安和塔克世之下，却没有被后世追尊为某祖。

3

《礼记·王制度》有云："天子七庙，三昭三穆，与太祖之庙而七。"

七庙，当是四亲（高祖、曾祖、祖、父）庙、二祧（高祖的祖与父）和始祖庙。这是历代帝王敬天法祖、尊奉先人、传递忠孝的精神寄托。

多尔衮以顺治帝的名义，为大清王朝立太庙，除开太祖、太宗，往上选择性追尊四代。

董山未被追尊为祖、奉入太庙，虽是多尔衮和顺治帝的举措，而他们也是遵从太宗遗命。

崇德元年（1636）夏四月，皇太极改元称帝，"始定祀天太牢用熟荐。遣官以建太庙追尊列祖祭告山陵。丙戌，追尊始祖为泽王，高祖为庆王，曾祖为昌王，祖为福王，考谥曰承天广运圣德神功肇纪立极仁孝武皇帝，庙号太祖。"（《清史稿·太宗本纪二》）

皇太极追尊父亲努尔哈赤为太祖武皇帝，同时追尊祖上四世为王。此"四王"各有对应，始祖泽王即猛哥帖木儿，高祖庆王为福满，曾祖昌王为觉昌安，祖父福王为塔克世。

皇太极不将四祖奉为有功之祖，却为后世追尊叙功指明了对象。

《孔子家语·庙制》有云："古者祖有功而宗有德，谓之祖宗者，其庙皆不毁。"董山之功，也算厥伟，但不被重视，为后世空出了一个位置。

这是多尔衮想给自己留，还是以便顺治帝被后世追尊为祖，崇隆入主中原、问鼎燕京之丰功，当是一个历史谜团。

多尔衮很快身败名裂。顺治帝身后果然被康熙帝追尊为世祖，在太庙享有独立的宗庙。此外，康熙帝也被后继之君雍正尊为圣祖。

清宫七庙，清朝七祖。

五大臣是佟佳氏元妃
的家将吗？

1

尤小刚导演、马景涛主演的《太祖秘史》，是讲清太祖努尔哈赤和五个女人的故事，虽然名曰秘史，但大多数人物和事件，都是与历史相符的。

在那火与血的纷争岁月，在那口口相授的蛮荒年代，大情大性的情与爱，多半是一种说不清的情缘和奇缘。

既然是艺术创造，就会有大量的虚构。至于努尔哈赤之所以能在明王朝还算强大的狭缝里，在辽东创建后金，自然与其天纵英才有关联，但开国五大臣也功不可没。

此五人，为额亦都、费英东、何和礼（又作何和理）、安费扬古和扈尔汉。

《清史稿》专门把五人的史传，编成一卷，评价说："国初置五大臣以理政听讼，有征伐则帅师以出，盖实兼将帅之重焉。额亦都归太祖最早，巍然元从，战阀亦最多。费英东尤以忠谠著，历朝褒许，称佐命第一。何和礼、安费扬古、扈尔汉先后奔走，共成筚路蓝缕之烈，积三十年，辅成大业，功施烂然。太祖建号后，诸子皆长且才，故五大臣没而四大贝勒执政。他塔喇希福祖罗屯，传言列五大臣，或初阙员时尝简补欤？草昧传闻，盖不可深考矣。"（《清史稿》卷二百二十五）

五大臣各有优长，助太祖佐理国事，在他们之后才有著名的代善、莽古尔泰、阿敏和皇太极四大贝勒执政。

《太祖秘史》重在讲述努尔哈赤的情事，用清朝开国史串联起来，索性将此五人的出现，一股脑地弄在一起——

他们是努尔哈赤给做上门女婿的佟家庄园的五家将。

他们虽认努尔哈赤为带头大哥、功夫教练，但在努尔哈赤因隐瞒出身而被赶出佟家庄园时，他们选择了继续追随佟家继承人佟佳·清娅，使努尔哈赤成了被妻子赶走、被儿子鄙夷、被兄弟遗弃的孤狼。

电视剧中五兄弟完全是誓死效忠佟佳氏，而对于给他们名与利的大哥的忠诚，似乎显得弱了许多，故而让努尔哈赤敢怒而不敢言。

2

开国五功臣，真是佟佳氏元妃从佟家庄园带给努尔哈赤的吗？

《清史稿》对元妃的介绍很简单："元妃，佟佳氏。归太祖最早。子二：褚英、代善。女一，下嫁何和礼。"但，皇太极时汇编的《满文老档》还是多说了一些，如：其满名为哈哈纳扎青（《太祖秘史》中的"清娅"应该由此而来），她为女真人，冒姓佟（辽东多有佟姓汉人，故女真佟佳是冒姓），努尔哈赤为她家的上门女婿（努尔哈赤并不讳言，明朝官文中也写着"佟努尔哈赤"）。

皇太极继位后，为抬高其生母那拉氏本为侧妃的身份，故而隐匿了佟佳氏元妃的许多事迹，后世之君为了掩盖太祖为赘婿的事实，也希望把这些抹净。但不论怎样掩盖隐匿，佟佳氏作为清太祖元妃的事实还是存在的。若非如此，她给努尔哈赤所生的两个儿子褚英、代善，又怎能先后被立为储君呢？

努尔哈赤对嫡妻佟佳氏是很有感情的。《太祖秘史》对此表现得合乎情理，佟佳氏对努尔哈赤爱得深沉，而努尔哈赤对佟佳氏爱得敬重。二人的情感戏，很容易让人想到前朝朱元璋和马皇后的情事。马氏还是做了十五年皇后，而佟佳氏在努尔哈赤起兵初期［万历二十年（1592）］就病逝了，所以《太祖秘史》

对于佟佳氏作为大妃的故事是虚构的，她没有等到万历四十四年努尔哈赤建国称汗。

虚构的，不止这些。五大臣是真实存在的，但他们追随努尔哈赤，并非出于是佟家家将的缘故。

3

万历十六年，即努尔哈赤起兵第六年，苏完部长索尔果、董鄂部长何和礼、雅尔古部长扈尔汉率三部军民归附努尔哈赤，使其声势大震。努尔哈赤厚待来投之诸部首领，以索尔果之子费英东为一等大臣，将长女许配给何和礼，并收扈尔汉为养子，赐姓觉罗。

费英东、何和礼、扈尔汉与努尔哈赤起兵时的麾下猛将额亦都、安费扬古，并称"五大臣"，成为努尔哈赤政权中的中流砥柱。

额亦都，世居长白山英锷峪，姓钮祜禄氏。他出生于富贵之家，父母遭仇人嫉妒，被杀。他十三岁手刃仇人，逃至身为嘉木瑚寨寨主的姑父家。万历八年，努尔哈赤路过嘉木瑚寨，额亦都"心知非常人"，决定跟努尔哈赤出去闯世界。他说："大丈夫生世间，能以碌碌终乎？"（《清史稿·额亦都传》）额亦都随努尔哈赤征战，未尝遭败绩，每次受到封赏，都分给有功将士，从不独占。努尔哈赤对他非常优厚，先后将自己的族妹、皇四女嫁给他。

费英东，瓜尔佳氏，从小习武，骁勇而精于骑射，十二岁时就能拉开十余石的强弓。戊子年四月，索尔果带领苏完部五百余户归顺努尔哈赤。努尔哈赤见年轻的费英东英气逼人，十分喜爱。

何和礼，董鄂氏。万历十四年，何和礼成为董鄂部贝勒。当时，努尔哈赤已统一建州大部，与董鄂部有争战。董鄂部素强，兵马精壮，努尔哈赤一心想将其招纳。何和礼知努尔哈赤乃枭雄，与之接触，感知其雄才大略，礼贤下士，将来必为英主。何和礼力排众议，率领本部军民万余人马投奔，使努尔哈赤实力陡然大增。何有妻室，努尔哈赤复以十一岁的长女东果格格嫁之，何妻不干，武力相向，努尔哈赤力劝之，可见对何和礼的重视。

安费扬古，觉尔察氏，世居瑚济寨。万历十一年，努尔哈赤起兵，安费扬古便同父亲完布禄参与，追杀尼堪外兰。安费扬古英勇善战，屡立战功，强调以智取胜，很有军事思想。

扈尔汉，佟佳氏，世居雅尔古寨，从其父扈喇虎归顺建州。努尔哈赤收为养子，赐号觉罗氏。《清史稿·扈尔汉》记载："扈尔汉感太祖抚育恩，誓效死，战辄为前锋。"

五大臣追随努尔哈赤，前后不一。《清史稿·太祖本纪》对此有记载：

"太祖既归，有甲十三。五城族人龙敦等忌之，以畏明为辞，屡谋侵害，遣人中夜狙击，侍卫帕海死焉。额亦都、安费扬古备御甚谨。"万历十一年，努尔哈赤凭借父祖遗产十三副铠甲筹备起兵，额亦都、安费扬古就是左右护卫。

"戊子夏四月，哈达贝勒扈尔干以女来归，苏完部索尔果率其子费英东等、雅尔古寨扈拉虎率子扈尔汉、董鄂部何和礼俱率所部来归，皆厚抚之。"费英东、扈尔汉和何和礼来归，这已是万历十六年的事情了。在此之前，努尔哈赤万历十四年已经剿灭了尼堪外兰，所以也就没有五虎随征尼堪外兰一说了。

费英东、何和礼及扈尔汉是部落首领或首领之子，自然就不会是努尔哈赤做上门女婿的佟家庄园的家将了。

而额亦都、何和礼为努尔哈赤的女婿，扈尔汉为努尔哈赤的养子，又怎么会有五大臣与努尔哈赤结义为兄弟之事呢？当然，结义兄弟娶侄女，并非乱伦，也有发生。五大臣与努尔哈赤结义，并不见史料。而且，让实力强大的努尔哈赤重认以弱势投奔的养子扈尔汉为兄弟，他不会干，扈尔汉也不敢。

4

努尔哈赤为了扩充自己的势力，笼络五大臣的手段也很高明。他不惜以幼小的嫡女，以婚配的形式拉拢何和礼，就是一个经典的案例。

努尔哈赤妻妾成群，子女成群，但最爱的莫过于元妃佟佳氏及其所生的两男一女。

何以见得？

关于佟佳氏留下的史料不多，而且她年纪轻轻便病逝，甚至留下了努尔哈赤入赘的证据（有明朝文献记述努尔哈赤曾姓佟，夫随妻姓）。

上门女婿努尔哈赤并未以此为耻，而是甚为珍视佟佳氏的儿女。他们是嫡子嫡女。

努尔哈赤又先后续娶堪称贤内助的富察氏衮代、视作爱妻的叶赫那拉氏孟古和风姿绰约的乌拉那拉氏阿巴亥为大妃，将他们的儿子封为贝勒，列入共治国政的八和硕贝勒之列，然其正式指定的接班人，只有佟佳氏所生的长子褚英、次子代善。

努尔哈赤将阴谋篡位的褚英处死后，哪怕代善两次与继母发生不伦之恋被揭发，努尔哈赤仍是寡情地将大妃休弃，而不严惩元妃幸存的爱子。

女人如衣服，儿子是宝贝。

此中缘故，努尔哈赤曾在代善虐待前妻所生二子案发后说："你也是前妻所生的儿子，何不想想我不是对你更亲近吗？"

《旧满洲档·昃字档》记载：代善"先前袭父之国，故曾立为太子，现废除太子，将其专主之僚友、部众，尽行夺取"，但努尔哈赤还是保留了代善位高权重的大贝勒之位，让他继续做两红旗的共主。

努尔哈赤对前妻所生二子如此，对她所生的女儿也尽情地发挥最大作用。

努尔哈赤的长女，即东果格格，是诸子女中的老大。

东果格格生于明万历六年二月二十二日，当时努尔哈赤还不到二十岁，正在佟佳氏元妃家做入赘姑爷。

十一年后，努尔哈赤却让东果嫁给董鄂部长何和礼。

东果十一岁，何和礼已二十八岁，只比岳父努尔哈赤小两岁。

部落之间的政治联姻，是不讲究年龄和辈分的，当然也不会是因为爱情。

努尔哈赤起兵前，女真分建州、海西、东海和长白山四大部。建州女真又分苏克苏浒河部、哲陈部、浑河部、董鄂部、完颜部等。尽管都是建州本部的小部，然努尔哈赤所在的苏克苏浒河部与何和礼所在的董鄂部宿怨日久，多次相互攻伐。

他们互为部落敌人，也是竞争对手。

万历十二年九月，也就是努尔哈赤起兵的第二年，努尔哈赤率兵五百大败董鄂齐吉答城主阿海巴颜后，中途袭击董鄂部另一座瓮郭落城，结果差点丢了性命。

守城二将，一个叫鄂尔果尼，一个叫罗科，都是射箭高手，先后射中努尔哈赤的脑袋。前者射得努尔哈赤"流血至足"，后者的成绩是"血肉并落""血涌如注"。（《清太祖高皇帝实录》卷一，甲申秋九月甲戌）最后伤愈破城的努尔哈赤，没有按群臣的建议对二位凶手处以乱箭穿胸酷刑，而是授职牛录额真统辖三百人。

这样的彰显大度、以德报怨，打动了董鄂部新任首领何和礼。

对于何和礼，努尔哈赤仰慕已久。董鄂部兵强马壮，是建州的劲旅。可惜各城主各自为战，弄得前任首领、也就是何和礼的兄长屯珠鲁巴颜约束不住。阿海巴颜就是一个典型，曾不听劝阻，谋划着与努尔哈赤抢夺地盘。

瓮郭落城破后，屯珠鲁巴颜变得消极了，最后让位给了弟弟何和礼。

何和礼领导善战的董鄂部，努尔哈赤极力拉拢。为了表示最大的真诚，努尔哈赤将尚是少女的长女东果许配给他做老婆。

何和礼已娶妻，妻子泼辣彪悍。当她听说被请去哈达喝迎亲喜酒的何和礼，做了努尔哈赤女儿的新郎，勃然大怒，立即率领本部人马前往问罪。

何和礼娶妻心虚。努尔哈赤为了彻底收服何和礼和董鄂部，于是撇下新婚的侧室，去迎接女婿的发妻。

何和礼的发妻被努尔哈赤说服了，但此一闹，也将自己正妻的位置让给了新来的东果。

这还不打紧，等努尔哈赤与何和礼的关系更为融洽，何和礼成为著名五大臣之后，努尔哈赤家族开始不待见这位被迫让位的何氏原配了。

努尔哈赤次子代善的六世孙昭梿公然在《啸亭杂录》卷二《何温顺公》中说：何和礼的前妻冲冠一怒，被太祖说服罢兵归降，但何和礼世系"今袭世爵者，皆系公主所出，其前夫人所生者，不许列名。普通话呼为'厄吓妈妈'，盖讥其鲜德让之风也"。

这个"公主"，即东果格格，康熙五十五年追谥端庄，即为固伦端庄公主。后世又称其为东果公主。

东果在顺治九年（1652）七月以七十五岁高龄而逝，但她却是一个典型的皇家牺牲品。

努尔哈赤主动牺牲元妃所生的长女，也是对何和礼寄予重望、赋予重任。

对此，清室毒舌昭梿有话要说。

他不怕给努尔哈赤最初起兵揭短，说他重整旧部的兵力严重不足，而董鄂部长何和礼"兵马精壮，雄长一方"（昭梿《啸亭杂录》卷二《何温顺公》）。因而，努尔哈赤盛情邀请，敬如上宾，"以公主妻之"，就是要借助他强大的兵力。

果然，做了努尔哈赤姑爷的何和礼，"乃率众归降，兵马五万余，我国赖以缔造"，尤其是在"萨尔浒之役，卒以败明师者，皆公兵马之力也"。

努尔哈赤有雄心壮志，但起兵时，除了父祖遗留的十三副盔甲，就是包括安布禄、安费扬古父子在内的几十个人，后来随着额亦都的加盟，逐渐壮大，但仍势单力薄。

何和礼率部加盟，带来了五万多人马，夯实了努尔哈赤逐鹿辽东的基础。

所以，努尔哈赤的赏识，东果格格的下嫁，激励着何和礼屡建殊功，总管正红旗兵力，与旗主贝勒兼小舅子代善和衷共济，为努尔哈赤的统一女真大业倾情倾力。

拥有强大军事力量的何和礼不称霸，最后成就了努尔哈赤的雄才大略。

这样的联姻，就是一种联盟的手段。

努尔哈赤不但将长女嫁给了何和礼，而且将代善之女指婚给何和礼的儿子，使得这样的联姻更加牢靠。

姻盟就是利益绑架。

努尔哈赤险些命丧
两大神箭手之手

1

万历十一年（1583），明辽东总兵李成梁决意发兵灭了建州女真豪强王杲部落。结果一番乱战，作为明军向导的王杲亲家觉昌安、女婿塔克世，死于非命。

他们死于明军刀下，也有可能死于阴谋！

李成梁仆从、塔克世长子努尔哈赤，闻祖、父噩耗，赶紧逃脱，凭借"遗甲十三副"聚众复仇。他不敢向能征惯战的李成梁挑战，只好透过于建州左卫图伦城主尼堪外兰："杀我祖父者，实尼康外郎唆使之也，但执此人与我，即甘心焉。"（《清太祖武皇帝实录》卷一）尼康外郎，即尼堪外兰。

他起兵于何地，清朝官方文献不载。《清太祖武皇帝实录》（后来《清太祖高皇帝实录》的底本）卷一记载："太祖欲报祖父之仇，止有遗甲十三副，遂结诺米纳，共起兵攻尼康外郎，时癸未岁夏五月也，太祖年二十五矣。"《清太祖高皇帝实录》卷一则云："上思复祖父仇，以显祖遗甲十三副，谋伐尼堪外兰。时年二十有五。夏五月壬午朔，上起兵征尼堪外兰。"今人孙诚、傅波、张德玉主编的《建州女真遗迹考察纪实》中指出，努尔哈赤起兵于波勒密山城（参见李治亭《微言集·建州女真史研究的重要成果》）。

努尔哈赤连续攻击李成梁扶持的尼堪外兰，使之不断逃亡，又以建州左卫枝部酋长、明都指挥使觉昌安后人的身份，派人向明朝廷喊冤。

他不愿重返李成梁的护卫队，而要留在老家图谋自立，最后得到了敕书三十道、良马三十匹，以及正式颁发的都督敕书。他不满足于此，还死皮赖脸地向万历帝讨来了一份龙虎将军的封号。

龙虎将军，为武官二品散阶。据《明史·职官志》记载：武官六品，勋阶十二等，散阶三十等，散阶内，"正二品，初授骠骑将军，升授金吾将军，加授龙虎将军"。而都督为正一品，高了明朝在辽东最高军政长官——辽东总兵——两个品阶。

蒋良骐在《东华录》卷一中将觉昌安、塔克世之死，与努尔哈赤向明朝讨说法，以及明廷对他的政治安慰，笼统罗列如下：

"癸未年（明万历十一年），满洲苏克苏浒河部图伦城有尼堪外兰者，阴构明宁远伯李成梁遣辽阳副将攻克沙济城，杀城主阿亥章京，复合兵攻古勒城，城主阿太章京妻，乃礼敦巴图鲁之女。景祖闻警，恐女孙被陷，偕显祖往救，先后入城，欲携女孙归，阿太章京不肯。成梁攻城不克，尼堪外兰请往招抚，绐城中人以能杀阿太章京来降者，即命为城主。城中人信之，遂杀阿太章京以降。成梁诱城中人出，尽屠之，并害二祖。太祖闻之大恸，诘明边吏。明归我二祖丧，与敕三十道，马三十匹，封龙虎将军，复给都督敕书。"

景祖即觉昌安，显祖为塔克世，这是顺治五年十一月"戊辰，祀天于圜丘，以太祖武皇帝配。追尊太祖以上四世"（《清史稿·世祖本纪一》）所进行的追尊。

值得注意的是，蒋氏记载努尔哈赤受封龙虎将军的时间点有误。

努尔哈赤重整旧部、起兵叫嚣时，虽有弟弟舒尔哈齐和悍将安费扬古、额亦都等人的帮衬，但他只聚众数十人，不足以与拥兵百万的明朝大皇帝叫板。

所以，他"年年向帝叩拜"（王在晋《三朝辽事实录·总略·建州》），老实称臣，多番进贡，送还人口，乞讨职衔，于万历二十年八月丁酉，"建州等卫都督等努儿哈赤等进上番文，乞讨金顶大帽服色及龙虎将军职衔。下所司议行"（《明神宗实录》内阁文库本卷二十），但直至二十三年才被获准。

　　为了得到这一份职衔高过辽东总兵的政治护身符，努尔哈赤煞费苦心，四处征讨，还差点丢了性命。

　　事情发生在万历十二年九月。

2

　　努尔哈赤刚拿下苏克苏浒城不久，又率兵五百，南下进攻董鄂部齐吉答城。城主阿海巴颜只有四百部众，于是向董鄂部长屯珠鲁巴颜求援。

　　狂风暴雪，援兵受阻。

　　努尔哈赤围攻齐吉答城，纵火焚烧城楼及村庄庐舍，浓烟大起。

　　努尔哈赤佯作退兵，阿海巴颜开始懈怠。殊不料努尔哈赤亲率十二名勇士，趁浓烟杀入城中，突发起兵，斩杀四人，获甲二副。

　　这份斩获，于当时部落械斗而言，也是一份胜利。

　　在班师途中，努尔哈赤遇到建州女真完颜王甲部首领孙扎秦光滚前来拜谒。

　　孙扎秦光滚说："董鄂部瓮郭落城，与我有仇，曾将我擒获。今向贝勒您求助，请发一支劲旅帮我复仇。现在您已兴兵至此，不妨趁势出击，勘定一方。"

　　努尔哈赤怀握统一女真的雄心壮志，早已定下远交近攻、联大征小、联合征剿、分别征抚的战略。王甲部长不请自来，所提出的要求正好符合努尔哈赤的战略意图。

　　于是，努尔哈赤欣然答应，一夜急行军，来到瓮郭落城下。

　　怎知，孙扎秦光滚兄长之子戴度墨尔根一直想做王甲老大，故暗中派人赶在努尔哈赤的前面给瓮郭落城送信。结果，瓮郭落城有了准备，收兵入城，固守坚城。

　　戴度墨尔根对努尔哈赤并无好感。他甚至想借机灭了努尔哈赤。

　　戴度墨尔根的套中计险些得逞。

努尔哈赤差点命丧瓮郭落城下。

不谙内情的努尔哈赤，再次玩火攻，却没料到准备充分的对方守将鄂尔果尼箭术不凡，对着站在屋顶向城中射箭的努尔哈赤回报一箭。

一箭中的。

鄂尔果尼的箭，贯穿努尔哈赤头盔，"伤入指许"（《清太祖高皇帝实录》卷一，甲申秋九月甲戌）。

年轻就是好。二十六岁的努尔哈赤忍痛拔箭，借着烟雾空隙，对着跑动的鄂尔果尼回射，贯穿其大腿，使之应弦而倒。

而努尔哈赤呢？"流血至足"，但还是继续鏖战，颇有英雄气概。

3

孰料，城中又飞来一箭，射中他的颈部，不仅贯穿护颈的锁子甲，还"訇然有声"。

剧痛无比，努尔哈赤伸手拔箭。没想到箭头如钩，扯出"血肉并落""血涌如注"。

努尔哈赤危在旦夕，踉跄欲倒。部下赶紧上前扶主，结果被他制止。

努尔哈赤说："你们莫来，莫让敌人看到我的惨况，让我慢慢下去。"

他一手扪住创口，一手拄弓而下。

下去后，他才让二人扶掖而行，没走几步就昏倒了，吓得诸将皆大惊，相互怨咎。

这一箭是瓮郭落城另一名守将罗科射的。

关于努尔哈赤的伤势，《清太祖高皇帝实录》卷一中写道："少苏，裹创，迷而复苏者数四，苏辄饮水。凡一昼夜，血犹不止。裹创厚寸余，至次日未时，血始止。"《皇清开国事略》卷一所记，稍有详略之异，即少了何时止血之事。

这是努尔哈赤第一次身受重伤，且是致命伤，伤到只能"弃垂下之城而还"。

大难不死的努尔哈赤伤愈后重整旗鼓，一举拿下瓮郭落城，擒获了曾差点要了他性命的鄂尔果尼和罗科。

诸将请求杀了这二人，努尔哈赤却情深意长地说：

"两敌交锋，志在取胜。彼为其主乃射我，今为我用，不又将为我射敌耶？如此勇敢之人，若临阵死于锋镝，犹将惜之，奈何以射我故而杀之乎！"（《清太祖高皇帝实录》卷一，甲申九月甲戌）

努尔哈赤不但没有杀掉他们，还命他们做牛录额真，统辖三百人。

清人之所以不避巨细、声情并茂地在官修正史中记载此事，目的在彰显努尔哈赤的襟怀大度、不计小怨，才能广聚人才，成就其开创后金之伟业。

虽然这两人最终没有成为清初名将，甚至不知所踪，但努尔哈赤对他们的释义与重用，却在两年后赢得了董鄂部新任首领何和礼的率部来降。

何和礼归附太祖，屡立战功，位在五大臣之列。后来，太宗追封其为三等公，世祖追谥其为温顺，勒石记功，名垂青史。

昭梿在《啸亭杂录》卷二中高度赞赏怕老婆的"何温顺公"归来巨功：

"高皇初起兵时，满洲军士尚寡，时董鄂温顺公讳何和理者，为珲春部长，兵马精壮，雄长一方。上欲藉其军力，乃延置至兴京，款以宾礼，而以公主妻之。公乃率众归降，兵马五万余，我国赖以缔造。萨尔浒之役，卒以败明师者，皆公兵马之力也。"

再回到鄂尔果尼、罗科箭射努尔哈赤一事上来，倘若他们力道更足一些、箭锋更猛一些、分寸更准一些，努尔哈赤难免提前呜呼哀哉，哪有什么天命年号，那么后金就不可能出现了，更遑论后来的大清王朝了。

古勒山之战：努尔哈赤靠什么
打赢九部联军？

1

自明万历十一年（1583）五月，二十五岁的努尔哈赤凭借遗甲十三副、部众几十人，为死于兵乱和阴谋的父祖复仇，率部攻打建州左卫图伦城主尼堪外兰起，到建立后金政权后，于天命十一年（1626）四月，努尔哈赤又亲率大军征蒙古喀尔喀，获其牲畜无数，历时四十三年之久。

努尔哈赤的一生，主要是四处征战。

虽然起兵之前，作为明辽东总兵李成梁侍从的他，也亲历过多场明军攻伐女真部落的战争。

而发生在万历二十一年九月的古勒山之战，无疑是努尔哈赤统一女真的铁血征程上的第一次大规模战争。

虽然在起兵的第二年，努尔哈赤在纵火攻击董鄂部瓮郭落城时，被城中守将两次射中脑袋，流血至足，血肉并落，血涌如注，险些丢了性命，然两军势力相较，努尔哈赤还是占了上风。

但在古勒山之战中，努尔哈赤所面对的是海西女真最强的叶赫部所领导的九部联军，足足有三万人马，努尔哈赤兵力却不满一万，明显寡不敌众。

虽然努尔哈赤有弟弟舒尔哈齐及额亦都、费英东、何和礼、扈尔汉、安费扬古等能征惯战的名将冲锋陷阵，但对方是九部贝勒领军来攻。

欲置努尔哈赤于死地的，是哪九部贝勒？

　　叶赫贝勒布寨、纳林布禄，乌拉贝勒满泰及其弟弟布占泰，哈达贝勒孟格布禄，辉发贝勒拜音达里。这是海西女真四部贝勒。他们都是人多势强的传统大部，都是努尔哈赤所率建州女真的强敌。

　　此外，他们还找来了锡伯部、卦尔察部和长白山的朱舍里部、讷殷部，还邀来了蒙古科尔沁部贝勒翁阿代、明安、莽古斯率部参战。

　　重兵来袭。

　　他们是要对努尔哈赤进行灭门诛族！

　　其实，努尔哈赤与叶赫贝勒是姻亲关系。他娶了纳林布禄的妹妹孟古哲哲。

　　万历十六年九月，十四岁的孟古在兄长纳林布禄的护送下来到费阿拉城。努尔哈赤率众出城相迎，杀牛宰羊，大宴成婚。

　　谁料纳林布禄却对多次陷入逆境而崛起的英雄妹夫努尔哈赤动起了另外的心眼：他要收服努尔哈赤，他想吞并建州女真。

　　万历十九年，纳林布禄派人来到建州，索要额尔敏、扎库木地区，并迫令努尔哈赤归顺叶赫。

　　不久，叶赫同哈达、辉发会议密商后，联合遣使来建州，对努尔哈赤进行威胁。

　　叶赫的阴谋，遭到了努尔哈赤的一次次严厉斥责。

　　叶赫恼羞成怒，兴兵来伐。

　　就在十一个月前，孟古给努尔哈赤生下了第八子皇太极，但她的亲哥哥却要让她成为寡妇。

　　三万来敌，分兵三路，来势汹汹，卷天席地，杀向努尔哈赤所在的费阿拉。

　　侦探兀里堪星夜回报，敌国大军将至：敌军驻扎在浑河北岸，炉灶里的火密如星辰。他们吃完了饭，半夜行军，翻山而来。

　　情势紧急。

　　努尔哈赤竟然说："我兵昏夜出，恐惊国人，传语诸将，待旦日出兵。"（《清太祖高皇帝实录》卷二）旦日，就是天明。努尔哈赤要光明正大地交战，而不进行连夜偷袭战。

说完，他上床就寝，酣然入睡。

数倍于己的强敌来犯，可能是灭顶之灾。

作为一军统帅，努尔哈赤还上床睡觉，着实胆大，大得吓坏了继福晋富察氏。

富察氏问道："九部兵马来攻，你还酣睡，是乱了方寸昏昧不已，还是畏惧强敌不知所措？"

努尔哈赤镇定自若地回答："如果畏敌者，必然不敢安枕入睡。我不畏他强敌来犯，所以能熟睡。日前，我听到叶赫等九部联军分三路来犯，没有确定什么时候抵达，还有点挂念。现在好了，他们既然来了，我也就能放心应战了！"

努尔哈赤继续说："吾若有负于叶赫，天必厌之，安得不惧？今我顺天命，安疆土，彼不我悦，纠合九国之兵，以戕害无咎之人，天必不佑也！"

好一副正义应战、正气凛然的样子！

努尔哈赤要先占天时。叶赫兴不义之师来攻，妄图用武力征服他，这是原始的杀戮，有违天命。

他是本土作战，又占了地利。

敌军长途奔袭，而建州以逸待劳，更是一种人和的表现。

面对敌强我弱、敌众我寡的两军阵势，作为统帅的他，必须镇定全军，激励部众一鼓作气，打赢这一场坚拒强敌的正义之战。

双方战于古勒山。

果不其然，努尔哈赤沉着指挥，集中兵力，攻其主力，大败九部联军。

这一场大战，努尔哈赤率领建州女真大军，斩首级四千，获战马三千匹、铠胄千副，还阵斩了带头大哥布寨，生擒了统兵最多的布占泰，改变了建州女真与海西女真的军事格局，从而为其统一女真奠定了基础："破九部三万之众，自此军威大震，远迩慑服矣。"（《清太祖高皇帝实录》卷二）

2

能打赢九部联军来攻的这一场大战，不是由努尔哈赤敢在决战前夜熟睡而决定的。

但是，努尔哈赤不畏强敌，表现出了勇敢沉着、工于计略的军事家风范！

强敌是要彻底毁灭努尔哈赤的，他们绝不会不攻自退。

一场原始的杀戮，已经拉开帷幕。

一场大规模的血战，在所难免。

睡了一晚的努尔哈赤吃完早饭，率诸贝勒、大臣至堂子行礼。这是满人奉行萨满教的一种祭祀社稷的仪式。

堂子祭祀，君王御祭，序礼繁严，为有清一代奉为皇宫大内最神圣的宗教盛典，由创建者努尔哈赤肇始。

《皇朝通志》卷三十七《礼略二》中记载："太祖高皇帝建国之初，有谒拜堂子之礼。凡每岁元旦及日朔，国有大事，则为祈为报，皆恭诣堂子行礼，大出入必告，出征凯旋则列纛而告，典至重也。"

努尔哈赤郑重其事，以后历代皇帝承袭下去，每年新春的第一件大事就是至堂子行礼。

堂子行礼毕，努尔哈赤再告祭天地神祇，声明他保境安民的本分，与叶赫本无冤无仇，哪知叶赫长期构怨，今又纠集其他八部落来侵犯无辜，希望天神鉴证。

他乞求神灵护佑。神乎其神，虔诚一时。

他虽然说得很无辜，但他自起兵至今，也是四处征讨，不停扩张，此次也是率兵东进，威胁了叶赫扩张的利益。

努尔哈赤一副无辜的样子，继续请求神力的帮助："愿敌人垂首，我军奋扬，

人不遗鞭，马无颠踬，惟祈默佑，助我戎行。"（《清太祖高皇帝实录》卷二）

乞求神灵拜菩萨，这是即将开打前进行的心理战。努尔哈赤如此，想必布寨、纳林布禄们也少不了这个鼓舞士气、激励斗志的环节。

这不是古希腊神话里的战争，众神之王宙斯的天平决定不了努尔哈赤与九部联军的孰是孰非、谁输谁赢。

一切都在于排兵布阵、如何攻守。

由于努尔哈赤是最后的胜利者，所以史官们记载得很详细，当然也少不了有利于自己政治需要的修改。

努尔哈赤的保卫战，就这样开始了——

努尔哈赤引兵至拖克索地（田庄）集结，然后站在渡口上发布保卫宣言：

"尽解尔蔽手，去尔护项，或项臂伤，亦惟天命，不然身行拘絷，难以奋击，我兵轻便，破敌必矣。"（《清太祖高皇帝圣训》卷一）

本土作战，轻装上阵，奋勇杀敌。

当然，他会对全体将士说，他们肩负着天命，一定能克敌制胜。所谓的天命，不过是后世以其年号做的精心修改。

战争不会因为天命而偏袒哪一方，只有最后的胜利者仿佛印证了这场战争的生死攸关。

《孙子兵法·军形篇》云："古之所谓善战者，胜于易胜者也。故善战者之胜也，无智名，无勇功，故其战胜不忒。不忒者，其所措胜，胜已败者也。"善于打仗的人，总是取胜于容易战胜的敌人。他们打了胜仗，没有令人惊奇之处，也没有料敌制胜的名声和勇武威猛的战功。他们获取战争胜利而不出任何差错；其所以不出差错，是由于他们所采取的制胜措施都是建立在必胜的基础之上，是战胜那早已处于失败地位的敌人。

努尔哈赤发兵扎喀之野，得到探马回报：敌军上午围攻扎喀城，因为不能攻克，就退兵攻打黑济格城了。

众将歇了一口气，哪知探子接着说：敌军甚多，怎么办？

这又让众将"闻之色变"（《清太祖高皇帝实录》卷二）。三万联军压境，着实让建州将士们的信心严重不足。

这时，扎喀城里来了一个叫郎塔里的人。他问道："贝勒在哪里，我们到底有多少人？"

郎塔里要找努尔哈赤。

兵力多少，这是军事机密。众将不好说，于是郎塔里爬上山头去观察。

很快，郎塔里回来了。他找到努尔哈赤说："不要以为敌人很多，我军也不少啊！过去我们偷袭明军，他们漫山遍野，而我们仅两三百人，尚能获胜。现在，我们的士兵，个个骁勇善战，一定能够打败敌军。如不胜，吾甘军法！"

就是这样一位小兵士的军前豪言，居然稳定了军心，提振了士气："众闻言心始安！"

虽然他后来没有崭露头角，但清室皇家修史，却对他这个小人物唯一的一次出场，给予了浓墨重彩的一笔。他也算是永垂清史了。

3

既然同九部联军的一战不可避免，已下决心应战的努尔哈赤，不断派出暗哨密探，前去侦察联军的动向。

毕竟是强敌入侵，努尔哈赤和他的部众也是第一次经历这样大规模的战争。

努尔哈赤做最后的动员工作：如果敌人退军，我们趁机夜袭，否则就准备白天接战。

他做了特别提醒，要大家注意敌军运输粮草堆积营垒。

联军是客场作战，不论他们运来了多少粮草，一旦失火或被纵火，他们都会粮绝草尽，必然不攻自退。努尔哈赤擅长火攻，他在起兵之初攻打董鄂部的几座城池时，都是先玩火袭扰，再趁烟而入。

果然，侦察兵回报，努尔哈赤的猜测是准确的。

于是，努尔哈赤安营扎寨，准备正式开战。

让他没想到的是，当晚，有一个叶赫士兵前来投降。

降卒主动说，叶赫贝勒布寨、纳林布禄统兵万人，哈达贝勒孟格布禄、乌拉贝勒布占泰、辉发贝勒拜音达里统兵合计亦有万人，蒙古科尔沁贝勒翁阿代、莽古斯、明安及锡伯、卦尔察等部的总兵力也有一万人。总共达三万之多。

敌军三万人马？而自己不足一万。

部分将士又是闻之色变。

值得注意的是，那个降卒，是真心来降，还是受命来恐吓，当存疑了。联军既然人多势强，他为何还偷偷来降？他必然肩负了特殊使命。

他并没有说联军的进攻路线，只是讲他们的人马众多。古人作战，在兵马数量上，并非军事机密，甚至大张旗鼓地搞，并夸大其词地号称战术。

毕竟叶赫的布寨和纳林布禄先前向努尔哈赤索地索降时，也是玩足了威胁把戏。努尔哈赤的军队虽人少，但因连年扩张，作战经验丰富。如果真的打起来，必然会使联军，尤其是挑起战端的叶赫军吃亏。

要么两败俱伤，要么大亏血本。

都只有这一点家底，谁都不想折在古勒山下。

努尔哈赤也不想折在此战，但不战不行，不战他就要身首异处，家亡族灭。

虽然他是纳林布禄之父、叶赫前贝勒杨吉努相中的女婿，和大舅哥纳林布禄也有过把酒言欢的时刻；虽然杨吉努和布寨的父亲清佳努都是明军总兵李成梁弄死的，但在利益面前，叶赫却视努尔哈赤为死敌，而在反抗明军不敌的情况下奉李成梁为恩主。

面对这样不时波动的士气，努尔哈赤赶紧厉声说："你们莫忧虑，我不会命令你们进行疲劳死战。"

他要保证自己好不容易积攒起来的有效兵力，不被众多的敌人拖死。

他给将士们分析敌军情势，布置战斗任务和御敌技巧：

一、在各险要关隘设伏，诱敌深入，集中优势兵力对其聚而歼之，给他们迎头一击。

二、如果敌军不中圈套，那么就摆开四面出击的阵势，但要徐徐推进，分路袭击。敌人的兵力虽然很多，但他们来自九个部落，领导多，不统一，貌合神离，拼凑起来的三万将士没有主心骨，没有凝聚力，不过是乌合之众。如果打起仗来，势必都观望不前。

三、真正积极上前督战的，也不过是那几个挑起战乱的贝勒。只要我们以逸待劳，先伤他们一两个，余敌必然溃散。

努尔哈赤说："我军兵力虽少，但只要大家奋力一战，胜利一定是属于我们的!"

4

在古勒山之战正式交锋前，努尔哈赤对九部联军内部情形是了如指掌的。

叶赫贝勒纳林布禄自恃强大，多次向努尔哈赤提出过分要求被拒后，恼羞成怒，故采取武力手段来夺取妹夫的地盘。他不顾妹妹孟古给努尔哈赤生下的皇太极还不到一岁，就兴兵来伐，无疑是为了利益无视亲情，不怕多了孤儿寡母。

乌拉贝勒布占泰是被迫加盟的。他垂涎女真第一美女——叶赫老女（即电视剧《太祖秘史》中的东哥、叶赫贝勒布寨的妹妹）——的美色。布寨、纳林布禄以许婚为条件，布占泰必须统兵加入攻打建州的联军。而乌拉的一号首长满泰也想瓜分建州的土地、人口、牲畜和财物，自然愿意派兵助战。

哈达贝勒孟格布禄本为哈达汗王王台之子。王台死后，内讧不休，长子扈尔干夺位成功，但很快去世，由十九岁的孟格布禄袭职为龙虎将军、左都督，而哈达部众却不服其管束。王台的私生子康古鲁在叶赫支持下，率军赶回哈达争夺汗位。哈达内乱，分成三股势力，即康古鲁、孟格布禄及扈尔干之子岱善。叶赫引兵乘乱而入，剑指孟格布禄、岱善二人。明廷为了稳定哈达局面，派总兵李成梁将叶赫贝勒清佳努、杨吉努兄弟诱杀于开原中固城关帝庙，并命叶赫部受孟格布禄约束。后来，孟格布禄借叶赫之手杀了岱善，与叶赫关系改善。但他与布寨、纳林布禄毕竟有间接的杀父之仇。

其他女真部落首领和蒙古部落首领率军参战，都想在合围努尔哈赤中分一杯利益之羹：一、努尔哈赤势力坐大，联手灭掉他可以减少一份威胁；二、努尔哈赤近十年东征西讨养肥了自己，合围一旦成功，正好瓜分他的土地、奴隶、牲口和财货。

各有各的侵略想法，各有各的利益需要。

他们都是应叶赫邀请而至，但他们相互并无统一指挥、合力攻守的约定。

九龙治水，不司其职。

这给了努尔哈赤机会：一军抗敌，集中全力。

努尔哈赤至古勒山指挥作战，在联军没有攻克的黑济格城对面据险结阵，命令各旗贝勒、大臣整兵待战。

决战开始了。

额亦都作为先锋，率兵百人挑战。

叶赫兵停止攻城，引兵来战，结果被额亦都率部迎击，斩杀九人，大败之。

叶赫贝勒布寨、金台石及科尔沁三贝勒并力合攻。

布寨一马当先，没想到快马触木而倒，被努尔哈赤手下一个名叫吴谈的步卒快步向前，坐在他的身上将其刺杀。

主帅被杀，联军大乱。

金台石们死了带头大哥，不再拼杀，而是临阵恸哭。

其他贝勒被吓住了，不知所措，纷纷溃逃。他们不想成为第二个布寨。

《清太祖高皇帝实录》卷二特地给了后来积极把女儿、孙女、曾孙女送给努尔哈赤父子做妻做妾的明安一个特写："蒙古科尔沁贝勒明安，马被陷，遂弃鞍，裸身骑骣马逃，仅身免。"

光身光马，只身而逃，狼狈不堪。归去的明安，赶紧给努尔哈赤送去了一个女儿做小老婆。

清朝史官们为了炫耀太祖的果敢英武，也就不为这位满蒙联姻创始者做尊者讳了！

努尔哈赤胜利在望，率军一路追击，使敌军尸体堆满河沟。他们一直追杀到哈达地界，打得孟格布禄再次落荒而逃。就在几个月前，孟格布禄曾见建州军撤退，努尔哈赤只身殿后，就亲率三个骑兵追杀，哪知努尔哈赤胆大艺高，拢住惊马，开弓发箭，射中孟格布禄的坐骑，使之惊惶而归。

归来的努尔哈赤收到另一个喜讯：一个士兵擒获了布占泰，将要杀之，谁知布占泰大呼——不要杀他，他愿意投降！

努尔哈赤召见布占泰，布占泰自报家门，摇尾乞怜地说："乌喇贝勒满太之弟布占泰也，恐见杀，未敢明言，生死惟贝勒命！"（《清太祖高皇帝实录》卷二，己丑秋九月壬子）

布占泰被努尔哈赤监禁了三年，并三娶努尔哈赤兄弟的女儿为妻。他归国夺位后，没有女儿献给岳父，于是将亡兄满泰的遗孤——十二岁的阿巴亥——送给了四十三岁的女真淑勒贝勒努尔哈赤做小老婆。

古勒山之战，彻底逆转了女真各部落的军事对抗，努尔哈赤成了这一场大战的胜利者。他的胜利，激励了他加快速度统一女真的雄心壮志，他很快打响了攻击朱舍里部、讷殷部、辉发部的战争。

《孙子兵法·军形篇》有云："故善战者，立于不败之地，而不失敌之败也。是故胜兵先胜而后求战，败兵先战而后求胜。善用兵者，修道而保法，故能为胜败之政。"

努尔哈赤四处征讨，富于计略，总是使自己立于不败之地，而不放过可能击败敌人的机会。他谙熟"胜于易胜"之道,即在实际的战争中,常常以己之长,攻敌之短,创造条件,奋力一战。

一旦没有把握即时成功,他就打出和战牌。就如他杀了布寨,又主动与逃回去的纳林布禄结盟;他为了降服乌拉,竟然对一个毫无骨气、满怀淫欲的布占泰"解其缚,赐猞猁狲裘,豢养之"(《清太祖高皇帝实录》卷二,己丑秋九月壬子)。

努尔哈赤为何敢
向大明朝挑战?

1

努尔哈赤正式伐明，是在天命三年（1618）四月十三日壬寅，以"七大恨"祭告天地，宣布不承认与明朝的附属关系，率步骑两万向明朝发起进攻。努尔哈赤分兵两路，左四旗进攻东州、马根单二城，很快攻下；右四旗攻打抚顺，抚顺城以东诸堡，大都为后金军所攻占。

明朝降清第一人李永芳，就是在抚顺正式臣服。努尔哈赤欢欣若狂，将在明军中没有品级的游击李永芳，任命为三等副将，并将自己的亲孙女、阿巴泰的长女许给李永芳做老婆。李永芳受宠若惊，拼命报主，后来晋升三等总兵，还得了太祖"免死三次"的特权，荫庇子孙。此为后话。

后金军袭占抚顺、清河后，曾打算进攻沈阳、辽阳，但因力量不足，翼侧受到叶赫部的威胁，同时探知明王朝已决定增援辽东，便于九月主动撤退。

"七大恨"不过宣传书而已，但努尔哈赤起兵伐明，早在万历十一年（1583）以十三副遗甲起兵索报父祖仇时，就已经开始积蓄力量了。

努尔哈赤家族虽在关外，但从其六世祖孟特穆（即后来被追尊的肇祖原皇帝，明朝与朝鲜文书中写作"猛哥帖木儿"或"猛哥帖木尔"）起，就是明朝皇帝的臣民。猛哥帖木儿为女真斡朵里部首领，被元朝廷封为斡朵里万户府的万户，明元大战时他率部东移，归附朝鲜王，仍为万户。明永乐帝继位后，大力招抚女真，设立卫所，并遣使到朝鲜，强迫朝鲜新王放回猛哥帖木儿一部。

朝鲜王恩威并施，也想留住猛哥帖木儿，怎料猛哥帖木儿见到永乐帝的收复敕谕和使节后，一面对监视的朝鲜官员说"我等不从朝廷招安"来麻痹朝鲜王放松警惕，一面寻找机会随从明朝使臣王教化前往京师（南京应天府）觐见明朝"天皇帝"。天子坐明堂，封官又赏物。此后，猛哥帖木儿家族就世袭明朝建州卫指挥使、都督等职务，掌管卫所事务，同时向朝廷进贡，并率部随明军征战。

努尔哈赤的祖父觉昌安是建州左卫枝部酋长，为明都指挥使，人少势弱，与子塔克世早期依附建州"强酋"亲家王杲。努尔哈赤的父亲塔克世继任建州左卫指挥使，母亲喜塔腊氏为建州右卫都指挥使王杲（《清史稿·后妃传》作"都督阿古"，二名为同一人）的长女。

努尔哈赤十一岁、舒尔哈齐五岁时，生母去世，家事由继母那拉氏主持。继母为人刻薄，对塔克世吹枕边风，使塔克世与二子分居，且给的财产很少。无奈，舒尔哈齐便跟随哥哥离开家，寄居在外祖父王杲门下。

万历二年，明朝辽东总兵李成梁率军攻陷王杲的古勒寨，努尔哈赤和舒尔哈齐双双被俘，被充作幼丁，随军征战。每次作战，明军都让女真俘虏打头阵，玩命冲杀。几仗下来，大部分女真俘虏兵都战死，只有努尔哈赤兄弟侥幸活下来，并且练就健壮的体魄和一身精湛的武艺。

万历十一年，努尔哈赤的祖父觉昌安和父亲塔克世，被另一部落主尼堪外兰诱杀，死在明朝的乱军之中。努尔哈赤兄弟悲恸欲绝，一起离开明军，决定为死去的亲人报仇。

此仇，后来被努尔哈赤写进了反明檄文"七大恨"："吾父祖于大明禁边，寸土不扰，一草不折，秋毫未犯，彼无故生事于边外，杀吾父祖，此其一也。"（《清太祖武皇帝实录》卷二）

2

此前对大明王朝只称臣、不称雄，甚至八次不远千里进京朝贡请赏的努尔哈赤，竟然敢冒天下之大不韪，向明朝皇帝挑衅，主要是看准了明朝在辽东的兵力空虚。

就在努尔哈赤以父祖遗甲十三副、属民数十人复仇起兵的前一年，即明万历十年，正在日本推进统一大业的地方军阀织田信长，在京都本能寺之乱中被心腹家臣明智光秀谋杀。织田信长的侍从丰臣秀吉，从内乱中崛起，出任关白，继续推进织田信长未竟的事业。

丰臣秀吉四处征战，基本上统一了日本，随即开始对外侵略。明万历二十年，丰臣秀吉任命养子宇喜多秀家为元帅，统水陆大军十四万向朝鲜发起大规模军事进攻，迅速占领平壤。

这一年是壬辰年，故而这一场战争史称壬辰战争。

朝鲜告急，向明廷万历帝求援。是年七月，万历帝命辽东副总兵祖承训（祖大寿的父亲），率兵三千入朝抗倭。不意，在平壤中了埋伏，祖承训死里逃生。

十二月，万历帝命刚刚平定宁夏哱拜之乱的总兵加都督李如松（李成梁长子），为东征提督，统蓟、辽、冀、川、浙诸军四万人，东征援朝。

万历二十六年，丰臣秀吉病逝，日军退守本岛。这一场打了六年的壬辰战争结束。

能征惯战的李如松，于万历二十一年回朝述职时，被论功行赏，加太子太保、左都督，万历二十五年出任辽东总兵，但在壬辰战争结束前夕，因不敌数万蒙古骑兵而战死。

明军在辽东的精锐，大多折损在朝鲜战场上。明廷内部矛盾重重，矿税祸乱、楚太子案、妖书迷案以及乙巳京察引发的党争，已使朱明朝堂乱纷纷。万历十九年，李成梁被弹劾罢职后，辽东总兵一职一直空缺至万历二十五年，李如松能出任此职，也是万历帝力排众议、特发中旨才得以任命的。

李如松死后，继任总兵马林又是一个庸碌之徒，不久因与税监高淮起争执，被弹劾去职。万历二十九年，李成梁被吏部尚书兼建极殿大学士、内阁首辅沈一贯举为"虽老，尚堪将兵"（《明史·李成梁传》），再次出镇辽东。

此时的李成梁"老"到了什么程度？七十六岁高龄了。明廷腐朽，无人可派，原本贪黩成性的老将李成梁，再次出镇辽东，历时八年。足见，明朝对军事要地并没有用心，无暇顾及。

而经历了六年壬辰倭乱的朝鲜王朝，又称李氏朝鲜，"丧师数十万，糜饷数百万"（《明史·朝鲜传》），再也无力干预建州女真做大规模扩张。

明廷和朝鲜自顾不暇，为努尔哈赤势力坐大留出了前所未有的空隙和机遇。

羽翼丰满的努尔哈赤为了彻底统一女真，摆脱明军有限的干预，于是编了一纸"七大恨"，当作激愤民心的宣传书，也为了出师有名。

3

"七大恨"强烈地谴责了明朝开国后对辽东奉行的"分而治之"的民族压迫政策。明朝统治者将辽东分解为二百六十多个卫所，舍得官职和赏赐，舍得级别和敕书，就是不许他们团结携手，就是不许他们称雄争长。

万历三十六年九月，礼部右侍郎杨道宾的一份奏疏，一语道破明廷统治集团制御辽东诸部的思想，由来有自：夷狄自相攻击，最有利于我朝，皇上可收渔人之利。今日，我们仔细体悟成祖文皇帝之心，他从地域上分女真为建州、海西、东海和长白四大部，又析卫所地站为二百六十二个，而使它们各自雄长，不归统一，正遵循了明朝治理"夷狄"必须坚持的方略——不使之结盟而使之分裂，保护其现状而不让其改变。

　　为了有效地统治辽东，明朝统治者积极培植亲明派，利用他们去镇压、削弱反明势力。努尔哈赤的外公建州右卫都督王杲，及王杲子阿台，不受管束，于是明朝支持哈达部首领王台称汗，进行反击。努尔哈赤的祖父觉昌安、父亲塔克世，属于亲明派，却被"误杀"（《清太祖武皇帝实录》卷一），成了明治辽东的祭品。

　　与此同时，明朝统治者设置了以辽阳为中心的二十五卫，对其进行军事防御，而且对辽东女真诸部加紧进行严厉的盘剥和镇压。万历二十四年起，尚膳监监丞高淮出关开矿，以朝廷派出的矿税使之名，大肆搜刮辽东民财，诬捕反抗者和反对者，为害十年，让民众无不控诉："辽人无脑，皆淮剜之；辽人无髓，皆淮吸之。"（《明经世文编》卷四百六十七《宋一韩疏》）辽东总兵李成梁镇防有功，爵封宁远伯，但也是恃功骄纵、奢侈无度，与宦官高淮狼狈为奸，俨然辽东的土皇帝。再加上辽东巡抚赵楫，助纣为虐。

　　兵科都给事中宋一韩《直陈辽左受病之原疏》说："辽左有三患，而建夷不与焉。"说的就是首恶高淮、帮凶李成梁与保护伞赵楫。

　　明朝官员都担心祸起辽东的"三患"，即为奴役女真诸部的"三害"，侵害辽东，使被压迫被侮辱的少数民族不得不反。努尔哈赤应势而起，打出了反抗暴明的大旗。

　　但是，努尔哈赤势单力孤，远不能与拥兵百万的大明"天皇帝"交锋，乃透过于建州左卫图伦城主尼堪外兰，指责其唆使明兵杀害父祖，奏请明臣执送。不料这一要求竟惹恼了骄横跋扈的明朝边将，被视为无理取闹。边将们一口拒绝，并宣称要于甲板筑城，令尼堪外兰为"满洲主"（《清太祖武皇帝实录》卷一），因而尼堪外兰威望大升，于是国人信之，皆归尼堪外兰，甚至连亲族子弟也"对神立誓"，欲杀努尔哈赤以归之，尼堪外兰则乘机逼努尔哈赤"往附"，俨然以建州国君自居。

　　努尔哈赤只好向李成梁低头，同时以建州右卫指挥使长子的身份向朝廷臣服，得"敕书三十道，马三十匹，封龙虎将军，复给都督敕书"（《清太祖武皇帝实录》卷一）。努尔哈赤重整父祖旧部，又得额亦都、安费扬古等一批能臣猛将归附，于是制定了"优遇女真""联盟蒙古""豢养尼堪"三项既定策略（后被称为国策）。

努尔哈赤不敢正面叫板明朝辽东守军，而是主动屈膝示弱，阳尊明帝，向朝廷进贡。与此同时，他玩阴谋，首战打掉了杀父仇人、图伦城主尼堪外兰的势力，选择时机征服了浑河部、董鄂部、苏克苏浒河部、哲陈部、完颜部、朱舍里部、讷殷部，统一了建州女真。

对于尼堪外兰及叶赫部与努尔哈赤的恩恩怨怨，蔡东藩在《清史通俗演义》中说："图伦城主尼堪外兰，与叶赫部主纳林布禄，名为满洲之仇敌，实皆满洲之功臣。自古英雄豪杰，不经心志之拂乱，未必能奋发有为，故敌国外患之来，实磨砺英豪之一块试金石也。"

分久必合。一旦努尔哈赤的羽翼丰满，他便向明廷发出武力的挑战，以结束明朝统治者所造成的女真"各部蜂起，皆称王争长，互相战杀，甚至骨肉相残，强凌弱，众暴寡"（《清太祖武皇帝实录》卷一）的分裂局面，寻求女真统一和独立于明朝之外的局面。

哪里有压迫哪里就有反抗。反抗看似偶然事件，但这一切也都孕育于必然中。努尔哈赤为自己的造反，给出了一个更加冠冕堂皇的理由："我祖宗以来，与大明看边，忠顺有年。只因南朝皇帝高拱深宫之中，文武百官欺狂壅蔽，无怀柔之方略，有势力之机权，势不使尽不休，利不括尽不已，残害侵凌，千态莫状。"（天聪间木刻揭榜之七大恨文）

此为天聪初年追述天命朝事，最接近原状。然而，《清太祖武皇帝实录》《清太祖高皇帝实录》《满洲老档》载"七大恨"，皆省去了这一段开宗明义直指明朝统治者对女真诸部"分而治之"所进行的压迫与剥削。

万历十年张居正死后，天灾不断，人祸接连，万历皇帝贪财好利成性，除了长期懒政怠政外，就是派出内廷宦官充任矿税使盘剥全国民众。

于内，国家行政机构几近瘫痪。按定制，六科该配备五十余人却只有四人在任，御史百余员也只五人在职，六部堂官、内阁辅臣大多数出缺，就连裁决刑狱的三法司也严重缺员，都御史竟然十年空缺不补。

首辅叶向高上疏数十次，请求补官配员，并深恶痛绝地说："自阁臣至九卿台省，曹署皆空，南都九卿亦止存其二。天下方面大吏，去秋至今，未尝用一人。陛下万事不理，以为天下长如此，臣恐祸端一发，不可收也。"（《明史·叶向高传》）万历帝要么置若罔闻毫不理睬，要么说句他钟爱有加，但后来却不了了之。

万历二十五年，左佥御史吕坤一针见血地"疏陈天下安危"："今天下之势，乱象已形，而乱势未动。天下之人，乱心已萌，而乱人未倡。今日之政，皆播乱机使之动，助乱人使之倡者也。"他强调："自万历十年以来，无岁不灾，催科如故。臣久为外吏，见陛下赤子冻骨无兼衣，饥肠不再食，垣舍弗蔽，苫藁未完；流移日众，弃地猥多；留者输去者之粮，生者承死者之役。君门万里，孰能仰诉？今国家之财用耗竭可知矣。数年以来，寿宫之费几百万，织造之费几百万，宁夏之变几百万，黄河之溃几百万，今大工、采木费，又各几百万矣。土不加广，民不加多，非有雨菽涌金，安能为计？"他疾呼："今国家之防御疏略可知矣。三大营之兵以卫京师也，乃马半羸敝，人半老弱。九边之兵以御外寇也，皆勇于挟上，怯于临戎。外卫之兵以备征调资守御也，伍缺于役占，家累于需求，皮骨仅存，折冲奚赖？设有千骑横行，兵不足用，必选民丁。以怨民斗怨民，谁与合战？"（《明史·吕坤传》）

疏入，万历帝毫无反应，气得吕坤只能称病请辞，还差点被人诬陷至死。

政治腐败，内忧外患。万历帝的腐败给了努尔哈赤复仇起兵的空子，万历帝甚至因为收了努尔哈赤丰厚的金银珠宝而送了他一顶可号令女真的龙虎将军的帽子。

辽亡决定明亡。好在吕坤寿比"安危疏"长，不但看到了努尔哈赤在辽东复仇起兵，横刀立马，更看到了他建国称汗，挑战大明。

值得注意的是，《清太宗实录》卷五记载：天聪三年（1629）十一月丙申，皇太极还在强调是明廷万历帝迫使其父努尔哈赤造反的。他以"满洲国皇帝"（应为"金国大汗"）之名，晓谕缙绅军民："我国素以忠顺守边，叶赫与我原属一国，尔万历皇帝妄预边外之事，离间我国，分而为二。"

以万历皇帝为首的明廷，让李成梁诱杀不听话的叶赫首领清佳努、杨吉努后，又积极挟持叶赫新贝勒纳林布禄、布寨、金台石、布扬古组织部落联军，围攻逐渐强大且有心一统女真的努尔哈赤。

女真由分裂走向统一，是明廷最不希望看到的辽东格局，却因明廷持续不断的奴役和压迫，逐渐变成了现实。

4

努尔哈赤征战女真，辽东总兵李成梁也没坐山观虎斗，而是支持另一个强大的部落叶赫部，联手乌拉部，与努尔哈赤不时火拼。

叶赫部本是努尔哈赤的外戚。努尔哈赤第三任大福晋是叶赫部首领纳林布禄的妹妹孟古哲哲。纳林布禄和努尔哈赤虽然后来水火不容，但纳林之父、叶赫部老首领杨吉努却对努尔哈赤青眼有加，将只有八岁的孟古哲哲许配给了努尔哈赤，说等到孟古哲哲长到出嫁的年龄，一定把她送往建州完婚。当时，努尔哈赤很乐意与叶赫联姻，以壮大自己的势力。六年后，孟古嫁给了努尔哈赤，并为他生了后继之君皇太极。

也就在孟古哲哲生下皇太极第二年，即明万历二十一年九月，叶赫部首领布寨（杨吉努之侄），纠集了海西女真的哈达部、乌拉部和辉发部，长白山的朱舍里部、讷殷部，以及蒙古科尔沁部、锡伯部和卦尔察部，集结三万兵力，组成九部联军，分三路进攻努尔哈赤的建州女真。面对汹汹强敌，努尔哈赤表现出了卓越的军事才能。激战的结果，以努尔哈赤完胜九部联军、叶赫首领布寨被杀、乌拉部贝勒布占泰被擒而告终。

四年后，叶赫部为了向努尔哈赤示好，曾以布寨之女（即传说中的叶赫老女）许婚努尔哈赤，但又反复另配他人，激怒努尔哈赤，使其认为："此女之生，非同一般者，乃为亡国而生矣！以此女故，哈达国灭，辉发国亡，乌拉国亦因此女而覆亡。此女用谗挑唆诸申国，致启战端。今唆叶赫勾通明国，不将此女与我而与蒙古，其意使我为灭叶赫而启大衅，借端构怨，故与蒙古也！我即得此女，亦不能长在我处，无论聘与何人，该女寿命不会久长。毁国已终，构衅已尽，今其死与将至也。我纵奋力夺取此女，亦不能留于我处。倘我取后迅即殒命，反流祸于我矣！"（《满文老档》"太祖皇帝"第四册《叶赫以努尔哈齐所聘女改适蒙古》，努尔哈齐即努尔哈赤）

电视剧《太祖秘史》中的叶赫老女东哥，与努尔哈赤爱得死去活来、天荒地老，这不符合史实。

在历史上，努尔哈赤对这个被四处约婚且同自己有杀父之仇的叶赫女人，并不感兴趣，甚至缘悭一面，只是借了这件事写进了伐明的"七大恨"："明越境以兵助叶赫，俾我已聘之女，改适蒙古，此恨四也。"（《清太祖高皇帝实录》卷五，天命三年三月壬寅）将此事拿来当作一件师出有名的宣战旗幡。

5

李成梁在大力资助努尔哈赤对手的同时，也在积极挖他的墙角。努尔哈赤的得力助手和主要战将，为其亲弟舒尔哈齐。在长期的征战中，舒尔哈齐的军功越来越多，声望越来越高，成了威望和受礼与努尔哈赤不分伯仲的二号人物。但，他和努尔哈赤的关系也越来越微妙。原来兄弟俩平起平坐，后来君臣有别。尤其舒尔哈齐两次代表努尔哈赤进京朝贡、述职，大开眼界，故而生出了取代努尔哈赤、成为女真之主的野心。

明王朝统治者似乎看中了舒尔哈齐的野心，也不停地抬高他的地位。明政府先是给他都指挥使的正二品武职，与努尔哈赤的都督品级相等。后来明辽东左都督李成梁又让儿子李如柏娶舒尔哈齐的女儿为妾，在当时有歌谣"奴酋女婿作镇守，未知辽东落谁手"。明朝遗臣黄道周留下记载，连努尔哈赤的长子褚英，都对明朝十分忠诚。这是抗清名臣的反间策，还是李成梁也对其玩攻心计？历史上没有真实记载，权作猜测而已。

外忧未除，内患又起，努尔哈赤在灭掉乌拉、叶赫二部后，又囚杀亲弟，诛杀长子。万历四十四年，努尔哈赤在赫图阿拉称覆育列国英明汗，建国"大金"（史称后金），改名天命。此时的努尔哈赤，已经攻占了大部分女真部落，决意和明朝撕破脸。

两年后，即后金天命三年（明万历四十六年）正月，大汗努尔哈赤对诸贝勒宣布："吾计已决，今岁必征大明国！"（《清太祖高皇帝实录》卷五，天命三年正月丙子）继而，他以"七大恨"告天，起兵伐明。

当时努尔哈赤起兵，必然自知数万兵力还远远不足以撼动强大的明军，但他仍然以身涉险，无疑是抓住了明朝廷天子昏聩、宦官乱政、将相争权等现实。当然，他当时的心态，也许只是想向长期压在自己头上的"太上皇"、辽东总兵李如柏提出抗议。

李成梁在万历四十三年已经死了，而其子李如柏与努尔哈赤的后金大军在萨尔浒大战，引军防懿路，出鸦鹘关，甫抵虎拦路，未遇敌即溃，死者千余，被弹劾，还京后无法承受世人非议，于天启元年（1621）九月十三日在宅中自杀。

有个抗清名臣为
褚英抱不平

1

电视剧《太祖秘史》中的舒尔哈齐，是其亲哥哥努尔哈赤的第一战将和强劲情敌。

在战场上，他是最勇猛的威武先锋，敌人谈之色变。努尔哈赤起兵，他最能打仗，骁勇善战，冲锋陷阵，屡立战功，是努尔哈赤不可缺少的臂膀。

在情场上，他是女真第一美女东哥初恋的白马王子，痴爱着东哥，又怯于努尔哈赤的淫威而不得不让出爱人，接受哥哥抢来的仇敌小妾那齐娅做福晋。

在官场上，他是建州女真的二号人物。他的地位仅次于努尔哈赤，明朝加封他为副都督和虎威大将军。

然而，二号首长舒尔哈齐的结局不好，最心爱的女人爱上了哥哥，哥哥帮他抢来的媳妇一直深爱着哥哥，最后还被迫还给了她的前夫。

秘史，其实就是虐心的情史，更是悲剧英雄无可奈何的哀歌。

舒尔哈齐最疼爱的子侄——努尔哈赤长子褚英，担心叔叔日后成为权位最强大的竞争者，索性来了一招离间计：先让叔叔离群，制造其自立的假象，以便努尔哈赤将其关押，紧接着褚英将离间计升级，利用东哥的死，引发舒尔哈齐找努尔哈赤干仗。

剧中给这一幕安排的场景，是舒尔哈齐不想离开努尔哈赤，努尔哈赤抱住他："你不想走就留下吧。"正在这时，门外窥探的褚英见计失败，狡诈的孝心遮掩阴谋的贼心，大喊："有刺客！"几个护卫破门而入，剑一齐向舒尔哈齐刺去。褚英趁机补刀。

一位可爱的大英雄，就这样死在奸险小人的手里了。

2

褚英离间努尔哈赤和舒尔哈齐，使兄弟反目成仇，虽然不见于正史记载，但还是很有这种可能的。

褚英自视为努尔哈赤的接班人，但他最大的对手却是舒尔哈齐。尽管舒尔哈齐年长褚英十六岁，但论军功和实力，舒尔哈齐只稍逊于努尔哈赤，远强于后起之秀褚英，这就难免有兄终弟及的可能。

从褚英的性格和后来的作为来看，他是一个自私自利、毫无公正之心的人。舒尔哈齐死后，努尔哈赤让褚英统兵外征，并参与主持军政事务。他不但对为他们父子打江山的五大臣（费英东、额亦都、扈尔汉、何和礼、安费扬古）进行排挤和打压，而且在分配掠夺的土地、兵丁、奴隶和财货等方面还抢占属于四贝勒（代善、阿敏、莽古尔泰、皇太极）的份额。褚英狂妄至极，损害了诸兄弟的利益，还强迫他们对天盟誓不向汗父告密，甚至扬言："吾即汗位后，将杀与吾为恶之诸弟诸大臣。"

褚英对建州"柱石"五大臣，缺乏谦恭亲近之礼，还未正式接班就有了严格的君臣之别；而对诸弟不加笼络而是欺压，公然侵占他们的财富和权利，若其成功上位岂有诸贝勒的活路？

建州没有立嫡以长的传统，诸贝勒不堪褚英主政无仁义、分配无原则、欺辱无亲情的做法。五大臣早年追随努尔哈赤，威望高，权势重，历战阵，建殊勋，也不满于褚英专军机、裁政事的作为。四贝勒告发恐有夺嗣之嫌，而五大臣起首似为二心之举。于是，五大臣和四贝勒腹诽之余多共愤，决计"将吾等难以生存之苦告汗后再死"，内亲外臣联手扳倒褚英。

努尔哈赤素知"长子自幼心胸褊狭，并无治国宽大之心怀"（《满文老档》第三册"努尔哈齐嘱诸子众臣直言进谏"，努尔哈齐即努尔哈赤），而今群起攻之，反复权衡利弊，一方是元妃所生的长子，一方是必须倚重的诸子大臣，于是疏远褚英，尔后两次进攻乌拉都没有派褚英出征，而让他在家留守，并派代善、莽古尔泰监视。

努尔哈赤这样做，也是为了保住爱子，但褚英非但没有从中汲取教训，反躬自省，暗自韬晦，反而将努尔哈赤"举用长子，使专主大国，今执掌大政，彼将弃其偏心，为心大公"的良苦用心和期待，撕得粉碎。

《清史稿·褚英传》记载："褚英意不自得，焚表告天自诉，乃坐诅咒。"努尔哈赤以背盟、囚妻、送人质于叶赫等理由，率代善、阿敏及五大臣等三万大军再征乌拉时，褚英趁机行使萨满教巫术，作书诅咒努尔哈赤和诸弟大臣大败而归，以便归来时将他们拒之城外。孰料，努尔哈赤大获全胜，归来不久，于万历四十一年（1613）三月二十六日，将长子褚英幽禁在高墙之中。

褚英仍不思悔改，两年后被处死。

褚英之死，距努尔哈赤称汗建国不足半年。至于褚英怎样不思悔改，这是监视者们的报告，不一定是努尔哈赤身历目睹、亲耳所闻。

当初，五大臣和四贝勒告发褚英罪状时，有一条是离间计，但被离间者是五大臣和四贝勒，而不是努尔哈赤与舒尔哈齐。

3

明人黄道周《建夷考》却将舒尔哈齐的死完全归罪于努尔哈赤，褚英反而成了救叔的受害者："酋疑弟二心，佯营壮第一区，落成置酒，招弟饮会，入于寝室，银铛之，铸铁键其户，仅容二穴，通饮食，出便溺。弟有两名裨将，以勇闻，酋恨其佐弟，假弟令召入宅，腰斩之。长子数谏酋勿杀弟，且勿负中国，奴亦困之。其凶逆乃天性也。”

明人称努尔哈赤为“酋”“奴”,有“凶逆”“天性”,无疑是民族偏见、种族歧视使然。这段文字中的“弟”即舒尔哈齐,“长子”为褚英。

努尔哈赤幽禁舒尔哈齐,用铁水浇注牢门,仅露出专供吃喝拉撒的两个孔穴。足见努尔哈赤对舒尔哈齐的恨,到了怎样强烈的程度。

努尔哈赤不但杀了舒尔哈齐手下两员勇将,还杀了他两个儿子(长子阿尔通阿、三子扎萨克图),还准备将舒尔哈齐腰斩。

褚英多次向努尔哈赤求情,晓之以大义,动之以亲情,甚至拿努尔哈赤期待入主中原的雄心壮志、宏图大业,来劝阻努尔哈赤不要杀了舒尔哈齐,以免给讲究兄弟手足情谊的中原人士看笑话。

这时的褚英,不但军功卓著,而且是努尔哈赤拟定的接班人,说话还是有分量的。他的话,也说到了努尔哈赤的心里。但在黄道周看来,后来褚英被努尔哈赤幽禁两三年后痛下杀手,与他为舒尔哈齐求情有关,而且“明人以为谏上毋背明,忤旨被谴”(《清史稿·褚英传》)。

黄道周为明天启二年(1622)进士,在天启、崇祯年间先后任翰林院编修、经筵展书官、侍讲学士。崇祯十一年(1638),崇祯帝召开御前会议,黄道周同杨嗣昌争辩上前,犯颜谏争,毫不退让,观者莫不战栗。崇祯帝袒护杨嗣昌,斥责黄道周:“读了几十年的书只成了一张佞口!”黄道周高声争辩:“忠佞二字,臣不敢不辩。夫臣在君父之前,独立敢言为佞,岂在君父之前,谗谄面谀者为忠乎?”他厉声直逼皇上:“忠佞不分,则邪正混淆,何以致治?”(计六奇《明季北略》卷十四《黄道周平台抗辩》)

这场有名的辩论之后,黄道周因指斥大臣杨嗣昌等私下妄自议和,被连贬六级,调任江西按察司照磨。

黄道周以直谏闻名,以忠孝行于世,被江西巡抚解学龙认为“我明道学宗主,可任辅导(相)”。崇祯一听大怒,下令逮捕二人入狱,以“伪学欺世”之罪重治。

由于几位大臣力谏，改为廷杖八十，永远充军广西。此番杖谪，使黄道周声名愈重，"天下称直谏者，必曰黄石斋"（邵廷寀《东南纪事·黄道周传》）。

崇祯十四年，杨嗣昌暴亡，崇祯回想起黄道周当初的预言，便下旨将黄道周复官召入京。此时，河南已被李自成农民军攻占，关外大明领土皆被清军占领，黄道周见朝廷昏庸无道，国运已尽，遂告病辞官，回到老家福建漳浦，结庐先人墓侧，专心著述。

明亡后，黄道周出山抗清，出任南明弘光朝吏部侍郎、礼部尚书，"严冷方刚，不偕流俗"。弘光亡后，隆武帝封他为武英殿大学士兼吏、兵二部尚书，但兵权落入大将郑芝龙手中。时清廷颁布剃发令，江南人民求救于隆武朝廷，海盗出身的郑芝龙养兵自重，不发一兵一卒。黄道周返乡筹兵筹粮，对抗清兵，甚至主动发起进攻。

隆武元年（1645）十二月，抗清名臣黄道周被徽州守将张天禄俘获，送至南京狱中。清廷派洪承畴劝降，黄道周写下这样一副对联，"史笔流芳，虽未成功终可法；洪恩浩荡，不能报国反成仇"，将史可法的以身殉国与洪承畴的输诚叛国对比。洪承畴羞愧不已，上疏请求免道周死刑，清廷不准。

黄道周于隆武二年三月就义，头断而身"兀立不仆"。死后，人们从他的衣服里发现"大明孤臣黄道周"七个大字。百年后，清乾隆帝为褒扬黄道周忠节，改谥"忠端"。

黄道周虽是当时大学者、儒学大师，但写关外的满洲权斗，未必不夹私造假，以泄国恨家仇。于他而言，努尔哈赤是造反犯边的带头大哥，背叛明朝，对兄弟、嫡子略无亲情可言，冷血无情如野兽一般。故而，他反将野心家舒尔哈齐和褚英视作通好明朝而遭血腥杀戮的牺牲品。

民族仇恨下的原始叛乱，一旦成为一种杀戮文化，无论是历史进退中的新陈代谢，还是皇权裂缝中的真实行为，站在不同山头的人看来，都会有不一样的理解和判断。

舒尔哈齐死于猜忌
还是野心？

1

努尔哈赤和舒尔哈齐这一对难兄难弟，同父同母，父亲塔克世为建州左卫指挥使，母亲喜塔腊氏为建州右卫都指挥使王杲（《清史稿·后妃传》作"都督阿古"，二名同一人）的长女。努尔哈赤十一岁、舒尔哈齐五岁时，生母去世，家事由继母那拉氏主持。继母为人刻薄，对塔克世吹枕边风，使塔克世与二子分居，且给的财产很少。无奈，舒尔哈齐便跟随哥哥离开家，寄居在外祖父王杲门下。

万历二年（1574），明朝辽东总兵李成梁率军攻陷王杲的古勒寨，努尔哈赤和舒尔哈齐双双被俘，被充作幼丁，随军征战。每次作战，明军都让女真俘虏打头阵，玩命冲杀。几仗下来，大部分女真俘虏兵都战死，只有努尔哈赤兄弟侥幸活下来，并且练就健壮的体魄和一身精湛的武艺。

祖、父死于兵乱后，努尔哈赤携舒尔哈齐偷偷离开李成梁部，走上了复仇与统一之路。

舒尔哈齐成了兄长努尔哈赤的得力助手和主要战将。舒尔哈齐帮助努尔哈赤不但灭掉了杀父仇人、图伦城主尼堪外兰的势力，还征服了浑河部、董鄂部、苏克苏浒河部、哲陈部、完颜部、朱舍里部、讷殷部，统一了建州女真。

难兄难弟，情意甚笃。各部贝勒拜见他们时，两兄弟同时受贺，分南北落座。金梁《满洲秘档》"太祖责弟"条曰："太祖弟舒尔哈齐贝勒为太祖同母弟也，笃念手足之情，待遇优厚，服御玩好，悉拟宸居。"

2

《满洲秘档》"太祖责弟"条继续说："然尤不自餍足，临阵退缩，时有怨言。上乃责之曰：弟之所以资生，一丝一缕，罔不出自国人，即罔不出自我，而弟反有怨我之意何也？舒尔哈齐终不悟，出语人曰：大丈夫岂惜一死，而以资生所出羁束我哉？遂出奔他部居焉。"

在长期的征战中，舒尔哈齐的军功越来越多，声望越来越高，成了威望和受礼与努尔哈赤不分伯仲的二号人物。他不情愿与哥哥原有的平等关系被君臣有别的政治地位打破，甚至有取而代之的欲望和野心。

很快，以李成梁为代表的明方统治集团掌握了舒尔哈齐的政治欲望，对其积极培植，并予以最大支持，除了授予其同努尔哈赤同品级的官职外，还让李成梁之子李如柏娶舒尔哈齐的女儿为妾，故而有了"奴酋女婿作镇守，未知辽东落谁手"的歌谣，证明舒尔哈齐与明朝在辽东的军政代理人李成梁的关系非同一般。

舒尔哈齐主动进行部落之间的政治联姻。万历二十四年，他娶了乌拉部贝勒布占泰的妹妹为福晋，第二年他又将自己十二岁的长女额实泰嫁给了舅哥布占泰。

万历三十五年三月，蜚悠城一小部落不堪临近乌拉部的奴役，想依附努尔哈赤。努尔哈赤派舒尔哈齐为统帅，领兵三千，前往蜚悠城收编该部。舒尔哈齐行至半途，却要找借口退兵，遭随行的褚英、代善反对才作罢。收编成功，归途又遭布占泰派遣大将博克多率万众大军拦截，两军在乌碣岩对阵，舒尔哈齐率本部退在一边观战，留下褚英、代善等英勇奋战，打败了乌拉骑兵。归来，努尔哈赤准备将舒尔哈齐手下二将常书、纳齐布以临阵脱逃的罪名处死，舒尔哈齐不但不认错，反而说："诛二臣与杀我同。"最后，努尔哈赤为避免公开冲突，做出让步，只罚了常书一百两黄金，夺了纳齐布所属人马，并且剥夺了舒尔哈齐的兵权，不再派他领兵外征。

舒尔哈齐不甘心变成一个有名无实的二老爷，于是，他与长子阿尔通阿、三子扎萨克图商议，"吾岂以衣食受羁于人哉"（《清史稿·舒尔哈齐传》），图谋另立门户，与努尔哈赤分庭抗礼。这就有了舒尔哈齐率诸子和亲信部众移居临近明朝军事重镇铁岭的黑扯木，开辟根据地一事。李成梁看到这一分化女真的大好机会，立即上奏朝廷册封舒尔哈齐为建州右卫首领。这是明朝在辽东地区设立的最高地方军事长官。

努尔哈赤责令舒尔哈齐放弃自立为王，劝说无效，于是采取强硬措施，于万历三十七年诛杀舒尔哈齐的儿子阿尔通阿、扎萨克图，将舒尔哈齐下狱。

《满洲秘档》"太祖责弟"条记载："上怒，籍收舒尔哈齐家产，杀族子阿萨布，焚杀蒙古大臣乌勒昆，使舒尔哈齐离群索居，俾知愧悔，舒尔哈齐果愧悔来归，上以所籍收之产返之。然舒尔哈齐仍怀缺望，越二年，辛亥八月十九日，遂抑郁而卒。"

努尔哈赤没有杀舒尔哈齐，也没有放舒尔哈齐。万历三十九年八月十九日，舒尔哈齐在囚禁中死去，时年四十八岁。

3

舒尔哈齐死了，但努尔哈赤和皇太极、多尔衮都不愿为他做一些追封的表示，直至顺治十年（1653）福临亲政后才给他这位开国大元勋一顶和硕庄亲王的帽子，此时距舒尔哈齐死时已有四十二年之久。这个追封，应该与其子济尔哈朗参与清洗多尔衮势力，有大功于顺治帝有关。舒尔哈齐的和硕庄亲王爵位，并未让其子继承。

清初撰《开国诸王公诸大臣传》、乾隆年撰《宗室王公功绩表传》，始终未给舒尔哈齐立传。而《清太祖实录》中没有记载的太祖兄弟、通达郡王雅尔哈齐和太祖叔叔、武功郡王礼敦、慧哲郡王额尔衮、宣献郡王斋堪，反而被补充立传。

清朝官方文书对舒尔哈齐的记载多为丑化、贬抑，《满文老档》记载："聪睿恭敬汗之弟舒尔哈齐贝勒，因系同父同母所生之弟，虽无才能，因系汗之唯一亲弟，诸凡物品皆同样给与（予）养之。"这与史实形成了巨大反差，直至民国初修《清史稿》才给了他一个列传，但只说乌碣岩一战和移居黑扯木二事。

舒尔哈齐死于自己对权势的欲望与野心，也死于努尔哈赤对功臣的猜忌与无情。

虽然金梁称舒尔哈齐是被幽禁"抑郁而卒"，但在不少明朝文人看来，舒尔哈齐是被努尔哈赤杀死的。沈国元《皇明从信录》云："奴儿哈赤杀其弟速儿哈赤，并其兵。"茅瑞征《东夷考略》称："奴酋忌其弟速儿哈赤兵强，计杀之。"张𬭚《辽夷略》记载："努儿哈赤杀其弟速儿哈赤，复耀兵侵乌拉诸酋。"

明人所言，难免为民族仇恨所致，但不论舒尔哈齐死于何因，都与努尔哈赤有关。故，孟森在《清太祖杀弟事考实》中一语中的："是其二子遭戮，身复还锢，由此而遂死。则纵非剚刃而终，亦可称由太祖杀之，非诬传也。"

剚刃，就是用刀剑刺杀。

究竟是为何而杀，各有解释。

努尔哈赤想创
嫡长为储制吗？

1

绝大多数人都相信清朝没有立嫡立长的传统，其实不然。

努尔哈赤二十五岁起兵统一女真各部，于万历四十四年（1616）在赫图阿拉称"覆育列国英明汗"，建立后金，割据辽东，建元天命。而在此前，即万历四十一年，努尔哈赤对乌拉部用兵大胜后，因元妃（原配发妻）即第一代大福晋佟佳氏所生的长子褚英屡建战功，遂命褚英执掌国政。

《清史稿·褚英传》记载："褚英屡有功，上委以政。"

在努尔哈赤心里，嫡长子褚英就是接班人。

养儿既要有一个好环境，更要有一双好父母。褚英生母早逝，他在父亲努尔哈赤的兵营长大，十多岁就在刀光剑影、血肉横飞中跃马扬威。

他领兵攻打安楚拉库路，获屯寨二十，努尔哈赤赐号洪巴图鲁（大勇士），最早封贝勒。

他在乌碣岩大战中，独当一面，杀敌三千，获马五千，得甲三千，掠夺财宝奴隶无数，大大地削弱了乌拉部的力量。努尔哈赤欣喜万分，以褚英"奋勇当先"，赐以"阿尔哈图图们"尊号，即满语"足智多谋的英雄"之意，译曰"广略"。皇太极登基后，封其为广略贝勒，也是重拾旧封。

随后，褚英在宜罕山城等战役中，也是军功卓著，为努尔哈赤完成女真统一大业做出了重要贡献，堪称建立后金的卓越功臣。

褚英军功越来越煊赫，性情却越来越残暴，心胸越来越狭隘。

他提前把自己当成了至高无上的主子，不把任何人看在眼里，既同努尔哈赤最得力的五大臣（额亦都、费英东、何和礼、安费扬古和扈尔汉）发生了权力之争，又向与自己同胞或同父异母的诸兄弟动不动就大发雷霆。

哪里有压迫哪里就有反抗。于是，诸子争储，联合五大臣挤掉褚英。

褚英的"罪状"有三：

一是挑拨离间，使诸贝勒与五大臣彼此不和，导致执政团队内讧；

二是索取诸弟的财物、马匹，贪小利而忘大义，不具备接任最高领导人的胸怀；

三是他放话，即位后，将诛杀与他为恶的诸弟、诸大臣。杀功臣努尔哈赤没干过，杀兄弟那是禽兽不如。

这些罪状，到底有多少水分，不得而知，毕竟后来继位的皇太极也是反对派的骨干。

即便努尔哈赤再爱自己的嫡长子，也不会料到此子在其年富力强时，就想到了提前接班。

《清史稿·褚英传》记载："褚英意不自得，焚表告天自诉，乃坐诅咒，幽禁，是岁癸丑。"他在努尔哈赤出征在外时，写诅咒对天地焚烧，扬言：希望出征之师被击败，以便他杀了打败归来的努尔哈赤和诸兄弟。

这些，是不是也是皇太极伪造的？不好辨明，毕竟历代留给后世的史料都是真真假假。

最后，在后金开国的前一年，努尔哈赤以不思悔改之名，下令将已被幽禁了两三年的褚英处死。

《满文老档》记载，褚英被罢政后，其胞弟代善在诸阿哥中年岁居长，骁勇善战，军功卓著，拥有正红旗、镶红旗二旗。努尔哈赤令代善佐理国政、赞襄军事，并说："等我百年之后，诸幼子和大福晋交给大阿哥收养。"

这个大阿哥，指代善。

2

努尔哈赤建国，封四贝勒为和硕贝勒，代善为大贝勒，成了公认的汗位继承人。随后，在对明军的抚顺之战、萨尔浒之战中，代善出谋划策，身兼先锋，屡立战功，更得努尔哈赤喜欢。

遗憾的是，代善和前妻所生二子岳托、硕托发生了冲突，日益激烈。有人告诉代善，称硕托准备投明，代善五六次跪求努尔哈赤杀掉硕托。

当年杀子褚英，已成为努尔哈赤不愈的心痛，今日代善又要悲剧重演，努尔哈赤自然不肯，于是下令调查儿孙矛盾。原来是代善对继妻之子与前妻之子厚此薄彼。

努尔哈赤对代善说，你也是我前妻所生，为何我对你最亲切？他再次下令，让岳托、硕托与代善分家，剥夺代善储君位，但还是让代善为四贝勒之首，参与国政。

努尔哈赤生前并未密建皇储，导致他死后诸子展开汗位争夺战。

也许在努尔哈赤的心里，代善作为大贝勒，是理想的接班人选。

事实上，努尔哈赤死时，代善之子岳托、硕托、萨哈廉、瓦克达已是征战名将，掌管镶白旗的褚英之子杜度也追随代善。当时代表后金对外交涉的"十固山执政贝勒"，代善、岳托、硕托、萨哈廉、杜度都是核心成员。故而，代善的实力最强，但他最后听从儿子岳托、萨哈廉的建议，支持皇太极。

3

电视剧《太祖秘史》中，褚英粗暴，代善爱财，结果被皇太极利用，丢了储位。

褚英阴谋代努尔哈赤自立，是被皇太极等告发的。而剧中的代善显得很无能，这是与历史严重不符的。

褚英死在努尔哈赤称汗前一年，而四大贝勒为努尔哈赤称汗时所设。努尔哈赤称汗后，代善即便被废了储位，也积极辅佐治理国政，因为他很有谋略。

虽然元妃佟佳氏死于努尔哈赤起兵之初，即万历二十年，但努尔哈赤打下江山时，最中意的接班人还是发妻留下的儿子。

满人有幼子守灶的旧俗，然而到过明都北京的努尔哈赤，却似乎对汉人的嫡长子继承制有了兴趣。

四大贝勒中，除了二贝勒阿敏是汗弟舒尔哈齐家的代表外，其他三大贝勒，一个是代善，一个是继福晋富察氏所生的第五子莽古尔泰，一个是大妃叶赫那拉氏所生的第八子皇太极。

天命七年（1622）三月，努尔哈赤颁布八和硕贝勒共治国政制，代善被其嫡长子岳托取代，舒尔哈齐家的代表为阿敏和济尔哈朗，还有莽古尔泰及其胞弟德格类、皇太极、阿济格、多铎—多尔衮。

都是嫡系子孙入列，努尔哈赤七个庶子无一人在内。

努尔哈赤将部分大权和旗务交给了嫡子，而嫡子中又以四大贝勒为领军人物。

清朝的皇子们，要想被自己的皇帝老爸封王，得看自己的能耐、机遇与父皇的喜好。

即便都是皇帝生子，然而因生母身份、爵位高低等，兄弟之间的政治待遇也会出现严重不对等。

崇德元年（1636），皇太极确定九等制，除皇长子豪格因军功卓著而受封和硕肃亲王外，其他十子作为皇子都不得封。

顺治六年（1649），将宗室爵位厘定为十二等，即和硕亲王、多罗郡王、多罗贝勒、固山贝子、奉恩镇国公、奉恩辅国公、不入八分镇国公、不入八分辅国公、镇国将军、辅国将军、奉国将军、奉恩将军，"有功封，有恩封，有考封"（《清史稿·皇子世表一》）。

顺治生子八人。其在位时，仅追封未命名的皇四子为荣亲王，其他儿子都是普通皇子身份，其中就包括后来成为康熙皇帝的皇三子玄烨。

《清史稿·皇子世表一》记载："原夫锡爵之本意，酬庸为上，展亲次之，故有皇子而仅封贝勒、贝子、公者。揆诸前禩，至谨极严。"酬庸者，即论功行赏。展亲者，谓重视亲族的情分，即皇帝诸子有嫡庶之分。

多尔衮曾有一句话，透过了现象说本质。

顺治五年十二月，大同总兵姜瓖闻讯多铎病故、多尔衮染病，率众反清，自称大将军，打出南明的旗号。

第二年正月，山西叛军刘迁攻打代州，占据外城，形势严峻。太宗的皇五子硕塞，坚守防区，麾兵掩杀来敌，用竖梯攻城大破敌军，斩杀敌将郭芳迁，为代州解围，又击败了刘迁的七千援兵。

硕塞多有战功，因此在大同阵前被前来督战招降的摄政睿亲王承制晋为亲王。同时受封的还有阿巴泰第三子博洛、褚英第三子尼堪。

对于这次擢封，多尔衮假顺治帝谕旨，说："博洛、尼堪、硕塞皆不当在贵宠之列。兹以太祖孙故，加锡王爵。其班次、俸禄不得与和硕亲王等。"（《清史稿·硕塞传》）

多尔衮的所谓贵宠之列，该是太祖太宗嫡子嫡孙，有嫡庶之分。

博洛、尼堪、硕塞确是太祖孙，而硕塞是太宗之皇子、世祖之亲兄，按贵宠不当与同等。多尔衮将硕塞等同于太宗的侄子、世祖的堂兄，无疑又是一种血缘歧视。多尔衮封硕塞为亲王，还特地强调在政治待遇和薪酬分配上，只比他原来的郡王稍好，但要比太宗和多尔衮封的和硕亲王们要差很多。

按清制，和硕亲王为宗室爵位中的第一等，每岁给俸银万两、禄米万斛；而郡王岁俸银五千两、禄米五千斛，比和硕亲王世子岁俸银、禄米的份额还要少一千。

血祭满文：努尔哈赤
杀了两大文臣

1

努尔哈赤能有天命，肇始有清一代，与他是一个有准备的人不无关系。

他还没有真正统一女真时，就想到了要为自己的子民和将来的国家创制文字。

他这个赳赳武夫，很早就在与汉人、蒙古人的抚顺"马市"贸易中，学习了蒙古文，能看懂汉文书写的《三国演义》和《水浒传》。

本来女真人有文字，但在金亡后使用者日少，至明朝中期便已失传。

正统九年（1444）二月甲午，女真玄城卫指挥使撒升哈、脱脱木达鲁等联合向明英宗递交报告，说："臣等四十卫无识女直字者，乞自后敕文之类第用鞑靼字。"（《明英宗实录》）得到了明廷的批准。

女直，即女真。鞑靼字，就是蒙古文字。

女真人使用蒙古文，也是谨遵明朝皇帝的规定。

习蒙古书、译蒙古语，就成了女真人将蒙古语作为"官方语言"的一种表现形式。

临近蒙古地区的女真人习得蒙古文，而与汉人打交道较多的女真人就掌握了基本的汉文。努尔哈赤就是认得两国外文，却不知本族文字的代表人物。

努尔哈赤起兵后，于明万历十五年（1587）六月二十四日在苏子河畔筑城，"定国政，禁革作乱、窃盗、欺诈，立禁约法制"（《满洲实录》卷二，满文体），以女真国主自居，但他在东征西讨中，使用的还是明朝天皇帝恩赏的建州都督及龙虎将军称号。

因而，他给明朝的文书，主要是汉人龚正陆用汉文书写的。

2

万历二十一年九月，努尔哈赤在古勒山一战大败以叶赫部为首的九部联军，势力范围迅速扩张，辖区人口急剧增多，与周边国家的官方文书往来也越来越多。

然而，非正式的女真国，也没有自己的正式文字。

努尔哈赤不想永远用别人的语言文字，于是想到了创制满文。

万历二十七年二月，努尔哈赤召集身边的文职官员召开座谈会。

努尔哈赤提出，以蒙古文字编成女真国语。

文臣额尔德尼、噶盖说："我们是因为读了蒙古文，才知道蒙古语，如果以此来为我国语创编译文，我们的能力有限，实在没有这个能力。"

额尔德尼、噶盖很早就追随努尔哈赤东征西讨，虽是武将出身，但又是精通多种外国文字的大学者，深得努尔哈赤的器重。

大学者们称创制国语难，但努尔哈赤不甘心，继续开导他们：汉人与蒙古人各自念汉字、蒙古字，所以上过学与没上过学的人都能懂。而我们女真国说自己的语言，写的却是蒙古文字，不学习蒙古语的人就不能懂了。你们为什么觉得创制本国文字难，而学习他国语言文字容易呢？

额尔德尼、噶盖不好继续说难，于是呼应努尔哈赤，"以我国之言编成文字最善"（《满洲实录》卷三），却还是倒苦水：如果让我们根据蒙古文翻译、创编女真语言文字，而且组织成文句，确实是我们不会的，所以难啊！

努尔哈赤看到了二位大学者赞同自己的创制满文之举，于是给他们提供新的思路："写阿字，下合一玛字，此非阿玛乎（阿玛，父也）？额字，下合一默字，此非额默乎（额默，母也）？吾意决矣，尔等试写也。"

最高领导人心意已决，并指明了创制办法，额尔德尼、噶盖不好继续称难，于是按照努尔哈赤的最高指示，仿照蒙古字母，结合女真人的口语发音特点，创制了没有圈点的满文，故称无圈点满文。

无圈点满文还是草创文字，不很完备。后来在天聪六年（1632），达海根据第二代最高领导人皇太极的指示，改进、圈点的新一代满文，与无圈点满文明显有别。

所以，无圈点满文又称为老满文。

老满文虽然粗糙，但在努尔哈赤建国前后至皇太极初期长达三十三年的时间里，它对于强化满族共同体，发展后金国，建立新秩序，还是起到了巨大的语言文字交流作用，当然也为达海进行文字改制奠定了坚实的基础。

《满洲实录》将老满文的创制之功安在创建后金国的清太祖努尔哈赤的头上，称他力主创制国语，具体指导创造，而让实际创造者额尔德尼、噶盖扮演不敢拒绝、勉为其难的角色，无疑与后来此二人死于非命有关。

然而，历史还是记住了额尔德尼、噶盖。创制满文之举，功在千秋。

3

额尔德尼、噶盖并非参与努尔哈赤为父祖复仇行动的旧部，但他们很早就追随努尔哈赤，深得他的信任和器重。

努尔哈赤创建满洲八旗，噶盖被安排在镶黄旗，额尔德尼则隶属正黄旗。

籍定上旗，官居高位。

额尔德尼主要职掌记载典例、负责文书，赐号巴克什。巴克什，相当于汉语中的"博士"，能说会写有学问，是清前时期赐予学者型文臣的一种美号。

额尔德尼还有不少战功。

葛盖不但创制满文有功，而且连年来同汗长子褚英、五大臣等率兵出击讷殷部等部落，攻城拔寨，军功卓著。努尔哈赤封其为扎尔固齐。

扎尔固齐，是努尔哈赤从蒙元官制中借用的词，译成汉语，即审事官、断事人。

蒋良骐《东华录》卷一记载，明万历四十三年，努尔哈赤设置理政听讼大臣五人，扎尔固齐十人佐理，五日一视朝，凡有听讼断事任务，则是"先经扎尔固齐十人审问，然后言于五臣，五臣审问，言于众贝勒，议定奏明"大汗。

这已是努尔哈赤创建后金前一年的官职建置。但在正式建置扎尔固齐的十六年前，努尔哈赤便已探索性地设置了这一审事官，以重臣葛盖出任。

但，葛盖却在联手额尔德尼创制满文的那一年，即万历二十七年年底，被努尔哈赤处死。

努尔哈赤给出的罪名是，被俘的哈达贝勒孟格布禄降而复叛，阴谋刺杀努尔哈赤，而受命与费英东一同监控孟格布禄的葛盖却没有及时察觉。于是，努尔哈赤在诛杀孟格布禄时，捎上了文武兼备的葛盖。

要知道，葛盖受封扎尔固齐，是努尔哈赤的最早尝试，而且在葛盖之前受封扎尔固齐的是名列五大臣之二的费英东，足见对他的高度重用。

费英东骁勇善战，万历十六年归附努尔哈赤，被授一等大臣，也曾兼任扎尔固齐。

就在葛盖被诛杀的当年九月，曾经的盟友哈达部与叶赫部发生战争，孟格布禄向努尔哈赤求援。努尔哈赤派费英东与葛盖二人领兵两千参战，使孟格布禄获胜。费英东举报孟格布禄暗投明朝，于是，努尔哈赤发兵擒获孟格布禄，灭了哈达部。

葛盖死于玩忽职守，险致大汗被刺。而努尔哈赤对与葛盖同样有满文创制之功的额尔德尼，却显得责罚过重。

天命八年（1623）九月，额尔德尼家的婢女首告主人收受朝鲜使臣送来的绢匹，并将其平常受贿所得的珍珠、东珠和黄金藏匿在井里。

努尔哈赤派人查抄。额尔德尼又将财物转移至妻弟家中，使调查无果。

查不到，努尔哈赤就直接找额尔德尼问话，威逼利诱他交出所谓的赃物。

努尔哈赤说："你所藏的东珠、珍珠和黄金等，是你奉命查抄其他人所得，现在畏罪藏匿，必须交出。只要你交出，我会给扎尔固齐专门下谕，赦你无罪。如果你坚持拒不承认，那我就不干涉调查团的追查到底。"

额尔德尼磕头，但不请罪。他大喊冤枉，声称没有藏匿财物。

努尔哈赤不给他自证清白的机会，说："你别急着回答，回去好好想想，想好了再来回答。"

额尔德尼刚到家，特使龙什就上了门，宣谕天命汗的命令："如果你献出藏匿的财物，既往不咎，恕你无罪！"

额尔德尼说："我岂能因为黄金珠宝贵重，而轻贱自己啊？大汗眷顾我，说只要献出就免除罪罚，那我还是交吧！"

额尔德尼将家中的东珠拿出来，但他声明，这不是侵占公物，而是私人财产。

额尔德尼说："这二十颗东珠，是副将雅荪的妻子所赠。当初，她是想把这些东珠送给哈达格格的，格格没接受。一天，我妻子去雅荪家串门，碰到雅荪妻子正整理箱柜，看到了这些东珠。我妻子想到我们的儿子有牙病，就把这些东珠讨来，想要敷到儿子的患处。我听说，这些东珠是雅荪从明朝使者那里买的。"

努尔哈赤找来明使核实。

明使说，雅荪确实在他手上买了东珠，但数量不对。

数不符实。额尔德尼交代不清财产的来源。扎尔固齐开堂审理。

众扎尔固齐问额尔德尼："如果这些真是雅荪家的东西，那么为什么当初在辽阳抄雅荪家时，没有发现呢？我们连雅荪家所有的米、肉都已搜尽，却单单没有搜出东珠？你当初为什么不说是雅荪妻子所给，也没有说明她有二十多颗？"

雅荪是一个好弄权术、爱编谎话的人，曾给天命汗上书邀功请赏。努尔哈赤派人一查，发现他将他人之功冒为己功，大怒，将其定为死罪，后来免死，划入四贝勒皇太极的正白旗。

查抄雅荪家时，额尔德尼应该是执行者之一。

审事官们继续一连串地追问额尔德尼："你藏匿东珠，为什么要赖在雅荪的身上？你又为什么在抄家时把东珠藏在井里？"

众扎尔固齐商定，判额尔德尼死罪。

此案，额尔德尼并没有认罪。审事官们为了给努尔哈赤一个从严处理的结果，要将额尔德尼的老婆一同处死。

审事官们又找来了首告他窝赃的婢女，由其再次揭发：额尔德尼曾经命家奴退出，自己一家人"闭门私议"。将额尔德尼的兄弟、儿子一并圈了进来。

因为努尔哈赤初定国政，颁布法令，曾规定："父有罪，子勿涉，至兄有罪，弟勿涉。若涉之，则死罪同斩，罚罪同罚。"（《满文老档》"太祖皇帝"第五十册《额尔德尼因藏匿东珠珍珠等物被杀》）

主人们没有当着仆人们的面说话，就成了罪行。

审事官们仅凭额尔德尼献出的东珠，以及婢女并无实证的检举揭发，就将额尔德尼的窃藏之罪做实了。

努尔哈赤下令将额尔德尼夫妇诛杀，另外将他们的亲属分别处以五十至一百不等的鞭挞，外加上刺穿耳、鼻的野蛮刑罚。

额尔德尼是罪有应得，还是彻底被诬？且不好说。

然而有一点值得注意，额尔德尼对于这样粗暴的执法手段并不陌生。三年前，即天命五年，他曾伙同扈尔汉、雅荪等，仰承皇太极鼻息，构陷努尔哈赤继妃富察氏衮代"私藏金帛"，"迫令大归"。

努尔哈赤晚年深居简出、怠于理政，导致了他在额尔德尼问题上，确实有量刑过重、滥杀无辜之嫌。

为何要过分地处死曾经帮助自己创制满文的大功臣额尔德尼？努尔哈赤给出的答案是："额尔德尼曾言以忠效死。倘哈达之格格将雅苏之妻曾馈送东珠二十余颗之事如实告知诸贝勒，而尔等诸贝勒亦确已闻之，则我之枉谬也。获他国之人，亦当视为友人而豢养之，差遣如此众多之幕友，怎可轻易杀之？一支箭尚且惜之矣。额尔德尼岂能谓忠？"

何以一个已被处死的罪臣，还需努尔哈赤郑重其事地、长篇累牍地阐释他言语上的忠与行动上的不忠？言不符实，努尔哈赤其实要进一步说明自己对于这位大功臣的恨，恨其经常性破坏政治规矩，从而警示众贝勒，包括参与八和硕贝勒共治国政制的贝勒们：不得擅权妄为！

努尔哈赤之所以对曾服侍自己多年的"幕友"，如额尔德尼，如噶盖，不惜痛下杀手，即便他们地位崇隆、声势鼎盛，原因只有一条：他们不该对天命汗有所敷衍、有所懈怠、有所隐瞒，否则就是不忠，就是该死！

努尔哈赤害怕身边的重臣参与诸子夺储的争斗，一旦发现，毫不手软。如其曾视若爱子的虾阿哥扈尔汗，如其倚为心腹的从弟阿敦，如其格外重视的督堂额附乌尔古岱，以及这位文武双全的首席文臣额尔德尼，都是因为与努尔哈赤自称"我之爱妻所生惟一后嗣而不胜眷爱"（《满文老档》"太祖皇帝"第五十四册《乌尔古岱及四贝勒、德格类、济尔哈朗、岳托等人受罚》）的四贝勒皇太极往来密切，而借题发挥，小题大做，或革职禁言使之抑郁而终，或议定重罪下狱诛杀，毫不念及往日情分。

这是敲警钟，也是树另一种榜样。

哈达之战：败将要抢努尔哈赤的女人

1

万历二十一年（1593）九月，古勒山一战，努尔哈赤以一敌三，完胜气焰汹汹的九部联军。

联军的带头大哥叶赫贝勒布寨——不可一世的海西（扈伦）霸主，遭遇了额亦都所率的一百建州精锐。横冲直撞的布寨坐骑被一根突袭的木棒掀翻在地。

一个建州士卒，"奔向前，踞其身，刺杀之"（《清太祖高皇帝实录》卷一）。

这是此战决定性的三步动作。

布寨死了，死在小人物吴谈的钢刀之下。

众贝勒大惧，无心再战。

人多势强的九部联军，败的败，逃的逃。

努尔哈赤乘胜追击，联军横尸遍野，积尸满沟。努尔哈赤一路追击到哈达部柴河寨之南渥黑运地。

于是，海西女真向建州女真乞和。

万历二十五年春正月，"扈伦诸部同遣使行成于太祖曰：'吾等兵败名辱，继自今愿缔旧好，申之以婚媾！'"（《清史稿》卷二百二十三）

努尔哈赤很重视这一次结盟，"具礼以聘"，还宰牛杀马，设置卮酒、块土及肉、血、骨各一大盆，与叶赫等扈伦女真告天盟誓。

使臣们先表明心迹：结盟之后，如果背弃婚媾，背叛盟约，则像此土、此骨、此血，将永远失去天命，降为邦属。如果始终不渝，饮此酒，食此肉，则"福禄永昌"！

努尔哈赤也表明态度：只要你们兑现自己的承诺，我一定友好待之，但如果有背誓者，我给你三年时间，一定征讨之。

胜利者，姿态是高傲的，也在用实力说话，宣示着威德！

叶赫重新组建最高部务委员会，让布寨之子布扬古承嗣，成为贝勒之一。但统领大权掌控在纳林布禄、金台石兄弟手中。他们推荐纳林布禄为最高领导人，一边重整旧部，一边商议对策。

他们商定，再次与建州女真联姻。

这次担负缔结姻盟使命的，不再是妹妹，而是他们的侄女、布寨的女儿。他们让她和堂姑孟古哲哲一起侍奉努尔哈赤。同时，安排金台石的女儿嫁给努尔哈赤的次子代善。

纳林布禄的意思很明确，让两个侄女分别嫁给杀父仇人和仇人之子，肩负联姻使命的同时，完成刺努的任务。

计划是歹毒的。

只是后来相关电视剧添油加醋，如《太祖秘史》安排努尔哈赤与那位叶赫美女演绎出了一场轰轰烈烈的爱情。

剧中的叶赫美女东哥，不再是布寨的女儿，而是纳林布禄的亲妹、孟古哲哲的姐姐。她爱上了死缠烂打、夺弟所爱的努尔哈赤，然纳林布禄不允，结果由孟古代姐出嫁上了花轿。

影视剧继续发酵。一次交战，纳林布禄死于非命(抢了历史上布寨的戏份)，结果孟古怒发冲冠，差点刺死了努尔哈赤。

事实上，孟古没有刺夫，而是老公妻妾成群中的"爱妻"。作为再次担负联姻使命的女人，东哥在哥哥布扬古传达政治任务时，虽然只有十四岁，却已经表现出烈女的风范。

——杀父之仇不共戴天。天下英雄，谁替我杀了努尔哈赤，我就嫁给谁！

此言一出，女真轰动。

首先应聘的，是哈达贝勒孟格布禄。

其实，东哥的祖父清佳努，与纳林布禄的父亲杨吉努是一对亲兄弟，因被拖入哈达内讧，死于非命。

万历十一年十二月，明辽东巡抚李松、总兵李成梁，利用清佳努和杨吉努到开原参加马市贸易的机会，在中固城关帝庙设"市圈计"，诱其入伏，而袭杀之。

李成梁下令，叶赫部要无条件地接受哈达贝勒孟格布禄的管束。

此时的孟格布禄很年轻，只有十九岁，因为大哥扈尔干的突然去世，承袭了父亲王台龙虎将军、左都督的职位。但是，部众都不愿意依附孟格布禄，使之不但没有取得哈达的绝对统治权，而且受到了扈尔干之子岱善和王台私生子康古鲁的武力威胁。于是，纳林布禄为父复仇，率五千骑兵围困岱善时，孟格布禄非但不出兵营救侄儿，反而趁机放归了叶赫俘虏。明边官对孟格布禄帮助叶赫之举十分不满，以绝马市贸易相威胁，严令孟格布禄归还掠占岱善所部的人畜、土地，孟格布禄拒不接受。

孟格布禄与叶赫关系更加密切。

2

哈达与叶赫，有说不清的恩恩怨怨。他们是邻国，是盟友，是姻亲，也是世仇。

哈达老贝勒王台娶了叶赫贝勒清佳努、杨吉努的妹妹温姐，生子孟格布禄。王台又将女儿嫁给了杨吉努。

但是，清佳努、杨吉努亡哈达之心更加疯狂。因为他们的祖父褚孔格，靠制造祸乱起家，被明廷招抚，封塔鲁木卫都督佥事，却被王台的伯父、哈达前首领旺济外兰所杀。

旺济外兰不但掠夺了褚孔格所属的村寨，还抢走了明朝颁发的嘉奖令。

即便王台和杨吉努缔结双重姻盟，郎舅变成了翁婿，亲上加亲，杨吉努仍然趁着王台年迈停妻再娶，又拉拢王台长子扈尔干的手下白虎赤，诱其叛逃叶赫，使王台忧愤而死。

王台有五子，老大扈尔干，老二老三早逝，老四为孟格布禄。康古鲁是王台的情人所生，被后来的清史称为"庶孽"。

王台突然去世，没有指定接班人。扈尔干本该以嫡长子的身份继承汗位，却没料到没名分的康古鲁找上门，不但要认祖归宗，而且要做哈达之主。

扈尔干大怒：你不过是私生子，还敢与我争夺遗产？

康古鲁说：私生子也是子，拥有继承权。

扈尔干厉声：如果你不退让，我就杀了你！

嫡庶之争。

内外之争。

兄弟为敌！

康古鲁势力虚弱，不敢与之争锋，于是逃亡叶赫，被叶赫老大清佳努招为女婿。

扈尔干成了哈达首领。此时，努尔哈赤已起兵，不断扩充队伍，于是扈尔干借兵给兆佳城主李岱，唆使他劫掠努尔哈赤的瑚济寨。结果，建州大将安费扬古、巴逊率十二人追击，杀了哈达兵士四十人，抢回了寨子、人口和财物。

扈尔干急火攻心，一命呜呼。他的儿子岱善尚小，于是改由孟格布禄接班。

孟格布禄缺乏人望，部众力挺岱善，叶赫也派人送回了姑爷康古鲁。

哈达出现了三股势力：岱善、康古鲁、孟格布禄，分割着王台的遗业。

哈达内部缠斗不休，同时引入叶赫势力，加剧了内讧。

叔侄之间，兄弟之间，嫡庶之间，武力相对。

孟格布禄因为母亲温姐是叶赫贝勒家格格的缘故，明里暗里支持康古鲁，对付侄儿岱善。

叶赫清佳努、杨吉努兄弟另怀鬼胎，干预哈达内争，意图加剧哈达内乱，更好地杀戮王台子孙。

叶赫名曰助战，扶持亲叶势力，实为复仇，不惜多次邀请女真其他部落和蒙古科尔沁骑兵，用兵上万，攻打哈达。他们不但攻打岱善，就连康古鲁、孟格布禄也成了其复仇的对象。

明廷自然不能放松警惕，担心还会出现称雄不称臣的建州王杲。他们需要新的王台称臣不称雄，配合朝廷剿灭桀骜不驯的造反分子，朝廷可以允许他自称汗，可以进封他为右柱国、龙虎将军和左都督。

对于积蓄力量不听约束的清佳努、杨吉努兄弟，明朝总兵李成梁只能设置"市圈计"诱杀之。但为了转移矛盾，明廷命孟格布禄成为监管叶赫的地方势力。

孟格布禄因为内部不支持，情愿受叶赫驱使，罔顾朝廷的命令，同叶赫新一代领导人，即他的表兄弟布寨、纳林布禄结成新的同盟，继续支持康古鲁攻击岱善。

明朝军队决定进行武力干预，守备副使王缄在一次偷袭中擒获温姐和康古鲁。

辽东新任巡抚顾养谦大喜，认为奇货可居，足以威胁孟格布禄：要求他和岱善搞好关系，归还岱善的田地和牲畜，否则就将其母温姐斩首。

这本是利益的筹码，是一个能让孟格布禄投鼠忌器的手段，却被王缄劝止。

王缄说，杀了温姐，只会激怒孟格布禄。

顾养谦只好放了温姐，但孟格布禄继续吃里爬外。

李成梁决意率兵惩罚孟格布禄，将其死死围困于孤城，最后迫其屈膝乞降。

孟格布禄强悍，而岱善孱弱。

明廷决定扶持岱善，利用他来控制哈达部众。

已升任明朝蓟辽总督兼兵部左侍郎的顾养谦提出了新的主张："岱善弱而多疑，即歼诸酋立之，不能有其众。不如释康古鲁，使和岱善，则万子孙皆全。岱善内倚中国，外结建州，阴折北关谋，实制东陲胜策也。"(《清史稿》卷二百二十三)万，即岱善的祖父、孟格布禄和康古鲁的父亲王台，又称万汗。北关，指叶赫。

万历十六年夏四月，明廷释放康古鲁，对他发出最高指示：朝廷决定立岱善为哈达之主，这是因为王台的缘故。囚禁你，是因为你帮助叶赫侵袭岱善。你也是王台之子，所以朝廷不忍杀了你。现在释放你，你要和岱善搞好关系，修好你父亲王台的事业。

哈达的统领大权被明廷明确交与岱善，并许诺如其出现危急，部众由康古鲁掌领。

同时，明廷给布寨、纳林布禄下达严令：叶赫不得侵扰哈达，否则朝廷出兵进剿。

而对于孟格布禄，明廷的惩罚是严厉的，不但将他这位曾经的哈达之主、朝廷都督排除在哈达核心权力之外，还"敕孟格布禄出岱善妻子五人，及所部种人三百二十三、妇稚五百四十三、马牛羊数百，归岱善"。

在明廷强大的军事压力下，孟格布禄只能无条件接受命令，并忍气吞声地居于岱善、康古鲁的统管之下。

3

康古鲁没有等到岱善出现危急事件，甚至没有等到岱善的屁股把哈达汗位坐热乎，就很快病逝了。

他在临终前，叮嘱继母温姐和同父异母的兄弟孟格布禄："毋盗边负明恩！"

《清史稿》卷二百二十三）

他希望与叶赫有着千丝万缕的关系的孟格布禄母子，能放弃夺位，遵从明廷命令，与侄儿岱善搞好关系。

康古鲁的意思很明确，就是要孟格布禄和叶赫保持距离，不跟着起哄，使哈达内部闹分裂。

孟格布禄答应得爽快，背叛得也迅速，完全不顾其母的极力反对和抑郁而卒，坚持伙同叶赫贝勒布寨、纳林布禄图谋铲除侄儿岱善。

万历十九年，布寨、纳林布禄突然向哈达老大岱善示好，发出缔结姻盟的邀请，要将布寨九岁的女儿——叶赫美女（即传说中的东哥，史称叶赫老女或北关老女），送给妻妾成群的他做女人。

准岳父发话了：岱善必须前来叶赫迎娶，缔结两部姻盟，以示虔诚。

这又是一个甜蜜背后的阴谋——就在迎亲途中，叶赫埋伏了兵士和暗箭。很快，新郎官岱善在狂喜之中死于叶赫伏兵的乱刀之下。

其最小的亲叔叔孟格布禄也参与了围攻。

孟格布禄在叶赫武装的帮助下，重新成为哈达的一把手。而且，此时的他在哈达已是绝对权威，没了竞争对手。

但是，他失去了昔日的强悍和霸气，而成了叶赫的傀儡。

叶赫向建州逼降，索要土地，孟格布禄欣然派遣使者一起威逼。

他利用扈伦四部偷袭建州之机，看到努尔哈赤殿后落单，遂率精锐尾随，进行再偷袭。

叶赫发起九部联军攻打建州的计划，孟格布禄亲率数千将士加盟。

孟格布禄打着自己的小算盘。他想得到当初诱杀岱善的香饵——东哥。

爱江山更爱美人，孟格布禄有自己的追求。或许，他听信了叶赫部巫师预言"此女可兴天下，可亡天下"的前半部分，所以情愿不惜一切代价。

当然，孟格布禄与布寨兄弟的辈分也是说不清的，既是他们的长辈，也是他们的同辈。而他最想成为他们的晚辈——女婿。

没想到纳林布禄在古勒山战后，要将绝色东哥献给胜利者努尔哈赤，而不是对他马首是瞻的孟格布禄。

当他听说东哥不愿意嫁给杀父仇人，而且向天下人征婚并征集复仇者时，孟格布禄乐了，赶紧报名应征，订下婚约。

但没想到，万历二十七年秋，叶赫突然向哈达发动进攻。孟格布禄不敌，于是向努尔哈赤借兵，并以三个儿子作为人质。

在土地、人口、财物、粮草、牲畜等利益面前，曾经勾肩搭背的盟友是很容易反目成仇的。

努尔哈赤立即派大将费英东、噶盖率领援军两千，保护哈达。

叶赫贝勒纳林布禄闻讯后，修书给孟格布禄，明确表示：只要孟格布禄对明朝怀有二心，同时袭击费英东所部，就将东哥送给他。

孟格布禄乐了，赶紧谋划行动，不料被费英东察觉，及时报告给努尔哈赤。

努尔哈赤大怒，亲率大军，由其弟舒尔哈齐做先锋，攻打哈达都城，很快破城。

孟格布禄父子沦为努尔哈赤的阶下囚。

努尔哈赤没有杀孟格布禄，而是赐予貂帽、豹裘，安置帐中，甚至考虑过把第三女莽古济嫁给他。

努尔哈赤如此做，原因是明廷对哈达还是很支持，他也不能因此灭了哈达，而招致明军的攻击。

很快，努尔哈赤改变了主意，以"孟格布禄与噶盖谋为叛，事泄，乃杀之"（《清史稿》卷二百二十三）。是事实，还是阴谋？努尔哈赤特将刚为他创制满文的扎尔固齐噶盖，以知谋逆不报之罪处死了，有做足事实之举，也有欲盖弥彰之嫌。

至于噶盖是否死得冤枉，且不好说。他既有征战之功，也是谋略之臣，携手额尔德尼创制了老满文，努尔哈赤曾对他很看重。但是，努尔哈赤竟然以不察孟格布禄刺杀自己的罪名，将其斩杀，应该有当年诸葛亮挥泪斩马谡之痛。

枉杀也好，这也是一种政治需要！

一年多过去，努尔哈赤将十三岁的莽古济嫁给孟格布禄之子吴尔古代，并利用纳林布禄纠合蒙古掠夺哈达，造成饥荒。明廷坐视不理，努尔哈赤于是派兵送女婿返回哈达。

哈达已名存实亡。

孟格布禄死在好色上。他满以为通过忠诚于叶赫，能夺取已许婚建州的叶赫美女，殊不知努尔哈赤却不以为然。

努尔哈赤说："此女之生，非同一般者，乃为亡国而生矣！以此女故，哈达国灭。"（《满文老档》"太祖皇帝"第四册《叶赫以努尔哈齐所聘女改适蒙古》）

孟格布禄想方设法与努尔哈赤抢女人，殊不知若干年后，叶赫又将叶赫老女改适蒙古喀尔喀部贝勒巴噶达尔汗之长子莽古尔岱。建州大将们建议兴兵讨伐，努尔哈赤哈哈大笑：我都不埋怨他人迎娶那位叶赫美女，你们为何深以为憾？

他真的无怨吗？

辉发之战：努尔哈赤差点
被投降者耍了

1

明万历二十一年（1593）九月，努尔哈赤在古勒山一战中被迫应战，逆势而起，打得九部联军精锐三万多人落荒而逃。

第一次大战告捷，满怀雄图大略的努尔哈赤自然要乘胜追击，追责挑起战端的参战诸部。

肇事者叶赫部落，是联军首领。他们在此战中付出了惨痛的代价：大贝勒布寨被杀死，一劈两半，一半留在建州，一半送回叶赫。

是侮辱，也是警示！

叶赫二号首长纳林布禄顺序成为老大。他是这一场大战的始作俑者，也是努尔哈赤"爱妻"孟古哲哲的亲哥哥。孟古深得努尔哈赤的喜爱，刚刚给他生下了第八个儿子皇太极。

纳林布禄送一场大战做贺礼，努尔哈赤只能隐忍待机。

如果努尔哈赤首选叶赫，刚经历古勒山大战的建州女真，无论军事实力还是后勤补给，都不足以同海西老大叶赫火拼。于是，努尔哈赤接受了叶赫的议和，庆祝大舅哥的荣升。

努尔哈赤的态度很明确：你可以无情无义，但我有胆有识。

纳林布禄给努尔哈赤准备了一个绝色的礼物，即将传说中的女真第一美女——布寨之女东哥——送给努尔哈赤。这原是叶赫给哈达前贝勒岱善设的圈套。纳林布禄要赋予她新的政治任务，就是同自己的堂姑孟古一起侍奉建州老大努尔哈赤，暗中布置了新的陷阱。

因为此女之美貌传扬女真各部落，所以各部首领都是垂涎万丈。乌拉贝勒布占泰之所以统兵加盟九部联军，也是因为对叶赫美人想入非非，被布寨、纳林布禄利用，作为联盟的条件。若东哥真被努尔哈赤迎娶了，必然会引发不少眼红者的攻击。

以女人建立姻盟，是当时四分五裂的女真各部交好、各图所得的利器。

但是，叶赫老女不愿意嫁给杀父仇人，并扬言：谁为她报仇，杀了努尔哈赤，她就嫁给他，但努尔哈赤还是欣然同叶赫订立了新的盟约。

努尔哈赤并未因此放慢统一女真的铁血征程。

复仇的首战，直指东北长白山的朱舍里部和讷殷部。

他完胜古勒山大战的第二个月，即以朱舍里部首领纾楞格派兵参与九部联军、资敌来攻为由，发兵攻打朱舍里，擒获纾楞格。努尔哈赤并没有严惩这个趋势逐利者，而是"宽释其罪，还之以归"（《清太祖高皇帝实录》卷二，辛卯冬十月辛巳）。

努尔哈赤远交近攻、分化瓦解、联大击小、分别征抚的战略思想出炉了！

努尔哈赤这样做，主要考虑到自己的兵力有限，先稳住叶赫，再敲打朱舍里；同时，如果同朱舍里火拼，再损自己，得不偿失，不如豢养之，多一个盟友。

努尔哈赤跳过讷殷攻打朱舍里时，讷殷部首领搜稳、塞克什积极整兵待战，聚集了七寨人马，据守佛多和山山寨。

努尔哈赤派出巴图鲁额亦都、安费扬古和扎尔固齐噶盖，统兵一千，围攻佛多和山，历时四月有余，成功斩杀搜稳、塞克什。

蒙古科尔沁贝勒明安和喀尔喀五部贝勒老萨，纷纷遣使通好，给努尔哈赤送来了上好的战马、骆驼，还有贝勒家的女儿，开启了著名的满蒙姻盟制。"自是蒙古诸贝勒通使不绝！"（《清太祖高皇帝实录》卷二，甲午春正月庚辰）

2

努尔哈赤解决了长白山二部和蒙古诸部的问题，队伍得到了休整和补充，便腾出手来，开始将剑锋指向西北海西女真（又称扈伦女真）。

《清太祖高皇帝实录》卷二记载："乙未夏六月壬寅朔，上率兵攻克辉发贝勒拜音达里所属之多璧城，斩城守克充哥、苏猛格二人而还。"

此事发生在万历二十三年六月。他不敢大张旗鼓地开战，而是尝试敲打了一次邻近讷殷的辉发。

辉发地形易守难攻，曾经让来犯的蒙古铁骑铩羽而归。努尔哈赤选择对辉发首战，小胜一次，算是对其首领拜音达里的警告。

辉发曾两次在拜音达里的指挥下，对努尔哈赤的建州女真进行武力威胁：一次是加盟九部联军出战古勒山，另一次是在此前不久会同叶赫、哈达派人至建州，威逼努尔哈赤归顺叶赫。

所以，《满文老档》"太祖皇帝"第一册《灭辉发部》就说："辉发之拜音达里贝勒，曾助叶赫之布寨及纳林布禄，两次派兵来犯。"

人不犯我，我不犯人；人若犯我，我必歼之。辉发与建州，拜音达里与努尔哈赤，已然是宿敌。他们之间，必有一战。

但是，拜音达里在古勒山战败后，辉发内部出现了一系列叛逃事件，部内形势动荡不稳。

这些事件的缘起是他的首领之位得来不正。他是祖父老贝勒旺吉努（王机努）长子之子。其父早亡，继而祖父去世，拜音达里诛杀叔父七人，自立为贝勒，统治着辉发。

拜音达里在古勒山败逃，又主动与叶赫诸部共同向建州派遣使臣谒见努尔哈赤，让其族人看到了他的无能。

他的兄弟们纷纷叛逃至叶赫，族人也纷纷逃离辉发。众叛亲离，拜音达里怯懦了。叶赫贝勒纳林布禄、金台石兄弟也在蠢蠢欲动，图谋吞并辉发。

周边环境也很紧张。建州与叶赫再次联姻，椎牛刑马为盟，而辉发的西邻哈达已被努尔哈赤吞并了。努尔哈赤远交近攻，拜音达里担心自己是下一个哈达。于是，他向势力日渐强大的努尔哈赤示好。

为了表示诚意，拜音达里将本部七大臣的儿子送到建州当人质，请求支援。

拜音达里以七臣之子为人质，却舍不得自己的儿子，但努尔哈赤还是借兵一千，帮助他平定了原始的叛乱。

人质，非劫犯挟持渔利的肉票，但意义相仿。这是权力纷争的一种制衡术，在战国时代便已盛行。触詟说赵太后，讲的就是人质政治的利害关系。嬴政父子原本是险被遗忘的质子，后经精明的吕不韦暗箱操作，咸鱼翻身。且不说吕氏是为知己的宗主，还是为前侍妾说不清的谁的种，或为己弃商从政寻求机遇，都无法改变著名的始皇帝曾有质子身份这一事实。这是当时的国际质子关系。

即便到了朱元璋这样的霸主时代，为让手下干将给自己卖命，统治者也会把他们的妻儿父母恩赏般圈养起来。貌似为之解决后顾之忧，实则谁都明白，这些被圈养的人就是王霸政治的国内质子。

明末的女真诸部落，还处在野蛮的奴隶制社会，但质子与联姻一样，都是一种实现军事联盟的有效措施。

对于辉发与建州交好，叶赫贝勒纳林布禄很不满。他派人给拜音达里传达海西盟主的指令：如果你向努尔哈赤索还人质，那么我就归还你叛逃至叶赫的兄弟。

拜音达里弑叔自立，最怕兄弟们在叶赫的支持下前来夺位。哈达又是前车之鉴：老贝勒王台死后，叶赫的武力支持使得该部内战不止，贝勒孟格布禄进退两难。

拜音达里同意了纳林布禄的提议，并声明："我将中立于尔两国之间也！"

《满文老档》"太祖皇帝"第一册《灭辉发部》）

他的言下之意是，你纳林布禄和努尔哈赤继续缠斗，我明哲保身，两不相帮。

既然他承诺中立，努尔哈赤也就不为难他，送还了辉发的人质。

3

哪晓得，收回了人质的拜音达里，得到了大臣们的支持，狂喜冲昏了头脑，主动向叶赫摇尾乞怜，还把自己的儿子送到纳林布禄处当人质。

拜音达里是割肉饲虎，纳林布禄没有一点归还辉发叛民的意思。

迫于无奈，拜音达里再次向努尔哈赤求援，说：我过去被纳林布禄欺骗，从今起我要仰仗您淑勒贝勒谋生，所以，我请求您将许嫁常书之子的女儿改嫁给我为妻。

常书是最早归附努尔哈赤的盟友、苏克苏浒河部沾河寨主，努尔哈赤曾答应将第二女许配给他儿子。拜音达里突然向努尔哈赤提出缔结姻盟的请求，条件很苛刻，就要努尔哈赤先悔婚，再把指定的第二女改嫁给他。

拜音达里自请为婿，努尔哈赤只好委屈常书。哪知，拜音达里见努尔哈赤应允婚约，又不愿意迎娶他的女儿了。

这是赤裸裸的侮辱，也是真切切的挑战。他要让努尔哈赤失信于部下，翻覆于天下。

努尔哈赤派人质问：过去叶赫强大之时，你拜音达里出兵帮助纳林布禄，两次冒犯我。现在，你声称要娶我女为妻，怎么又变心悔婚？

拜音达里表现得很无奈，说：待到我在叶赫做人质的儿子一归来，我马上迎娶您的女儿，与您结盟。

拜音达里明面回答得很动情，暗地又修了第三道城墙。他在备战，防备建州来攻。

想必，他暗地里对叶赫汇报了自己是如何耍努尔哈赤的。纳林布禄一高兴，就将他的儿子送回了辉发。

努尔哈赤的信使又来了，追问拜音达里履行婚约的事：你的质子已归，准备怎样迎娶我女？

拜音达里修好了三重防线，自以为不怕建州来攻，于是公开撕毁了盟约：努尔哈赤，我就是不要你的女儿！

既然拜音达里表明了最后的态度，努尔哈赤也不等了。

万历三十五年九月九日，努尔哈赤亲率大军征讨辉发，第五日抵达色和里岭，一举攻克辉发，俘杀了拜音达里和他那质子儿子，屠杀了他的兵士，招抚他的民众，带走了他的族人。

辉发亡了。

拜音达里玩火自焚。

《满文老档》说，努尔哈赤行军攻打辉发，途遇"天降雨一昼夜方晴"。这是胜利者显摆老天都在帮他。

《清史稿》卷二百二十三写道："拜音达里倚城坚，度兵即至，足以守，遂负盟。三十五年秋九月丙申，长星出东方指辉发，八夕乃灭。"辉发覆灭，似乎是拜音达里负盟亡国，而努尔哈赤乃天命所归。

这些都是彰显胜利者的祯祥之兆，嘲讽失败者的寡助之举。奇异也好，荒谬也罢，半开化状态中的征服者与被征服者，除了血腥的厮杀，就是无情的杀戮。

努尔哈赤最初是想以姻盟的形式稳住辉发，却不料拜音达里失信背约，成就了他继续蚕食海西的二战告捷。

其实，即便拜音达里做了建州的老女婿，也不可逆转努尔哈赤逐鹿海西的雄心壮志。但是，女婿没做成，拜音达里也该是最敢耍努尔哈赤的人！

乌拉之战：互为翁婿的
利益绑架不牢靠

1

春秋齐国大政治家管仲说过："君人者，以百姓为天。百姓与之则安，辅之则强，非之则危，背之则亡。"

民为邦本，百姓为天。

这段文字，不是出自挂名管仲之作的《管子》，而是被西汉的刘向作为逸闻逸事写进了《说苑·建本》。

汉人的政治理念，未必为两千多年后女真诸部落头人所听闻，但，他们相互侵袭和抢夺，也是攻城略地、抢夺百姓。在他们的思想里，抢来的就是可以任意盘剥的奴隶，而不是管仲警示君王百姓贵如天的民本。

这不，就连曾经被努尔哈赤支持夺位的乌拉贝勒布占泰，根基还未稳，就开始暗暗地挖建州恩主的墙脚了。

万历二十五年（1597）正月，海西女真四部相约遣使至建州，请罪复盟。盟约的墨迹未干，布占泰就同率先背盟的叶赫贝勒纳林布禄搅到了一起——布占泰一伙抓住建州所属瓦尔喀部的安褚拉库，内河二路头人罗屯、噶石屯、汪吉房，送往叶赫，让纳林布禄威胁他们背叛努尔哈赤。

布占泰与纳林布禄一样，还是亡努尔哈赤之心不死。

在四年前图谋的古勒山之战中，两人虽然相处时间不多，却结下了深厚的战友情谊。

为了重修旧好，布占泰强迫亡兄满泰的遗孀都都祜拿出珍藏的铜锤，送给纳林布禄。

当初，他们组成九部三万大军，被努尔哈赤不足万人的队伍打得损兵折将、丢盔卸甲、落荒而逃。纳林布禄逃走了，丢下布占泰在逃亡中被建州一个无名英雄擒获。

建州兵正要砍了布占泰时，这小子大喊大叫：别砍我，我愿意出钱赎身。

建州兵不知道抓了一个大人物，但听到人家要自赎，赶紧绑着送往努尔哈赤的中军大营。

布占泰见到努尔哈赤，纳头便拜，叩头不已，活脱脱一个怕死鬼。

努尔哈赤问他是谁。布占泰说：我是乌拉贝勒满泰之弟布占泰也。怕被杀，所以不敢明言身份。现在见到了您，生死任凭您一句话！

奇货可居！

努尔哈赤装模作样地大骂：你等九部侵害无辜,咎由自取。昨天擒杀布寨时,如果抓住了你，一定将你砍了。

说完了狠话，努尔哈赤又兜售柔情："今既见汝，何忍杀？"（《清太祖高皇帝实录》卷二，辛卯秋九月壬子）

努尔哈赤不但不忍杀，还"赐猞猁狲裘，豢养之"。

豢养，就是养宠物。

努尔哈赤养布占泰，可不是供欣赏的，而是另有政治需要。为了这种需要，努尔哈赤精心养了他三年。

万历二十四年七月，努尔哈赤收到密探回报：乌拉贝勒满泰带着儿子，在苏瓦烟席拦地修筑边境壕沟，强制两名村妇侍寝，结果被村妇的男人夜袭，砍下了脑袋。

色字头上一把刀，满泰父子双双丧命。

努尔哈赤赶紧遣图尔坤黄占、博尔昆费扬古带兵，护送布占泰回乌拉，抢班夺位。

满泰和儿子被杀，亲弟弟布占泰成了第一顺位继承人。他们的叔父兴尼牙蠢蠢欲动，图谋杀侄儿篡位，但因建州两大臣护卫太严密，不能得逞，改投叶赫去了。

布占泰成了乌拉之主。

布占泰表面效忠努尔哈赤，却阳奉阴违，故而有了前述的抓获努尔哈赤头人强迫他们背叛之举。

布占泰很鬼，还在万历二十六年十二月亲率一个三百人的感谢团，来到建州。

他感激涕零地表决心：贝勒对我有再生之恩，我会像对待父亲一样侍奉你！

他表达诚意，是在试探对方什么态度。布占泰见努尔哈赤没有愤怒，便将一个妹妹送给努尔哈赤做弟媳妇，嫁给舒尔哈齐做侧福晋。

作为答谢礼，努尔哈赤命舒尔哈齐将大女儿额实泰嫁给布占泰为妻，同时送了他甲胄五十副、敕书十道，以及大量的财物。

布占泰摇身一变，成了建州二号首长舒尔哈齐的大舅哥，也是他的大女婿。

不久，布占泰又将满泰的十二岁遗孤女阿巴亥送给努尔哈赤。阿巴亥先后给努尔哈赤生了三个儿子：阿济格、多尔衮和多铎，都是清朝开国史上赫赫有名的大人物，为逆袭的满洲政权入主中原起到了关键性作用。

2

电视剧《太祖秘史》设计，乌拉贝勒布占泰与侄女阿巴亥之间，有说不清的情感纠葛，甚至在孤女嫁往建州的前夜，他差点成了阿巴亥的第一个男人。

他胆怯了！

这是一个大胆的现代猜想，忽略了布占泰是阿巴亥的亲叔叔。清朝史官留下的史料中，经过阿巴亥之子多尔衮摄政时代的淘洗，也不会出现布、阿的苟且。史料反而把布占泰写成了爱江山更爱美人的主——有天生的色心，也有包天的色胆。

他做了建州女婿还不知足，又相继派人前往叶赫与科尔沁求亲，送去了大量的铠甲、貂皮、猞猁狲裘、金银和驼马为聘礼。

结果，科尔沁贝勒明安受而不允婚，就连叶赫为了诱惑他参加九部联军而许诺的叶赫美女，也被新任老大纳林布禄献给努尔哈赤了。

折了兵士和重礼又赔了夫人的布占泰，淫虫作怪，在万历三十一年正月派人向努尔哈赤求助：我昔日被擒，您待我不死，还使我主政乌拉，又将格格许配给我为妻，恩情似海。然我辜负了您的恩情，曾下聘叶赫、科尔沁二部的格格，未敢告知您。不料他们收了聘礼却不给人，成为我的耻辱！

他向昔日的盟友求婚，却被狠狠打脸，不以此为耻，还恬不知耻地再向曾经的强敌求婚："我既蒙恩养，乞宥罪，再降以女，当每岁偕两公主来朝！"（《清太祖高皇帝实录》卷三，癸卯春正月戊午）

乌拉贝勒家族，有饱暖思淫欲的传统。布占泰不以大哥满泰父子夜淫村妇被杀为戒，却对这家那家贝勒的女儿有着浓厚的兴趣。

在利益面前，没有永远的朋友，也没有永远的敌人。

努尔哈赤谋夺乌拉有长线计划，不惜祭出家族的女儿。他宽恕了侄女婿布占泰的朝三暮四，再次以弟弟舒尔哈齐的二女儿额恩哲许配之，并派大臣带着丰厚的嫁妆送去。

建州二号首长舒尔哈齐，也因此同乌拉老大布占泰亲上加亲。他好色的大舅子布占泰，娶了他两个女儿。这样的几重关系，也助长了他图谋老大位置的野心。

因此在四年后的一次双方较量中，布占泰派出重兵偷袭建州护卫队。舒尔哈齐的严重渎职，差点灭了努尔哈赤元妃所生的两个嫡子：老大褚英和老二代善。

事情发生在万历三十五年正月，东海瓦尔喀部蜚悠城主策穆特黑拜谒努尔哈赤，说自己隶属乌拉，遭到布占泰虐待，希望归附建州，寻求新的保护。

东海女真为女真四大部之一，分布在乌苏里江及其以东沿海地区。努尔哈赤的统一伟业中，自然包括这一片疆域。策穆特黑不请自来，努尔哈赤求之不得，于是命舒尔哈齐带队，带着褚英、代善和大将费英东、扈尔汉、扬古利，领兵三千，前往蜚悠城护卫投诚者。

队伍即将抵达的当天夜里，天昏地暗，军中大旗却有光亮。于是，建州兵将大旗降下，仔细查看，却没什么，重新树起，又光亮如初。

大家惊诧。

主帅舒尔哈齐发话：这不是吉兆！他跟努尔哈赤起兵，东征西讨，从未见过这般异象。

他主张原路返回，不再接纳蜚悠城民。

褚英和代善反对：不论吉兆还是凶兆，既然来了，就必须把归附者带回去！

褚英兄弟的决心得到了诸将的支持。舒尔哈齐只能默许，接纳后返程。

扈尔汉和扬古利率兵三百，护送五百户归附民众，作为先头部队途经乌碣岩时，遭遇了布占泰叔父博克多所率的万人部队拦截。

风声走漏！

是舒尔哈齐泄密，还是布占泰察觉？史料未载，在此存疑。舒尔哈齐的消极，也有不少疑点：一、他不想挖女婿布占泰的墙脚；二、他不想大哥努尔哈赤再壮大；三、他不想与乌拉正面交锋。

他料定布占泰会派出重兵围追堵截，却没料到先行的扈尔汉和扬古利竟以抽调的三百人，吓住了数十倍于己的强敌。两人毫不畏惧，分兵一百人护卫归附民众，另率二百人分据高地，携手抗敌。

扬古利主动迎击，奋力争先，以伤一人的微弱代价，立斩乌拉兵七人。结果，乌拉兵立即退回，畏惧不敢向前。

狭路相逢先亮剑。

待到援军赶至，舒尔哈齐又虚与委蛇，而褚英兄弟策马向前，在阵前发布决战宣言，激励大家不要畏惧手下败将兼豢养家奴布占泰，鼓动将士摩拳擦掌，报名敢死队。

褚英和代善各率五百人，迅速渡河，分兵追击，结果乌拉兵大败。

代善追到乌拉统兵贝勒博克多，左手抓住其甲胄，右手手起刀落，使之身首异处。

天色陡变，刚才还是晴天，忽然变得晦暗，降下大雪。乌拉兵主场作战，却被途经的建州兵打了一个落荒而逃。

《清太祖高皇帝实录》卷三统计战果："是役也，阵斩博克多父子，生擒贝勒常住父子及贝勒胡里布，斩三千级，获马五千匹、甲三千副。"

如果不是舒尔哈齐阻击不力，加之地形不熟、大山阻隔，褚英兄弟和费英东诸大将，自是"多斩获"。

这是额外的收获！

努尔哈赤封赏儿子时，将舒尔哈齐列为首功，赐号达尔汉巴图鲁。但，他又对陪舒尔哈齐在山下观战的大臣常书、护卫纳齐布，以不随两贝勒冲锋杀敌、无所斩获的借口，要对他们处以死罪。

事实上，努尔哈赤要将常书等论死，是在警告舒尔哈齐！

很快，舒尔哈齐被边缘化，被努尔哈赤幽禁，死于非命。

毕竟，有明廷支持的舒尔哈齐，也在暗中拉拢布占泰，想做在后的黄雀，却被不怕虎的牛犊褚英兄弟破了阴险的计中计。

3

乌碣岩一战后，努尔哈赤并没有立即乘胜追击乌拉，对布占泰进行严厉惩罚。

毕竟，布占泰的侄女阿巴亥在建州，很得努尔哈赤宠爱，很快成了大妃。努尔哈赤驾崩后，掌权的四大贝勒逼殉阿巴亥时，曾称她"饶丰姿""有机变"。据此寥寥数语，可见十二三岁嫁人的阿巴亥深具美人心计。

两部的结盟已然是名存实亡。

努尔哈赤曾在万历三十六年正月，即乌碣岩之战胜利一周年之际，派褚英领兵五千袭击乌拉，攻克一城，斩首一千，获甲三百，以示周年庆。

这是警告，也是威慑。布占泰邀来蒙古科尔沁贝勒翁阿代助阵，翁阿代却畏缩在乌拉城外二十里处不敢向前。

布占泰派人求和，擒获叶赫贝勒纳林布禄的属下五十人，交予建州使臣斩首，作为重修旧好的投名状。

布占泰还新写了一份求婚信，写道："吾数背盟誓，获罪君父，诚为汗颜。若再以亲生之女妻我，抚我如子，吾乃永赖以生矣！"（《清太祖高皇帝实录》卷三，戊申秋九月乙酉）

布占泰不甘心做侄女婿，而要做亲女婿。他在埋怨努尔哈赤不把他当亲人看。

努尔哈赤决定满足他的请求，将十三岁的第四女穆库什嫁给布占泰做侧福晋。

互为翁婿的利益联盟，似乎已更加亲近。努尔哈赤满以为这样的姻盟绑架，可以得到布占泰的绝对忠诚，却没料到布占泰招兵买马，加紧训练，并以鸣镝之箭射伤新婚的穆库什，以示对努尔哈赤的不满。

穆库什是一个悲剧女人，所换得的幸福，远远不及娘家继母兼夫家侄女阿巴亥。对阿巴亥疼爱有加的努尔哈赤，不顾穆库什的痛苦，两次发动征讨乌拉之战。

努尔哈赤原本期待以豢养之恩、翁婿之情、再盟之义，换得布占泰的臣服，却不知他得了努尔哈赤家族三个少女后，仍一直惦记着叶赫许配给努尔哈赤的叶赫老女，即所谓的东哥。

为了东哥，布占泰攻伐建州。

东哥难嫁，却看不上布占泰。

万历四十年十月，努尔哈赤第一次亲征乌拉，连下六城，焚烧房屋。

这个月的二十五日，阿巴亥给努尔哈赤生下了第十四个儿子多尔衮——后来领导清军入关、成就清朝的摄政睿亲王——真正实现努尔哈赤天命的王者。

布占泰没准备做叔外公，却准备整兵迎战，哪知隔河望见努尔哈赤的队伍人强马壮，又胆怯了。

布占泰舟行河上，跪下求饶：乌拉就是君父之国，请莫尽焚庐舍、粮草！

努尔哈赤狠狠地将布占泰骂了一通。布占泰称被人离间，导致他和努尔哈赤"父子不睦"，哭天抢地地发誓表效忠，躲过了一劫，并答应送子入质建州。

当努尔哈赤宽恕他、返回建州后，布占泰立即拘禁穆库什姐妹。同时，他不但不往建州送人质，反要将自己的女儿萨哈廉、儿子绰启鼎和十七位大臣的儿子都送到叶赫做人质，再次请求叶赫将东哥改嫁给他。

布占泰的这种行为不但是打脸，而且是侮辱，激怒努尔哈赤再次统兵征讨乌拉。

这回，布占泰胆子大了，组织了三万人马，决意与努尔哈赤决一死战。

说来也巧，布占泰本定好吉日，将人质送往叶赫换东哥，却不料努尔哈赤提前一天兵临城下。

努尔哈赤还想只做一次威慑，继续招抚布占泰，却遭到了儿子代善和侄儿阿敏，以及费英东、何和礼、扈尔汉、额亦都与安费扬古的极力反对。他们纷纷请战，要求一鼓作气拿下乌拉，擒获布占泰。

二贝勒和五大臣的理由很充分，布占泰背叛盟约、囚禁格格、送子质叶、逼婚东哥。无论哪一条，他都是罪不可赦。更何况，建州人强马壮，厉兵秣马，兵临乌拉城下，就不能"舍此不战"。

诸贝勒大臣热血沸腾，努尔哈赤只能顺势而为：既然你们众志成城，那就决战吧!

两军对决,努尔哈赤身先士卒,诸贝勒、大臣奋勇向前。乌拉大败,损失十之六七。努尔哈赤攻入乌拉城,坐镇西门楼。布占泰损兵折将,单骑投奔叶赫,但不再是唯利是图的叶赫的座上宾,而只是一条苟延残喘的丧家狗,很快抑郁而卒。

乌拉亡了。

此时,阿巴亥为努尔哈赤生下了多尔衮还不足三个月。

仅仅八十多天,努尔哈赤两次征讨乌拉,以此作为多尔衮的新生礼。

母国被灭,亲叔逃亡,阿巴亥只能强颜欢笑。

努尔哈赤给叔岳父兼亲女婿做总结:"乌喇贝勒布占泰,朕擒之于阵,厚加恩恤,纵令归国,乃不思报德,恃其才力,嗜酒妄行,遂被天谴,国以灭亡。"(《清太祖高皇帝圣训》卷二)

努尔哈赤没有说布占泰要抢他的女人,但心里早早地惦记着乌拉的土地、民众、牲畜和财物。这是姻盟和誓约无法解决的。

倘若古勒山一役,建州士卒当即斩杀布占泰,断了努尔哈赤豢养的幻想,那么布占泰就没有以降虏而得国、以姻盟而做强的机会。然而努尔哈赤心存侥幸,导致布占泰恩将仇报,血腥厮杀,让几个可怜的女人成了政治祭品。

所以说,在那一场纷争的原始叛乱中,互为翁婿的利益绑架,是绑不住既得利益者的野心和情分的。

对于此,《清史稿》评论扈伦四部时,说得一针见血:"疆场之事不以婚媾谊,有时乃借口以启戎,自古则然,不足异也。"

建州与扈伦,以及扈伦四部之间,利益之下血拼不断,不论打不赢打得赢,动不动联姻为盟,只是表面功夫。稍有一点蝇头小利,就拼一个你死我活,此前的一纸婚约或几重姻亲,都是不值一提的。

这是血的教训。

叶赫之战：乘龙快婿也
被终极追杀

1

叶赫联姻努尔哈赤时，已是海西女真四部的霸主，而努尔哈赤不过是明朝辽东总兵李成梁的小跟班。

联姻，是叶赫主动的，是盛情的、真诚的。

事情发生在明万历十年（1582）。

努尔哈赤的祖父觉昌安、父亲塔克世，虽然有明廷敕封的建州左卫都指挥使之类的官职，品级与李成梁相当，都是正二品，但在权势方面，不过是李总兵使唤的走卒。

八年前，即万历二年，李成梁对建州首领王杲称雄不称臣很不满意，于是，利用觉昌安父子与王杲的姻亲关系，命觉昌安父子为向导，成功俘获异类分子王杲。万历皇帝亲临午门城楼观赏献俘，王杲被磔杀于京师。尔后，李成梁又令觉昌安父子前往逃脱的王杲之子阿台驻地说和，待到城门大开时，又是一出阴谋，阿台死于非命。

尚是名不见经传的小人物的努尔哈赤，一次途经叶赫部，被叶赫贝勒杨吉努盛情款待。

推杯把盏时，杨吉努直言：我有幼女，等她长大成人后，想让她嫁给你。

努尔哈赤已经娶妻佟佳氏，且生了一子一女，即褚英和东果，但杨吉努不介意女儿将来去给这个青年人做小。

努尔哈赤答道：你要缔结姻盟，为何不现在就把大女儿嫁给我？

努尔哈赤生母喜塔腊氏早逝，外祖父王杲已被诛杀，父亲塔克世听信继母那拉氏谗言，对他和弟弟舒尔哈齐很是刻薄。他十九岁时，塔克世提出分家，努尔哈赤兄弟仅获少量家产，不得不以挖人参、采松子、摘榛子、拾蘑菇、捡木耳等为生。

有明朝官方文书记载，努尔哈赤还是入赘的佟家，所以有佟努尔哈赤或童努尔哈赤一说。只是后来创建国家，成为大汗，肇启清朝，后继之君们要为尊者讳，在实录、会典、宗谱、通志……官方文书中，为努尔哈赤正姓：爱新觉罗。

钦定，御制，都是最大的胜利者的特权。

所以，为父所不容、寄人篱下的努尔哈赤，需要强大的外家力量，作为有效的政治资源。

杨吉努知道努尔哈赤是别人家的上门女婿，仍坚持说：我虽有长女，但不能匹配你成为佳偶。但我的小女儿不同，"仪容端重，举止不凡，堪为君配"（《清太祖高皇帝实录》卷二，丁亥秋九月辛亥）。

幼女年仅八岁，而努尔哈赤二十四岁。

盛情难却，只能等待。

努尔哈赤妻妾成群，有名分者、有姓氏者十六人，但唯有这一段姻缘有着奇妙的缘起。

这是因为杨吉努的女儿孟古哲哲，几年后嫁给努尔哈赤，给他生了一个杰出的儿子皇太极。三十五年后，皇太极继承了努尔哈赤的汗位，也继承了钦定和御制的特权。

皇太极称帝后，第一时间追谥努尔哈赤为太祖武皇帝，也不忘将其生母追尊为孝慈武皇后。

如此看来，杨吉努先知先觉，给小女儿找了个真命天子，将会母仪天下。

清朝史官们将杨吉努勾勒成慧眼识人的形象，"识上为非常人"（《清太祖高皇帝实录》卷二，丁亥秋九月辛亥）。

《清史稿》也大肆渲染这一段奇缘，礼赞"杨吉努顾知为非常人"。只是把事件延迟至太祖起兵时。

太祖凭借祖父遗甲十三副和数十个部众起兵时为万历十一年。而当时杨吉努正伙同其兄、叶赫大贝勒清佳努对姻盟兼世仇哈达部多番用兵，引来了明廷的强烈谴责和武力威胁。

他们对哈达明袭暗罚，却对明军投鼠忌器。他们需要一个理想的间谍人员。

最有可能的是，杨吉努以幼女联姻为筹码，诱惑在李成梁麾下任事的努尔哈赤为己所用。

幼女未长成，你得等待，你得在等待中创造条件。素有吞并哈达、统一海西野心的杨吉努，曾娶妹夫、哈达首领王台之女结为姻盟，待到王台年迈，杨吉努又迎娶哈屯恍惚太贝勒家的格格，合围哈达，气死王台。

联姻，在杨吉努的眼里，只是一种政治手段，而不是一种和睦的方式。努尔哈赤还只是一个小喽啰，其祖父也不过是女真几十个部落中的一个小部头人，完全不可能作为人多势强的大部首领寄望一统女真的非常人物。

杨吉努这样做，无非是看重觉昌安父子与明朝在辽东的最高军事长官李成梁关系甚密，而第三代努尔哈赤近身服务在李成梁的身边。

所以，杨吉努用幼女待嫁须假年，诱惑努尔哈赤深入敌营当内应。

当然，他也会防范努尔哈赤，可能像其祖父，愿为向导，成为铲除姻亲的利器。

2

叶赫部本为蒙古后裔，姓土默特氏，灭那拉部后占据其地，以地为姓，于永乐初年归附明廷。

当时还没有叶赫一说，他们被称为"女直野人"，即女真野人。

永乐四年（1406）二月，他们的首领打叶率一个七十人的队伍，来到南京朝拜永乐帝。永乐帝决定设置塔鲁木、苏温河、阿速江、速平江四个卫所，册封各卫的指挥、征抚、千户和百户等官，并按等级赏赐不同的诰印、冠带、袭衣和钞币。

奴隶社会中的野人，因那一拜，归附有功，被纳入了国家军政体系的正式编制。

打叶成了塔鲁木卫指挥，成了明廷在松花江北岸的地区领导人，世袭罔替。成化十九年（1483），打叶后人无能，被另一家族的奇尔噶尼走了门道，出任卫指挥使。

正德八年（1513），奇尔噶尼被杀，有入寇被杀之说，也有为祸被斩之说。其子褚孔格很聪明，接受招抚，入朝进贡，请求官职、印信和敕书，主动在嘉靖三年（1524）率一个由三百七十八人组成的庞大朝贡团，进京向初登大宝的嘉靖皇帝献马，这对正在闹大礼议改小支为正统，尊藩王为皇帝的嘉靖来说，是来自边疆的支持。

嘉靖皇帝龙颜大悦，金口大开，赐宴，赏钱，赏袭衣，赏官职。褚孔格被封为海西塔鲁木卫女真都督，官居正一品。

褚孔格率部南迁，至斩杀其父的开原城北的叶赫河地域定居，以河为名，叶赫之名由此开始了。

然而，这位褚孔格都督很快因为镇压兵变，为哈达部首领旺济外兰所杀，还被夺走了明廷赏赐的敕书和不少村寨。

据《清史稿》杨吉努本传记载："永乐初，赐海西诸部敕，自都督至百户，凡九百九十九道。至是，畀哈达、叶赫分领之，以哈达效顺，使赢第一。"谁抢得了任命状，谁就是朝廷御封的卫所指挥官。

你争我抢，互不相让。一纸任命，几代仇杀。

　　叶赫与哈达之间的恩怨，愈演愈烈。

　　褚孔格的儿子太杵不出众，但，太杵生了两个好儿子，能力超强，有服众能力，大的叫清佳努，小的叫杨吉努，此外还有一个女儿，叫温姐。

　　清佳努和杨吉努兄弟，筑东、西二城，各守一处，互为犄角，安抚百姓，做大做强。

　　此时的哈达，也换了领导人，由旺济外兰的侄儿王台继位，此人忠诚于明廷，被允许称汗，即万汗。

　　清佳努兄弟也很聪明，不忘祖仇，谨慎行事，主动将妹妹温姐嫁给万汗做汗妃（其实是间谍），同时由杨吉努迎娶万汗的女儿。

　　但是，万汗奉明廷之名，纠合诸部落，向建州女真王杲进攻，清佳努兄弟敷衍着拒绝参与，同时他们在等待万汗垂老衰颓。他们不时挖墙脚、拉支持，使万汗忧愤而死后，一边以武力支持挑动哈达的汗位之争，一边以联合进攻攻伐哈达的部众村寨。

　　他们疯狂复仇，罔顾明朝辽东巡抚李松和总兵李成梁的严厉禁止。

　　所以说，杨吉努以许婚拉拢李成梁的近侍努尔哈赤，目的是要了解明朝的军事机密。他对努尔哈赤寄予厚望，但厚望的绝不是努尔哈赤日后成大器，成为天命汗。不是提前购置原始股，而是以婚姻为利益的诱惑，期待努尔哈赤向其传递李成梁对他们复仇的干预机密。

　　结果，对清佳努兄弟的变本加厉，李松和李成梁采取了紧急措施与非常手段。

　　他们定下了历史上著名的市圈计。

3

　　万历十一年十二月，明朝辽东巡抚李松和总兵官李成梁决定：彻底解决不受管束的叶赫贝勒清佳努和杨吉努。

他们的办法是：诱之以利，请君入瓮，进行诛杀！

这就是明末著名的市圈计。

何为市圈？《清史稿》杨吉努本传说："明制，凡诸部互市，筑墙规市场。"

女真地区盛产人参、皮张、马匹、东珠和海东青等，而严重缺乏关内汉人所拥有的铁器、耕牛、布匹、食盐等。女真人不同于蒙古人，耕猎并重，所以对于大明朝廷允许的"马市""贡市"之类的商贸活动，很是看重。

女真人离不开明朝官员掌控的互市活动！倘若明朝的官老爷们一时不高兴，关闭了贸易的市场，那么他们就很难得到日常生活的急需品，而且自己丰富的产品也会因大量滞销，出现大范围的腐坏，断了重要的经济来源。

史料记载：万历三十五年，明廷决定限制努尔哈赤的发展，意图培养建州二号首长舒尔哈齐取而代之，便打起了贸易牌，暂时关闭辽东马市，导致女真人的人参在两年内腐烂十万余斤，使那些主要以采集人参为生的建州民众处境更为艰难。

商品交换严重制约了女真人的社会生产。虽然人参悲剧发生在后来，但女真人对于明朝互市的依赖由来已久。

李成梁向清佳努和杨吉努传话：朝廷有赏赐，请你们兄弟在开原举办商贸节期间亲自来领取。

清佳努兄弟对哈达进行复仇，但还是希望和明朝廷，尤其是和手握重兵的李成梁搞好关系。他们邀约恍惚太部，共两千人马前往开原参加互市，显摆声势浩大的排场和受奖身份。

他们忘记了，建州左卫、建州右卫、建州卫这"建州三卫"的掌卫都督董山提请开设马市后，勾结蒙古，归附朝鲜，吃里爬外，作乱一方。成化三年，明廷派出军队对其血洗：毁其巢穴，绝其种类，焚毁屯寨，擒斩一千七百余人，释放奴隶千余人。董山为靖虏将军、总兵官、武靖伯赵辅所擒，后被诛杀于京城。

他们也不知，此次李成梁已把他们当成了忘恩背义的豺狼，迎接他们的是锋利无比的刀枪剑戟——李成梁在距离开原城四十里处，为叶赫兵准备了精干的伏兵。

无疑，这一道贸易战的陷阱，杨吉努处心积虑所寄望的准女婿努尔哈赤，并没有起到传递谍报的作用。因为此时的努尔哈赤，已经因为年初祖、父死于李成梁与尼堪外兰的阴谋，离开李成梁，打出了复仇的旗帜。

当清佳努、杨吉努浩浩荡荡经过镇北关时，守备霍九皋派人拦截，说：你们既然来接受朝廷的招抚、皇帝的恩赏，又何必带来这么多披甲战士？

人数必须限制。

清佳努和杨吉努决定只带三百人入城。他们期待着朝廷能像对待他们祖父褚孔格那样，不但赏钱给布，还加官颁敕，却不知道城墙的背后，参将宿振武、李宁等已经带队在环城四周张弓搭箭，只待信号发出便动手。

明军定下了两种信号："虏入圈，听抚则张帜，按甲毋动；不则鸣炮，皆鼓行而前，急击之勿失。"（《清史稿·杨吉砮传》，杨吉砮即杨吉努）

李松坐镇南楼指挥，他希望被他们称为"二奴"的清佳努兄弟俯首称臣。

哪知清佳努兄弟，请李松颁发敕书，并终止哈达对叶赫的托管。

剑拔弩张，僵持不下。

李松吹胡子瞪眼，厉声呵斥。

清佳努兄弟金刚怒目，出言不逊。

霍九皋命清佳努一干人等下马。杨吉努给手下白虎赤使眼色，白虎赤拔刀砍杀霍九皋。

九皋躲闪不及，被微伤右臂。顿时，连环炮响，伏兵杀入，很快将没有防范的清佳努、杨吉努、白虎赤等三百一十一人（应该有内应），诛杀殆尽。

城外，叶赫兵卒群龙无首。明军在悍将李成梁的带领下，对被扣下的叶赫人马进行血腥杀戮。又是战果辉煌，斩杀甲士一千五百二十一人，夺取战马一千七百零三匹。

李成梁不满足于此，他一路向北，深入叶赫腹地烧杀劫掠一番，再次强调：叶赫必须听从哈达贝勒孟格布禄的指挥！

兵部尚书兼蓟辽总督张佳胤向万历皇帝报捷：阵斩"二奴"，诸将有功。

曾经被万历首辅张居正格外看重、破格提拔的李成梁，冲锋陷阵为首功，加官晋爵、荫及儿子那是自然。就连稳坐中军帐中的辽东巡抚李松也被加兵部左侍郎衔。张佳胤被累加太子少保、太子太保。

叶赫经历此战，遭到了几近毁灭的打击，所以在数年内"不敢出兵窥塞扰哈达为乱"（《清史稿·杨吉砮传》）。

4

叶赫差点毁在清佳努和杨吉努手中，差点被李松和李成梁给灭了。

但让人没有想到的是，躲过一劫的清佳努之子布寨、杨吉努之子纳林布禄，刑白马立誓，成就死生门，很快重整旧部，谋划如何向哈达复仇。

叶赫二号首长纳林布禄，是后来成功继汗位、称皇帝的皇太极的亲娘舅，然清朝官修史料对他的评价，完全不为尊者讳，而称"纳林布禄尤狂悖"（《清史稿·杨吉砮传》）。

这是一个恶评，被毫不避讳、毫不留情、毫不躲闪地留给了后世。

事出有因。

杨吉努被明军诱杀于开原中固城后，纳林布禄还是履行了其父当年许下的婚约，于万历十六年九月送妹妹孟古哲哲至建州，给妻妾成群亦子女成群的努尔哈赤做侧福晋。

努尔哈赤张灯结彩，率诸贝勒大臣迎之，大宴宾客，把酒言欢。

努尔哈赤的后宫，由发妻佟佳氏哈哈纳扎青主持，其下为继福晋富察氏衮代。叶赫贝勒家的格格孟古，到了建州只是主人家的小妾。她是否在意？史料未载，只是多次强调努尔哈赤把她称为"爱妻"。从她十四岁嫁给努尔哈赤，四年后才生下第八子皇太极的事情来看，她并非努尔哈赤的专宠。努尔哈赤对她的爱，还不及以寡妇身份携子再嫁的富察氏衮代。

妹妹是否幸福，纳林布禄并不在意。他另有所图。

他正在加紧向哈达复仇，利用其姑姑温姐是哈达前领导人王台遗孀的关系，武力支持表兄弟孟格布禄及其同父异母兄弟康古鲁，与明廷继孟格布禄之后重新指定的新任贝勒岱善缠斗不休。

康古鲁死于仓促，岱善死于阴谋。孟格布禄再次统领哈达，却屈服在纳林布禄的淫威之下。

暂时解决了哈达问题，纳林布禄利用新的姻盟关系，对妹夫努尔哈赤发号施令。

纳林布禄派人给努尔哈赤传话，海西与建州语言相通，可以"合五为一"。

他以未来总盟主的口气号令：属地你多我寡，我看中了额尔敏、扎库木两个地方，你最起码要给我一个。

统一，各管各的。纳林布禄却要分割努尔哈赤的土地。

努尔哈赤说："我乃满洲，尔乃扈伦。尔国虽大我，我岂肯取？我国即广，尔岂得分？且土地非牛马比，岂可割裂分给？"（《清太祖高皇帝实录》卷二，辛卯春正月戊戌）

纳林布禄不甘心，于是邀约哈达贝勒孟格布禄、辉发贝勒拜音达里会商，一同派出大臣出访建州。

努尔哈赤不好拒绝，摆酒招待。他的欢迎词和祝酒词还没说完，叶赫大使图尔德便急不可耐地站了起来。

图尔德说：我主有传话，要让您不高兴了，但请不要发怒！

努尔哈赤很坦然：如果你主是善言，我且听之。如果你主是恶语，我也派人到他面前回过去。你尽管说，我不会责罚你！

图尔德说：我主说，既然要您割地您不干，那么让我传令，命您归附。如果您又不从，那我们将对您宣战！

图尔德强调本部的实力，耀武扬威：我能侵入贵部，但您能进入我境吗？

这是赤裸裸的武力威胁，毫不客气的外交恐吓。

虽然努尔哈赤承诺不发怒，但还是按捺不住心中的怒火。只见他拔出佩刀，斫断几案，厉声说：

"尔叶赫诸舅，何尝亲临阵前，马首相交，破胄裂甲，经一大战耶！昔哈达国孟格布禄、戴善，自相扰乱，故尔等得以掩袭之。何视我若彼之易也？况尔地岂尽设关隘，吾视蹈尔地如入无人境，昼即不来，夜亦可往，尔其奈我何？昔吾以先人之故，问罪于明，明归我丧，遗我敕书、马匹，寻又授我左都督敕书，已而又赍龙虎将军大敕，岁输金币。汝父见杀于明，曾未得收其骸骨。徒肆大言于我，何为也？"（《清太祖高皇帝实录》卷二，辛卯春正月戊戌）

努尔哈赤即刻作书，派巴克什阿林察作为特使，前往叶赫进行严厉的抗议和谴责。

努尔哈赤警告叶赫的诸位舅哥，不要把他当成无能的哈达贝勒孟格布禄。他蔑视布寨和纳林布禄，未经大战，还口出狂言，何不想想叫板明朝廷的结果各不同。

努尔哈赤的祖父与父亲死于李成梁的阴谋，但他愤而起兵灭了参与者图伦城主尼堪外兰后，得到了明朝的道歉和赏赐。而布寨之父清佳努、纳林布禄之父杨吉努死于李松和李成梁的市圈计，叶赫却只能屈服于明廷的强制性指令。

努尔哈赤嘲讽布寨和纳林布禄，连父仇都不能报，还敢对他颐指气使。

其实，努尔哈赤得到的明廷待遇，不同于布寨兄弟，无非是因为其对明廷的辽东管理者们，如李成梁，如李如柏，甚至是普通的游击守备，都主动称臣，而不敢称雄，百般奉承，殷勤送礼，力表效顺，不惜屈膝，甚至将亲弟弟舒尔哈齐的女儿送给李成梁之子李如柏做侍妾。只是后来清廷取代明廷，故而豪言彰显他表面称臣、暗地称雄的大汗风范。

另外，努尔哈赤炫耀明廷给了他龙虎将军的敕书，这是后世清朝史官们将史实杂糅，将敕书之事提前了几年。

《明神宗实录》内阁文库本卷二十记载，万历二十年八月丁酉，"建州等卫都督等官努尔哈赤等进上番文，乞讨金顶大帽服色及龙虎将军职衔。下所司议行"。但，并没有得到万历皇帝及时批准，故努尔哈赤年年向明朝的大皇帝叩拜表忠心，直至万历二十三年，才被"加龙虎将军，秩视王台时"（王在晋《三朝辽事实录·建州》）。

这可以说是努尔哈赤在万历二十一年九月古勒山一战的结果。古勒山一战，努尔哈赤大败叶赫纠合的九部联军，阵斩布寨，俘虏布占泰，打得纳林布禄、孟格布禄、拜音达里等落荒而逃。努尔哈赤继而灭了参战的长白山的朱舍里、讷殷二部，成为辽东女真实力最强的大酋长。

5

明廷需要努尔哈赤的忠诚效顺，需要他稳定辽东，故不惜在册封其为左都督之后，又赏了一顶龙虎将军的金顶大帽。

这样的高帽，并非由努尔哈赤始，哈达王台及其儿子扈尔干、孟格布禄相继戴过。

万历二十五年正月，海西四部同时遣使，同努尔哈赤签订新的友好条约。然而纳林布禄却暗地里威胁哈达、辉发，及建州扶持的乌拉布占泰政权，背叛努尔哈赤。

努尔哈赤愤而出兵，相继惩罚背叛者时，纳林布禄只作壁上观，坐视盟友们——国亡身灭。

狂悖的纳林布禄，不敢明火执仗地干架，郁郁而卒。继任者金台石、布扬古积蓄力量、重新布局，意图对努尔哈赤发起最后一战。

这一场女真两大阵营生死较量的持久战，在纳林布禄生前便已拉开了帷幕。努尔哈赤派人袭击蒙古，纳林布禄黄雀在后，劫获了战利品，且俘虏了建州人马。纳林布禄以武力威胁被努尔哈赤吞并的哈达，使其新女婿吴尔古代不能顺利继位。

尤其在万历三十一年九月，努尔哈赤的老婆、纳林布禄的亲妹孟古哲哲病危，想见生母最后一面。夫兄的生死缠斗，导致了她的生命悲剧。努尔哈赤派人前往叶赫迎请，遭到纳林布禄横加阻拦，结果好说歹说，只让一个叫作南太的仆人到建州慰问。

孟古哲哲带着亲人的寡情走了，却留给努尔哈赤决心灭叶赫的理由。

努尔哈赤总结与叶赫的恩恩怨怨：一、叶赫纠合九部之师，对自己发动了古勒山之战；二、叶赫主导缔结旧好，却又将已许婚于他的叶赫老女嫁往蒙古；三、孟古临终想见老娘，被纳林布禄剥夺人伦之礼。

努尔哈赤发话："是终绝我好也。汝如此两国已复相仇，我将问罪汝邦，城汝地！"（《清太祖高皇帝实录》卷三，癸卯秋九月甲寅）

是为宣战书。

联姻的人死了一个，但姻盟的路已然隔绝。

努尔哈赤高度评价孟古"仪范端淑，器度宽和，庄敬聪慧，不预外事，词气婉顺，誉之不喜。纵闻恶言，而愉悦之色，弗渝其常。不好谄谀，不信谗佞，耳无妄听，口无妄言。殚诚毕虑，以奉事上，始终尽善"（《清太祖高皇帝实录》卷三，癸卯秋九月庚辰。此文有可能为其子皇太极即位后的加工粉饰），之后于第二年正月，亲率大军进攻叶赫，攻克二城，劫掠七寨，俘虏二千余人而还，并安排大贝勒代善率五千人马进行时刻监控。

两大部落的小战大战不断，努尔哈赤不惜"送子质明"，率四万大军联合蒙古喀尔喀部贝勒介赛强攻叶赫。

介赛本是金台石的亲女婿，却借岳父杀了老婆的养母、纳林布禄的妻子，打出复仇的旗帜。

虚情假意被粉饰为捍卫正义的师出有名，都不过是攫取利益的冰冷借口。介赛为努尔哈赤助战，也是想得到那位曾经许婚建州却被建州变相利用的叶赫老女。叶赫老女又是誓死不从，宁愿以三十三岁的大龄嫁给喀尔喀另一个贝勒之子，也不情愿给重兵压境的强敌做陪床女人。

这位著名的叶赫老女（又称"北关老女"），不愿作为政治牺牲品嫁给杀父的努尔哈赤与帮凶的介赛，她的骨气倒比努尔哈赤礼赞的伟大善女孟古哲哲要强过几分。遗憾的是，她的骨气，照样不能改变故国叶赫的灭亡。

就在她最后正式嫁人不久，努尔哈赤称汗建国了，成了大金（史称后金）政权的覆育列国英明汗，又称天命汗。几年后，天命汗又以她的不嫁为借口，丰富了征明檄文"七大恨"的内容。

天命四年（1619）八月，努尔哈赤借萨尔浒之战大胜辽东经略兼兵部左侍郎杨镐数十万明军的余威，趁势对叶赫用兵，将坚固的东、西二城死死围住，分兵作战。

努尔哈赤要对叶赫下死手了。金台石欲向建州复仇，对明朝主动示好，积极响应杨镐之命，出兵阻击后金兵，其子德尔格勒率人偷袭建州一个寨子，俘虏四百零七人，斩首八十四人，得到了明朝两千两白银、二十匹彩缎的奖赏。

愤怒已激化，仇恨算不尽，奖励也无用。

面对强敌，金台石坚城固守，发出誓死不降的豪言壮语："吾非明军比等丈夫也，肯束手归乎？与其降汝，宁战而死耳！"（《清太祖高皇帝实录》卷六，天命四年八月己巳）

既然不降，那就死战。

地面打不进，努尔哈赤就改为地道战，终于破城，围住了金台石及其妻儿老小。

金台石想见一次外甥皇太极，得到了努尔哈赤的允许后，金台石说："我与甥四贝勒未识面也，真伪乌能辨？"

娘亲舅大，金台石突然想起了努尔哈赤的四贝勒为"吾妹所生也"。族群为敌，亲情冷漠，近三十年来，舅甥缘悭一面，更是人性在利益驱使下的莫大悲哀！

这是他们舅甥俩见的第一面，也是最后一面。

"魁梧奇伟"的皇太极劝降。金台石说："我生于斯，长于斯，则死于斯！"

金台石还是不降，想纵火遁逃，不料被俘，被缢杀。

布扬古开城请降，"请盟无死"，要求平起平坐，也被稳操胜券的努尔哈赤吊死。

此时，距离孟古病逝已有十六年。她的死，只是努尔哈赤的借口，阻挡不了努尔哈赤统一女真、必灭叶赫的雄心。

世上已无叶赫部。

世上还有叶赫人。

叶赫部的子孙却被努尔哈赤及其后人善待，如金台石的孙子明珠做过康熙的首辅。

后世传闻"吾子孙虽存一女子，亦必覆满洲"，被与对清朝灭亡该负最大责任的慈禧——来自叶赫那拉氏家族的女人——联系在了一起，似乎印证了这一句不知是出自金台石还是布扬古之口的临终所言。

是遗训，抑或谶语。

或许是捕风捉影！

努尔哈赤一女三嫁
的荒唐

1

虽说皇帝的女儿不愁嫁，但在政治联姻面前，皇帝的女儿也是很可怜的。最是无情帝王家，用到努尔哈赤的第四女穆库什身上，也是最恰当不过的。虽然她活了六十多岁，然而一生都是不幸的。

穆库什为努尔哈赤的庶妃嘉穆瑚觉罗氏所生，与第九子巴布泰、第十一子巴布海同母。嘉穆瑚觉罗氏，为明际建州女真苏克苏浒河部嘉穆瑚城寨的部主之姓氏，也译为嘉木湖、家穆瑚，是"驿站河谷"之意。嘉穆瑚觉罗氏，是觉罗氏中的大支。明清之际觉罗氏逐渐分化成诸多觉罗氏，主要有国姓"爱新觉罗"与民姓"伊尔根觉罗"，而嘉穆瑚觉罗氏即民姓觉罗之一种。

从嘉穆瑚觉罗氏为努尔哈赤所生子女的政治命运来看，她和她的孩子并不得太祖和皇家尊崇。至努尔哈赤改元建国时，巴布泰已有二十四岁，但他的政治起点则是十年后的天命十年（1625），偕阿拜、塔拜伐东海北路呼尔哈部有功，次年获命打理正黄旗事务，终其一生不过宗室爵位第五等的镇国公。巴布海在父亲称汗时，位不过牛录章京，后来以镇国将军传一代而绝嗣，远不及大他一点的十哥德格类和小他一点的十二弟阿济格，更不消说比他更小的、备受尊荣的多尔衮和多铎兄弟。

同样是太祖亲子，而所得的政治待遇天壤之别。后来，摄政睿亲王强调的"贵宠之列"的区别，就是从太祖妻妾之分、诸子有别中沿袭来的。

平民出身的嘉穆瑚觉罗氏，只是太祖众多侍妾之一，为生育工具而已，故而她的女儿也将继承工具的性质。

当然，太祖的女儿，即便是元妃佟佳氏所生的长女，也不免成为政治联姻工具的命运。而庶妃所生的穆库什，更要为父亲的宏图伟业做出牺牲。

2

明万历三十六年（1608），不到十四岁的穆库什嫁给海西女真乌拉部贝勒布占泰。早在十五年前爆发的那一场著名的九部联军攻建州的战争中，布占泰跟随时任乌拉国主的兄长满泰，在利益的驱使下，参与了叶赫部发起的讨伐努尔哈赤的部落大战。

努尔哈赤在古勒山一战（明万历二十一年），俘获布占泰，赏赐财物，进行豢养，为日后让乌拉屈服、以其取代逃走的满泰做准备。

三年后，满泰被部属村民所杀，努尔哈赤派大将率兵护送布占泰回乌拉部继位，击败了与其争位的叔侄等人。乌拉与建州结盟，布占泰将异母妹嫁给努尔哈赤的同母弟舒尔哈齐，首次成为姻亲。

五年后，布占泰将其兄满泰之女、年仅十二岁的阿巴亥嫁与比她大三十一岁、已有七位妻妾的努尔哈赤。不久，阿巴亥成为大妃，为努尔哈赤生下阿济格、多尔衮和多铎。此为后话。只是电视剧《太祖秘史》设计阿巴亥几次要把处子之身给叔叔布占泰，却不无离谱。

努尔哈赤与布占泰由于两次联姻，关系也变复杂了。努尔哈赤由布占泰的妹夫兄长，变成了他的侄女婿。关系已然乱了，努尔哈赤索性再来两次联姻，将舒尔哈齐长女额实泰和自己的四女穆库什嫁给布占泰。由此一来，布占泰又成了侄女婿努尔哈赤的侄女婿兼女婿。

努尔哈赤与布占泰为翁婿。在半开化状态中的部落之间，野蛮人是没有文明人的伦常可言的。他们只有利益之争，或为了共同的利益，而不惜拿出最亲爱的人来作为祭品。电视剧《康熙王朝》中康熙亲征准噶尔杀掉噶尔丹后，蓝齐儿说她的父亲当初为了稳住噶尔丹，不惜将最爱的女儿远嫁千里之外，一旦时机成熟，他又残忍无情地将女儿已经爱上的男人杀死，正是这一关系的写照。

穆库什是否爱上了布占泰，那只留给了历史的天空。而早在穆库什嫁往乌拉前一年，乌拉布占泰与建州努尔哈赤的同盟关系已经名存实亡了。

布占泰羽翼丰满，为配合明总兵李成梁对建州女真的分解，参与孤立日渐强大的努尔哈赤，将女儿嫁给建州的二号人物舒尔哈齐，互为翁婿，助力太祖兄弟内讧。同时，布占泰对已许婚努尔哈赤的叶赫老女的美艳垂涎三尺，不惜铤而走险。

万历三十五年春，东海女真瓦尔喀部蜚悠城主策穆特黑前来拜见努尔哈赤，称其部在投奔乌拉后，屡遭布占泰羞辱，希望归附建州。于是，努尔哈赤命令舒尔哈齐、褚英、代善率费英东、扈尔汉、扬古利三员大将，以三千兵马即刻赶至蜚悠城收服部众。布占泰闻讯后，派其叔博克多率军一万余兵马前往截击。双方在乌碣岩展开激战。乌拉军大败，代善阵斩乌拉主将博克多父子，副将常柱父子及胡里布被俘。此战，建州军斩杀乌拉军三千余众，获得马匹五千余，获甲三千余。

努尔哈赤在同盟关系濒临破裂的情势下，还是将穆库什嫁给了布占泰。穆库什成了父亲的叔岳母，努尔哈赤自甘沦为女儿的侄女婿。但是，两部之间并未因混乱的政治联姻而停止相互攻伐。四年后，布占泰对无辜的穆库什以鸣镝射伤，被努尔哈赤率兵将其接回。万历四十一年，努尔哈赤再征乌拉，正式吞并，逼走布占泰，将其部众编入正白旗，下令恩养。布占泰两年后客死叶赫。

努尔哈赤说："乌喇贝勒布占泰，朕擒之于阵，厚加恩恤，纵令归国，乃不思报德，恃其才力，嗜酒妄行，遂被天谴，国以灭亡。"（《清太祖高皇帝圣训》

卷二）

三百年后，清史大家萧一山在《清代通史》中对这一对翁婿的利益之争，说得一针见血："布占泰以降虏而得国，反恩为仇，屡谋抗逆。大城既下，社稷为墟，只身逃亡，亦可哀已！"（《清代通史》卷上第一篇《后金汉国之成立与发展》第三章之《努尔哈赤之建国》）

3

布占泰无情地以苍头箭射杀穆库什未果，导致不到二十岁的穆库什第一次成为寡妇。然而，这个不幸的女人，并没因为父亲怜爱式的接回，而改变其不幸的命运。

努尔哈赤给了穆库什一个和硕公主的封号，将她作为奖品重新许配给五大臣之一的额亦都。是为妻，还是为妾，史料未载，但在此前努尔哈赤已"妻以宗女"（《清史列传·额亦都传》）。天命六年，六十岁的额亦都病逝，太祖哀痛不已，又下令将穆库什再嫁额亦都的第八子图尔格。

穆库什大图尔格一岁，但在太祖的敕谕之下，无可奈何地嫁给继子为妻。此前，她已经给第二任丈夫额亦都生育了第十六子遏必隆。如此一来，关系再次因太祖的决定而混乱，图尔格由遏必隆的异母兄成了小继父，穆库什在作为遏必隆生母的同时成了儿子的嫂子，而遏必隆也在后来成了母亲新生女儿的亲叔叔。

政治强制之下，是没有亲情可言的。或许正是因为这种混乱的关系，图尔格与继母穆库什这一对夫妻虽然生育了儿女，但始终不合。

图尔格与其父额亦都一样，是一员猛将，是太宗初年的镶白旗都统、满洲八大臣之一，《清史稿》卷二百三十三《图尔格等传》评价："太宗与明战，下大凌河，克锦州，皆以全力争。壬午之师，间道深入数千里，如行无人之境，为前此所未有，则图尔格之绩也。以是战多蹻为功宗。"但是在太宗时期，他与妻子穆库什的关系却越来越僵。

崇德二年（1637），图尔格与穆库什的女儿嫁给褚英第三子尼堪，因不能生育，遂将女仆所生之女冒为己生。事情败露，穆库什被革除和硕公主封号，图尔格也被免职。是年，太宗下令，穆库什与图尔格离婚。穆库什转由同母兄弟巴布泰、巴布海养赡，顺治十六年（1659）病逝。

顺治二年，因军功复职、积功晋三等公的图尔格病逝。他是有清一代同公主离婚的第一人。他的死，虽对穆库什在精神上是一种解脱，但在事实上也存在着伤害与被伤害。这一切悲剧的始作俑者，却是穆库什的亲生父亲努尔哈赤。

努尔哈赤之死莫猜测

1

天命三年（1618）正月，努尔哈赤对诸贝勒宣布："吾意已决，今岁必征大明国！"（《清太祖高皇帝实录》卷五，天命三年正月丙子）四月十三日，努尔哈赤以"七大恨"告天，起兵反明。他先后攻陷沈阳、辽阳，入侵辽东，不能攻破。

天命十年三月，努尔哈赤决意迁都新攻下的沈阳。

他的决定，不是没有遭到一些女真贵族的反对。诸贝勒认为，东京辽阳刚建成宫室，大规模建设民居还没完善，加之年成不好，如果再行迁都，势必导致劳民伤财，损耗国力。

这已不是天命汗第一次迁都！

四年前，努尔哈赤曾迁都一次，即由赫图阿拉（兴京）迁至辽阳，就遭到了一批议政大臣的反对。

赫图阿拉是努尔哈赤的龙兴之地，毗邻抚顺，地近辽阳，因山河阻隔、关山封闭，成就了努尔哈赤的做大做强、建国称汗，但并不利于他的雄图大志、一统女真。

尤其是他于天命三年以"七大恨"告天，对明开战后，他不再需要向明朝驻辽东的大大小小官员卑躬屈膝，不再需要摇尾乞怜地恭请万历皇帝赐予官职和封号，不再需要对明朝打击异己势力进行效顺障眼，而是直接同明军较量，加快统一女真的进程。

他的政治主张，很明显是要向辽西汉人地区逼近，但受到了只满足于抢掠奴隶、牲畜、财物和粮草的保守势力的强烈抵制。

为此，努尔哈赤及时惩罚了一批议政大臣：贴身侍卫兼镶黄旗旗主阿敦之死，即同此事有关。

明万历十一年（1583），努尔哈赤起兵复仇，攻击图伦城主尼堪外兰，引起家族分裂，形成两派。其三祖（即三伯祖）索长阿的第四子龙敦挑头，纠集长祖德世库、次祖刘阐、三祖索长阿、五祖宝实子孙，对神立誓，欲杀努尔哈赤以归附尼堪外兰，但两次刺杀努尔哈赤未成功。

从弟阿敦不顾家族的反对，毅然加入族兄努尔哈赤的复仇队伍。万历十四年，龙敦率众偷袭努尔哈赤，情势危急，阿敦果断跳出，与龙敦一伙展开搏杀，将其擒获。

阿敦以忠诚勇武换得努尔哈赤的绝对信任，成为其近侍侍卫，并在创制八旗时，被安排接管最强大的镶黄旗，同时受命为都堂官，负责军政要务。

天命元年正月，努尔哈赤在赫图阿拉举行开国大典，进行登基仪式，阿敦与巴克什额尔德尼侍立在旁。

阿敦没料到，努尔哈赤的倚重、与大贝勒代善的密切往来，会被四贝勒皇太极阴谋利用。

天命六年，努尔哈赤意欲迁都，阿敦表态不积极，被皇太极唆使大臣进言，指责他与代善暗结集团。努尔哈赤刚刚因代善与继母有绯闻，又陷害自己的嫡子，废其储位，所以担心阿敦与代善结成攻守同盟，篡夺汗位。努尔哈赤忘了救命之恩、侍卫之情、兄弟之义，不惜处死了忠心耿耿的侍卫长阿敦。

至于阿敦反对迁都，应该是莫须有的罪名。或者说，代善的保守也影响了阿敦的态度。

阿敦被严惩不久，努尔哈赤又将侍卫兼养子扈尔汉投入监狱。扈尔汉为清初五大臣之一，隶属皇太极执掌的正白旗，曾在此前坐实大妃与代善大贝勒的奸情，立下了汗马功劳。皇太极未必会对这位大功臣设计陷害，但五大臣在努尔哈赤草创天命汗权之时，确实有掣肘、制约的力量。

在此前后，五大臣之额亦都、安费扬古、扈尔汉先后病逝。扈尔汉是否因反对迁都而被努尔哈赤边缘化甚至下狱，抑郁而卒，不得而知。额亦都死时六十岁，安费扬古寿享六十四岁，而扈尔汉只活了四十八岁，壮年早逝。即便努尔哈赤亲临祭奠，叙其功勋，亦难免欲盖弥彰。

努尔哈赤力排众议，不惜铁拳出击，实现迁都辽阳。但让诸贝勒大臣意想不到的是，四年未过，他又要迁都沈阳。

诸贝勒大臣不想重蹈阿敦覆辙，而且此时的努尔哈赤虽然推出八和硕贝勒共治国政，但实际上已独操生杀予夺大权，让大伙不敢直接与滥施威权的努尔哈赤叫板。

对于诸贝勒大臣的不情愿，努尔哈赤给予了新的解释："沈阳形胜之地。西征明，由都尔鼻渡辽河，路直且近；北征蒙古，二三日可至；南征朝鲜，可由清河路以进。且于浑河、苏克苏浒河之上流伐木，顺流下，以之治宫室、为薪，不可胜也。时而出猎，山近兽多，河中水族亦可捕而取之。"（《清太祖高皇帝实录》卷九，天命十年三月己酉）

他要把战斗的旗帜插到战场前沿，称沈阳为风水宝地，进可攻，退可守，左右逢源，进退有据，强调新的核心地区，有利于向西进攻明朝、向北征讨蒙古、向南攻击朝鲜，十分便捷；同时，此地物产丰富，照样可以狩猎和捕鱼。

无疑，努尔哈赤对沈阳的军事位置和土产风物，做了详细的了解。

所以，他强调：我筹划此事已经成熟了，你们无须多言！

努尔哈赤先后五次建都，而这次却是定都，改名为盛京。这完全是配合他的扩张战略。

他之所以最后选择从辽阳迁至沈阳，原因有四：

一、辽阳经济实力下滑，而沈阳的经济正处于上升阶段。

二、沈阳地势平坦开阔，粮食出产富足，有林有兽，有水有草，符合女真人狩猎的生活条件。

三、辽阳出现了激烈的族群间的骚动，而沈阳是一个中等城市，人口便于管理，迁都可以使他进一步推行防止汉人反抗的压制政策。

四、沈阳一直是一个军事要地，是所谓的形胜之地，进可攻，退可守，既便于护卫新宾老家和铁岭、开原等国土，又便于轻快地渡过辽河，南下进攻明朝，还可以控制东南的朝鲜，向北两三天可以抵达蒙古。

努尔哈赤在萨尔浒一战大胜杨镐，席卷辽东，用兵辽西。迁都沈阳，虽是一个转折性的战略部署，但也为他轻敌冒进、兵败宁远埋下了伏笔。

2

明天启五年（1625），内忧外患的大明王朝内部斗争加剧。

正反两方，各以枢辅大学士孙承宗、司礼秉笔太监魏忠贤为代表。他们都是昏聩的天启帝格外亲近之人。孙承宗为天启帝师，最被倚重；而魏忠贤为太监头子，极受宠信。

魏忠贤极尽手段，侵害百官，却对孙承宗百般示好。魏忠贤想方设法赶走了三朝首辅叶向高，却派人前往辽东，向督师孙阁老示好，希望分一份战功。孰料，孙承宗毫不理会，甚至不与使者一语。

魏忠贤恼羞成怒，将与孙承宗往来密切的东林党领袖杨涟、赵南星、高攀龙等驱逐出京。正在蓟州视察的孙承宗闻讯后，以向天启帝贺寿为名，计划弹劾魏忠贤。

依附魏忠贤的礼部尚书兼东阁大学士魏广微，是一个极其阴险的小人，他向魏忠贤进言，孙承宗要进京清君侧，杀了他。

魏忠贤赶紧找到天启帝，哭天抢地，大呼冤枉。

吏部尚书兼建极殿大学士顾秉谦为内阁新任首辅，仰承魏忠贤鼻息，即刻弹劾孙承宗不请圣旨、擅离防区，该议罪严惩。

内阁与内监同时发力，若放在其他人身上，早已逮捕下狱、抄家灭门了。

一向昏庸、放任魏忠贤的天启帝，此时变得格外清醒。他避开魏忠贤，通过兵部派出三个可靠之人，赶紧出城，拦截孙承宗，命他返回辽东。

孙承宗无可奈何，只好遵旨。

这次事件差点成了他的生死劫。因为魏忠贤已矫诏命令九门宦官，一旦孙承宗赶至，就将其绑缚下诏狱。

倘若孙承宗被魏忠贤秘密逮捕，必定在劫难逃。就因天启帝突然清醒，让孙承宗闯过了死生门。

魏忠贤仍不罢休，命党羽李蕃、崔呈秀、徐大化等集体弹劾，迫使孙承宗上书请辞。

偌大的大明朝堂，都是魏忠贤拥趸，唯有吏部尚书崔景荣支持孙承宗。

天启帝对魏忠贤集团成员的连番轰炸仍不予理会，仍命孙承宗主持辽东防务。不幸的是，是年九月出现了马世龙派人袭击耀州失利的事件，给了魏忠贤继续弹劾孙承宗的借口。

马世龙是孙承宗督师辽东时举荐出镇山海关的总兵，孙承宗还为其请功加了左都督衔，此次却因听信后金降将之言，导致四百将士死于陷阱。

孙承宗督师不力，该负责任。于是，他再次上书请辞。

天启帝仍不情愿，最后迫于满朝压力以及孙承宗的执意担责，只好将孙承宗召回，批准其辞职，但将其特进光禄大夫，晋级正一品，且命其子世袭中书舍人，还给孙承宗赏赐了蟒袍和银币等。

辽东督师出缺，天启帝命兵部新晋尚书高第出任辽东经略。

高第虽然在兵部做了几年侍郎，但并无实战经历，更谈不上有指挥经验。

他上任后，下令将两百里守兵全部撤回，退守山海关。

3

努尔哈赤闻讯，率领大军西渡辽河，抵达宁远。经略高第和总兵杨麟拥重兵于山海关，不去救援宁远。袁崇焕得知后，随即写下血书，与大将满桂，副将左辅、朱梅，参将祖大寿，守备何可刚等将士盟誓，以死守城。

《清太祖武皇帝实录》卷四记载："放捉获汉人，入宁远往告：'吾以二十万兵攻此城，破之必矣！尔众官若降，即封以高爵。'宁远道袁崇焕答曰：'汗何故遽加兵耶？宁、锦二城，乃汗所弃之地，吾恢复之，义当死守，岂有降理！乃谓来兵二十万，虚也，吾已知十三万，岂其以尔为寡乎！'"

努尔哈赤以十三万兵力号称二十万大军，并将抓到的明朝百姓放回宁远，让他们带话给袁崇焕，恩威并施地劝降，但遭到袁崇焕拒绝。

两军激战的过程，《明史·袁崇焕传》有记录："崇焕更刺血为书，激以忠义，为之下拜，将士咸请效死。乃尽焚城外民居，携守具入城，清野以待。令同知程维楧诘奸，通判启俿具守卒食，辟道上行人。檄前屯守将赵率教、山海守将杨麒，将士逃至者悉斩，人心始定。明日，大军进攻，载楯穴城，矢石不能退。崇焕令闽卒罗立，发西洋巨炮，伤城外军。明日，再攻，复被却，围遂解。"

袁崇焕一面坚壁清野，一面让同知程维楧盘查奸细、通判金启俿守护粮草，并传檄给前屯守将赵率教、山海守将杨麒，如果有将士逃到这里，可将其全部斩杀。袁崇焕不做短兵相接，而是直接炮轰后金大军。

后金军在巨炮的攻击下溃不成军，连续攻城两天，损失惨重，努尔哈赤只得下令退军。

这里并未写努尔哈赤受伤。《明史》为清大学士张廷玉等在乾隆初年修成，自然会为清太祖隐讳兵败受阻的一些事情。

电视剧《太祖秘史》最后一集，努尔哈赤在宁远大战中被明军的红衣大炮击中，受了重伤，归途病逝。

此事，写得详细的是朝鲜人李星龄所著的《春坡堂日月录》："我国译官韩瑗，随使命入朝。适见崇焕，崇焕悦之，请借于使臣，带入其镇，瑗目见其战。军事节制，虽不可知，而军中甚静。崇焕与数三幕僚，相与闲谈而已。及贼报至，崇焕轿到敌楼，又与瑗等论古谈文，略无忧色。俄顷放一炮，声动天地，瑗怕不能举头。崇焕笑曰：'贼至矣！'乃开窗，俯见贼兵，满野而进，城中了无人声。是夜，贼入外城，盖崇焕预空外城，以为诱入之地矣。贼因并力（攻）城，又放大炮，城上一时举火，明烛天地，矢石俱下。战方酣，自城中每于堞间，推出木柜子，甚大且长，半在堞内，半出城外，中实伏甲士，立于柜上，俯下矢石。如是层（屡）次，自城上投枯草油物及棉花，堞堞无数。须臾，地炮大发，自城外遍内外，土石俱扬，火光中见胡人，俱人马腾空，乱堕者无数，贼大挫而退。翌朝，见贼拥聚于大野一边，状若一叶。崇焕即送一使，备物谢曰：'老将横行天下久矣，今日见败于小子，岂其数耶！'奴儿哈赤先已重伤，及是具礼物及名马回谢，请借再战之期，因懑恚而毙云。"[（朝）李肯翊《燃藜室记述》卷二十七]

朝鲜译官韩瑗随使团来明，碰到宁前道参政袁崇焕。袁很喜欢韩，带在身边，于是韩瑗经历了宁远之战，身历目睹了这场战役。宁远战后，袁崇焕曾派人带着礼物，前往后金营寨"慰问"努尔哈赤，说老将努尔哈赤横行天下久矣，今日被小子袁崇焕大败，难道不是天数？！努尔哈赤先已负重伤，还是备好礼物和名马回谢，约定再战的日期，最终因懑恚而毙。

《春坡堂日月录》该是一本笔记小说而已，算不得真正的史料。李星龄并未亲历宁远之战，也没见过袁崇焕，顶多是根据翻译官韩瑗回国后的传言，写了宁远战况。

韩瑗得天朝大将喜爱，加之当时的朝鲜多受努尔哈赤的八旗兵打击，自然希望努尔哈赤被明军重伤而死亡。

无论是韩瑗传言，还是李星龄所记，难免有因遭八旗兵欺凌而对后金怀有敌意的情绪，故而所述之事恐有虚构泄愤之词。

4

努尔哈赤真的是在宁远兵败负伤暴毙的吗？

明朝的官方史料和民间史书，都有一些蛛丝马迹。

《明熹宗年都察院实录》记载，天启六年二月五日御史周应秋疏云："酋大举过河，攻宁远，几震京师，幸仗皇上之威灵，袁崇焕之方略，将士奋击，贼负重伤遁去。"贼酋是努尔哈赤吗？难道六十八岁的努尔哈赤还在冲锋陷阵？

《明熹宗实录》天启六年四月辛丑记载："登莱巡抚李嵩疏言，天启六年四月十五日，准平辽总兵官毛文龙揭回乡张有库等口称，'新年老汗于二十四日在宁远等处攻城，不料着伤。'"这是直指努尔哈赤在宁远负伤。

也许正是获悉努尔哈赤的伤况，故而有了"五月，毛文龙兵袭鞍山驿即萨尔浒"，但是偷袭失败。

明人张岱在《石匮书后集》中也提道："炮过处，打死北骑无算，并及黄龙幕，伤一裨王。北骑谓出兵不利，以皮革裹尸，号哭奔去。"红衣大炮击中了黄龙幕中的裨王努尔哈赤。

满人也以黄色为尊，努尔哈赤生前统率两黄旗，衮服、车辕之类的御用物品都是黄色。张岱是明清之际的文学家、史学家和大玩家，明亡后在西湖边做了一个著名的晚明遗老，曲终人散，月冷风残，对清朝始终不感冒。这也决定了他要为故国明朝说话，而对清太祖并无善意。如果努尔哈赤犯明而死，在他看来或许是一种天命的恶报。

5

努尔哈赤之死，应该与其发动的宁远大战失败有一定的关联，毕竟他当时已是六十八岁的老人了。

宁远之败，努尔哈赤不算大败。他命人偷袭宁远南十六里外的明军关外囤积地觉华岛，全歼守军，并以"焚其船二千余，及粮草千余堆"（《清太祖武皇帝实录》卷四，天命十一年正月二十六日），及尽焚右屯卫粮草的战果班师。

二十五岁起兵，征战四十多年，自然是伤痕累累、年迈体衰。

但是，《清史稿·太祖本纪》未载其受伤，却写到三个月后，他又御驾亲征蒙古喀尔喀五部，攻城略地，擒获其首领，掠夺其牲畜。

如果他在宁远遭炮轰重伤，不论清朝皇家和史官如何避讳不提，他也不可能还有精力领兵去对蒙古部落作战！

明王朝大厦将倾，但还很强大。即使如此，在努尔哈赤的眼里，就作战而言，蒙古骑兵丝毫不逊色于明军洋炮。喀尔喀五部背弃盟约，故而努尔哈赤要亲自领兵征战。

只有解决了蒙古的威胁，他才有力量与明军抗衡。也许正因为他使喀尔喀五部臣服，科尔沁贝勒奥巴才立即来朝谢恩。

而《清史稿》写到努尔哈赤患病养病，则是宁远之战的半年后，"秋七月，上不豫，幸清河温泉"。八月二日，明东江将领耿仲明向朝廷报告："老奴背生恶疮，带兵三千，见在威宁堡狗儿岭汤泉洗疮。"（《东江疏揭塘报节抄》卷五）这个谍报是与清史记载努尔哈赤死于"身患毒疽"完全吻合的。

常年征战的人，是很容易得毒疽的。《明史》记载，开国名将徐达于洪武十七年（1384），在北平留守时得了背疽，不久稍微好些，次年二月病情加重，随后去世。

故而说，努尔哈赤死于突发性毒疽，而不一定是明军的直接炮伤。

但是，不论努尔哈赤是死于炮伤，还是年迈体弱的疾病，袁崇焕的出现与阻击，确实给了努尔哈赤沉痛一击。

努尔哈赤起兵之初，虽然有志挑衅大明，却因实力不济，而以苏克苏浒河部图伦城主尼堪外兰为复仇的对象，三次追杀，抵挡过各种各样的阻击，并开始四处征战，历大小战役十余次，且本人多次遭重创，险被流矢毙命。他待羽翼丰满，一统建州五部后，征服长白山诸部，在古勒山一战大败九部联军，灭海西四部，讨东海诸部，且在抚清之战、萨尔浒之战等对明战役中，击败明军。

统一女真且称霸辽东的努尔哈赤，一旦成熟，就成了常胜将军。让他没有想到的是，最后差点折在袁崇焕之手。

返回盛京的努尔哈赤，曾扼腕长叹："朕用兵以来，未有抗颜行者。袁崇焕何人，乃能尔耶！"（《清史稿·太祖本纪》）

清朝官修的太祖实录，不论是《清太祖武皇帝实录》，还是《清太祖高皇帝实录》，记载都大同小异，说：努尔哈赤自二十五岁起，征讨辽东各处，皆是战无不胜，攻无不克，然而"惟宁远一城未下，遂大怀愤恨而回"（《清太祖武皇帝实录》卷四，天命十一年二月），或"惟宁远一城未下，不怿而归"（《清太祖高皇帝实录》卷十，天命十一年二月壬午）。

挥之不去的心病，加速了痼疾在身的努尔哈赤的死亡。

谁给努尔哈赤戴上了
绿帽子？

1

电视剧《太祖秘史》的创作者会来事，像煞有其事地将努尔哈赤和叶赫东哥扯在一起，演绎了一出贯串始终的情感纠葛，让他们爱得死去活来、天翻地覆，使努尔哈赤正式的老婆、生了皇太极的叶赫另一个女人孟古哲哲吃尽了醋。

吃醋是现代艺术的精心安排。而在历史上，努尔哈赤并未一睹"女真第一美人"叶赫老女的天姿国色。

叶赫老女不愿意做叶赫贝勒布扬古的政治联姻牺牲品，不甘心伺候杀父仇人努尔哈赤（她和布扬古的父亲、叶赫老贝勒布寨在九部联军大战中，被努尔哈赤的大将劈成两半），不惜撕毁婚约，再次挑起建州女真和叶赫部落的决战。

天命三年（1618）四月十三日，努尔哈赤在著名的讨明檄文"七大恨"中称："北关老女，系先汗礼聘之婚，后竟渝盟，不与亲迎。彼时虽是如此，犹不敢轻许他人，南朝护助，改嫁西房。似此耻辱，谁能甘心？所谓恼恨者五也。"（《金国汗攻永平誓师安民谕》）

北关老女，就是叶赫老女。

曾在明万历二十一年（1593）九月打赢了以叶赫为首的九部联军的努尔哈赤，不稀罕许婚若干家的叶赫老女了："此女之生，非同一般者，乃为亡国而生矣！以此女故，哈达国灭，辉发国亡，乌喇国亦因此女而覆亡。"（《满文老档》

"太祖皇帝"第四册《叶赫以努尔哈齐所聘女改适蒙古》)

叶赫老女拒绝仇人貌似很有骨气，但她的一生也是很不幸的。她九岁时被许嫁哈达部贝勒岱善，结果哈达内贼与叶赫外兵在迎亲路上伏击岱善成功。随后，叶赫又将她许婚给乌拉贝勒布占泰，条件是布占泰率九部联军攻打建州。联军失败后，叶赫将她许婚努尔哈赤，同时答应了哈达贝勒孟格布禄的求婚。此后，叶赫老女又先后被许给辉发部首领拜音达里、乌拉部贝勒布占泰和蒙古喀尔喀部贝勒巴噶达尔汗之子莽古尔岱。最后，叶赫老女真正嫁人之时，已是三十三岁高龄。而努尔哈赤借着她的一再拒婚和四处许婚，相继灭了海西女真最强的哈达、辉发、乌拉和叶赫四部。

找了借口的努尔哈赤还卖乖："此女用谗挑唆诸申国，致启战端。今唆叶赫勾通明国，不将此女与我而与蒙古，其意使我为灭叶赫而启大衅，借端构怨，故与蒙古也！我即得此女，亦不能长在我处，无论聘与何人，该女寿命不会久长。毁国已终，构衅已尽，今其死与将至也。我纵奋力夺取此女，亦不能留于我处。倘我取后迅即殒命，反流祸于我矣！"(《满文老档》"太祖皇帝"第四册《叶赫以努尔哈齐所聘女改适蒙古》)

他要做全女真的覆育列国英明汗，身边自然妻妾成群，差一个叶赫老女也不少。

女人多了，问题也就多了。史料记载，努尔哈赤就曾两休老婆。

《满文老档》"太祖皇帝"第十四册《天命汗废大福晋》记载，天命五年三月二十五日，努尔哈赤侍妾塔因查告发近身侍女与人通奸事件之后，又故作惊奇："不仅此事，更有要言相告。"

什么"要言"啊？

努尔哈赤欲知究竟，小妾如说秘闻。

小妾说："大福晋曾两次备办饭食，送予大贝勒，大贝勒受而食之。又一次，送饭食四贝勒，四贝勒受而未食。"

　　大福晋即大妃，给继子代善、皇太极送点饭菜，本是继母的关心，本无可厚非。

　　但是，塔因查继续说："大福晋一日二三次差人至大贝勒家，如此往来，谅有同谋也！"更有甚者，"福晋自身深夜出院亦已二三次之多！"

　　大福晋去了哪？半夜出宫，而且二三次。这是大事！

　　努尔哈赤大怒，责令侍卫扈尔汉、巴克什额尔德尼和副将雅荪、参将蒙噶图四人调查。

　　调查团很快回报，塔因查所告属实：大福晋不但送了美食，还经常私会代善。

　　努尔哈赤慌了，因为他曾经说过："待我死后，将我诸幼子及大福晋交由大阿哥抚养。以有此言，故大福晋倾心于大贝勒。"

　　女真旧俗，儿子继承父亲的政治遗产时，可以继承父亲留下的后母。

　　大福晋早早地倾心于代善，努尔哈赤自然强烈不满。

　　这是背着努尔哈赤的通奸。

　　让努尔哈赤更加恼火的是，每当诸贝勒大臣在汗宫聚餐时，大福晋穿金戴银、浓妆艳抹，频频向代善献媚。大臣们敢怒不敢言。

　　天命汗不甘心早早地戴上绿帽子，于是他组织精干力量，最后以"私藏金帛"的罪名将大福晋休弃，送回了娘家，同时剥夺了代善的储位。

　　当然，他也奖励给告密者塔因查与他同桌吃饭的殊荣。

2

　　天命汗废大福晋一事，发生在努尔哈赤建立后金政权的第五个年头之初。

　　此时的天命汗"非一二人之父，乃举国之父也"（《满文老档》"太祖皇帝"第十四册《天命汗废大福晋》），努尔哈赤独操后金全体臣民的生杀予夺大权，是八旗旗主不得违命的最高统帅，凌驾于众贝勒大臣议政会议之上。然而，这一起有根有据的大福晋与大贝勒的私通事件，直接冒犯了他的大汗权威。

涉案者，是大汗极其倚重的儿子和妻子。

建国前夕，他曾经冷酷无情地处死了冒犯其权威的长子褚英和爱弟舒尔哈齐。虽然他后来强调不再处死亲人，要把犯事者交由天谴，但在此事上，他仍不免会大开杀戒。

就私通事件的具体情况来看，关键性的人物有三个：一个是大福晋，一个是大贝勒，一个是四贝勒。

四贝勒是正人君子，似乎很不近人情。而涉事的主犯，大福晋和大贝勒都得到了惩罚。

代善丢失了储君之位，"此后，立阿敏台吉、莽古尔泰台吉、皇太极、德格类、岳托、济尔哈朗、阿济格阿哥、多铎多尔衮（多铎与多尔衮只占一席）八贝勒为和硕额真，为汗之人，受取八旗之给予，食其贡献"（《旧满洲档·昃字档》）。这为两年后努尔哈赤推出八和硕贝勒共治国政制奠定了基础。

而这个大福晋，究竟是谁？

有人说是努尔哈赤的继妃富察氏衮代。

她和努尔哈赤的关系很复杂。她的同父异母长兄王杲之女是努尔哈赤父亲塔克世的发妻，就此而言，衮代是努尔哈赤的姑奶奶姻亲。另，衮代的侄子阿泰娶了塔克世大哥礼敦的女儿，那么衮代是努尔哈赤堂姐的夫家姑姑。

不仅如此，衮代嫁与努尔哈赤前，曾适其三伯祖索长阿的孙子戚准，并生有一个儿子昂阿拉。戚准早逝，衮代按女真旧俗，以寡居的堂嫂身份嫁给努尔哈赤。她先后为努尔哈赤生育了第五子莽古尔泰、第十子德格类和第三女莽古济，又不失为一个出得主意、安得民心的贤内助。

有人说是努尔哈赤的大妃乌拉那拉氏阿巴亥。

她是乌拉国主满泰的女儿。万历二十一年，乌拉继任贝勒布占泰参加九部联军攻打建州女真的大战被俘，监禁三年后释放归国，还被努尔哈赤赐婚舒尔哈齐之女。他感激努尔哈赤的不杀之恩，于万历二十九年十二月将十二岁的侄女阿巴亥送给了四十三岁的努尔哈赤做侧福晋。

这又是一起汉人礼教观念不容、女真文化司空见惯的辈分混乱的婚姻关系。风姿绰约的阿巴亥只能认命，生育了汗十二子阿济格、十四子多尔衮和十五子多铎。

结合努尔哈赤的休弃诏书："该福晋奸诈虚伪，人之邪恶，彼皆有之。我以金珠妆饰尔头尔身，以人所未见之佳缎，供尔服用，予以眷养。尔竟不爱汗夫，蒙我耳目，置我于一边，而勾引他人。不诛之者，可乎？然念其恶而杀之，则我三子一女犹如我心，怎忍使伊等悲伤耶？不杀之，则该福晋欺我之罪甚也！"（《满文老档》"太祖皇帝"第十四册《天命汗废大福晋》）

阿巴亥生育三子，不曾生女。衮代生二子一女，与"三子一女"很容易笔误。唐邦治辑《清皇室四谱·后妃》记载继妃富察氏"天命五年二月以窃藏金帛迫令大归，寻莽古尔泰弑之"。难道被儿子弑杀的富察氏，就是与代善私通的"大福晋"？

从努尔哈赤派出的调查四人团来看，扈尔汉为五大臣之一，隶属皇太极所率的满洲正白旗；额尔德尼为努尔哈赤的心腹亲信，却极力拉拢皇太极；而雅荪、蒙噶图，都是皇太极的正白旗属人。这样的调查团，调查的结果自然不利于皇太极的主要夺嫡对手代善，而大福晋只是一个被借力打力的牺牲品。

如果大福晋为衮代，无疑皇太极希望子凭母贱，间接打击三贝勒莽古尔泰。这一起继母继子涉嫌乱伦案，野心勃勃的皇太极是真正的胜利者。

家丑不好外扬。这毕竟是新建的后金汗廷宫闱丑闻，一旦传入民间，或传至明朝，那都是英明的天命汗和爱新觉罗家族的奇耻大辱。当然，努尔哈赤不好加罪于大贝勒代善，一是他有言在先，只是被代善提前预演；二是严惩储君，必然引起国家动荡。

于是，调查团秉承汗意，重新制定大福晋的诸多罪状，"乃以大福晋窃藏绸缎、蟒缎、金银财物甚多为词，定其罪"（《满文老档》"太祖皇帝"第十四册《天命汗废大福晋》）。

最高奴隶主家的女主人绸缎和金银多了点，就成了很不好听的偷窃，就成了不可饶恕的罪行，这不啻一个可悲的笑话。

3

天命汗决意废黜大福晋。为了坐实罪行，暗通皇太极的调查团仰其鼻息，又秉承大汗旨意，将大福晋所谓"分藏各处，分送各家"（《满文老档》"太祖皇帝"第十四册《天命汗废大福晋》）的赃物，设计了四个"窃藏"的窝点：

一、调查团负责人扈尔汉的界藩山上居所，赃物为"三包财物"，藏于居所西屋。

扈尔汉是努尔哈赤的养子，多有战功，隶满洲正白旗，职掌镶白旗，赐号达尔汉虾（即后来代善认罪时说的"虾阿哥"），所以扈尔汉又称达尔汉侍卫，与费英东、额亦都、何和礼、安费扬古组成了清初著名的开国五大臣。

扈尔汉称不知情，于是同大汗差人回报：我既然不知道，又岂有收纳大妃私藏财物之理呢？

并无人证，只有赃物。扈尔汉力辩无辜，自证清白，于是杀了一个女仆作为窝藏犯，来了一个杀人灭口、死无对证。

二、阿济格阿哥家，藏了两个柜子，藏有绸缎三百匹。这是蒙古福晋举报的。

这个蒙古福晋，究竟是何人？努尔哈赤曾两娶蒙古科尔沁贝勒家的格格博尔济吉特氏，一个是万历四十年四月娶的明安之女，一个是万历四十三年正月娶的孔果尔之女，都被封为侧福晋，即侧妃。具体谁是举报者"蒙古福晋"，史料未载。

因为窝藏地设置在阿济格家的私密专柜，而且大福晋"唯恐遭火焚水淋，甚为爱惜"，证明可以随意出入阿济格的宅子，可见他们的关系非同一般，毫无顾忌，故容易使人按图索骥地猜测大福晋为阿济格生母阿巴亥，而非其继母衮代。

三、大福晋的娘家。大汗的老婆给娘家的一点好处，也成为私藏的赃物。

衮代嫁给努尔哈赤三十多年，且其五个兄弟相继死于明将李成梁及其部将之手。她是家族的幸存者。而阿巴亥的故国乌拉虽被灭，但娘家还存在。故而，又为大福晋是谁蒙上了一层隐秘之纱。

四、大福晋被蒙古福晋告发，于是她要带出蒙古福晋是窝藏犯。

大福晋说："蒙古福晋处有一捧东珠。"（《满文老档》"太祖皇帝"第十四册《天命汗废大福晋》）

东珠是非常之物，为大汗御用物品，大妃可以按规格拥有。但为何蒙古福晋举报大福晋窝藏三百匹绸缎在阿济格家时，却不供出自己帮大福晋保管了另一批更有说服力的赃物呢？她难道想大福晋被处理后，私吞这一批僭制物品？最后又不得不承认："系大福晋交予我收藏之。"（《满文老档》"太祖皇帝"第十四册《天命汗废大福晋》）

另外，大福晋还说自己给一些大臣老婆和村民送了些绸缎和财物。她是为汗夫收买人心，本以为努尔哈赤会网开一面，却没料到罪行反而加重。

大福晋送了总兵巴都里的二夫人一匹精致青倭缎，用于做朝服。另外送了参将蒙噶图老婆一件绸缎朝服。

大臣穿得寒酸，大妃满是体恤。

殊不知，巴都里是扈尔汉佟佳氏家族的族人，而蒙噶图为调查团成员之一，这样的收礼者，很有可能是调查团的精心设计。

于是，"窃藏金帛"成了大福晋必须接受惩罚的罪名。

好一个窃藏之词，女主人成了偷窃者。衮代之外，阿巴亥又被人传闻与代善有染，也有私藏金帛的罪行。作案内容和处置结果如出一辙，只不过告发者换作了努尔哈赤的庶妃德因泽。

德因泽和塔因查是不是一个人呢？《清史稿·后妃传》和《清皇室四谱》中都没有她们的名字，她们都没有给努尔哈赤生育过，无疑受到的宠幸不多，故而具体无考。虽然《满文老档》所载的大福晋私通代善、努尔哈赤休妻的事件，写得很详细，但大福晋究竟是谁，只能算是一个谜。

这起乱伦加偷窃事件，应该是其中一人，另一人被讹传。即便属实，如果不是皇太极的阴谋，那么努尔哈赤身边两个有身份、富谋略的女人，也断然不敢在努尔哈赤大权在握、精力未衰时和代善淫乱宫闱。

努尔哈赤大怒，但是最后没有杀掉大福晋，说："大福晋可不杀之，幼子患病，令其照看。我将不与该福晋同居，将其休弃之。"（《满文老档》"太祖皇帝"第十四册《天命汗废大福晋》）不杀出轨的妻子，理由是"幼子患病，令其照看"，这个幼子应该是少不更事。

至天命五年，衮代生于万历二十四年的幼子德格类已二十五岁；而阿巴亥的幼子多铎生于万历四十二年，还只有七岁，还是个离不开娘的孩子。

史料记载混淆不清，更加难辨，让人各有猜疑。

4

天命五年的大福晋被休事件，明眼人都能看出是一场将矛头对准努尔哈赤大妃的政治阴谋。

无论是富察氏衮代，还是那拉氏阿巴亥，只要努尔哈赤将她们休弃，她们身后的大汗之子们自然少了一份夺嫡的资格和支持。

另外，男一号代善的既定储位不保。虽然努尔哈赤实行八和硕贝勒共治国政制时，已经将代善排除在外，而以代善长子岳托入列，并排名在济尔哈朗和阿济格、多尔衮、多铎三兄弟之前（济尔哈朗为岳托堂叔，而阿济格兄弟三人是岳托的亲叔）。天命汗还命代善对天盟誓，表示对这份决议主动接受，对自己受罚全部认同。

代善说："因为我不恪守汗父教导之善言，不听三位弟弟、一位虾阿哥之言，而听信妻言，以致丧失汗父委托于我指挥之大政。我乃杀掉我的妻子，手刃我之过恶，日后若仍以是为非，以恶为善，怀抱怨恨和敌意，我愿受天谴责，不得善终。"（《旧满洲档·昃字档》）

这份近乎毒誓的誓词，既是代善的政治表态，也是他的认罪书。从内容上看，代善并没有说与继母的乱伦之事，而是忏悔听信枕边风而做了另外有悖伦常之事。

代善嫡福晋李佳氏早逝，他听信继福晋叶赫那拉氏谗言，对前妻所生的长子岳托、次子硕托很是刻薄。

天命五年九月初三日，硕托因无法忍受代善的虐待而突然失踪。有人说，硕托叛逃投降了明朝。

真相未定，代善毫无父子怜惜之情，一口咬定次子叛国通敌，要对硕托发出诛杀令。结果，硕托现身，自证清白。没想到，代善反复跪求努尔哈赤杀掉硕托。

代善之请，让努尔哈赤想到了六年前处死长子褚英之事。努尔哈赤拒绝了代善的寡情要求，释放了硕托，并派人调查代善给予两个前妻之子的待遇问题，结果发现代善给岳托、硕托所领有的资产均比其他的异母弟弟差很多。

努尔哈赤怒斥代善："你也是前妻之子，为何不想想我对你更亲近？我一直是特选良好的部民让你专管，选你做接班人，为何你就不能像我一样善待岳托、硕托？"

于是，努尔哈赤让岳托、硕托与代善分家，并公开宣布废掉代善的太子之位。

《旧满洲档·昃字档》记载：代善"先前袭父之国，故曾立为太子，现废除太子，将其专主之僚友、部众，尽行夺取"。代善被废除嗣位后，于九月二十八日亲手杀掉继妻，以向汗父谢罪。

代善心胸狭隘，听信妻言迫害亲子，受了父责又滥杀嫡妻。他是一个睚眦必报之人，努尔哈赤剥夺了他的治国大权，又命其发誓，今后如再怀恨，甘愿受天地处罚。

努尔哈赤宽容了代善，尽管废除了他的储位，但仍为四大贝勒之首，参与治理国政。

代善得到了宽大处理，但不再是储君，对于竞争者而言，都有夺储被立的机会。

如果被废的大福晋是富察氏衮代，那么她所生的三贝勒莽古尔泰被立为储君的机会不大。更何况，莽古尔泰在生母失势后，残忍地杀母邀宠，更让汗父不齿。

天命朝议政会议的主要成员为努尔哈赤的子侄，以代善、阿敏、莽古尔泰和皇太极四大贝勒为主。

阿敏为舒尔哈齐之子，虽受天命汗倚重，但毕竟是侄子，在诸子能干、强势的前提下，在舒尔哈齐曾阴谋夺位的阴影里，努尔哈赤只会把立储的机会留给自己的儿子。

待到代善被废，莽古尔泰失宠，努尔哈赤曾经的"爱妻"孟古所生的四贝勒皇太极无疑是最有机会的。

所以说，大福晋私通大贝勒一案，最有可能是皇太极拉拢努尔哈赤身边的女人塔因查（或德因泽），所设计的一起政治大阴谋。

这也为六年后皇太极成功即位打下了基础。无疑，这一起乱伦事件他是唯一的既得利益者。

5

电视剧《太祖秘史》很明确地将天命一朝的大多数政治阴谋，如褚英谋逆，如舒尔哈齐之死，如代善与大妃阿巴亥私通，都指向了四贝勒皇太极。他是操控者。

这是艺术设计，也是大胆猜测。在重重迷雾遮掩的清初史上，这并不违背历史研究应该提倡"大胆假设，小心求证"的方法。

回到天命汗休妻一事上来，如果是皇太极处心积虑地设计陷害大贝勒兼储君代善，将他拖入与继母乱伦的政治告密中，那么代善完全有机会申诉。

家丑不可外扬，前提是家丑已经发生，是既定事实，代善和大妃确有苟且之事。

只有一切都是事实。代善和大福晋提前将努尔哈赤的生前安排落实，在安排者的面前，将言语上的照顾演绎成亲密的接触。

这，无疑是有恃无恐，让努尔哈赤感到羞愧。

继福晋富察氏衮代，初嫁与努尔哈赤三伯祖索长阿的孙子戚准，并生有一个儿子昂阿拉。于此，她是努尔哈赤的堂嫂子。万历十三年，戚准病逝，衮代依女真社会兄死弟妻其嫂的风俗，带着孩子改嫁堂弟努尔哈赤，在其原配佟佳氏死后，成了继室大福晋。

而今，努尔哈赤的儿子却在干父未死子妻后母之事，让他感到极大的侮辱。当然，他更怕代善像褚英一样，阴谋弑父篡位，而且加了一条淫秽宫闱的勾结之罪。

努尔哈赤要查个水落石出，又要防患于未然。对于事件举报的幕后主使者，难道努尔哈赤不察吗？

《太祖秘史》曾安排了一段剧情：努尔哈赤对皇太极的阴谋表示不齿，表现愤怒，表达警告，但聪明勇武的努尔哈赤还是一步步地陷入了皇太极更大的阴谋中。

让人意想不到的是，努尔哈赤又安排皇太极的正白旗属人扈尔汉（与代善有矛盾）、雅荪、蒙噶图，以及与皇太极私交甚密的额尔德尼组成调查四人团，去装模作样也处心积虑地调查皇太极设计的阴谋，还按结果进行厚此薄彼的处罚。

无疑，努尔哈赤潜在地有意偏向皇太极。

努尔哈赤是有意舍弃能力日衰而贪心见长的代善，而要让有雄图大略且才干杰出的皇太极成为新的领军人物。

毕竟此时的努尔哈赤虽有十万余众，但已经向拥兵百万的明朝皇帝发起了大规模的武力挑战，而女真内部还不乏满足于劫掠财货、奴隶、牲畜、粮食的保守贝勒。他两次立储，意图把汗权牢牢掌控在自己手中，这一尝试失败后，又探索八和硕贝勒共治国政制，以实现汗权的顺承和巩固。

已是一个成熟政治家的皇太极，最有可能是努尔哈赤重新考虑的汗位继承人。

《清太宗实录》卷一说："太祖以上为大贝勒，与代善、阿敏、莽古尔泰，共理机务，多所赞画，统军征讨，辄侍太祖，偕行，运筹帷幄，奋武戎行，诛携服叛，所向奏功，诸贝勒皆不能及。又善抚亿众，体恤将卒，无论疏戚，一皆开诚布公以待之，自国中暨藩服，莫不钦仰。上凡遇劲敌，辄亲冒矢石，而太祖深加爱护，每谕勿前往。时帝业肇兴，大勋将集，圣心默注，人望攸归。"

皇太极在前线遇到劲敌，身先士卒，浴血奋战。努尔哈赤靠子孙们奋力拼杀，却下令不许皇太极冒险。清朝的皇子皇孙，都以拼军功换爵位为荣，太祖如此"深加爱护"皇太极，似乎有深意。

这段文字，虽为皇太极的儿子顺治帝审定，但总得在清朝宗室内部达成基本共识，所以应是凿凿之言。

当然，努尔哈赤在保护皇太极时，又不得不考虑培育第三代岳托和第二代年轻的阿济格兄弟。

如果说天命五年的大福晋被休事件，是皇太极针对大妃阿巴亥的，意图削弱她所生诸子阿济格、多尔衮、多铎的夺储机会，这种可能性是存在的。但当时最大的阿济格年方十六岁，而多尔衮九岁，多铎七岁，都是未立寸功、毫无经验。六十二岁的努尔哈赤断然不会冒险力挺阿济格兄弟，以制约强势的皇太极，造成汗子内讧、削弱汗权的局面。

《满文老档》中说的是"大福晋"，而不是"继福晋"，所以让人更加怀疑努尔哈赤要承袭女真幼子守灶的继承传统，培育阿巴亥大妃诸子，尤其是多尔衮。然值得注意的是，努尔哈赤为长子出身，他最先定的接班人是长子褚英，褚英之后又立了次子代善。如此看来，他看重的是经历和经验，而不是传统和传闻。

即便他把亲率的两黄旗最后留给了多尔衮兄弟，但他对多尔衮兄弟应该只是父子之爱，而非江山之托。

如果他要钦定多尔衮，也不会在最后养病时迟迟不写好遗诏，昭告天下，而给了人望颇高、势力颇强、野心颇大的皇太极机会。

只是最后，皇太极为首的四大贝勒以先汗遗命，强制阿巴亥大妃殉葬，不过是怕"有机变"的阿巴亥待儿子成人后突生事端，后发制人。

努尔哈赤也担心骨肉相残的悲剧重演，所以他在天命六年正月十二日召集四大贝勒及其他小贝勒，焚香设坛，祝告天地，重温一统海西女真、挑战明朝获利、大胜四路大军的事迹后，约定："吾子孙中纵有不善者，天可灭之，勿令刑伤，以开杀戮之端。如有残忍之人，不待天诛，遽兴操戈之念，天地岂不知之？若此者，亦当夺其算。昆弟中若有作乱者，明知之而不加害，俱怀理义之心，以化导其愚顽。似此者，天地祐之，俾之孙百世延长。所祷者此也。自此之后，伏愿神祇，不咎既往，惟鉴将来。"（《清太祖武皇帝实录》卷三）

老迈的努尔哈赤对曾经诛子囚弟黯然神伤，故对子孙后代的权力之争十分警惕，恐有杀戮再起。但后世的清朝皇帝们因此动不动囚禁政敌血亲，却开启了另一种残酷、折磨和毫无人道主义的政治迫害。

6

同样是尤小刚导演的清宫秘史剧，《太祖秘史》结尾和《孝庄秘史》开场的阿巴亥殉葬案，还是有情节上的出入的。

《太祖秘史》安排皇太极亲自出马，强迫弥留之际的努尔哈赤下遗诏让大妃殉夫。而《孝庄秘史》的设计是阿巴亥被阿敏、莽古尔泰强迫殉夫，皇太极似是无奈的胁从者。

出入归出入，历史是历史。努尔哈赤的大妃阿巴亥殉葬事，皇太极是主谋。

修撰成书于清太宗年间的《清太祖武皇帝实录》卷四记载：孝慈皇后"崩后复立兀喇国满泰贝勒女为后，饶丰姿，然心怀嫉妒，每致帝不悦，虽有机变，终为帝之明所制，留之恐后为国乱，预遗言于诸王曰：'俟吾终，必令殉之。'诸王以帝遗言告后，后支吾不从。诸王曰：'先帝有命，虽欲不从不可得也。'后遂服礼衣，尽以珠宝饰之，哀谓诸王曰：'吾自十二岁事先帝，丰衣美食，已二十六年，吾不忍离，故相从于地下。吾二幼子多儿哄、多躲，当恩养之。'诸王泣而对曰：'二幼弟吾等若不恩养，是忘父也，岂有不恩养之理？'于是，后于十二日辛亥辰时自尽，寿三十七，乃与帝同柩，巳时出宫，安厝于沈阳城内西北角。又有二妃阿迹根、代因札亦殉之"。

这段文字，应该是很早的版本，其中很多词并未根据后世的名称规范而做删改。如"兀喇"该为"乌拉"，"多儿哄"该为"多尔衮"，"多躲"该为"多铎"。

阿巴亥，那拉氏，乌拉部落贝勒满泰的女儿，十二岁嫁给努尔哈赤，于皇太极生母、大妃孟古哲哲（后被皇太极追封为孝慈皇后）死后，被立为大妃（大福晋），为太祖生育三子：第十二子阿济格、第十四子多尔衮及第十五子多铎。

天命十一年七月，太祖往清河温泉疗养，病情稍缓后，乘舟顺太子河而下，与奉谕而来的阿巴亥相会于浑河。八月十一日，太祖背疽发作，在瑷鸡堡驾崩。是时，大妃阿巴亥正在御榻之旁服侍。

阿巴亥作为大妃和宠妃，最能知道太祖弥留之际是否有遗言。她完全有可能凭借太祖交予她的两黄旗人马，以及作为第一夫人的声望，扶持自己所生的儿子顺利接班。而且她也一直在为自己和儿子们的将来做准备，故而有了她和继子大贝勒代善的私情说，也有了传闻太祖属意多尔衮的继位说。

努尔哈赤死时，多尔衮还只十四岁，寸功未立。不消说皇太极军功有多大，就只是他那大多尔衮三岁的长子豪格，很早就跟从父亲征讨蒙古董夔、察哈尔、鄂尔多斯等部，战功就不小，也因此被祖父努尔哈赤封为贝勒。天命十一年，豪格跟从大贝勒代善等人征讨蒙古扎鲁特部，更亲手斩杀了扎鲁特部的贝勒鄂斋图。

代善在年龄上为诸贝勒之首，掌管着两红旗，势力与皇太极足有一拼。据后来的大学问家王先谦在《东华录·太宗》中记载，兄弟二人有权力之争，但是代善很识趣，当儿子岳托和萨哈廉力挺皇太极时，他马上站出来大呼："此吾素志也。天人允协，其谁不从？"

可见，年轻的多尔衮是没有资本对抗皇太极的。这些，聪明的努尔哈赤未必不知道。

皇太极的能力是大家有目共睹的。代善主动让贤。阿敏无可奈何。阿巴亥也只能望而生畏。

多尔衮的存在并不会对皇太极构成威胁。皇太极最后的胜出，除了自己的杰出能力摆在那里外，还有一个原因：多方势力竞争时，只有他才能摆平。

皇太极不敢直接对代善下手。但是，阿巴亥的存在，对皇太极的顺利继位和安稳执政，还是一个不稳定因素。应该说，在努尔哈赤死后的夺位战中，阿巴亥有过推出多尔衮的蛛丝马迹。

《孝庄秘史》中，阿巴亥主动找皇太极做交易，称努尔哈赤要传位给多尔衮，阿巴亥为了保住儿子而跟皇太极谈条件。

阿巴亥抬出毫无实力可言的多尔衮，无疑是为自己找死路。皇太极如果答应交易，盟誓作保，留住阿巴亥，那么她就要顺位升为嫡母太后，是大汗的合法监督者。大汗也不能小觑她的懿旨。一旦她的儿子们握有实权，再与代善联手，或者改推新夫代善上位，她都可以抬出所谓的先汗遗诏，让皇太极或其他人下台。

皇太极只能让阿巴亥死，而且冠冕堂皇地打出努尔哈赤遗命的旗帜，让阿巴亥殉葬。封建时代，生殉虽不时被废除，但未禁止，这种严重反人类的恶俗，在明朝皇家常有之，后金也未能改变。据郑天挺的《探微集》记载，满洲人盛行妻妾殉夫、奴婢殉主。孝慈皇后病逝，努尔哈赤就命四婢殉之。大臣雅荪曾发誓要为太祖殉葬，后来反悔，结果也被皇太极抓回杀了。

按明制，妃嫔殉葬君上，要么是先帝生前指定的所谓最爱，要么是没有为先帝留有子嗣的。皇太极假传先汗遗命，逼殉阿巴亥，也有掩人耳目的理由：一、她是先汗后期的最爱；二、先汗要防止她日后乱政。

阿巴亥死了，不论代善是不是同继母有过乱伦，对于新大汗皇太极而言，都已经构不成威胁了。

当然，皇太极在昔日政敌代善的拥立下，成了最后的胜利者，但是，皇太极貌似尊重代善，却始终未对这位潜在的对手放松警惕。

王先谦《东华录》记载，天聪九年（1635），皇太极将归顺的蒙古察哈尔汗的伯奇福晋赐予长子豪格，引发豪格岳母即皇太极姐姐莽古济发牢骚。某次，代善请路过家门的莽古济吃饭，皇太极知道后大发雷霆。

原本是一次兄妹之间的交往，在皇太极眼中却变成了代善不该密会怨恨太宗的莽古济。

《清史稿·代善传》也说，崇德二年（1637），有人向太宗报告，称代善前一年征讨朝鲜时，违旨以所获粮米喂马及选用护卫超编，太宗说："朕于兄礼亲王敬爱有加，何不体朕意若是？""王等事朕虽至恭敬，朕何所喜？必正身行义以相辅佐，朕始嘉赖焉。"言下之意，太宗爱护代善，而代善貌似恭敬，却不以诚义回报，"阳为恭敬，阴怀异心"。

权力纷争之下，是没有亲情的。不论代善是否与哪个继母有不伦之情，或者只是继母对继子的关爱，都成了最后的胜利者拿去作为击败政敌的冠冕堂皇的遮羞布。

皇太极篇——太宗夺路

实力较弱的皇太极，凭啥成为大清第二主？

1

汗位之争，也是力量之争。

而导致此博弈格局的原因是：努尔哈赤建国称汗之初，就定了谁为储嗣。

万历四十一年（1613），努尔哈赤在乌碣岩之战中，完胜布占泰，消灭乌拉部后，召集诸子谈话，准备宣布继承人选。

《满洲老档》"太祖皇帝"第三册《阿尔哈图图门掌政及被黜》记载：同年六月，"聪睿恭敬汗荷蒙天恩，集成大业，执金国之政。聪睿恭敬汗思虑之：'我若无子，夫复何言！今我欲令诸子掌政。若令长子当政，而长子自幼心胸狭窄，并无治国宽大之心怀。倘令其弟当政，但焉能弃其兄而令其弟执政？为父若荐用长子，使之专主大国、执掌大政，或可弃其偏心而存公诚之心耳。'遂令长子阿尔哈图图门执政"。

长子即褚英，他在消灭乌拉一战中，奋勇当先，战功卓著，被授予阿尔哈图图门尊号。阿尔哈图图门，满语是"足智多谋"的意思。然而，名不副实。

褚英只是一个心胸狭窄的起起武夫，"并未以公诚之心治理父汗交付之大国"，不但结怨于努尔哈赤最倚重的五大臣，还施虐于努尔哈赤"爱如心肝之四子"。（《满洲老档》"太祖皇帝"第三册《阿尔哈图图门掌被黜》）

无疑，在此时的努尔哈赤的心里，褚英的地位还远高于他的"爱如心肝"。

女真并无立嫡立长的旧俗，而且做过明朝左卫都督、龙虎将军的努尔哈赤明知褚英存在着严重的性格缺陷，却坚持推行嫡长子汗位继承计划，无疑是想学明王朝的嫡长子继承制。

褚英不争气，树敌太多，引起努尔哈赤其他四个爱子联合五大臣群起攻之，最后身陷囹圄，铤而走险未遂，被努尔哈赤忍痛处死。

努尔哈赤又立元妃佟佳氏所生的次子代善为储君。

代善不争气，好色贪财，深陷于与后母私通的乱伦事假和虐待前妻二子事件，遭到废弃。但是，无论是努尔哈赤初定的四大贝勒，还是后来任命的共治国政的八和硕贝勒，都只有嫡子入列。

2

努尔哈赤有儿子十六人，但他是一个重嫡轻庶、厚此薄彼的老爸。

他在称汗之初推出的四大贝勒，除了二贝勒阿敏是汗弟舒尔哈齐家的代表外，其他三大贝勒，一个是元妃佟佳氏所生的次子代善，一个是继福晋富察氏所生的第五子莽古尔泰，一个是做过短暂大妃的叶赫那拉氏所生的第八子皇太极。

这也是他在择立褚英为储时，所说的"爱如心肝的四子"。

代善失落储位。天命五年(1620)，努尔哈赤与诸子约定："此后，立阿敏台吉、莽古尔泰台吉、皇太极、德格类、岳托、济尔哈朗、阿济格阿哥、多铎多尔衮八贝勒为和硕额真。为汗者接受所给予的八旗人众，食其贡献。政务上，汗不得恣意横行，汗承天命执政，任何一位和硕额真若违犯扰乱政治的恶行，其余七位和硕额真集会议处，该辱则辱之，可杀则杀之。生活道德谨严，勤勉政事者，纵使治国之汗出于一己私怨，欲罢黜降等，其他七旗对汗可以不让步。"(《旧满洲档·戾字档》，转引自冈田英弘《清太宗继位考实》，台北《故宫文献》第三卷第二期)

八和硕贝勒，共九人。六岁的多铎与八岁的多尔衮，只占一席。其他台吉阿哥，都已成年。

他们虽在努尔哈赤之下，但按努尔哈赤的政治设计，后金嗣汗将在八和硕贝勒中产生，同时，他们被赋予了选举、更换新汗的权利。当然，新汗也只能从八和硕贝勒中产生，他们都有相互推选与主动竞选的权利。

这是努尔哈赤的平衡权术，更是防止储位之争的手段。危害就是，和硕贝勒侵害汗权，而汗储矛盾存在。

褚英死于非命，代善恶行不断，而其他贝勒蠢蠢欲动，迫使起于原始部落、缺乏大局意识的地方政权首领努尔哈赤，开始实施八和硕贝勒共治国政计划。

努尔哈赤将部分大权和旗务交给了嫡子，而嫡子中又以四大贝勒为领军人物。即便推行八和硕贝勒共治国政制，还是以大贝勒代善为首的四大贝勒位高权重。

天命七年三月，努尔哈赤正式提出在他身后实行八和硕贝勒共治国政制。

《清太祖高皇帝实录》卷八记载，天命七年三月己亥，努尔哈赤说："今命尔八子为八和硕贝勒，同心谋国，庶几无失。尔八和硕贝勒内，择其能受谏而有德者，嗣朕登大位。若不能受谏，所行非善，更择善者立焉。"

这，就是他要推行的"八和硕贝勒共治国政"。

他所以推出这一新制度，是出于自己独特的政治考虑：

一、女真人有"幼子守灶"的民族习俗，即当家人早早将年长的儿子析产分家，单立门户，留下自己的那部分给最小的儿子，保证幼子成人后有不逊色于其他哥哥的家族利益。但是，为了使家族和部落做大做强，父辈选择幼子为财产继承者，却不一定是事业传承者，故而要通过另立门户的儿子来完成自己未竟的事业。直言之，努尔哈赤还是择贤而立。他就是其父塔克世的长子，有着一种榜样力量。

二、努尔哈赤也考虑到，如果以实力最强者继承父业为国君，恐怕其恃势骄纵，而获罪于天。他要准备监督机制。在他的儿子中，实力最强的还是大贝勒代善。代善屡犯过错，不但侵害儿子利益，而且扰乱父亲后宫，需要有一股更加强大的制衡力量。

三、努尔哈赤以八旗掌旗贝勒为八和硕贝勒，既要保证共议国政、商办国事的集体决策方式，又在强调他们之间的相互监督和牵制。汗父之下，八和硕贝勒同掌各项权力，共享一切收入。如果出现一个不称职者，可由其他七贝勒弹劾，择其同胞兄弟、年长儿子再继。这既有着氏族民主政治的性质，又具备世袭罔替的功能，更能保证各旗在实力均衡、权利均等的前提下，一同发展壮大。

四、八和硕贝勒分别代表八旗，共同推选嗣汗。他们既有选立新汗的权利，也有竞选新汗的资格。即便是实力最强的掌旗贝勒，也需要得到其他贝勒的支持，甚至需要得到自己同样掌旗的子弟的支持，否则要想直接恃势成为新汗也是艰难的。

值得注意的是，作为两红旗共主、正红旗掌旗的代善，并未参与八和硕贝勒共治国政制，却因为与两红旗的关系，以及其长子岳托在八和硕贝勒内，获得了游离于组织之外而制衡着组织之内的地位。镶白旗掌旗贝勒杜度也没有参与其中。

努尔哈赤有独特的考虑。可以说，对八和硕贝勒共治国政制，他预设了另一道防火墙。

八和硕贝勒中，代善被其嫡长子岳托取代，舒尔哈齐家的代表为阿敏和济尔哈朗，另外就是莽古尔泰及其胞弟德格类，以及皇太极、阿济格、多铎多尔衮。

多铎获授和硕贝勒时不到七岁，多尔衮也只九岁。但他们都是努尔哈赤大妃乌拉那拉氏阿巴亥所生，分别为第十五子、十四子。

努尔哈赤七个庶子，无一人参与其中。

有了最初的八和硕贝勒共治国政制的顶层设计，努尔哈赤把遴选新汗的政治任务，直接踢给了曾经倚信的子弟。

3

努尔哈赤去世时没有指定接班人。

天命十一年八月十二日，满洲最高统治阶层召开议立新汗的国务会议，有代善、阿敏、莽古尔泰、皇太极、阿巴泰、德格类、济尔哈朗、阿济格、多尔衮、多铎、杜度、岳托、硕托、萨哈廉、豪格等大小贝勒十五人参加。

这些人，除了舒尔哈齐家仍以阿敏和济尔哈朗为代表外，其他基本是努尔哈赤的嫡子嫡孙。只有阿巴泰为庶妃所生第七子，因较早随父兄征战，建有功业，甚得努尔哈赤器重。

杜度为褚英长子。他不但有其父褚英留下的镶白旗支持，而且皇太极的正白旗也曾隶属褚英。

代善家的代表为代善与原配所生的岳托、硕托，及继福晋所生的萨哈廉，选票和被选票各为四张。他们共同管理着两红旗。

莽古尔泰、德格类是同母兄弟。

皇太极、豪格是父子。

幼子则是阿济格、多尔衮、多铎同胞三兄弟。

老二代善之下、老五莽古尔泰之上的老三阿拜、老四汤古代，即便有军功，也没有资格参会。

四大贝勒实力最强。

按努尔哈赤生前对八旗的归属划分，大贝勒代善为两红旗共主，二贝勒阿敏掌握镶蓝旗，三贝勒莽古尔泰掌正蓝旗，四贝勒皇太极掌握正白旗。杜度掌镶白旗，唯二叔代善马首是瞻。他们与旗属人众，都是在战场上拼杀出来的生死之交。

努尔哈赤曾许诺将实力最强的两黄旗交给阿济格兄弟，但他们靠的是天潢贵胄的身份，而没有实际磨合的经历。像正黄旗额尔德尼的赫舍里家族，就是皇太极的铁杆粉丝。

阿济格兄弟最有利的因素，就是大妃阿巴亥。她是努尔哈赤驾崩的见证人。

四大贝勒害怕阿巴亥拿出努尔哈赤的遗诏，于是先发制人，不急于为汗父办丧事，而是先捏造出另一份遗诏，以大妃"心怀嫉妒，每致帝不悦，虽有机变，终为帝之明所制，留之恐后为国乱"（《清太祖武皇帝实录》卷四），命其殉葬。

解决了夺位最大的隐患，也就将接管两黄旗的阿济格、多尔衮、多铎兄弟排除在竞争汗位人选之外了。

代善最有实力一搏，但他最倚重的二子岳托、萨哈廉力挺老八皇太极，并劝父退出竞争，改为一同支持皇太极，使自身实力较弱的皇太极成了最强者。

莽古尔泰必然觊觎汗位，但其弟德格类是皇太极的支持者。而且他也与皇太极有着千丝万缕的联系，加之代善的劝说与榜样作用，他选择了支持皇太极。

阿敏有心竞选，而四大贝勒中是一对三，在八旗中是一对七，力量明显不济，也放弃竞争，支持皇太极，这促使有努尔哈赤留下的两黄旗支持的多尔衮兄弟不得不臣服于皇太极。

具备雄才大略的皇太极成了最后的胜利者。

4

天命十一年九月初一，皇太极率贝勒、大臣，带着早已备好的法驾卤簿，先祭堂子，再行九拜礼告天，然后于大政殿正式即位，接受群臣的三跪九叩礼。

后金大汗皇太极下诏：以明年为天聪元年（1627），大赦死罪以下罪犯，示恩全国。相较于随后皇太极及其兄弟子侄联合签发的誓词，这份大赦令还算是落到了实处。

为了回报代善等三大贝勒的退选和推举，皇太极与兄弟子侄们向天盟誓，以表相互不负。

第一份誓词由皇太极发出，表示自己是兄弟子侄们推选出来的："皇天后土，既佑相我皇考，肇立丕基，恢弘大业。今皇考龙驭上宾，凡统理庶务，临莅兆民，厥任綦重焉。诸兄弟子侄，共议（皇太极）缵承皇考鸿绪，嗣登大位，惟当励志继述，夙夜匪皇，以迓天麻。皇天后土，其垂佑之。俾（皇太极）永膺纯嘏，国祚炽昌。"（《清太宗实录》卷一，天命十一年九月辛未。"皇考"一词为后世修撰实录时根据十年后皇太极称皇帝的事实而改称太祖为"皇考"。在最初的誓词中，"皇考"应该是"罕阿玛"。）

皇太极早早地聚集一批少壮派的小贝勒，由岳托、萨哈廉胁迫其父代善倡议，带动三大贝勒共同推举，而继承汗位的形式，仍沿袭了太祖晚年设计的八和硕贝勒共治国政制。

皇太极是想明确君臣关系，说明自己是八和硕贝勒共治国政制下的大小贝勒扩大会议选出来的，有皇天后土为证，也请皇天后土为证，见证他们之间新产生的不对等关系。

为此，皇太极特将誓词焚烧，意图天知地晓，共识天地良心。

第二份则是皇太极向以三大贝勒为首的支持者们发出的相互不负誓词："（皇太极）谨告于皇天后土，今我诸兄弟子侄以家国人民之重，推我为君，敬绍皇考之业，钦承皇考之心。我若不敬兄长，不爱子弟，不行正道，明知非义之事而故为之。兄弟子侄微有过愆，遂削夺皇考所予户口，或贬或诛，天地鉴谴，夺其寿算。若敬兄长，爱子弟，行正道，天地眷佑，俾永膺纯嘏。或有无心过误，亦祈天地鉴之。"（《清太宗实录》卷一，天命十一年九月辛未）

太祖统治期间精心设计八和硕贝勒共治，探索氏族军政民主制，规定诸贝勒有推选和被推选之权，若推选的新汗不肖，即可共同罢黜重选。

皇太极也是按着太祖遗命，宣誓自己将善待诸大小贝勒。不久，皇太极以监护之名、大汗之威，强行将太祖生前赐予阿济格、多铎兄弟的两黄旗与自己的两白旗置换，重组两黄旗和两白旗，严重损害了阿济格兄弟的切身利益，却符合三大贝勒的共同利益，故而没有引发大规模的冲突。

皇太极表现出最高领导人应该具有的大度无疆的胸怀和姿态，于是，大贝勒代善、二贝勒阿敏、三贝勒莽古尔泰率诸兄弟子侄宣誓：我等兄弟子侄，合谋一致，奉大汗继承父业，嗣登大位，为宗社和臣民所倚赖。"如有金壬，心怀嫉妒，将不利于上者，天地谴责之，夺其寿算。上觉其奸，身被显戮。若我等兄弟子侄忠心事上，宣力国家，亦祈天地鉴佑，世世守之。"（《清太宗实录》卷一，天命十一年九月辛未）

"金壬"，小人也。三大贝勒的一席话，宛若日常所言"亲兄弟，明算账"，口头订立君子之交。至于各自心有不甘，包藏祸心，那也是大人物之间权力的游戏。

代善、阿敏、莽古尔泰与大汗同享听政并坐之特权，自然要发下自己约束属旗、拥立和支持皇太极的特殊誓言："我三人若不各教养子弟，或加诬害，我三人当罹凶孽而死。若我三人善待子弟，而子弟不听其父兄之训，不殚忠于君上，不力行其善道者，天地鉴谴，夺其寿算。"（《清太宗实录》卷一，天命十一年九月辛未）

此时的皇太极，还只是名义上的共主，或者是并没有绝对权威的虚汗，三大贝勒要自表心迹，不对积极拥立皇太极的小贝勒拉清单。

天聪初年的政体，仍为太祖于天命七年颁发的八和硕贝勒共治国政制，大贝勒轮流值月主政，一切大政要务皆须众贝勒共议而定，国家元首皇太极不能独断乾纲，甚至还得对三大贝勒行三拜之礼，以示联合执政的政治格局。

不仅如此，皇太极还命令自己在天命朝缔结的政治盟友代善之子岳托、阿敏之弟济尔哈朗、莽古尔泰胞弟德格类，以及阿济格、多尔衮、多铎兄弟等诸小贝勒对天起誓，听命于父兄，"若背父兄之训，而不尽忠于上，摇乱国是，或怀邪凶，或行谍间，天地谴责，夺其寿算"《清太宗实录》卷一，天命十一年九月辛未)。

这就是说，小贝勒们在忠于大汗之时，还得效忠于自己的父兄。这是名义上的最高指示。皇太极之所以有此举措，则是为了安慰三大贝勒，他没有挖墙脚。他也知道，像岳托这样的贝勒，与各自的父兄存在着形形色色的矛盾，早已将远大前程系于具有雄才大略的自己。

即便是誓言，都拿了寿命做赌注，还请以天地做证，那也是堂皇的障眼法。

势力还不及代善、阿敏和莽古尔泰的皇太极，既感谢他们的拥戴之功，也畏惧他们拥有大旗的实力，为此不得不做出让步和妥协。

一旦汗位坐久，皇太极即以诸小贝勒替代三大贝勒值月，开始向他们夺权。《清太宗实录》卷五记载，天聪三年正月丁丑，"先是天命六年二月，太祖命四大贝勒按月分直，国中一切机务，俱令直月贝勒掌理。及上即位，仍令三大贝勒分月掌理。至是，上集诸贝勒八大臣共议，因令八大臣传谕三大贝勒，向因直月之故，一切机务，辄烦诸兄经理，多有未便。嗣后，可令以下诸贝勒代之，倘有疏失，罪坐诸贝勒"。

直，即值也。

三大贝勒明白皇太极意欲独尊的心思，但不好拂逆，得罪诸小贝勒集群。毕竟，皇太极是大汗，政出多门不利于大局稳定，而且他并没有削夺他们各自的户口，只好"皆称善"，于是"以诸贝勒代理直月之事"。

皇太极聪明地施展帝王心术和独特手段，笼络和利用少壮派贵族势力，并利用文馆培植满汉亲信幕僚，等待时机，逐一打击和分解异己势力，推动着汗权由共治走向独裁。

一旦时机成熟，皇太极即拿觊觎汗位的堂兄阿敏开刀，貌似维护了本家的最高权益，实则彰显了色厉内荏的大汗之怒，以震慑自家的两位亲哥哥。

皇太极带给毛文龙、
袁崇焕的冤死

1

后金天命十一年（明天启六年，1626）正月十四日，大金国覆育列国英明汗努尔哈赤虽然已六十八岁高龄，但还是亲自督率诸贝勒、大臣，统领七八万八旗军，从沈阳出发，进攻拥兵百万的大明朝。

明朝镇守锦州、右屯卫、松山、大凌河等八城参将周守廉等，各率部属军民焚房而逃。明朝辽东最高军事长官、经略高第和总兵杨麟拥重兵于山海关，面对前方告急坚决不去救援。

明军主力还在关内镇压农民军，所以金军在辽东如入无人之境，所向披靡。

明军的不组织抵抗，让金军仅用九日就抵达宁远城郊，在距城五里处驻扎。

出乎踌躇满志的努尔哈赤意料，这场遭遇战将成为他常胜荣耀史上的一大污点。

书生出身的宁前道袁崇焕，和总兵满桂、副将祖大寿坚守抗敌。最后，凭借从西洋购置的红衣大炮，击溃了努尔哈赤的进犯，给了天命汗一记沉痛的教训。

努尔哈赤说："朕用兵以来，未有抗颜行者。袁崇焕何人，乃能尔焉！"（《清史稿·太祖本纪》）

未经战事的袁崇焕，人生第一战就赢了常胜将军努尔哈赤。之所以能取胜，他凭借的是红衣大炮与满桂等人的武力配合，同时皮岛的守将毛文龙对后金大军也起到了强大的牵制作用。

袁崇焕一战成名，一战建功，一战功成，但是，三年后，已是辽东经略的他，却以十二条可斩之罪，杀了助其成功的一代名将毛文龙。

民间至今尚有传闻，毛文龙私通后金继任大汗皇太极，罪大恶极。

但不知为何，这样足以灭门灭族的大罪，却不见于袁崇焕给毛文龙所罗列的十二条可斩之罪。

清人修《明史》，不给悍将毛文龙单独立传，而是夹杂于袁崇焕传中，称袁崇焕带着十万两饷银及黄金，以检阅将士为名，来到左都督毛文龙的双岛营寨，推杯把盏过后，袁崇焕突然宣布毛文龙的罪行：

"尔有十二斩罪，知之乎？祖制，大将在外，必命文臣监。尔专制一方，军马钱粮不受核，一当斩。人臣之罪莫大欺君，尔奏报尽欺罔，杀降人难民冒功，二当斩。人臣无将，将则必诛。尔奏有牧马登州取南京如反掌语，大逆不道，三当斩。每岁饷银数十万，不以给兵，月止散米三斗有半，侵盗军粮，四当斩。擅开马市于皮岛，私通外番，五当斩。部将数千人悉冒己姓，副将以下滥给札付千，走卒、舆夫尽金绯，六当斩。自宁远还，剽掠商船，自为盗贼，七当斩。强取民间子女，不知纪极，部下效尤，人不安室，八当斩。驱难民远窃人参，不从则饿死，岛上白骨如莽，九当斩。辇金京师，拜魏忠贤为父，塑冕旒像于岛中，十当斩。铁山之败，丧军无算，掩败为功，十一当斩。开镇八年，不能复寸土，观望养敌，十二当斩。"（《明史·袁崇焕传》）

其中，只有第五条指责毛文龙擅自在皮岛开设马市，私自和外国人来往，该杀。

袁崇焕只是说毛文龙与后金通商，但没提及朝廷禁止的红衣大炮等武器。

这样私通敌国的大罪，竟然不是袁崇焕要杀毛的首罪。

倒是清末民初的孟森，在《明史讲义》中对此事说得很透彻："毛文龙东江之兵，始以朝廷无的饷而借口通商，以违禁物与敌为市，敌乃大得其助，而崇焕治兵，请管东江之饷，而文龙拒之，以与敌通市为利，又不欲以领饷而暴露其兵额也。崇焕斩文龙。"（《明史讲义》第二编之第六章《天崇两朝乱亡之炯鉴·专辨正袁崇焕之诬枉》）

毛文龙在皮岛养了一大批雇佣军和流亡民众，向朝廷索饷每年十万两银子，看似索饷甚多，但养一支在辽东前线拼死战斗的虎狼之师，还是捉襟见肘的。毛文龙为了养兵及其家属，暗地里与后金贸易，夹带违禁物品。

这，让毛文龙在后世留下了骂名。

至于所谓毛文龙私通皇太极的七封信，见于《满文老档》"太宗皇帝"第十一册、十二册。

第一封发自天聪二年（1628）正月，毛文龙希望休战谋和，"愿汗熟虑之，以求安全之计。如此，则生民之幸也。况我帝已崩，先帝亦以归天为神，何不罢兵休战，以求封赏，安享太平之福也"（《满文老档》"太宗皇帝"第十一册《毛文龙致天聪汗书》）。此时的毛文龙，还是期待皇太极向明朝新任皇帝崇祯示弱的。

此后，毛文龙不断致书后金大汗皇太极，皇太极派出了镶黄旗副将王子登前往皮岛议和。毛文龙对王子登馈以重礼，许以高位，希望王子登"朝夕共同议事"。王子登严词拒绝，称皇太极"不妄杀一人，仁义过天，恩及枯骨"，感动得悍将毛文龙大呼"人德者！"（《满文老档》"太宗皇帝"第十一册《王子登致皇太极信》）

这些信，都是讲毛文龙要"与汗及诸贝勒共议国家大事，则同享幸福，名垂万世"，祈求"彼此能罢兵休战，共享太平"。（《满文老档》"太宗皇帝"第十二册《毛文龙致皇太极书》）

其中一封还发自毛文龙死后，还出现了"毛总兵官死后，已与耿千总商议归降之策"（《满文老档》"太宗皇帝"第十二册《毛文龙致皇太极书》）云云。

这些被硬说是毛文龙写的。其中有两封盖有"平辽大将军之印"。其实，毛文龙挂印实"征虏前将军"，山海关总兵赵率教则挂平辽将军印。

将军与大将军，还是有着很大的区别的。

口中和书信中可称大将军，但将军印多出了一个"大"字，就是大问题了：明显造假！

大将军即战时统帅，明朝设了辽东经略统率军务，又怎么会在其下再设大将军？

如果真有平辽大将军一印，则该是辽东统帅袁崇焕所有。 倘若毛文龙真有投降皇太极之举，那对于要除掉他的袁崇焕来说，必然是最有力的证据。但是，袁崇焕宣读的毛文龙十二项可斩之罪中，却没有他与皇太极私下议和之事。

袁崇焕矫旨擅杀毛文龙，崇祯帝并不高兴，为何袁崇焕解释诛杀毛文龙的理由时，不能直接拿出这一把毛氏降清的撒手锏呢？

毛文龙久为清王朝的心腹大患。

清代张廷玉主持编修的《明史》说："时大清恶文龙蹑后，故致讨朝鲜，以其助文龙为兵端。"（《明史·袁崇焕传附毛文龙》）

曾任登莱巡抚的袁可立，是坚决支持毛文龙的后援主力。他曾说："奴酋逆天顺犯，于今七载。赖毛帅倡义，屡获奇捷，大张挞伐之气。据所报功级解验，前后大小三十余战，斩首共一千九十七级数逾，上捷者共五次，总获器械、弓箭等件共五万。当我圣主宵旰之时，人心危惧之日，海外有此奇功，其应陞应赏应恤之官兵相应敕部，行巡按御史覆勘，再为议序，以候俞旨施行。"（王在晋《三朝辽事实录·袁可立题叙毛文龙奇捷疏》）

毛氏不时侵扰后金，且命令朝鲜为后援，让努尔哈赤和皇太极吃尽了苦头。

毛文龙投降皇太极是子虚乌有之事。倒是袁崇焕暗通皇太极，想稳住后金，而对天高皇帝远的崇祯报告了"五载复辽"（昭梿《啸亭杂录》卷一《太宗伐明》）的狂言。

2

袁崇焕曾经是一个有准备的人。

万历四十七年（1619），他考中进士，被安排至福建邵武市。他有雄心壮志，心在北边的战场。但凡有退伍老卒归来，他总是第一时间召见，纡尊降贵，摆酒慰问。

他要问北疆的战事。他在老兵的叙述中，遥想那金戈铁马、短兵相接、两军博弈。

未历战阵，他却分析血的教训，建立自己的问题意识、评价立场和观察角度。

他不甘心偏安东南，于是利用天启二年入京述职的机会，打通关节，争取到皇帝的召见。他激情澎湃，不想南下了，通过御史侯恂推荐，进入兵部任职。

官职虽小，亦是京官一员。

管事琐碎，等待就是机会。

很快，广宁交锋，明军大败。辽东巡抚王化贞不战而溃，济世良将熊廷弼被牵连下狱议罪。

魏忠贤借机整治东林党，却给了不出名的袁崇焕一个机会。

廷议需派人镇守山海关。袁崇焕看准时机，单骑走边，观察关外地形。

他回朝后，立即上言：只要给足我兵马钱粮，我一人就能守住山海关。

兵败的明朝，正需要豪言壮语提振士气。

袁氏狂言，大臣点赞。

袁崇焕被破格晋升为兵备佥事，督关外军。朝廷不给兵，给了他二十万帑金，让他招兵买马。

也正是这样一个机会，使有书生报国的远大理想的袁崇焕，顺利地攀附上天启皇帝的恩师、大明王朝大学士孙承宗，参与经营辽东。

天启六年正月，孙承宗因不受魏忠贤拉拢，被罢，后金天命汗率兵来犯，新任辽东经略高第和总兵官杨麟胆怯了，畏缩不前，躲在山海关城楼看风景。

强悍的孙承宗被调离，憋了三年的努尔哈赤势在必得。天命汗兵临宁远城下，绕过城池进军五里，横截山海关援兵来路。

宁远成了一座孤城。

努尔哈赤将其先前抓获的汉人俘虏放回，让他们带话："汝等此城，吾以兵二十万来攻，破之必矣。城内官若降，吾将贵重之，加豢养焉。"（《清太祖高皇帝实录》卷十，天命十一年正月戊午）

这是努尔哈赤惯用的政治伎俩，先夸大其词地威之以力，继而许诺加官晋爵，但又不忘站在君王的制高点，要将对方像牲口一样豢养之。他曾经在抚顺城下用此计顺利招降明朝第一位投降的游击将军李永芳。努尔哈赤封其为三等副将，并把一个孙女嫁给了他，使他成为后金的汗亲国戚。这也成了努尔哈赤"豢养"投降者的一大样板。

但让他意想不到的是，宁前道袁崇焕的回信很硬气：大汗您为什么加兵攻打宁、锦二城？您是既得而弃，而我将您所弃之地重新修复。我现在明确地告诉你，我要坚城固守，又怎么会投降。

袁崇焕还说：大汗您耀武扬威地说自己拥兵二十万来攻，其实也不过十三万人马！"我亦不以来兵为少也！"（《清太祖高皇帝实录》卷十，天命十一年正月戊午）

袁崇焕手下不过区区数千人，而且无援兵，竟然藐视努尔哈赤十万余众。足见他是一个大胆之人。

果然，这位大胆的书生，坚壁清野，炮石齐下，凭借新购置的葡萄牙红衣大炮，击溃了来势汹汹的努尔哈赤大军。

努尔哈赤骄傲轻敌，兵败宁远。

努尔哈赤退回沈阳，总结自己自二十五岁起兵，东征西讨，南攻北伐，"战无不捷，攻无不克"，却没想到在宁远这一座孤城面前铩羽而归。虽然后来清朝史官只记载，此战"伤我游击二人，备御官二人，兵五百人"（《清太祖高皇帝实录》卷十，天命十一年正月戊午），但袁崇焕、高第等人写给天启帝和魏忠贤的捷报是：斩首二百六十九人。

高第掠功请赏："宁远捷功，奴夷首级二百六十九颗，活夷一名，降夷十七名。"（《明熹宗实录》卷七十）

时任蓟辽总督王之臣也报告："计上首虏至二百六十有九，皆得其名，系降夷与回乡所识认者。"（《明熹宗实录》卷六十八）

但是，高第随后又报："奴贼攻宁远，炮毙一大头目，用红布包裹，众贼抬去，放声大哭。"（《明熹宗实录》卷六十八）干掉了一位大人物，指的是努尔哈赤。

斩获不多无妨，袁崇焕却声名鹊起。

努尔哈赤退回沈阳，对诸贝勒、大臣说："朕用兵以来，未有抗颜行者。袁崇焕何人，乃能尔焉？"（《清史稿·太祖本纪》）

明廷也要有所表示，命袁崇焕升任辽东巡抚。

操控天启帝如傀儡的魏忠贤，对袁崇焕并不放心，派来了监军。袁崇焕抵制不成，魏忠贤还是送了他一个兵部左侍郎的兼职，以及子孙世荫锦衣千户的特别奖励。

一战成名，进入封疆大员之列的袁崇焕，开始骄纵了。

他给后金投书一封："老将横行天下久矣，日见败于小子，岂其数耶！"袁氏得意，溢于言表，时在袁氏幕后的朝鲜文人韩瑗回国后，到处传扬。李星龄《春坡堂日月录》特地记录了袁氏的骄傲情态。

他向朝廷提出，要求将总兵官满桂调离。

袁崇焕的宁远之胜，前副将满桂出力不少。他因功扶正，却让袁崇焕耿耿于怀。

替代高第的新任辽东经略王之臣，在满桂去留问题上，同袁崇焕发生了争执。最后，经朝廷协调，袁崇焕总管关外，王之臣调回关内。

王之臣让步了，换得已调回京师的满桂镇守山海关。

第二年，后金继任大汗皇太极复仇，又兵败于宁锦大战，不得不归功于这一安排。

袁崇焕为首功，而满桂、赵率教及时出兵援救，也立了大功。

魏忠贤不想袁崇焕坐大，只奖励了满桂和赵率教。袁崇焕愤而辞职。

3

1627年八月，没有子嗣的天启皇帝朱由校病逝，其十八岁的异母弟朱由检即位，是为崇祯帝。

新皇勤于政事，"内无声色狗马之好，外无神仙土木之营"（江日昇《台湾外记》卷二），给后世"千古圣主""中兴令主"的形象。他上台后，不露声色地干了一件大事，解决了盘根错节、体系庞大的阉党一号人物魏忠贤。

魏忠贤树倒，党羽作猢狲散，罪愆难逃。

内阁首辅、建极殿大学士黄立极，天启四年靠"夜半片纸了当之"一语促魏忠贤于半夜诬杀熊廷弼，被魏忠贤以同乡给予重用。其他阁臣施凤来、张瑞图等，也是魏忠贤的忠实粉丝。

崇祯帝托名山阴监生胡焕猷，弹劾黄氏内阁："身居揆席，漫无主持。甚至顾命之重臣，毙于诏狱；五等之爵，尚公之尊，加于阉寺；而生祠碑颂，靡所不至。律以逢奸之罪，夫复何辞？"（《明史·施凤来传》）黄立极无奈，引咎退休。

崇祯帝命施凤来组阁，引进涉阉人士来宗道、杨景辰入阁。没过几天，御史罗远宾再次举报，施凤来等相继请辞。

崇祯帝决定抽签组织新内阁。李标为首辅，前南京吏部侍郎钱龙锡、礼部侍郎周道登、少詹事刘鸿训等，都封为礼部尚书兼东阁大学士，参预机务。

第一个被抽签的钱龙锡出任次辅。他极力推荐受魏忠贤打击而辞职的袁崇焕，出任辽东关宁军统帅，巩固边防。

复出的袁崇焕，被崇祯帝开心地召见。在最高领导人亲切的慰问中，袁崇焕虽然没有加入阁臣的队伍，但被直接进封为兵部尚书兼右副都御史，督师蓟辽，兼督登莱、天津军务。

这是一个要职。袁崇焕成了新皇帝的红人，成了崇祯帝倚重的军国柱石。

第二年七月，袁崇焕回京述职，崇祯平台召见，慰劳一番后，询问其治辽方略。

袁崇焕说：方略已写进了奏疏。我享受了陛下的特别待遇，感恩戴德，只要您愿意给我便宜大权，我就能"计五年，全辽可复。"（《明史·袁崇焕传》）

五载复辽，崇祯帝为之振奋。

袁崇焕豪言：五年收复辽东，剪除后金势力。

崇祯帝承诺：我要让袁爱卿的子孙永享富贵。

袁崇焕受宠若惊，说"以臣之力，制全辽有余，调众口不足"，他一边夸自己的能力，一边向皇帝要权力。

兵科给事中许誉卿问袁崇焕，有何具体计划。

袁崇焕说：这是安慰皇帝的。

原来，袁崇焕口出狂言，大夸海口，其实没做功课。

当然，他在复出的半年里，玩了一些套路。昭梿《啸亭杂录》卷一《太宗伐明》记载："天聪己巳，文皇帝欲伐明，先与明巡抚袁崇焕书，申讲和议。崇焕信其言，故对庄烈帝有'五载复辽'之语。"

他说此话，有两个原因：一是私下和皇太极签订了停战协议，二是意图在辽东拥有绝对权威。

他以十二项罪名越级斩杀了皮岛守将毛文龙，又被传闻在京师勤王战中偷袭，箭射满桂。

这都是给他出过不少力的战将。袁崇焕能取得宁远大捷和宁锦大捷，毛文龙对后金大军有牵制之功，而满桂有冲锋陷阵的拼杀之功，却因为强悍，而不为其所容。

毛文龙死于非命，满桂以身殉国。

而袁崇焕在崇祯三年（1630）八月十六日被凌迟处死。据说，行刑当日，京中老百姓哄抢其肉食之。

计六奇在《明季北略》卷五《逮袁崇焕》中说，江阴籍中书夏复苏曾目睹袁崇焕受刑现状，曾对他说："昔在都中，见磔崇焕时，百姓将银一钱，买肉一块，如手指大，啖之。食时必骂一声。须臾，崇焕肉悉卖尽。"

这是何等的恨！

是恨其不争，还是恨其无耻？

4

对于袁崇焕屈辱而死之说，计六奇在《明季北略》卷五中记载，崇祯帝召见九卿，指出："袁崇焕以复辽自任，功在五年，朕是以遣兵凑饷，无请不发。不意专事欺瞒，以市米则资盗，以谋款则斩帅。纵敌入犯，顿兵不战。援兵四集，尽行散遣。及敌兵薄城下，又潜携喇嘛僧于军中，坚请入城。敕法司定罪，依律，家属十六岁以上处斩，十五岁以下给配，朕今流他子女妻妾兄弟，释放不问，崇焕本犯置极刑。"（《逮袁崇焕》）

这是一人罹难、祸及家族的惩罚。

不少人认为袁崇焕死得冤枉，就连皇太极为首的后金集团，也以为崇祯处死袁崇焕是中了反间计，"实受文皇绐也"（昭梿《啸亭杂录》卷一《太宗伐明》）。

清朝皇家的记载，也是有根据的。

清宗室昭梿在《啸亭杂录》卷一说，天命十一年正月，袁崇焕固守宁远，以红衣大炮击溃努尔哈赤。努尔哈赤死后，后继大汗皇太极"深蓄大仇，必欲甘心于袁"。天聪三年十月至天聪四年正月，皇太极在袁崇焕镇守的明朝关宁锦防线难以攻克的情况下，率军借道科尔沁，从喜峰口突入内地，攻打明朝京师，史称"己巳之变"。

皇太极此次自行撤退，是因为袁崇焕千里勤王而受阻。袁崇焕以此恃功无罪，但朝中大臣及魏忠贤余党，纷纷指责是他将清军放入。因为此前，袁崇焕在未报告朝廷的情况下，擅自与后金军议和，还和崇祯帝信誓旦旦地说"五载复辽"。

与此同时，曾被金兵俘虏的杨太监给明朝廷带来了一个袁崇焕通敌的证据。他听到皇太极给鲍承先写密信，嘱咐送信人说："今日上退兵乃袁巡抚意，不日伊即输诚矣。"皇太极有意放回杨太监输送假消息，但崇祯帝却把这当成了真机密。

崇祯帝将袁崇焕磔杀于市，诱因是皇太极的反间计。昭梿不无自豪地说："举朝无以为枉者，殊不知中帝之间也。"（昭梿《啸亭杂录》卷一《设间诛袁崇焕》）

然而，这只是其一，直指袁崇焕暗中与皇太极谋和休战。而在与皇太极的相持阶段，袁崇焕擅杀毛文龙、箭射满桂，明显是自断手臂，自毁长城，自寻死路。

己巳之变，貌似改变了明金的军事格局。

对于此战的结果，史学家们各有说辞。

昭梿说："帝率八旗劲旅抵燕，围之匝月，诸将争请攻城，帝笑曰：'城中痴儿，取之若反掌耳。但其疆围尚强，非旦夕可溃者，得之易，守之难，不若简兵练旅以待天命可也。'因解围向房山，谒金太祖陵返，下遵化四城，振旅而归。"（昭梿《啸亭杂录》卷一《太宗伐明》）这是清朝官方秉承《太宗实录》所宣扬的辉煌。

草根史家谈迁在《国榷》中说：崇祯二年十二月甲寅日，"辽东兵溃"（《国榷》卷九十）。第二年正月戊子，"建房攻抚宁，四日不克"；戊戌，"建房东向，遣二骑持帜致书祖大寿求和，孙承宗斩之。建虏遂西，承宗令游击刘天禄设覆以待。庚子，建虏屯永平城外十里，我伏兵双望，参将孟道等诱至孛罗岭，伏发，大败之，斩百四十九级，兵气少振"。（《国榷》卷九十一）远在千里之外的"江左遗民"，写起京师巨变，不免有传闻杂陈，但他戳穿了八旗精锐所向披靡的谎言，为明方抗战论注射了一剂强心针。《崇祯实录》踵袭此论，稍作详述，也算为崇祯挣回了一些颜面。

谁胜谁负，明清各论，也影响了后世的不同判别。

萧一山在《清代通史》卷上第一篇之《金明之关系与战争下（天聪时代）》中，谈及"金军之初次入塞"，称金军遭遇明将满桂死战，强攻不下，只好移屯南苑。"会袁崇焕与锦州总兵祖大寿等自山海关兼程入援，督诸路勤王军营广渠门外，皇太极轻骑巡视曰：'路隘且险，若伤我将士，虽胜不足多也。'众请攻城，皇太极曰：'仰承天眷，攻城必克，倘失良将，虽得何喜。予视将卒如子，尝闻语云："子贤父母虽无积蓄，终能成立；子不肖，虽有积蓄，不能守也。"此时正当善抚我军，蓄养精锐耳。'遂止弗攻。"

皇太极被描述成爱将士如子的好领导，担心后人守不住打下的江山。

真的如此吗？

应该是他啃不下还很强大的明朝这根硬骨头，担心自己会深陷袁崇焕、祖大寿等勤王大军的重围，只好自行退兵，进攻永平、遵化等四城，为金军抢劫一些奴隶、牲畜、粮草和财货（这些地区是明朝勋贵重臣庄园所在地，此次遭到金兵的严重洗劫，且有不少官员士大夫主动降金）。

皇太极突袭明朝京师不果，转而攻掠永平等四城。让他一直恐惧的明督师袁崇焕被下诏狱，定罪凌迟。不料，崇祯及时下诏，请致仕大学士孙承宗以原职兼兵部尚书出山，重新调整有效的军事部署，修筑关防。

金军占据遵化、永平、迁安后，分兵攻取抚宁，被守将史可法击退；又转攻山海关，久攻不下。金军再攻抚宁，图谋昌黎，还是攻不下。孙承宗抚慰溃军，力保曾在京师保卫战中溃逃的袁系大将祖大寿等，让他们重归麾下。又有被重新起用的原山海关总兵官、左都督马世龙及四方援军及时集结。孙承宗还招募了大量死士沿海守卫直达京师。

全国应檄而来勤王的士兵多达二十万，在蓟门及京畿一带驻扎。兵力倍增，孙承宗组织诸路大将反攻，祖大寿、尤世禄等攻克滦州，王维城等攻克迁安，孙承宗占据永平，谢尚政攻克遵化，留守关内的金国二贝勒阿敏不敌，屠城而溃，宣布皇太极的伐明大计最终失败。

此战，后金抢了不少物资和人口，还实现了暂时性的休战谋和，最大的成果，当是借崇祯帝的手除掉了屡败其父努尔哈赤及其本人的袁崇焕。

5

在己巳之变中，皇太极貌似轻蔑明军的抗击，被清修正史大唱赞歌，但是，史官们还是在《清太宗实录》卷五中专门提及皇太极曾想与明休战谋和，因与督师袁崇焕多次议和失利后，派人晓谕蒙古科尔沁等部，寻求满蒙联合伐明之路。

天聪二年六月乙丑，"上谕诸贝勒大臣曰：战争者，生民之危事。太平者，国家之祯祥。从前遣白喇嘛向明议和，明之君臣若听朕言，克成和好，共享太平，则我国满汉蒙古人等，当采参开矿，与之交易。若彼不愿太平，而乐于用兵，不与我国议和，以通交易，则我国所少者，不过缎帛等物耳。我国果竭力耕织，以裕衣食之源，即不得缎帛等物，亦何伤哉！我屡欲和而彼不从，我岂可坐待？定当整旅西征。师行时，勿似先日以我兵独往，当令蒙古科尔沁、喀尔喀扎鲁特、敖汉、奈曼诸国，合师并举。"

科尔沁部最早投入后金阵营，以满蒙政治联姻关系强化了女真对其的军事保护。

努尔哈赤去世前征服喀尔喀五部，继立的皇太极继续并加大力度地向林丹汗的察哈尔部渗透。

奈曼和敖汉为察哈尔八大鄂托克（部落）成员，夹在两个强悍之主林丹汗、皇太极之间，为缓解两者的对立关系，甘当调停者。

皇太极暗中拉拢二部，激怒林丹汗出兵平叛。奈曼、敖汉不堪林丹汗的压力，于天聪元年六月背叛林丹汗，而与皇太极订立盟誓。

皇太极自知实力尚不足以直接向关内的明军宣战（此前，他已在宁远、宁锦二役领教了袁崇焕麾下铁骑的厉害），故而邀约需要其保护的蒙古诸部，以联军西征，攻击屡屡东犯侵凌诸部的察哈尔部，实际上已在暗自谋划伐明大业。

他们最初获悉的情报是，察哈尔部在明宣大境外停留。但满蒙联军抵达时，早已不见林丹汗所率的察哈尔部踪迹。

初时，皇太极发出后金大汗之令，要为久受"残虐不道"的察哈尔蹂躏的蒙古诸部伸张正义，这里应该隐藏了一个大阴谋，即抢占察哈尔在蒙古的势力范围，欺骗蒙古诸贝勒率兵助战，当其攻明向导，助其创造巨功，以威慑女真统治集团内部，建立自己的大汗之威。

他最初打出的旗号，是西征察哈尔，若为定议，又怎会没有侦知察哈尔部的遁逃呢？

他最初之意，确实在察哈尔。天聪二年二月，他以使臣被杀为由，亲率精锐之师征战察哈尔。他命其弟多尔衮、多铎为先锋，率精兵先进，合兵袭击了住牧于敖穆伦的察哈尔重要部落多罗特部，俘获万余众，进而迫降喀喇沁部。

在皇太极的操纵下，察哈尔诸部纷纷归附。皇太极统领大军，夜袭察哈尔的锡尔哈锡伯图、英汤图等地，俘获大量人畜而还。

征战察哈尔，林丹汗西去，皇太极决意再次叫板曾被林丹汗袭扰成功的明朝。

他想以辉煌的战功，证明自己是后金真正的大汗。

　　此时的他，只是后金名义上的元首，实权仍掌握在代善、阿敏、莽古尔泰的手上。皇太极亟须以不世之功，改变自己不得不屈服于三大贝勒的政治命运。

　　在他即位之初，先是代善、阿敏两大贝勒率一万精兵征服蒙古喀尔喀扎鲁特部，生擒巴克贝勒父子及喇什希布、戴青、桑噶尔寨等十四贝勒，带动蒙古诸部来朝。继而，阿敏率岳托等，领兵东征朝鲜，攻城略地，迫使朝鲜王请和，签订城下之盟。莽古尔泰也在蒙古战场建立殊勋。

　　天聪元年五月，皇太极亲统大军，倾巢而出，对明发动宁锦之战，初时也攻克了大凌河、右屯卫。但袁崇焕及时调集蓟镇、宣府、大同等地的兵马出关迎敌，坚壁清野，会同御敌，大败皇太极大军于宁远、锦州城下。

　　皇太极西进计划流产，损兵折将，惨败而归。就连皇太极的中军大帐，也被袁崇焕的大炮击毁。

　　皇太极即位后亲自指挥的第一战无功而返，还导致了贝勒济尔哈朗、萨哈廉及瓦克达身负重伤。

　　皇太极的厄运不断。宁锦战败，他本应痛定思痛，可国中出现大饥荒，米价飙升，达到每斗米八两银子，有些地方甚至出现了人吃人的悲剧。

　　皇太极向新征服的朝鲜索粮纳贡，朝鲜王李倧拖到了第二年初才复函："贵国以民人食乏，要我市籴。属在邻邦，不可忍视。但本国兵兴之后，八道骚动，仓库一空。"（《清太宗实录》卷四，天聪二年正月庚寅）金国遭遇天灾，李倧有些幸灾乐祸，不将后金恭敬地视为宗主国，而称为对等的"邻邦"，继而说上年春雨过多，夏旱严重，造成水旱灾难，使农业歉收、百姓艰苦，同时历数皇太极此前兴兵来伐，攻略劫掠，导致百姓流离、土地荒芜的行径。

　　李倧自嘲暗讽了一番，但不敢严词拒绝，不敢将此前缔结的宗藩关系颠覆，于是说得很无可奈何："我国与贵国之事，非不欲竭力，而计无所出。然在我之道，不可不尽。今仅得米三千石，以副贵国之意。又开中江之市，同两国之货，令京外行商及西边两属遗民之愿赎其父母妻子者，各出米谷物货以赴之。其为贵国市籴之计,可谓尽矣。"(《清太宗实录》卷四,天聪二年正月庚寅)你发动不义之战来攻打我,然我还是待之以道义。虽然我筹措的粮米是杯水车薪,但我开市通商,还要求百姓尽快带着粮食财物去赎回被金兵掳走的奴隶。

如此以德报怨,足以让皇太极看得脸热心慌。

人家不但有自身未能幸免、艰苦忍受的天灾,还被金国制造了攻城略地、烧杀劫掠的人祸。

人家以德报怨,施以人道主义援手。仅仅三千石粮食,放在往常微不足道,而今按金国米价每斗八两银,十斗一石,那也是足足送去了价值不低于二十四万两白银的巨额援助。

皇太极纵有羞辱之感,也只能赧颜羞涩,继而将强压的大汗之怒转向明朝:"满洲国皇帝致书于明国诸臣,尔国事日非,如大厦将倾,文武诸臣尚执迷不悟,近复修葺城郭,欲何为焉?尔国兵革繁兴,日无宁兴,苛征横敛,百姓困穷,国势败坏,殆已极矣。比闻察哈尔汗罢弃耕种,欲就尔食,窥伺边境,加兵于尔,事在旦晚间耳。我亦将率各路外藩蒙古兵,筑城逼居,以俟秋成,取尔禾稼。"(《清太宗实录》卷四,天聪二年五月辛未)

帝王耍赖使泼,皇太极也算是极尽所能。

此书为后来修改而成,故将后金的天聪汗写成了傲视"明国诸臣"的"满洲国皇帝",但没有掩饰其急欲树威于内、强悍叫嚣于外的丑状。

皇太极先控诉明朝国势衰败,仍积极征敛备战,劳累百姓,貌似仁君情怀,接下来笔锋一转,扬言察哈尔林丹汗意欲攻明,自己也将趁火打劫,威胁明廷和议。

原来,他在与袁崇焕议和不果的情势下,积极以开战求取同明朝议和的机会。现在,他准备西征察哈尔,试图打开攻明的另一道口子,寻机塑造大汗的天威。

但他的目标竟然是"以俟秋成,取尔禾稼"!

解决大饥荒，竟然是他发动侵袭战争的理由。

6

林丹汗因为左翼的背叛，被迫离开河套地区，开始西迁之旅，与此同时为了稳固右翼，不惜恶化与明朝的关系，发生激烈军事冲突，给了皇太极举兵奔袭的机会。

皇太极利用林丹汗内外交困的困境，步步紧逼，采取了软硬兼施的手段，将察哈尔在东部蒙古的外围力量笼络到后金阵营，削弱察哈尔势力，继而以军事行动袭扰林丹汗，意图借助兼并蒙古势力来扩张自己的关外霸主势力。

皇太极只是举国实力有限，不足以与明进行大规模的战争，故要先解决蒙古诸部曲从察哈尔的问题，将他们绑架在自己伐明的战车上，而未将成谋公之于众。

不论是林丹汗，还是皇太极，都选择被明政府放弃而沦为朵颜三卫牧场的河套地区作为主要攻击对象，是有原因的。

一、这是明蒙贸易的主要集结地。此地一直是中原王朝与北方游牧民族的争夺之地。控制此地，便可以控御蒙古诸部而与明朝进行贸易战，或者直接关闭互市的通道，采取军事行动进行侵袭战。瓦剌和鞑靼的先后崛起，都是凭借此地长驱直入，威胁明朝。

二、此地处于至为关键的战略位置。明初永乐帝裁撤大宁卫，宣德帝内迁开平卫，放弃了对此地有效的军事控制权。宪宗曾收复，不久因孝宗失误而失。世宗曾议收复，却因廷议无果而搁置。加之明朝的卫所制度日见衰败，边境防线出现了严重的虚冒兵丁吃空饷的问题。

隆庆四年（1570），以兵部右侍郎兼右佥都御史总督蓟辽、保定军务的刘应节曾上书，直指现实，要求重新组织兵力布防："发精兵二十余万，恢复大宁，控制外边，俾畿辅肩背益厚，宣、辽声援相通，国有重关，庭无近寇，此万年之利也。如其不然，集兵三十万，分屯列戍，使首尾呼应，此百年之利也。又不然，则选主、客兵十七万，训练有成，不必仰藉邻镇，亦目前苟安之计。今皆不然，征兵如弈棋，请饷如乞籴，操练如抟沙，教战如谈虎。边长兵寡，捉襟见肘。今为不得已之计，姑勾新军补主兵旧额十一万，与入卫客兵分番休息，庶军不告劳，稍定边计。"（《明史·刘应节传》）报告交上去了，但部议没通过，朝廷否决了"补兵之说"。

不同程度的计划，本是为防守边地而设计，却因种种原因放弃，留给了林丹汗多次犯边、掳掠人口的空当，也留给了皇太极决意效仿、突袭明境的目标。

三、朵颜三卫有意附明却被舍弃。明初为抵御鞑靼而招降蒙古人，设立了朵颜三卫，但朵颜部落却与蒙古土蛮部勾结，成为明朝边防的大敌。朵颜部经常骚扰蓟州，小规模突袭不断，万历元年曾举数万人来犯，被戚继光击溃。同时，后来崛起的努尔哈赤强化满蒙联盟关系，朵颜部始终不与之交好。

故而，取得宁远大捷的辽东巡抚袁崇焕向朝廷报告："若哈喇慎之三十六家，最称狡猾。"（《明熹宗实录》卷七十二，天启六年六月戊子）说的就是朵颜，"哈喇慎"即朵颜之别称。紧接着，袁崇焕说：自蓟辽总督王象乾抚赏朵颜后，该部"顺多逆少"，如今我们要解决辽东问题，就同朵颜"不得不修好"。他极力赞同招抚朵颜部，"西虏即未必可用，然不为我害，即已为我用矣。岁费金钱数十万，其亦不虚掷乎？西款不坏，我得一意防奴"。"奴"，即"奴儿哈赤"，袁崇焕在宁远一役击败的努尔哈赤。

袁氏之意，即抚赏朵颜，加以拉拢，以便减轻蓟辽防线压力，利于一心经营辽东防御。为此，他大胆地肯定了王象乾抚赏蒙古以屏藩北边、集中力量防御金国的主张。这无疑与对自己有知遇之恩的天启帝师、枢辅督师孙承宗放弃抚赏、强势进剿的方针，以及以辞职威逼朝廷罢免王象乾的做法，产生了严重的冲突。

　　无独有偶，天启七年二月，曾得孙承宗多次上疏举荐的兵部尚书兼蓟辽总督阎鸣泰，虽然是一个实无才略、工于谄媚的庸臣，但也向朝廷请求，朵颜明显倾向于明廷，愿意重缔盟誓，就连纠集了所有为非作歹之徒的汪酋所部，也"俛首顿地，悔过格心，甘罚九九，说誓立盟，愿质一夷为我坐门，以明永受戎索不敢复叛之意"（《明熹宗实录》卷八十二，天启七年二月甲申）。

　　然而，太监魏忠贤把持的明廷可以赏赐"狡黠多端，屡扰边塞"的汪酋，"以示优异"，却不能清醒地重视袁崇焕笼络朵颜以孤立后金的主张，而把一个便捷的跳板送给了后金，导致皇太极有机可乘，即便发动己巳之变失败后，也将朵颜首领苏布地拉来，作为自己对明媾和的说客。

　　此时，后金统治集团内部的意见并无统一。大贝勒代善和三贝勒莽古尔泰在皇太极统兵西进途中，屏退众小贝勒、大臣于帐外，以大贝勒之尊对皇太极的伐明计划投了反对票。

　　他们的理由是：劳师袭远，如果没有成功进入明境，可能粮匮马乏，陷入困窘无法脱身；即便能攻击成功，但明军可以迅速集结勤王师，十万金兵虽有数万蒙古兵帮战，亦不免寡不敌众，恐怕遭到围追堵截，断了后路。

　　他们坚决反对。他们的预计，在后事中得到了大部分印证。

　　皇太极仍坚持进军，并得到了岳托、济尔哈朗等少壮派小贝勒的支持。

　　于是，皇太极敕谕八旗固山额真，称其是"仰承天命伐明"。

　　天命者，上天之命也，亦是太祖之望。

7

　　天聪三年（明崇祯二年）十月二十六日，皇太极大军从喜峰口破关而入。

　　皇太极将八旗按左、右两翼行军。皇太极以正黄旗旗主身份，领导代善、岳托、萨哈廉父子共管的两红旗，济尔哈朗贝勒兼管的镶蓝旗，组成右翼，入大安口。左翼则是正蓝旗旗主莽古尔泰牵头，节制台吉阿济格、多尔衮（墨尔根戴青）、多铎兄弟分主的两白旗，以及台吉豪格、阿巴泰代管的镶黄旗，破龙井关。

由于一路没有明军阻击，三日后，金军抵达距京师三百里的遵化，逼近京师。

明廷举朝震惊，十一月初一日京师戒严，并颁诏天下勤王。崇祯帝下诏，请出孙承宗以兵部尚书兼中极殿大学士，督理兵马。

此前，袁崇焕曾多次上书朝廷，认为需防守皇太极放弃宁锦、另择破口、假道伐明的突袭。

张岱《石匮书后集》卷十一《袁崇焕列传》记载，袁崇焕以十二罪斩杀毛文龙后，"疏闻，京师震骇。崇焕随奏：'臣守宁远，寇被臣创，绝不敢侵犯臣界。只有遵化一路守戍单弱，宜于彼处设一团练总兵。'遂以王威为请。兵部以王威新奉部劾，不肯即予，留难移时。"

王威即原延绥镇总兵官，曾因部将陈洪范求情，放走了因罪该斩的张献忠，导致张献忠流浪民间投身反明。袁崇焕举荐有问题的王威，自然无法通过。

张氏所载，是有根据的。

崇祯二年五月十六日，兵部存档《钦命出镇行边督师蓟辽等处兵部尚书臣袁崇焕谨题为乞汰冗官以纾国用等事》，就有袁氏的请求："惟蓟门陵京肩背，而兵力不加。万一夷为向导，通奴入犯，祸有不可知者。"

派系斗争严重，毕竟袁崇焕有些恃宠恃功飘飘然，多有越级越权行事。他的提醒，再次没有受到朝廷重视。

八旗兵按皇太极临行前的不同授计，分兵进取，连下马兰峪、汉儿庄、潘家口诸边城，会师围攻遵化。

山海关总兵赵率教急驰入援，被遵化总兵朱国彦拒之城外，结果于十一月初四日激战中，被后金贝勒阿济格流矢射杀。

袁崇焕与祖大寿及时率蒙古壮丁万余骑，驰援蓟镇，进行拦截。

　　袁崇焕于石门驿击退金军前锋，率部进入蓟州城，通过兵部向崇祯报告下一步行动计划："歇息士马，细侦形势，严备拨哨，力为奋截"（《崇祯长编》卷二十八，崇祯二年十一月十五日丙申，兵部疏言袁崇焕揭帖）。袁崇焕认为这样，"必不令越蓟西一步"，"则宗社之灵，而我皇上如天之洪福也"。

　　袁崇焕最初的军事防御部署，还是极其有效的。孙承宗接受崇祯帝召见，面议军事时，还特地强调谋略很得当："臣闻督师尚书袁崇焕帅所部驻蓟州，昌平总兵尤世威驻密云，大同总兵满桂驻顺义，宣镇总兵侯世禄驻三河。三边将守三要地，势若排墙，地密而层层接应，此为得策。"（钱谦益《牧斋初学集》卷四十七《特进光禄大夫左柱国少师兼太子太师兵部尚书中极殿大学士孙公行状》）

　　让孙承宗始料不及的是，袁崇焕认为蓟州不利于大军集结，自己依凭关宁军足以阻击金军，于是提出遣散诸路援军，分守后方要地。这就有了谈迁在《国榷》卷九十中所记载的："督师袁崇焕入蓟州，以故总兵朱梅、副总兵徐敷奏等守山海关，参将杨春守永平，游击满库守迁安，都司刘振华守建昌，参将邹宗武守丰润，游击蔡裕守玉田，昌平总兵尤世威仍还镇护诸陵；宣府总兵侯世禄守三河，扼其西下；保定总兵曹鸣雷、辽东总兵祖大寿驻蓟遏敌。保定总督刘策兵亦至，令还守密云。"

　　孙承宗在陛见时，对崇祯帝直言忧虑："臣闻尤世威回昌平，侯世禄驻通州，且闻各援军回本镇，似未合时宜。"（钱谦益《牧斋初学集》卷四十七《特进光禄大夫左柱国少师兼太子太师兵部尚书中极殿大学士孙公行状》）袁崇焕放弃对军事要地三河的扼守，给了皇太极率部西窜或南下的空子。

　　袁崇焕信心满满，不但遣散诸援军，还拒绝了部下副总兵周文同金军战于通州一线的建议。

　　金军初不与其战，离城数里扎营，趁着袁崇焕"遣散援兵"，直趋京师，袁崇焕尾随其后，亦至京师城下。

让袁崇焕没有想到的是，此时的朝廷，已在传闻他与金兵有勾结。

孙承宗入朝，袁崇焕则驻左安门。京城已戒严，袁崇焕奏请见驾，不被批准。想必崇祯已知晓朝野传闻金军兵临城下是袁崇焕招来的，开始了对袁崇焕的怀疑。

大同总兵满桂与宣府总兵侯世禄赶至顺义，初战皆败，奉命退守德胜门。继而再战，侯世禄又败，唯满桂奋勇抵御，直至被城头大炮误伤，退入城中。

被己方的炮火误伤，这是清人所修《明史·满桂传》所载的情形：崇祯奖励万金的同时，命宦官敦促满、侯二人出战，结果，"世禄兵溃，桂独前斗。城上发大炮佐之，误伤桂军，桂亦负伤"。《崇祯实录》卷二云："庚子，清兵大至，侯世禄、满桂俱屯兵德胜门。世禄退避，桂独战，城上发大炮，误伤桂兵殆尽。桂负创，卧关将军庙。"

而清初民间史学家所写的《明季北略》，却把满桂负伤的原因直指为袁崇焕射箭侵害："清兵攻南城，崇焕复不战，独满桂以五千人与清一日二十战。清兵益盛，桂不支而走，经袁营，竟不出救。俄桂中流矢五，三中体，二中甲，拔视，乃袁兵字号。桂初疑清将反间，伪为袁号耳。及敌骑稍远，细审，果为袁兵所射。"（计六奇《明季北略》卷五《袁崇焕通敌射满桂》）

满桂等誓死拼杀，"袁崇焕令都司戴承恩择地广渠门，祖大寿阵于南，王承胤等阵西北，崇焕阵于西待战。午刻，有骑兵突东南，力战稍却，承胤竟徙阵南避。游击刘应国、罗景荣、千总窦浚等帅兵追虏于运河。虏酋精骑多冰陷，所伤千计。京兵亦伤失数百人，夜收兵"（《崇祯实录》卷二），给各地勤王之师迅速集结反攻争取了时间和机会。

崇祯帝于平台召见袁崇焕、祖大寿、满桂、黑云龙等，进行物质上、精神上、政治上等多重慰劳。袁崇焕提出，连日征战，士马疲惫不堪，请求援引满桂所部进入德胜门瓮城的先例，准予所部官兵进到城内，稍事休整，补充给养。

崇祯不允，劳以裘帽，即命归营。

袁崇焕军只得继续在北京城外露宿，同皇太极军进行野战。

京师危急，社稷危矣。

大敌当前，崇祯帝亟须听到袁崇焕两年前提出"五载复辽"的那般豪言壮语，以提振士气，振奋朝野。他认为，袁崇焕预警、拦截、追敌有功，更当乘胜追击，不料他寄予厚望的袁督师，在兵临城下时，竟请求入城养病，稍愈出战。

而与袁崇焕及其亲信大将赵率教有宿怨的满桂，抓住机会给了袁崇焕致命一击："满桂创重，伏马上驰出阵，至城下，请入陛见，遂言：'崇焕于女直主俎，差喇嘛僧往彼议和，杀毛文龙以为信物；今勾引入犯，以城下之盟，了五年灭寇之局。'"（张岱《石匮书后集》卷十一《袁崇焕列传》）

崇祯还不信，正好遇到两个被皇太极放回的宦官，大肆渲染此前皇太极玩的袁崇焕通敌的障眼术。

崇祯大怒，即遣两名太监召崇焕面议军事。"崇焕陛见，上命满桂与之面质。满桂见崇焕御前赐坐，拉之下跪，尽发其通敌奸状；并言其接济寇粮，凿凿有据。崇焕见满桂色变，遂不能辩，免冠请死。"（张岱《石匮书后集》卷十一《袁崇焕列传》）张岱对袁崇焕并无善意，不免恣意嘲讽袁氏在陛下面前的丑陋之态，而他不曾提及的是，皇太极大军于崇祯二年（后金天聪三年）十一月二十日围困明都京师，至十二月二十六日全面北撤，三十七天里，金明双方大规模交战四回，胜负各两回。明军方面，满桂领兵，两战皆败，而袁崇焕领兵，两次皆胜。

十一月二十日，皇太极统右翼，莽古尔泰率左翼，分别向德胜门、广渠门发起攻击。

皇太极率代善、济尔哈朗等满蒙联军，在德胜门击败了满桂、侯世禄的联军，胜之迅速。

莽古尔泰率左翼四旗及蒙古兵，分三队阻击袁崇焕、祖大寿增援德胜门的军队。莽古尔泰与多铎殿后，第一队阿巴泰不听指挥，扎鲁特、喀尔喀蒙古兵不守规矩，故打得更加艰难。

两次拼杀,金军夸大战果,称两翼遵从皇太极"所授方略"(《满文老档》"太宗皇帝"第十九册《金军击败北京德胜门外明军及其援军》),分兵进击,将明军堵在狭隘处"尽歼之",而且皇太极及时派出御前护军,将逃遁者"尽斩之",确乎有击败明军的战绩,却并没有捞到多少好处。

于是,皇太极准备养精蓄锐,移军南海子,伺机再攻。二十七日,双方激战于左安门外,金军遭袁崇焕派出的五百炮兵猛轰而退却。三天后,袁崇焕被崇祯帝借口商议军饷传令入城。崇祯帝于平台召对时突然发难,下诏将袁崇焕逮捕入狱。袁崇焕遭到政敌围攻,被凌迟处死。

崇祯皇帝非常恼怒袁崇焕的"擅权"与"背叛",也对袁崇焕主导的将可进行的蓟门阻击战演变为危及社稷的京师保卫战心有余悸,所以无法做到用人不疑,不愿赋予御敌有策的袁崇焕以统率全军反攻的大任。而曾对袁崇焕有知遇之恩的督辅孙承宗,虽爱袁崇焕之才却因复出不愿力保,故以内旨早定、不敢求情为由搪塞其他求情者。倒是孙承宗的好友、新晋阁臣的礼部尚书兼东阁大学士成基命,再三请求崇祯帝慎重处理,力保袁崇焕并为受袁牵连的钱龙锡开脱,但能力有限,无法改变定局。

无疑,孙承宗采取了明哲保身的态度,不想像内阁同事钱龙锡一样受牵连。同时,袁崇焕在蓟门临时改变战略、遣还援军,导致军队仓皇离散,金军打到京师城外的城外,孙承宗对此也是非常不满的。

在皇太极大军北归后的第二年八月,袁崇焕死于磔杀,也死于此前疏奏裁撤驿站导致李自成失业的御史毛羽健的弹劾,"崇焕议以五年灭敌,乃反议款,乞上问之"(计六奇《明季北略》卷五《袁崇焕通敌射满桂》)。毛御史却想不到,袁崇焕下狱时,工部主事陆澄源一纸劾章,将他描述为崇焕党人。最终,毛羽健被革职遣还,忧愤而卒。

袁崇焕死于有口难辩,而奉旨出任武经略、统率京卫武装的满桂,也死于伤重不治。

崇祯帝自毁长城,清修史书渲染,皇太极的目标达到。但明军迅速再次集结,金军实力不济,被迫撤退。

8

贸然发动己巳之变的皇太极,在德胜门、广渠门、左安门几次交锋中没有捞到实惠,之所以主动撤退,原因有四:

一、崇祯帝于十二月初一日将袁崇焕下狱,议罪磔杀,间接为皇太极日后攻明、再寻战机清除了一头庞大的拦路虎。姑且不说宁远、宁锦二役,初掌关宁军的袁崇焕,连败努尔哈赤与皇太极的倾巢来攻,就在此次突袭明都,袁崇焕也是及时反应救援,使皇太极的八旗兵及绑架来的蒙古兵吃尽了苦头。两军鏖战,互有杀伤,袁崇焕又是两次击败金军。

二、在德胜门、广渠门两次交锋中,皇太极貌似取胜,但是打得很辛苦,也是损兵折将。就是对"太宗伐明"极口颂扬的昭梿,也在《啸亭杂录》卷一中说明朝"其疆圉尚强,非旦夕可溃者,得之易,守之难,不若简兵练旅以待天命可也"。在火拼中,金国太祖女婿、第一猛将扬古利,虽"率摆牙喇兵,败总兵满桂于明都城之北",然而很快陷入明军的伏击圈,扬古利"复率亲军十余人溃其围,悉出之"(《八旗通志初集》卷一百四十六《扬古利传》)。一个在金国地位仅"次贝勒八人下,统左翼兵,授一等总兵官世职"的大人物,想必手下也是大队人马,但在此次突围中,却只同十多个亲兵杀出了重围。

三、一路打阻击战、遭遇战的,主要是袁崇焕、满桂等应诏而来的勤王师、地方军,而坚守京师的近卫师、中央军,始终是闭城固守。协理京营的戎政尚书李邦华,在一份奏疏中说:"臣等初闻寇警,即尝列营城外,旌旗相望,金鼓相闻。后因朝议异同,皇上始命撤为城守计。"(《李忠肃先生集》卷四《覆奏扎营城外疏》)金兵来袭,他们最初是准备出动卫戍精锐,出城迎战的,后被崇祯帝召回城内，固守京师，"不设兵于近郊"。京营究竟有多少兵力？户部尚书毕自严的《度支奏议》卷八中，收有他为京军安排粮食的奏疏。他于崇祯二年十一月十一日，也就是金兵围城前夕，具题《酌议京军预支通粮疏》："合计三大营京军之数，共十一万三千二百有零。"六天后，他再上一份《京营城守军丁行粮给散逾期疏》："自十一月初二日军丁上城防守，通计十万六千余人。"也就是说，京营至少有"十万六千余人"坚守在京师保卫战的最前沿，而且"五日一支行粮"。十万京军备战，粮草准备充足，足以抗拒皇太极大军攻城。

四、后来皇太极率大军围攻抚宁、昌黎二城及三屯营，竟然在守军无外援的情势下，仍连连受挫。天聪四年二月十日，皇太极数万骑兵攻击三屯营，竟然被据守有利地形的四千人马击溃。第二天，皇太极命议政大臣叶臣、巩阿岱与文馆大秘达海等前往太平寨招降，又被拒，皇太极感叹："若不攻昌黎，则似此小城，自来归顺。彼闻昌黎坚守，若我攻不克，是以不降也。"（《满文老档》"太宗皇帝"第二十四册《金军出征大臣遣人来告太平寨不降》）虽然皇太极还为守军不降编了一个理由，"谓降我之后，待我弃之而去，彼兵复来，又将受戮，故惧而不降"，但亦可见皇太极举兵来犯，战斗准备不充分，兵力并不充实，邀约而来的蒙古兵也不尽力，在明都京师的攻坚战中，被关宁劲旅损耗了不少实力。至于清朝官修实录、官家笔记强调诸贝勒大臣争请攻城，被皇太极制止，实情应是皇太极自知实力不济，已有怯战心理，只是后人要为其掩饰进退失据、左右无援的窘态。

《清太宗实录》卷五记载，天聪三年"十二月辛亥朔，大兵西趋良乡，经海子而南。上曰：'诸贝勒可殿后，朕同两大贝勒在前，且猎且行，比猎至海子。'殿后左翼诸贝勒，因逐獐，驰至上前。上见之曰：'朕以尔等殿后。是以行猎，今尔等皆前来，谁在后军耶？'前来诸贝勒奏曰：'臣等前进诚有罪！'乞下众议，上曰：'尔等皆孺子也，忘殿后而贪射獐。'"第二日，皇太极放纵诸贝勒率将士劫掠良乡，"俘获良多"。深入明境腹地，后面恐有追兵，皇太极的所谓"且猎且行",不免为弹尽粮绝的障眼法。而奉命殿后的诸贝勒"逐獐",是为了防御明军追击,也该是劫掠补给。这些都进一步证实,国内经历大灾、又在明都大战之后的金兵,已到了弹尽粮绝的地步。

好在天命助他,袁崇焕突然下狱,祖大寿等撤退,而明军斗志遽然松懈离散,给了皇太极大军在撤退途中一路劫掠、无限俘获的机遇。

皇太极侦知敌情,寻机自退。不承想明廷内部缠斗不休,将有通敌嫌疑但证据不足的救时良将袁崇焕下狱,且不能调度装备精良、以逸待劳的京军迅速出战,同城外集结的各镇勤王之师会合,并给勤王武装及时供应补给。明廷没有采取内外合力的措施夹击金兵,彻底歼灭皇太极大军,无疑是顾此失彼而坐失了最大战机,给皇太极洞开了一扇顺利撤退后沿路劫掠、补给充足的死生门。

天聪三年十二月十一日,皇太极遣阿巴泰、萨哈廉致祭大金太祖武元、大定二汗时,为自己及其父努尔哈赤数番攻明辩诬,称"我世守大明帝边界,以示忠信",历数明万历帝"无辜害我二祖",偏祖"理曲之叶赫"陈兵边外,"屡欺我理直之满洲,致成七大恨",迫使女真因"不能相容,必欲见害"而告天兴师。皇太极继而称:"我欲息兵,享太平,开诚布公,不作诡计,屡遣使议和。大明崇祯帝,更肆意欺凌我,欲索还天界我之地,去我帝号国宝。我云天赐之地,不能退还,可去帝号称汗,不另制宝,令尔造印与我等语,彼复不从。我乃愤而发兵至此。"(《满文老档》"太宗皇帝"第二十册《皇太极遣官致祭大金太祖武元、大定二汗》)

好一场委曲求全、吊民伐罪的作秀。他还说自己不扰民、不劫掠,秋毫无犯,"唯诛其军士之抗拒者,克其不降城堡",殊不知他这次暗行"诡计",导致了无数伤害和大批民众被迫背井离乡。

奇怪的是,至天聪十年即崇德元年,皇太极才称帝,而在天聪三年十二月,他还只是金国大汗,不存在崇祯帝命其去帝号国宝、皇太极"可去帝号称汗"之事。无疑,后人在其称帝后,给他来了一段后文,以谀颂其大度无疆。

这是往侥幸得脱而蛰伏待发的皇太极脸上贴金。

天聪四年二月十六日，皇太极从遵化与迁安接壤处的董家口出关。他这次突袭明朝，原想恃功改变自己在后金统治集团的地位与威信，但是目的并没有实现，反而有些灰头灰脸。

今人主编的《清代全史》第一卷，却将此段历史阐释为：皇太极即位伊始，就在谋求与明对等的议和，而此次长途奔袭战，导致京师及畿辅地区的财产和经济受到巨大损失。虽然大学士孙承宗及时组织祖大寿等将领反攻，大败金军殿后统帅、二贝勒阿敏，收复永平等地，但"从战略上看，从此金军几乎可以随时进出内地，明方失去了战争的主动权，陷入被动"（第四章第三节《明金间的战争与双方实力的消长》之一《金兵之北京突袭战与袁崇焕之死》）。当时明军的被动，不完全是此战导致的。关内此消彼长的农民运动，以及明廷统治集团内部的缠斗不休，已让明军在辽东问题上仓皇应对了。

9

在皇太极多次"遣使议和"的"诡计"下，袁崇焕的"五年灭寇""五年覆辽"计划，是远大理想，是书生报国，更是书生意气的自欺欺人。

他以为手下败将皇太极寻求和议，只是求取他的不进攻，殊不知皇太极寻求的是与崇祯帝的对等。

袁崇焕私自接受和议，为明军甚至明廷争取了恢复发展的机会，但他没有及时同崇祯帝商议，结果授人以柄，被皇太极认为明朝"君臣妄自尊大，自视如天上人，且卑视我"（《清太宗实录》卷五，天聪三年十月辛巳），"崇祯君更肆欺陵，欲索还天畀我之土地，去我帝号国宝"（《清太宗实录》卷五，天聪三年十二月辛酉）。

崇祯帝不知道袁氏所为，皇太极迁怒明廷"屡背盟誓"。

书生报国，要的不是书生意气。

袁崇焕明白，如果真刀真枪地与后金大军厮杀，毛文龙、满桂都很容易战功赫赫。他们在天启朝已是左都督，官居正一品，而他袁崇焕虽然劫后余生，受赏兵部尚书，却只是正二品，不免心胸狭隘。

袁崇焕恃宠而骄，忘了底线，大夸海口，而容不了大将。

他的伯乐——内阁次辅钱龙锡——进位太子太保，改文渊阁大学士。钱龙锡曾主持审理魏忠贤阉党案，出力不少，也得罪了很多阉党分子。他忠贞体国，一直力挺袁崇焕，主荐其为关宁军统帅，但在袁崇焕杀毛文龙后，被他看不起且压制的御史史褷弹劾他同谋之罪："龙锡主张崇焕斩帅致兵，倡为款议，以信五年成功之说。卖国欺君，其罪莫逭。龙锡出都，以崇焕所畀重贿数万，转寄姻家，巧为营干，致国法不伸。"（《明史·钱龙锡传》）钱氏交结边臣，受贿纵凶，崇祯大怒，命锦衣卫将其下诏狱。阉党分子纷纷落井下石，为其与袁崇焕罗织"逆党案"，"崇焕为逆首，龙锡等为逆党"，钱氏差点身首异处。幸有一批大臣为之辩诬，积极营救。崇祯也相信了他并无谋逆之举，但仍将其长期拘禁监牢，最后发配戍守定海卫，使之苍凉而老，看到了明朝最后的一轮夕阳。

这样的连带悲剧，就是明末朝堂纷争的血色宿命。

残酷的党同伐异，暗助皇太极设间扳倒明朝柱石。

是罪有应得，还是千古奇冤，或者是劫数难逃？

各执一词。

被迫退回至辽东的后金天聪汗皇太极，威逼并不屈从自己的喀喇沁首领、明封朵颜三卫都督都指挥苏布地出任金明停战调和人，代金向明廷送去了议和书："皇上若悯小民之苦，解边臣之怨，交好满洲，以罢师旅，则朝廷赤子获享太平，而臣等边防属国亦得蒙恩矣……伏乞皇上推仁，急允和议罢兵。"（《清太宗实录》卷六，天聪四年正月丙午）

皇太极先以宁锦一役的败局，与袁崇焕接洽停战，继而冒险伐明，以己巳之变的不果，求崇祯帝"修好"，为的就是休养生息，积蓄力量，以图复出。

他是想以打促和，布局更大的阴谋。他将崇祯帝磔杀袁崇焕视作自己的离间计奏效，同时在实录中留下了请求蒙古贝勒苏布地出面调停的凭据："满洲汗云：'我屡遗书修好，明国君不允。我将秣马厉兵，以试一战，安知天意之不终佑我也。'"皇太极称"我"不称"朕"，貌似"朕"只属于崇祯皇帝；但，他不再将崇祯帝尊为"大皇帝""天皇帝"，只是"明国君"，意图谋求国家的对等。

皇太极费尽心思，欲与明朝修好，可是崇祯帝并未接受他的城下之盟，错过了和议良机。

虽拒绝和议，但关内陕西大旱，明廷无力组织有效兵力反攻，还是出现了短暂休战。

皇太极得以有机会在金国势力范围内大力推行文治，将其在天聪三年八月提出的政治主张"以武功戡祸乱，以文教佐太平"（《清太宗实录》卷五，天聪三年八月乙亥）进行了有效的实施，一改太祖屠戮文人的政策，充分吸收汉人士大夫进入权力中心，并委以重任，加速了女真社会封建化的进程。

值得注意的是，大明王朝出现过两次危及江山的"己巳之变"：一次是正统十四年（1449）的土木堡之变，瓦剌大举入侵，明英宗成了俘虏。于谦及时推出代宗，组织京师保卫战，击溃敌军，休战和议，尚为大明续命几近两百年。再一次则是此次崇祯二年皇太极突袭京畿，虽然明廷也组织了京师保卫战成功退敌，但距灭亡为时不远矣。

何其相似，可视轮回。时过境迁，莫由追悔。

10

皇太极在位期间，先后五次入关征明，即己巳之变后，天聪八年发动劫掠宣大的入口之战，崇德元年（1636）五月袭击北京城外四周，崇德三年九月以多尔衮为奉命大将军、岳托为扬威大将军率兵深入冀鲁，崇德七年十一月命阿巴泰为奉命大将军统兵十万劫掠山东。

规模越来越大，持续越来越久，危害越来越深，破坏越来越严重，从最初的斩获记载并无明确数据，到最后的俘获人畜数十万、劫掠金银几百万，几乎写得一目了然。

他们的破坏程度有多大呢？

明朝兵科给事中李永茂曾奉命到顺德府察理近畿各府城情况，之后向崇祯帝报告：自崇祯十一年（清崇德三年）以来，自京郊至庆都、新乐、真定、栾城、柏乡、内丘，至顺德，行程千里，"一望荆榛，四郊瓦砾，六十里荒草寒林，止有道路微迹，并无人踪行走"；平乡"受患极惨，至今城内止余焦赤残垣，及堆积瓦砾"；整个"畿南郡邑，曾经戊寅之惨，惊魂未定，兼以五载荒瘟，民亡十之九"（李永茂《荆襄题稿》）。

崇德三年，多尔衮与岳托分兵毁边墙而入，会师于通州河西，一路向南，于河北巨鹿一战，杀死明督师卢象昇，歼灭其五千残军，继而挥师渡河，直插济南，四处掳掠。这一座号称中原第一大都会的繁华之城，瞬息变为哀鸿遍野的死城。仅济南一战，死尸就达十三万具之多，财货也被劫掠一空。据清官方数据显示，他们在此次攻明中，俘获人畜四十六万二千三百口，黄金四千零三十九两，白银九十七万七千四百六十两。

烧杀劫掠，惨绝人寰。皇太极在多次伐明中，强调最多的还是俘获人口。从天聪四年四月己卯日，皇太极与文馆首席大秘达海关于袭明俘获的一席话可见，皇太极对于俘获人口最为关注："金银布帛虽多得不足喜，惟多得人为可喜耳。金银布帛用之有尽，如收得一二贤能之人，堪为国家之助，其利赖宁有穷也。且将来休养生息，我国人民日益繁庶矣。"（《清太宗实录》卷六）

皇太极攻明，推行强制移民政策，同时强化抢夺贤能、为己所用的人才战略。

这对于政治腐朽、党争纷纭、人才见弃的明朝而言，虽然手段不血腥，但不啻一招釜底抽薪的良策。

除了天聪三年己巳之变围攻京师，在德胜门、广渠门、左安门发生三次激战外，其他四次南下，他们始终是绕过北京城，经过而不攻取，把攻明的重点放在畿辅要地，严重地破坏了京城周边的经济生产和社会秩序。可以说，后来李自成东征势如破竹，还是皇太极的五次入关为之清除了不少阻碍呢。同时，这五次入关也为皇太极死后不到一年，清军再次入关并迅速击溃李自成的大顺军奠定了坚实的基础。

皇太极生前，尤其是松锦战后，诸王将帅集体请战，请求乘胜追击，直取北京。镶蓝旗汉军固山额真李国翰、正蓝旗汉军固山额真佟图赖、正黄旗汉军固山额真祖泽润、正黄旗汉军梅勒章京祖可法、镶蓝旗汉军梅勒章京张存仁，联合上书，建议迅速出兵，控制山海关："今天意归于皇上，大统攸属。锦州、松山、杏山、塔山，一时俱为我有。明国人心摇动，燕京震骇，惟当因天时，顺人事，大军前行，炮火继后，直抵燕京而攻破之。是皇上万世鸿基，自此而定。"（《清太宗实录》卷六十二，崇德七年九月壬申）

不料，皇太极否决了众汉军高级将领请伐明廷的建议，而是意味深长地说："尔等建议，直取燕京，朕意以为不可。取燕京如伐大树，须先从两旁斫削，则大树自扑。朕今不取关外四城，岂能即克山海？今明国精兵已尽，我兵四围纵略，彼国势日衰，我兵力日强，自此燕京可得矣。"（《清太宗实录》卷六十二，崇德七年九月壬申）

好一个"伐大树"的战略思想：先"从两旁斫削"，以求"大树自扑"。打蛇先打七寸，须严防蛇头反咬。而欲灭敌国，围魏救赵是缓兵之计，但是先攻首府，不免激愤天下勤王。皇太极做梦都想灭了大明，但自知实力不济，即便松锦战后已掌握了辽东的主动权，也未必能与明朝倾国决战。

在弱方实力尚存时进行生死一战，只会两败俱伤。皇太极没料到自己会暴卒，遗憾地没有登上紫禁城里的雕龙髹金大椅，但是他的儿子，带着他的遗产，很快爬上了新都太和殿中的皇帝御座。

皇太极的"伐大树"战略起了效果。

"伐大树"战略，就是要先消灭明朝的有生力量，破坏京师周围的经济秩序，将明都燕京隔绝为孤城，摇摇欲坠。

这个战略思想，是等待，也是坚持，更是创举。但是，这不是皇太极的首创，而是从其父努尔哈赤那里学来的。

万历四十年九月，乌拉首领布占泰联合蒙古科尔沁部，率兵攻打建州所属的虎尔哈路。十二月，努尔哈赤率第五子莽古尔泰、第八子皇太极，沿乌拉河南下，连克河西六城后，兵临乌拉城下。努尔哈赤命令建州军攻乌拉城北门，焚其粮，毁其城门。

乌拉兵白天出城对垒河边，晚上则入城休息。

时年二十一岁的皇太极与莽古尔泰力主渡河，给予致命一击。

努尔哈赤说："不然，汝等出言毋若浮面取水之易也，须探其底里耳。欲伐大木，岂能骤折？必以斧斤伐之，渐至微细，然后能折。相等之国，欲一举取之，岂能灭乎？且将所属城郭尽削平之，独存其都城，如此则无仆何以为主，无民何以为君？"（《清太祖武皇帝实录》卷二）

四卷本《清太祖武皇帝实录》修于天聪年间，崇德元年成书。想必皇太极对其父教导的"伐大木"战略思想是认同的，也成功运用于自己的征明大业中。

"伐大树"就是"伐大木"，先斫削两旁而使之自扑，先剪灭四周而使之孤存。皇太极的坚忍，为继承者多尔衮和顺治帝很快入主燕京，打下了有效的基础。偏安辽东的大清国，真正成为一统天下的大清朝。

皇太极称帝后，
以守灵还人情

1

在辽宁省本溪市区太子河南岸明山附近，有一处遗址，旧称东坟，现称东芬。这里埋葬着一位清朝开国名臣。只是由于世事变迁、战争破坏及新时期的造城运动，造成名寝不在，仅留下一方高大的墓碑，碑头雕刻四龙，碑周浮雕云龙图案，满汉文字刊刻着康熙帝对墓主的评价：

"自古帝王创业垂统，必懋建本枝以作藩屏，故生隆显爵，殁锡丰碑，典甚重也。尔萨哈廉贝勒负姿忠亮，中外所推，肤功屡建，甲胄躬摄，努力行间，职司邦礼，尽心典则，益著寅清，洵百代所当瞻仰者也。拟封多罗郡王，忽焉长逝。太宗文皇帝眷尔勋劳，追封为和硕颖亲王，以示隆眷。于康熙二年特赐恤典，敕建丰碑。朕今追念前徽，另谥曰'毅'，重勒贞珉，用传不朽，以示敦睦懿亲之意云尔。"

按制度拟封郡王不成，却被越级追封为和硕亲王，足见太宗对其重视，及对其早逝的痛惜。墓碑建于康熙二年（1663），被纪功歌颂者为太祖次子代善的第三子萨哈廉。按辈分，康熙帝得尊称萨哈廉一声皇堂伯。

萨哈廉，又名萨哈璘。他出生于明万历三十二年（1604），至太祖建国时年方十岁。他出生后，很得父亲代善喜爱，所分得的财产要比两个异母哥哥岳托、硕托多得多。然而，萨哈廉并未因含着金钥匙出生和成长而骄纵，慢慢成了代善诸子中最杰出的一个。只可惜，天妒英才，崇德元年（1636）正月，萨哈廉患病卧床，死于五月二十三日，享年三十三岁。

为何说萨哈廉为英才？这个根据，是从太宗对他的追封分析得来的。太宗对兄弟子侄叙功行赏，准备给萨哈廉多罗郡王封号，但他的死，让太宗决定，直接追封其为和硕颖亲王。

对于萨哈廉的死，太宗是悲痛巨大的，除了辍朝三日、亲奠痛哭外，还在回宫后"于中庭设幄坐，不御饮食"（《清史稿·萨哈璘传》）。如此举止，无疑表明太宗要做另一种守灵人。论关系，他们是君臣，是叔侄，于公于私太宗都不在守灵之列。而太宗仍坚持数日，足见对萨哈廉的情感非同一般。

<h2 style="text-align:center">2</h2>

太宗"诏褒萨哈璘明达敏赡，通满、汉、蒙古文义，多有赞助，追授颖亲王"（《清史稿·萨哈璘传》），让其兄代善世系，有了三个和硕亲王的爵位，即：礼亲王代善、成亲王岳托和颖亲王萨哈廉。即便萨哈廉英年早逝，也算是以功绩创造了仅次于太宗世系（一个皇帝加一个亲王）的尊荣。

太宗如此尊崇代善父子，并非因为二哥是曾经的大贝勒，而是因为岳托和萨哈廉两个侄儿，对其忠心耿耿，建功不少。

单论萨哈廉，萨哈廉没有参与满洲开国的系列战争。除了天命十年（1625）蒙古察哈尔部林丹汗攻打科尔沁部，萨哈廉领精骑五千前往救援，为科尔沁部解围外，他此后并没有独自统率大军出征的经历。但他在后金扩展的战事中，都有英勇的表现。

太祖天命十一年，他跟从代善征讨喀尔喀巴林部、扎鲁特部，以战功受封贝勒。太宗天聪元年（1627），太宗率军攻袭锦州、宁远时，萨哈廉同十叔德格类等率护军精骑为前锋，又同五叔莽古尔泰等率偏师护卫塔山粮运，大败明军两万人。在攻打宁远明总兵满桂军队时，萨哈廉力战受伤。天聪五年十一月，太宗亲征林丹汗，萨哈廉与皇长子豪格为前锋，将林丹汗逼至青海打草滩，萨哈廉等又率右翼兵两万，攻占归化城。

虽然每战不是萨哈廉挂帅，但他都在前驱主将的位置上，足见太宗对这个侄儿很是看重。

3

在太宗诸多侄儿中，萨哈廉是极其受宠的一个。这是有原因的。

天命十一年八月，太祖病逝，汗位继承由八和硕贝勒共同推举。四大贝勒代善、阿敏、莽古尔泰、皇太极，以及掌握太祖亲率的两黄旗的阿济格、多尔衮、多铎兄弟，都手握重兵，都怀有夺取汗位的打算。论整体实力和个人威望，代善是元妃次子、原定储君，虽曾被汗父严责革除储位，但仍位列四大贝勒之首，辖正红、镶红二旗，实力强大，且长期辅佐太祖治国理政有成绩，诸子都是能征惯战、军功累累。另外，其胞兄褚英长子杜度，掌镶白旗，屡建军功，也以二叔马首是瞻。

八旗之中，阿敏、莽古尔泰、皇太极各占其一，多尔衮兄弟占二，而代善独占其三，有着最强的实力争夺汗位。然而，萨哈廉主导，岳托协同，力劝其父代善全力支持实力一般而能力超群的皇太极："国不可一日无君，宜早定大计。四贝勒才德冠世，深契先帝圣心，众皆悦服，当速继大位。"

代善自知硬抢，或能胜出，但从诸兄弟的性格、抱负、才干、势力及当时明军紧逼、蒙古挑衅和朝鲜敌视的国际环境来看，唯有推出胸怀韬略的皇太极，才能解决内忧外患的国情，于是说："此吾素志也。天人允协，其谁不从？"（王先谦《东华录·太宗》）

代善出手支持皇太极，诸执政贝勒只能"皆称善"。皇太极坐上汗位，萨哈廉立了首功。

萨哈廉是一个懂得太宗鸿志、具有远见卓识的青年贵胄。天聪三年，太宗亲征明朝，代善与莽古尔泰秘密准备回师，萨哈廉、岳托等少壮派贝勒"力赞进取"，支持太宗继续进军，"遂由洪山口，克遵化，进逼明北京"（《清史列传·萨哈璘传》）。萨哈廉驻守永平期间，秉承太宗恩养汉人的旨意，录用明朝归降道员、革职汉官等共管地方军政事务，并将造谣后金意欲屠城的明降臣李春旺斩首示众，保得永平一方安定不说，还迅速招抚了周边地区，显示出了卓越的管理才干。

天聪五年三月，太宗命诸贝勒评议时政，萨哈廉说："图治在人。人主灼知邪正，则臣下争尚名节，惟皇上慎简庶僚，任以政事。遇大征伐，上亲在行间，诸臣皆秉方略。若遣军，宜选贤能者为帅，给符节，畀事权，仍限某官以下干军令，许军法从事。"（《清史稿·萨哈璘传》）他直言不讳地指出人事和军事有问题，满洲亲贵中有许多无能之辈身居高位，且八旗旗主分权，与君权矛盾，主张改变所用大臣"未必尽得其人"和八旗各行其政的局面。

萨哈廉特别强调，遇到大规模作战，大汗坐镇指挥，诸贝勒大臣都要听从战略。如若调兵遣将，最好选择贤明能干的人为帅，赐给兵符，让他全权办理。在军事管理上，兵权平时归上承汗意、总理各旗之兵部，凡出征则重新授予主帅以军衔印绶。这一改太祖以来八旗贝勒各主山头的独断旧俗，有利于巩固最高领导人的核心权力与持久威权，对于八旗旗主贝勒奉行山头主义、各自为政的积习，起了很好的制约和规范作用，使军权从根本上掌握于大汗一人之手，而无他人掣肘之虞。

他的建议，得到了太宗的首肯，并延续至清末，对清朝军政的长期稳固起到了其他制度难以企及更无法替代的历史作用。单凭此点，萨哈廉功在太宗一代，利在清朝。萨哈廉的建议影响了清朝后来推行的大将军制。大将军有暂时性实权而无常态化实职。即便不时出现大将军王，也不能威胁到皇帝对军权的绝对掌控。

此言一出，对于结束四大贝勒同理军政的时代起到了很大的作用。大权开始集中于太宗一人。不久,阿敏事发,代善主动提出,坚持同莽古尔泰位居次位,分坐左右。

天聪九年,诸贝勒大臣屡请太宗改汗称帝,太宗暂时不允或作客套性假辞,萨哈廉命内院大臣希福等再奏太宗:"不受尊号,咎在诸贝勒不能殚竭忠信,展布嘉猷,为久大计。今诸贝勒誓改行竭忠,辅开太平之基。"(《清史稿·萨哈璘传》)萨哈廉重提军政大权要收归太宗一人,实行皇帝集权,为太宗"受尊号"准备了最好的理由。果然,太宗说:"善。萨哈璘为朕谋,开陈及此,实获我心。"

早在天聪五年,太宗初设六部,以萨哈廉掌管礼部,负责典章制度与外交事宜。他前往蒙古诸部宣示后金国之诸项法律礼仪。天聪六年,后金大军击败林丹汗,萨哈廉贯彻执行太宗的部署,整顿归附后金的蒙古诸部,重建蒙古秩序,从而达到了削弱蒙古势力的目的。

4

萨哈廉的才干,不局限于对外征战、对内制礼上,他还有着敏锐的战略眼光。天聪七年六月,太宗诏问诸贝勒对外战略思想,萨哈廉提出"当宽朝鲜,拒察哈尔,而专征明"(《清史稿·萨哈璘传》),并提出具体的对明作战指导方针:集中优势财力和兵力,对抗最强大的明朝,威慑另外二敌。

正因萨哈廉有着他人不能企及的拥戴、集权、劝进之功,而且经常性献计献策,故而太宗对他引为良辅,在崇德元年萨哈廉患病时,经常去探望,并告诉希福等人:"群子弟中,整理治道,启我所不及,助我所不能,惟尔之赖。尔其静心调摄,以副朕望!"(《清史稿·萨哈璘传》)

太宗对萨哈廉寄予厚望,但天不假年,萨哈廉过早辞世。"明哲先萎,孰能助朕为理乎?"萨哈廉的死,对太宗打击很大,甚至以梦境开启了"亲王薨,初祭以牛"的清朝惯例。梦由心生,太宗白日梦见有人请奏"颖亲王乞赐牛一",

其实在太宗心里，萨哈廉就是一头勤恳忠诚的拓荒牛，而且这头牛近乎完美，政治履历中未有过错受罚的记载。

这是罕见的，即便是他那同样被太宗引为左膀右臂的大哥岳托，也曾被论罪受罚降爵。可惜的是，崇德八年八月，太宗驾崩，顺治新立，萨哈廉的长子阿达礼"坐与硕托谋立睿亲王，谴死"，至于阿达礼是否真在谋立多尔衮，还是成了平抑多尔衮意欲另立阴谋的牺牲品，不得而知。按理，萨哈廉的忠诚，应该会影响其子。

对于太宗和清朝，萨哈廉居功阙伟，但他没有等到真正封王的那一天便病逝了。其次子勒克德浑受阿达礼案牵连，被罢黜宗室，但不久被恢复宗籍，封贝勒，顺治二年（1645）被任命为平南大将军，顺治五年封顺承郡王。乾隆四十三年（1778），清高宗借为睿亲王多尔衮平反之机，恢复诸王最初封号，并将爵位世袭罔替的制度明确颁行，萨哈廉世系被纳入清开国史上八大铁帽子王体系，传十世十五王。

皇太极为何对阿敏兄弟
有厚薄？

1

舒尔哈齐为何死于努尔哈赤之手？王先谦《东华录·天聪五》记述，天聪四年（1630）议阿敏之罪状十六款，其中第一款为："贝勒阿敏，怙恶不悛，由来久矣。阿敏之父，乃叔父行也，当太祖在时，兄弟和好。阿敏嗾其父，欲离太祖，移居黑扯木，太祖闻之，坐其父子罪，既而宥之。及其父既终，太祖爱养阿敏，与己子毫无分别，并名为四和硕大贝勒。及太祖升遐，上嗣大位，仰体皇考遗爱。仍以三大贝勒之礼待之，此其一也。"

皇太极给舒尔哈齐次子阿敏定的首罪，就是太祖原来和舒尔哈齐手足情深、兄弟和睦，是阿敏唆使其父离开努尔哈赤，企图移居黑扯木阴谋自立，在努尔哈赤改变"兄终弟及"的继承制时铤而走险，分裂后金或阴谋取代努尔哈赤。太祖因而大怒，要惩罚舒尔哈齐父子。

此事，在《清太宗实录》卷八天聪五年正月壬寅也有记载："己酉岁，我国当宁谧之时，二贝勒父子欲擅离我国，往据一方自立。我皇考劝之不听，法难宽宥，祉以亲弟之故，宥而不诛，将以其罪，罪二贝勒。我诸兄弟力为谏止，仍收养之，夺所属人民之半，此其旧恨一也。"

这个二贝勒，就是阿敏。

2

黑扯木事件后，努尔哈齐最初有杀舒尔哈齐父子的打算，即在杀掉舒尔哈齐长子阿尔通阿、三子扎萨克图后，还要将舒尔哈齐和其第二子阿敏杀掉。

代善、皇太极等人劝谏，最终努尔哈齐"以亲弟之故"，"宥而不诛"，将舒尔哈齐幽禁，放过阿敏，不再追责其家人子女，努尔哈齐将其子女等同于自己的子女一样对待。

努尔哈齐将舒尔哈齐幽禁至死，但不对其子女赶尽杀绝，甚至优待重赏，这无疑是一种忏悔式补偿，也是一种恩怨分明的帝王风度。

舒尔哈齐死于努尔哈齐之手，但努尔哈齐并未将其分裂之罪扩大化，故而有了舒尔哈齐诸子的事功成败。

天命六年（1621）正月十二日，努尔哈齐率四大贝勒及王公大臣，祝告天地，焚香设誓言："吾子孙中纵有不善者，天可灭之，勿令刑伤，以开杀戮之端。如有残忍之人，不待天诛，遽兴操戈之念，天地岂不知之？若此者，亦当夺其算。昆弟中若有作乱者，明知之而不加害，俱怀礼仪之心，以化导其愚顽。"（《清太祖武皇帝实录》卷三）

杀子幽弟，人伦惨剧，是已贵为大汗的努尔哈齐的锥心之痛。后来，次子代善听信继妻谗言，构陷要诛杀前妻所生二子，被努尔哈齐制止而给予夺储的惩罚。再后来，代善与继母勾勾搭搭，努尔哈齐又恨又恼，捏造罪名将大妃放还娘家，而未加罪于代善。

这也影响了天聪四年皇太极对阿敏案的处理。皇太极最后给他定了十六条罪状，将其囚禁至死，将其子爱尔礼论罪处死。但他的其他五个儿子皆得了爵位。

3

阿敏免于一死，被努尔哈赤接到宫内抚养，初封贝勒，多有战功。明万历三十五年（1607），阿敏与褚英攻取乌拉宜罕山城。四十一年，阿敏随努尔哈赤进攻乌拉部。四十三年，太祖创建八旗制度时，阿敏任镶蓝旗旗主贝勒。

后金天命元年，阿敏受封和硕贝勒，与努尔哈赤三子代善、莽古尔泰、皇太极并称四大贝勒，俗称二贝勒，参与国政。

阿敏在最早执政的四大贝勒、后来共治国政的八和硕贝勒中排名第二（这个贝勒相当于亲王）。阿敏也算是了不起的虎将，先是破明兵于萨尔浒山、尚间崖及栋鄂路，旋参加灭叶赫部之战，从太祖攻克沈阳、辽阳，入朝鲜袭明将毛文龙所部，征讨喀尔喀巴林部及扎鲁特部。

继位之初，皇太极也善待之，凡国人朝见，皇太极与三大贝勒代善、阿敏、莽古尔泰同坐受礼。天聪元年，阿敏与贝勒岳托等征朝鲜，连陷定州、安州、平壤，朝鲜王被迫请和，订"江都之盟"，后从太宗征明锦州、宁远。四年，入山海关，克永平、滦州、迁安、遵化等地。很快，明将孙承宗率兵反击，监军道张春等围滦州，他怯不增援，反杀降人逃出关外。

皇太极借西征察哈尔之名，中途转向攻明，枉顾大贝勒代善和三贝勒莽古尔泰的反对，执意攻明且深入腹地。金兵在突袭进程中，没有遭遇明军大规模的阻击，故有势如破竹、所向披靡之势，不意在围攻明都时，惨遭迅速集结的明军合围。皇太极原认为的"天赐我机"，意欲打通内地至山海关的计划落空："山海关、蓟州防守甚坚，徒劳我师，攻之何益？"（《清太宗实录》卷六，天聪四年二月甲寅）同时，明廷不肯议和，使皇太极颜面扫地，只好说："惟当深入内地，取其无备城邑可也。"但是，他费尽心思拿下的永平等四城，很快被阿敏丢失。

皇太极似乎明白永平等四城难以固守，但又留下阿巴泰、济尔哈朗等台吉率八旗军和蒙古兵驻守，并在自己返回沈阳后，命阿敏入关统率四城将士。

在阿敏赴任时，皇太极以阿敏之名发出了一道特殊敕书："金国二贝勒示谕众降民：我兵永驻此处，意在养民，以成大业。"（《满文老档》"太宗皇帝"第二十六册《金国二贝勒谕永平官民薙发归降》）

他笔锋一转，说："尔等不知此意，意谓我将返，且间有不剃发投诚者。今尔等宜各坚意剃发，有不剃者，知辄杀之也。"他把强推薙发令的民族屈辱政策交给了阿敏，似要让他的治下怨声载道，让他大失人心。

明军反攻，合围在即，文馆赞画机要的重要谋士高鸿中、宁完我恳请发兵救援。皇太极却要等八旗军马养肥壮、民众耕种完成、兵器修缮完工后再御驾亲征。他宣示要再次御驾亲征，众臣不好再说，只能眼睁睁地看阿敏身陷绝境。

阿敏屠城失地，给了皇太极反戈痛击的充分理由。

皇太极借对阵明将孙承宗一战弃城杀降而幽禁阿敏，处罚莽古尔泰，改由其一人"南面独坐"。

皇太极贸然伐明，制造了己巳之变，但惨遭明军及时勤王，而陷入逆境。虽然金军在北归途中成功侵占永平等四城，并换来了阿敏替代总理驻守，却不能改变皇太极跳出明军合围的狼狈事实。

皇太极归罪于阿敏，是最高权力争夺大战的一次胜利。

阿敏成了罪有应得的替罪羊，淡化了皇太极伐明的战略失误。

利益为上，政治盟友迟早会演变为水火不容的对手。

最初，皇太极成功继位，除了代善的谦让，还有一个重要因素，就是大妃的殉葬。阿敏也算是合谋逼殉先汗大妃阿巴亥的主要人物，为何清太宗皇太极还要扳倒阿敏呢？

这是有原因的！电视剧《孝庄秘史》中的阿敏形象，似乎可以提供一种合理的解释：

一、阿敏自恃拥戴皇太极有功，加之可以与皇太极同坐高台议政受礼，自然不把皇太极当作真正的大汗。

二、阿敏的格局太小，目光短浅。皇太极志在破关经略中原，而阿敏只想攻城略地后疯狂抢货屠城，罔顾国家大局和民心向背。他的存在，必然是皇太极统一大业的最大阻碍。

三、阿敏虽在舒尔哈齐一案中幸免于难，反得了安抚，但他未必不仇恨努尔哈赤父子。舒尔哈齐谋叛案发时，阿敏已长大成人，是知情者，甚至是参与者。他是支持父亲谋叛分裂的。而在皇太极治下，他也不断积蓄力量，不甘久居人下。他在征讨朝鲜时，就向皇太极要求自立为王，这是当年舒尔哈齐父子移居黑扯木的故技重施。

归根结底，阿敏是一介起起武夫，只懂得蛮干，却有权欲，最根本的是对皇太极不顺从，却想着分权。

4

舒尔哈齐事发那年，其第六子济尔哈朗十岁。他自幼由努尔哈赤接至宫中抚养，与努尔哈赤的儿子们关系很好，尤其与皇太极的关系更是非同一般。这样，他才会在父兄反叛后依旧受到信任和重用。济尔哈朗从青年时代起就追随努尔哈赤南征北讨，因军功受封为和硕贝勒。他是努尔哈赤时期共秉国政的八大和硕贝勒之一。

阿敏的六弟济尔哈朗忠诚地追随皇太极，屡建功勋，拿捏准了皇太极的雄心壮志。

天聪五年七月，皇太极让诸贝勒大臣直言时政。济尔哈朗上奏：过去出现了很多冤案，主要是官员造成的。现在应选择贤良，谨慎处理司法事务。故皇太极初设六部，济尔哈朗受命掌管刑部事务。

忠诚是不会受亏待的。皇太极外征察哈尔、朝鲜，都是放心地把京师交给济尔哈朗留守。崇德元年（1636）四月，济尔哈朗军功累积，晋封为和硕郑亲王，成为皇太极时代四大铁帽子王之一。

皇太极死后，济尔哈朗在新的皇位争夺战中，先是支持皇长子肃亲王豪格，但他在豪格身上看不到传承皇太极雄才大略的希望，转而接受幼主福临上位，受命同多尔衮一起辅政，先后被封为信义辅政叔王和叔和硕郑亲王，成为清朝历史上除多尔衮外唯一一位受"叔王"封号的人，后入享太庙。

阿敏死于自己的贪心不足、格局狭隘，而济尔哈朗谨小慎微，故能位极人臣，成为清初诸王中最幸运的一人，成就了舒尔哈齐后世最兴盛的一支。

他对皇太极父子的忠诚，换得了终身的殊荣，却险些因多尔衮的排挤而被论罪处死。

多尔衮当权，大权独揽，多次排挤堂弟济尔哈朗。顺治四年（1647）二月，称济尔哈朗建筑府第逾制，擅自使用铜狮、铜龟、铜鹤，罚银二千，罢免其辅政职务，将他挤出了决策机构。顺治五年三月，贝子屯齐、尚善、屯齐喀等，诬告济尔哈朗在太宗初丧时不举发两黄旗大臣、谋立肃亲王豪格，以及扈从入关，擅自令两蓝旗越序立营前行。多尔衮罗织十多条罪状，兴起大狱，将其定为死罪。最后因牵涉甚广，而对其免死，却由和硕亲王降为多罗郡王，罚银五千两。直到多尔衮去世，憋屈的济尔哈朗才在政治上得以解脱。

多尔衮死后，济尔哈朗反戈一击，拉拢巽亲王满达海、端重亲王博洛、敬谨亲王尼堪，联名追论多尔衮的罪状。三王深知多尔衮一派大势已去，就顺水推舟，在伯父济尔哈朗主持下联名向福临举发多尔衮，对多尔衮追夺一切封典，毁墓掘尸。清算多尔衮一派，暂停皇室内斗，还大权于皇帝，是济尔哈朗一生最大的贡献，对后世影响不小。

《东华录》还记载，顺治十二年正月，吏科副理事官彭长庚、一等子许尔安分别上疏，称颂多尔衮的功勋，就事论事，几乎句句在理，但被济尔哈朗骂了个狗血喷头，流放宁古塔充军。

在济尔哈朗的心里，称多尔衮功高，就是震慑幼主。

亲政后的顺治帝，以济尔哈朗年老，免去朝贺、谢恩行礼。济尔哈朗病逝，顺治帝悲痛不已，休朝七天（仅有济尔哈朗享此殊荣），赠祭葬银万两，置守陵园十户，并为他立碑纪功。

明清史料记载他："亲历战阵，躬冒矢石，决策于万众之中，制胜于千里之外"，"处忧患而不惊，肩弘钜而不乱"，"忠冠当时，功昭后世一云"，"有贞臣之节，有良将之风"。

大历史学家萧一山在《清代通史》中说："福临以冲龄践祚，奠定中原，征服华夏，其所以能成大业者，皆群臣襄赞之力也。当时宗室懿亲，僇力行间，栉风沐雨，勤劳佐命者：如豫亲王多铎、肃亲王豪格、英亲王阿济格、郑亲王济尔哈朗、敬谨亲王尼堪、端重亲王博洛、顺承郡王勒克德浑等，其殊勋茂绩，诚可为开国之大人物。"（《清代通史》卷上第三篇《一统期之政略与三藩之乱·开国之勋臣》）

济尔哈朗无疑是清朝从龙入关、经略中原的元勋功臣之一，这也得益于努尔哈赤的手下留情、补救善待，而最起码的是，他对皇太极的知遇之恩予以了忠诚的回报。

爱娶寡妇的皇太极，
也爱将老婆嫁人

1

崇德元年（天聪十年，1636）四月十一日，后金大汗皇太极改元称帝，成了正式的大清王朝首任皇帝。清太祖高皇帝或武皇帝努尔哈赤，那是做了皇帝的皇太极给其父天命汗的追封。

第二天，皇太极为盛京皇宫定后宫宫殿之名，如清宁宫，如关雎宫，如麟趾宫，如衍庆宫，如永福宫，为他即将正式册封五宫后妃做准备。

难道他只有五个女人要册封吗？

不然。他妻妾成群，光是为他生育了皇子皇女的，就不止五人。就在半年前，即天聪九年十月，他还强令东宫福晋改嫁在劝降察哈尔林丹汗余部中立功的表侄南褚。

当时的女真社会，尚不受儒家礼教观念的制约，其传统婚姻习俗和价值观念是容许他令妻改嫁他人的做法的。他当初娶这位来自蒙古扎鲁特部的东宫福晋时，也是花了一些心思的。《满文老档》"太宗皇帝"第四十九册《封蒙古扎鲁特部戴青贝勒之女为东宫福晋》记载，天聪六年二月十二日，"汗集诸贝勒大臣于内廷筵宴，以戴青贝勒之女册为东宫福晋。此福晋乃蒙古扎鲁特部戴青贝勒色本之女。汗已册立中宫福晋、西宫福晋，惟东宫未立福晋。时值选贤，遂遣人往聘此福晋。转谕其父曰：'我召来观之，中则留于宫内，不中则遣之还。'遂召福晋至，暂憩城外。汗命有眼力者往观可否留于宫中。观者前来报于汗曰：

'无需众多人，汗宜斟酌而行。他人观之岂可相信乎？汗应亲往观之。若可册为东宫福晋，宜按典礼聘之矣。'汗遂亲率从者数人往观之，迎入内廷，非好多娶，按例需备三福晋。以聘礼设宴。是宴也，杀牛一、羊六，治筵二十席。"

戴青贝勒之女，以贤德入主东宫。在接下来的日子，唯有她给皇太极生育了两个孩子（皇六女和皇九女），其他福晋也只有后来的孝端和孝庄各生育一女，可见此间，东宫福晋很得皇太极宠爱。皇太极将其封为东宫福晋，使原为第二夫人的西宫福晋孝庄位号下沉。

不幸的是，天聪九年十月初七日，这位受宠的东宫福晋突然"不遂汗意，改适叶赫部德勒格尔台吉之子南褚"（《天聪九年档》）。事起突然。因为在数月前，东宫福晋的父亲色本还多次进献牛羊马匹，也得到了皇太极丰厚的赏赐，然而就在东宫福晋生下皇九女的第十一天，却被皇太极无情地当作一件奖品送给了一个侄辈大臣。

有人认为是颇有贤名的东宫福晋，在皇太极对皇姐兼姻亲、哈达公主莽古济进行惩罚时，恃宠发表了不合时宜的言论，固执的皇太极因而翻脸无情。

莽古济为太祖继福晋富察氏所生的第三女，也算是嫡女，但同样是父亲政治联姻的祭品。她虽然没有像姐姐东果公主那样，绑架住一位像何和礼般老当益壮的勇士，却以柔情攻陷了远比董鄂部领土宽广、人口众多、物产富庶的哈达部。

古勒山之战后，九部联军大败，哈达的新任贝勒、明朝的龙虎将军孟格布禄逃回老家。努尔哈赤本想豢养孟格布禄，不意孟格布禄在建州与叶赫之间摇摆，笑脸之后磨刀霍霍。努尔哈赤索性把孟格布禄诛杀，又不想计划失败，于是将三女莽古济嫁给孟格布禄之子吴尔古代（又作乌尔古岱）。

吴尔古代认贼作父，却成就了莽古济的这一段婚姻，二人还算是幸福的。

他们的两个女儿，一个嫁给了娘家二哥、大贝勒代善的长子岳托，一个嫁给了八弟、四贝勒皇太极的长子豪格。

亲上加亲。兄妹、姐弟在汗父的安排下，成了缠绕的亲家，而且被指婚的女婿，都是后金大汗帐下战功赫赫的小贝勒。

让莽古济没有想到的是，她的汗父努尔哈赤去世后，继立大汗皇太极却对她打击不断。

先是天聪元年，蒙古敖汉部首领索诺木杜棱部不满察哈尔部首领林丹汗的残暴统治，向皇太极投诚。皇太极不情愿莽古济继续孀居，索性把她赏赐给妻妾成群的索诺木杜棱。

既是满蒙政治联姻，自然赋予了其间谍使命。

莽古济与索诺木杜棱，同床异梦，各怀不满。

继而，成为天聪汗的四贝勒皇太极，不甘心于与其他三大贝勒并坐听政的格局，先将二贝勒阿敏议罪拘禁，又瞄准了三贝勒莽古尔泰和大贝勒代善。

莽古尔泰是莽古济的胞兄，拥立皇太极有功，但也对汗位虎视眈眈，无视皇太极意欲打造的绝对权威。

《清史稿·莽古尔泰传》记载：天聪五年，莽古尔泰跟从大军围攻大凌河，向太宗上奏所率正蓝旗部队被明军重创。太宗诘问他："闻尔所部兵每有违误。"莽古尔泰生气地说："宁有是耶？"太宗说："若告者诬，当治告者；果实，尔所部兵岂得无罪？"说完，皇太极将要乘马而去。莽古尔泰说："上何独与我为难？我固承顺，乃犹欲杀我耶？"说罢，莽古尔泰手握佩刀，数次怒视皇太极。他的胞弟、贝勒德格类怒斥莽古尔泰犯了悖逆之罪，并用拳头打他。

莽古尔泰更加愤怒，将佩刀抽出刀鞘。皇太极怒骂莽古尔泰亲手弑母邀宠的事情。其后，诸贝勒商议莽古尔泰"谋上"之罪，夺去和硕贝勒爵位，降为多罗贝勒，削五牛录，罚银万及甲胄、雕鞍马十、素鞍马二。一年后，莽古尔泰气愤暴卒，年四十六岁。

又三年，莽古济的胞弟德格类病逝。《清史稿·德格类传》云："逾月，莽古尔泰既卒，为冷僧机所讦，以大逆削爵，德格类坐同谋，追削贝勒。"

这个告密者冷僧机，本是莽古济的家奴，出身贫寒，但圆滑狡黠，善于钻营取巧，在莽古尔泰、德格类相继死后，告发莽古尔泰、德格类和莽古济等曾跪焚誓词，密谋篡位，获得了皇太极的垂青。

冷僧机本参与密谋，众议"以自首免坐，亦无功"，但太宗却一反常态，力排众议，嘉奖冷僧机世袭三等梅勒章京。

太宗对莽古济的恨，不仅在其被冷僧机告发或者杜撰的参与密谋。

天聪九年，太宗将归顺的蒙古察哈尔汗的伯奇福晋赐予儿子豪格为侧福晋，引起同为豪格岳母的莽古济不满："吾女尚在，何得又与豪格贝勒一妻也？"（王先谦《东华录·天聪十》）后来，莽古济路过代善营帐，被代善邀入款待馈赠，兄妹礼节也惹怒了太宗。

莽古济的质疑和反感，使皇太极恨之入骨。皇太极更担心代善与之有可能进行政治合作，于是找了一个冠冕堂皇的理由，将莽古济处死。

哈达公主莽古济就这样成了有清一代唯一被处死的公主，而且被削了宗籍。而她那两个嫁回娘家的女儿，也都死于非命。

皇太极的无情，严重违反了努尔哈赤在天命六年正月带着包括他在内的大小贝勒的告天誓言："吾子孙中纵有不善者，天可灭之，勿令刑伤，以开杀戮之端。如有残忍之人，不待天诛，遽兴操戈之念，天地岂不知之？若此者，亦当夺其算。昆弟中若有作乱者，明知之而不加害，俱怀礼义之心，以化导其愚顽。似此者，天地佑之，俾之孙百世延长。所祷者此也。自此之后，伏愿神祇，不咎既往，惟鉴将来。"（《清太祖武皇帝实录》卷三）

莽古济及其两个女儿，既无谋逆叛国之言，也无弑君篡位之迹，却被皇太极无情地处死和迫害。

不仅如此，皇太极的爱妃扎鲁特博尔济吉特氏，曾因贤名而被迎娶，受封为东宫福晋，就因为恃宠为莽古济说了几句公道的求情话，结果触怒天威，就在她刚生下皇九女没几天，也被皇太极无情地送给了叶赫表侄南褚做老婆。

权力争斗下，是没有亲情的。

父亲为了自己的霸业，可以牺牲爱女。

弟弟为了大权的集中，不惜屠杀亲姐。

老公为了大汗的面子，索性休妻赐臣。

另外，结合此期间皇太极又爱上了来自蒙古科尔沁的大龄女海兰珠，以及对其宠冠后宫、即将册封等事来看，皇太极怒惩东宫福晋，倒像是给海兰珠腾出重要位置的提前安排。

2

《清初内国史院满文档案译编》记载：天聪八年"十月十六日，科尔沁部吴克善洪台吉率诸臣送妹至。汗偕诸福晋迎至，设大宴纳之为福晋"。

吴克善这次"送妹"，送的就是海兰珠。

九年前，即后金天命十年（1625）二月，吴克善曾护送十三岁的妹妹布木布泰到盛京，嫁给皇太极做侧福晋。布木布泰后来成了永福宫庄妃——孝庄皇太后。

海兰珠是布木布泰的姐姐，年长妹妹四岁，但比妹妹晚嫁皇太极九年。海兰珠嫁给皇太极时，已经二十六岁了。

当时的满蒙男女成婚很早。布木布泰的姑姑哲哲嫁给皇太极时十六岁。

无疑，海兰珠嫁给皇太极时，已然是超大龄女子了。

科尔沁部落的东部是统一女真的后金，西部为兵力强悍的察哈尔，首领博尔济吉特氏家族限于自己兵力不强，为在夹缝里求得生存，就只能把自己的女儿送给两边通婚。

倘若布木布泰初嫁时，海兰珠在家，亦有十七岁了，已属大龄，她们家族必然会安排海兰珠先嫁皇太极。

海兰珠未先嫁皇太极，只有一种情况，即她当时已嫁他人。《孝庄秘史》曾安排其祖父、科尔沁贝勒莽古斯说，海兰珠很不幸，嫁给了察哈尔的男人，对她始乱终弃。这虽是电视剧的艺术处理，但也有可能是真事。

3

皇太极喜欢将自己的老婆随意送给大臣，如东宫福晋，如生育了皇五子硕塞的侧妃叶赫那拉氏，还有一个喜好，就是娶别人的老婆。

据满文档案记载，侧妃叶赫那拉氏在进入皇太极妻妾序列之前，曾为他人妇。皇太极后来册封的崇德五妃中，除了皇后和庄妃是少女即嫁皇太极外，其他三妃归嫁皇太极前皆为他人妇。贵妃和淑妃原来都是察哈尔首领林丹汗的八大福晋之一，前者为正室大福晋（囊囊福晋），后者为四福晋（窦土门福晋）。

贵妃和淑妃归嫁皇太极的历史背景是，天聪八年，皇太极率兵攻打察哈尔，林丹汗败退，在青海大草原去世，他的女人们成了寡妇。

窦土门福晋寡居不久，在部下的护送下归顺后金。大贝勒代善等举行盛宴，欢迎归附的蒙古诸大臣，众贝勒等上奏请皇太极娶窦土门福晋为妃。此事有个前提，窦土门福晋对贝勒们表示想嫁给皇太极。皇太极最初不允，但考虑到政治原因以及贝勒们说是天意的安排，于是答应了接纳这个寡妇，留给后世一个"野鸡入帐"的故事，并把她与前夫林丹汗的女儿养在宫中，后来指婚给多尔衮为侧福晋。

扎鲁特虽为蒙古二十四部之一，但在后金兴起时，遭受女真武力重创，于皇太极统治前期臣服。察哈尔部为蒙古诸部势力最强者，虽然新近投降，但皇太极还得对其极力笼络。故而，册封崇德后宫五妃时，他不惜将少女来嫁、情缘颇深的布木布泰降为第五位，将来自察哈尔的林丹汗的两个遗孀以及可能曾嫁察哈尔贵族的海兰珠，悉数排名前列。

这是强化满蒙政治联姻的再选择，以期实现他统一漠南蒙古的雄心壮志。

何况皇太极对大龄来嫁的寡妇海兰珠，是宠冠后宫。

倘若不借故休弃东宫福晋，那么后宫第二的位号，东宫福晋是当仁不让的。如此一来，海兰珠只得靠后站。

皇太极为了保证海兰珠最受宠爱的地位，又保证中宫女主非哲哲这位稳重无过的女人所属，所以在仅次于皇后的位号上，为海兰珠进行后宫身份设计。

他先将东宫福晋赐予大臣做妻子，而不是休弃回娘家，断了她有望重返后宫的后路。天命朝大妃阿巴亥就曾被休弃回娘家，终因太祖见召而重归大妃席位。

继而，他在崇德元年五月十四日制定福晋位号，明确"清宁宫正宫大福晋为国君福晋，东关雎宫福晋为东大福晋，西麟趾宫福晋为西大福晋，东衍庆宫福晋为东侧福晋，西永福宫福晋为西侧福晋"（《满文老档》"太宗皇帝"第十二册《奉命制定汗及各王贝勒福晋名号》）。

两个月后，即崇德元年七月初十日，皇太极正式册封五大福晋。

典礼的程序是烦琐的，但是册封的位号是明确的。海兰珠被册封为东关雎宫大福晋，占据了皇太极强令东宫福晋再嫁而腾出的位置，成了仅次于清宁宫国君福晋的第二夫人。

4

至于那位同样不幸被送人的侧福晋叶赫那拉氏，婚姻更离奇。

她是叶赫贝勒阿纳布之女，初嫁与布占泰同宗（《满文老档》载，为布占泰之弟）的正黄旗包衣喀尔喀马（乌拉那拉氏），喀尔喀马后逃至叶赫部，为金台石贝勒所抚养，生二子。天命四年，太祖征叶赫部，皇太极处死喀尔喀马贝勒，俘获其妻叶赫那拉氏。

天聪二年十二月，叶赫那拉氏为有杀夫之仇的皇太极生下汗五子硕塞，本该母凭子贵，却没承想不久便被皇太极赐予曾任内大臣的占土谢图为妻。占土谢图行围，被虎伤身亡。叶赫那拉氏再嫁哈达部孟格布禄贝勒之族人——曾任镶黄旗轻车都尉的达尔琥。

部落争斗与联姻,男人被威权者们命为前驱,而女人的命运更不能由自己主宰。叶赫那拉氏作为战争的俘虏,成了皇太极的陪床女人,后来拥有了侧妃的名分,但在给皇太极生下皇子之后,又成了皇太极拉拢部下或联姻部落的礼物。毕竟她是大汗睡过的女人。

她的不幸,却没有危及其子硕塞日后的政治地位。太宗驾崩时,硕塞贵为皇子,也有十四岁了,但并没有得到多少封赏,不过,顺治元年(1644)十月,他作为顺治帝的皇兄,被封为多罗承泽郡王,从此开始了尊贵的人生。

5

顺治元年,新婚不久的硕塞从龙入关,进入北京,他还没有来得及享受燕京王爷的尊贵,便随豫亲王、定国大将军多铎南征,追击一路向西逃的大顺军。李自成在潼关以重兵布防。硕塞跟从多铎大军直奔河南孟津,进攻陕州,大败李自成部将张有增、刘方亮,以及后来亲自迎战的李自成。此战,硕塞上阵,击斩李闯王的大将马世尧,有了人生第一大功。

多铎平定陕西,安抚河南,随后南征南明弘光政权。硕塞继续随征,顺治二年四月,击破福王朱由崧,受赏团龙纱衣一套;五月俘获福王,再得赐金两千两、银两万两,还有马具等物。此时硕塞年方十六岁。

顺治三年,蒙古苏尼特部首领腾机思、腾机特兄弟率部起兵反清,引发吴班代、多尔机思哈、蟒悟思、额尔密、克石达等部叛奔喀尔喀部。摄政睿亲王派豫亲王多铎为扬威大将军前去征讨,命硕塞参赞军务。大军花两天三夜追上叛军,大败之,俘获不少部落官员和牲畜。

喀尔喀部土谢图汗见腾机思大败,在扎即喇布格迎战清军,硕塞率军列阵,击破土谢图汗。第二天,硕塞又率大军,将前来挑战的硕雷汗打得落花流水。

顺治五年十一月，喀尔喀部两个楚虎尔行猎，进入了清朝边界，硕塞奉命统兵驻防大同。不久，大同总兵姜瓖反清。硕塞坚守防区，麾兵掩杀来敌。第二年正月，山西叛军刘迁攻打代州，占据外城，形势严峻，硕塞领军救援，用竖梯攻城大破敌军，斩杀敌将郭芳迁，为代州解围，又击败了刘迁的七千援兵。

硕塞多有战功，因此在大同阵前，被前来督战招降的摄政睿亲王承制晋为亲王。硕塞封亲王，但多尔衮却给予了不公平的待遇，假顺治帝谕旨，说："博洛、尼堪、硕塞皆不当在贵宠之列。兹以太祖孙故，加锡王爵。其班次、俸禄不得与和硕亲王等。"（《清史稿·硕塞传》）多尔衮的所谓贵宠之列，该是太祖太宗嫡子嫡孙，有嫡庶之分。太宗非嫡子豪格因军功被封和硕肃亲王，而太宗对其他诸子一概没有加封。博洛、尼堪、硕塞确是太祖孙，而硕塞是太宗之皇子、世祖之亲兄，按贵宠不当与阿巴泰第三子博洛、褚英第三子尼堪同等。多尔衮将硕塞等同于太宗的侄子、世祖的堂兄，无疑又是一种血缘歧视。多尔衮封硕塞为亲王，还特地强调在政治待遇和薪酬分配上，只比他原来的郡王稍好，但要比太宗和多尔衮封的和硕亲王们要差很多。

顺治七年，硕塞受到大哥豪格事件的牵连，被豪格的政敌多尔衮"以和硕亲王下、多罗郡王上无止称亲王者，仍改郡王"（《清史稿·硕塞传》）。

顺治八年二月，顺治帝对已逝的多尔衮夺爵、黜宗籍，随后恢复哥哥硕塞的和硕承泽亲王爵位。

硕塞并没有像济尔哈朗那样，为报复多尔衮而成为清洗多尔衮一党的主导人物。他帮助弟弟顺治帝巩固统治，在处理多铎之子多尼的问题上，网开一面，将其由信亲王降为信郡王。七年后，多尼领命为安远靖寇大将军，率军南征，进入湖南，直逼云南。若硕塞对多铎一脉穷追猛打，多尼也未必会心甘情愿地领军出征。

顺治帝对硕塞的政治优待，虽不及济尔哈朗那般尊荣，却比叔和硕郑亲王来得实际。顺治八年三月，顺治帝命硕塞管理兵部事，十月升议政王，几年后执掌宗人府，备加重用。

顺治九年底，五世达赖喇嘛阿旺·罗桑喜措应邀，来京觐见顺治帝。洪承畴说："皇上为天下国家之主，不当往迎喇嘛。"（《清世祖实录》卷六十八，顺治九年九月壬申）顺治帝派硕塞统兵五千前往代噶（今内蒙古凉城）迎接。在代噶，硕塞不但会见了西藏活佛，还与前来朝见活佛的喀尔喀使者及漠南蒙古的上层贵族会盟。随后，他陪达赖抵京，同顺治帝、济尔哈朗等一道款待了西藏的客人。随后，硕塞又送五世达赖返至代噶。这一事件及后来册封达赖和顾实汗，标志着清朝实现了对西藏的统治，意义重大，影响深远。同时，也促成了蒙古喀尔喀部的归顺。对此，硕塞功不可没。

硕塞作为兄王，忠诚弟皇，惩治贪官，维护社会稳定。顺治八九年间，河南道御史张煊上疏论吏部尚书陈名夏十罪二不法，遭遇陈为南党盟主的另一位吏部尚书谭泰反诬，误导顺治以为张煊论罪当死，下令绞死。谭泰因党附多尔衮被处死后，硕塞同济尔哈朗奉命复审张煊弹劾陈名夏案，陈"厉声强辩，及诘问辞穷，涕泪交颐，自诉投诚有功"（《清史列传·陈名夏传》），让顺治感慨"其为辗转矫诈之小人也"，论罪革职，而对张煊蒙冤平反，追授太常寺卿，以其子袭爵赠职。

硕塞忠于职事，关心民生疾苦，敢于指正顺治帝的过失，帮助他做好一个明君该做的事。顺治十一年四月，京城天灾，顺治不设法救灾，反而想大张旗鼓地去盛京看看。硕塞第一个上折子，领着群臣谏阻。顺治帝只得作罢。

不幸的是，顺治十一年十二月，硕塞病逝，年仅二十七岁。其长子博果铎承袭，改号为庄亲王。

乾隆四十三年（1778），乾隆帝借为睿亲王多尔衮平反之机会，恢复诸王最初封号，并将爵位世袭罔替的制度明确颁行。"八大铁帽子王"的俗称，至此终于形成，硕塞一系入选。

吴振棫《养吉斋丛录》卷一记载："宗室封爵，自亲王、郡王、贝勒、贝子以下凡十四等，以世递降。此下则为闲散宗室，用四品顶戴。惟礼亲王、睿亲王、肃亲王、郑亲王、庄亲王、豫亲王、顺承郡王、克勤郡王，皆国初有大勋劳者，世袭不降封。京师俗谚谓之'铁帽子王'。"铁帽子王八大世系之始，是为礼亲王代善、睿亲王多尔衮、肃亲王豪格、郑亲王济尔哈朗、庄亲王硕塞、豫亲王多铎、克勤郡王岳托、顺承郡王勒克德浑。硕塞和勒克德浑建功始于清军入关时，其他六人则为跟从太祖太宗打天下建立汗马功劳的大将军王。

有人认为庄亲王指舒尔哈齐，顺治十年追封他为和硕庄亲王。然而，顺治帝追封舒尔哈齐第六子济尔哈朗为和硕郑亲王，乾隆追赠其第八子费扬武为和硕简亲王，都未指定谁承袭舒尔哈齐的庄亲王爵位。而硕塞死后，顺治帝以五岁的侄儿博果铎承袭爵位为亲王，改号为庄亲王，也没有说博果铎过继给舒尔哈齐为后。也就是说，顺治帝在济尔哈朗还在世时，便终止了其父舒尔哈齐和硕庄亲王爵位的世袭罔替。

康熙十一年（1672）八月，康熙帝为皇伯硕塞上谥号曰"裕"，即承泽裕亲王。而此"裕"为谥号，而非封号。至雍正元年（1723），博果铎去世，无子，宗人府题请以清圣祖儿子承袭。雍正帝请示皇太后，以圣祖第十六子允禄为博果铎后嗣，承袭和硕庄亲王爵位。

《清史稿·硕塞传》中有一句话，很耐人寻味：允禄"为之后，袭爵。居数日，上手诏谓：'外间妄议朕爱十六阿哥，令其承袭庄亲王爵。朕封诸弟为亲王，何所不可，而必藉承袭庄亲王爵加厚于十六阿哥乎？'"将圣祖的皇子过继给太宗庶子为后，虽然得了一个和硕亲王的尊位，但其实剥夺了他作为圣祖皇子、世宗皇弟的身份。然而允禄的经历却遭人眼红非议，甚至连雍正帝都承认，庄亲王爵是优待允禄的尊位，足见顺治、康熙二朝对硕塞世系的关照态度，要远强于多尔衮对亲侄儿也嫡庶有别的"血统论"态度。雍正帝对允禄这个先帝密嫔所生且被过继给堂叔为后的异母弟，还是很照顾，多次加官，如镶白旗满洲都统、正黄旗满洲都统，还让他长期掌管宗人府事务，还遗诏他为顾命大臣。乾隆帝继位，命允禄总理事务大臣，兼管工部，食亲王双禄。

孝庄在丈夫那不如
再嫁的姐姐

1

孝庄太后，原名布木布泰，蒙古科尔沁部贝勒博尔济吉特·寨桑的次女。博尔济吉特氏其实是蒙元皇族孛儿只斤氏的另一种翻译，所以说她是名副其实的成吉思汗的后人。在明末东北各族各部的混战中，她再次作为政治联姻的纽带，嫁给崛起于白山黑水的后金"英明汗"努尔哈赤的儿子皇太极为侧福晋。那时，她才不到 13 岁。

皇太极即汗位后，她被封为西侧妃，又称西宫福晋。她初嫁时，其姑姑哲哲是中宫大妃，因空缺东宫侧妃布木布泰居后宫第二。后金天聪六年（1632）二月，皇太极纳扎鲁特为东侧妃，布木布泰在后宫地位排到第三位。

两三年后，布木布泰的姐姐海兰珠、察哈尔林丹汗两名遗孀陆续嫁与皇太极，扎鲁特"不遂汗意"，被改嫁给大臣之子，但布木布泰在后宫的地位还是一再下降。

崇德元年（1636），皇太极在盛京改汗称帝，册封崇德五宫后妃，布木布泰受封为永福宫庄妃，排位最末。崇德三年，庄妃生皇九子，即后来的顺治帝福临。

这个女人，却很不简单。

崇德七年三月，清军俘获明蓟辽总督洪承畴，皇太极下令将洪押至盛京，派汉臣范文程等轮番劝说。皇太极自知，数十万清军、数百万清人是无法完胜数百万明军、数千万明人的，要想赢得这一场战争，就必须收服洪承畴这样的大才。谁料，洪不屈，皇太极颇费踌躇，食不甘味。永福宫庄妃主动请缨，亲自劝说，"以壶承其唇"（萧一山《清代通史》卷上第二篇《明清之兴替与满洲典制述要》第九章之《洪承畴之降》），一口一口给他灌下人参汁，动之以情，喻之以理，经过数天的努力，终于说服洪承畴。

此事广为流传，后世也多有作品演绎，有小说《清史演义》称庄妃用美人计把床下办不了的事情床上办的，有电视剧《江山风雨情》说庄妃借学习儒家经典拜师洪承畴套近乎的，但详细记载并不见于正史，哪种说法更接近史实，学术界尚有争议。但不论被扭曲成哪种方式，庄妃对帮助皇太极收服洪承畴，都是立了大功劳的。

2

不少影视剧都在渲染皇太极如何爱庄妃，甚至与弟弟多尔衮为了争这个大玉儿大打出手。其实不然。庄妃并非皇太极最钟爱、宠幸的女人！在后宫中受皇太极专宠、统摄一切的，是她那二十六岁嫁给皇太极的姐姐——关雎宫宸妃海兰珠。

古代女子二十六岁还待字闺中，是极其罕见的。游牧民族以食肉为主，激素分泌过多，发育较早，十多岁的女孩出嫁就是寻常事。哲哲十六岁嫁给二十二岁的皇太极，已算大龄了。

按当时满蒙贵族女子婚嫁的惯例，海兰珠此时已是特大龄女。二十六岁才出嫁，唯有一种可能，此次为再嫁。只是其前夫为何人，已无考。电视剧《孝庄秘史》倒是通过他人的嘴巴，说她曾被科尔沁作为礼物，与西面强大的察哈尔联姻，却不被丈夫珍惜，成了送回娘家的弃妇。最后，海兰珠被得知大玉儿与多尔衮情爱而愤恨的皇太极看上。

但，她宠冠后宫。《孝庄秘史》中为了烘托庄妃的不容易，还特设计了一场海兰珠恃宠而骄、排挤庄妃的虐心戏。这未必符合史实！

蒙古科尔沁部落擅长打仗，但四周强敌环伺，唯有依附强大的女真后金，才不会受外敌欺辱。因此，和亲成了政治交往、军事同盟在另一个层面上的延续。为此，科尔沁部不间断地、持续地，甚至近乎乱伦地与清廷世代和亲通婚，让科尔沁王族女人成为清朝的女主人，因而清朝的皇帝都有可能是科尔沁的女婿和外孙。作为强大的共主，皇太极有娶科尔沁任何女子的特权，包括博尔济吉特氏的王族女儿。

3

对于科尔沁的女人来说，婚姻就是一种政治使命。在妹妹布木布泰嫁给老姑父九年后，海兰珠再嫁妹夫兼姑父皇太极，也该是承载着共同的使命，而不会针对妹妹。博尔济吉特氏女人嫁给大清皇室，只有团结。

崇德二年七月，海兰珠生皇八子，皇太极大赦天下，追封海兰珠的祖父母、科尔沁贝勒莽古斯夫妇为和硕福亲王及和硕福妃，盛况空前，这是立太子的前奏。

孰料五个月后，幼子病逝，皇太极因此册封海兰珠的母亲为和硕贤妃，赏赐仪仗。崇德六年九月，海兰珠病重，时值皇太极指挥松锦大战，闻讯后立刻起营回程，因"未至，妃已薨"而多日不食不眠，昏迷多日，言语颠倒。虽然清醒时说"天生朕为抚世安民，岂为一妇人哉？朕不能自持，天地祖宗特示谴也"，但"仍悲悼不已"，"复大恸"（《清史稿·后妃传·敏惠恭和元妃》）。

宸妃初祭，皇太极亲笔写下祭文，下跪奠酒，宣读祭文，追封宸妃为敏惠恭和元妃。元妃有原配之意。

翌年元旦大典，由于宸妃之丧被视为国丧而停止庆贺。诸王大臣为了给皇太极排解心中苦楚，盛请他出猎，行至蒲河。回来时皇太极经过海兰珠的墓地，又是大哭了一场。此为真爱，也是最爱，如此情切，自是诚挚。

皇太极为何力挺
寡妇生子为皇嗣？

1

崇德二年（1637）七月十六日一大早，皇太极召集文武群臣于笃恭殿，宣布："自古以来，人君有诞子之庆，必颁大赦于国中。此古帝王之隆规，今蒙天眷，关雎宫宸妃，诞育皇嗣，朕稽典礼，欲使遐迩内外政教所及之地，咸被恩泽。"（《清太宗实录》卷三十七）

除了十恶不赦之徒，一律免罪。

诞育皇子，颁诏大赦，这是大清（后金）立国二十二年来的头一遭。

而且，皇太极话里有话，"诞育皇嗣"，皇嗣即皇太子之意。

八天前，关雎宫宸妃为皇太极生下了皇八子，还没来得及命名，皇太极就忙着立储了。

他蓄谋已久。生育时间为头天的亥时，即晚上九点到十一点之间，而在第二天丑时，即一点到三点之间，他就开始做准备。

皇太极称梦见自己同和硕礼亲王代善，在太祖努尔哈赤面前，向北仰望天空，只见"祥云绚烂，稠叠三层，云之上复见青天（《清太宗实录》卷三十七，崇德二年七月乙亥）"。这是祥瑞，上天感应。不言自明，未来的天子已诞生。

美梦至此，皇太极还要弄得神乎其神，称自己不解其意，梦见代善对他说："奇哉，麟趾宫贵妃养女淑济告我，曰：'有火自天降，入宫中，殊为美观。'"

一连串的奇美之兆。

皇太极以皇族德高望重的长者代善梦中称奇美，突出了他对代善的尊重和倚信，于是一大早招来御用文臣们，商量下一步。

皇帝生子，群臣恭贺，对于狂喜之后的主子说的奇梦，自然要恭维一番，说一些吉祥话，更何况皇上与宿怨已深的首席亲王代善，在梦中唱双簧。所以，大家为设计奇梦的皇太极解梦："天谓乎上，云物从之，此非常之贵征也。"

说到底，这是皇太极的阴谋，他要立宸妃初生的婴儿为储君，但又担心遭到以代善为首的满洲亲贵、八旗旗主，尤其是皇长子、和硕肃亲王豪格的不满和反对。

2

豪格，生于明万历三十七年（1609），比太祖著名的儿子多尔衮还要年长三岁，此时距太祖努尔哈赤改元建国，尚有七年。

在太祖天命朝，多尔衮寸功未立，纯靠太祖嫡子的身份，在天命五年（1620）进入八和硕贝勒共治国政序列，而且他与胞弟多铎被绑在一起，只占其中一个名额。

豪格虽然没有成为八和硕贝勒之一，但他在天命朝曾随父征战蒙古董夔、察哈尔、鄂尔多斯等部，战功卓著，被太祖封为贝勒。尤其是在天命十一年四月，对蒙古扎鲁特部一战中，虽然主帅为大贝勒代善，但年轻的豪格阵斩扎鲁特贝勒鄂斋图。

《八旗通志初集》在宗室王公列传中，谈及肃亲王豪格，称其是大帅哥、智多星，"生而英毅，多智略"（鄂尔泰、张廷玉等修撰《八旗通志初集》卷一百三十一）。

太祖驾崩，本实力不济的皇太极能够在诸贝勒推选中胜出，并与三大贝勒达成并坐听政的协议，除了有大贝勒代善之子岳托、二贝勒阿敏之弟济尔哈朗、三贝勒莽古尔泰之弟德格类的鼎力支持外，豪格作为一般贝勒也给自己的汗父投了一票。

在太宗朝，豪格更加成熟，更加卖力，主正蓝旗，且在后金天聪七年（1633），皇太极下诏征询明与朝鲜、察哈尔三者哪边为先时，豪格疏言："征明，如徒得锦州，余坚壁不下，旷日持久，恐老我师。宜悉我众及边外新旧蒙古从旧道入，谕各屯寨，以我欲和而彼君不答，彼将自怨其主。再用更番法，俟马肥，益以汉兵巨炮，一出宁远，一出旧道，夹攻山海关，不得，则屯兵招谕流贼，驻师通州，待其懈而击之。朝鲜、察哈尔且缓图焉。"（《清史稿·豪格传》）得到了皇太极的首肯。

皇太极在打击三大贝勒、集中和强化汗权（皇权）的过程中，积极团结和重用以多尔衮为首的少壮派贝勒，豪格充当了积极的监督者，捍卫了汗父（皇父）的权威。

皇太极对这个唯一成年的儿子，也很倚重，先封为和硕贝勒，称帝后又将其晋为和硕肃亲王，排名在豫亲王多铎之后、成亲王岳托之前。

但是，很快，皇太极追责岳托包庇叔父莽古尔泰和胞弟硕托等问题，斥责豪格知情不报，有怨于皇父，而岳托"同谋"，"怀异心以事朕"（《清太宗实录》卷三十，崇德元年八月辛巳）。

此事发生在崇德元年八月。皇太极认为豪格是"庸愚"之人，充分表现出无意将其立为储君的意思。

3

皇太极不属意豪格，其实在崇德元年并建五宫时，就有明确的表现。

皇太极建立和完善后宫制度，以来自蒙古科尔沁博尔济吉特氏三女和阿霸垓二女，为中宫皇后和东西四宫大福晋、侧福晋。

而嫁给皇太极更早的豪格生母、继福晋乌拉那拉氏和皇太极元妃、清初五大臣之一额亦都之女钮祜禄氏，并没有得到任何追封和安排。她们在皇太极那里，还不及寡妇来嫁的关雎宫宸妃、麟趾宫贵妃和衍庆宫淑妃。这些蒙古女人哪怕还没为皇太极生育子嗣，与豪格生母的地位也是有天壤之别的。

很明显，皇太极的后宫，就是满蒙贵族联姻的最好途径。

贵为皇长子的和硕肃亲王豪格只是一个庶子，与五宫福晋将来所生子有着严格的嫡庶之分。

但关雎宫宸妃为皇太极诞下的皇子，则被视为皇嗣。

这是有多方面原因的：

一、宸妃二十六岁超龄来嫁，明显曾嫁为他人妇，但"有宠于太宗"（《清史稿·敏惠恭和元妃传》），在五宫并建时受封东宫关雎宫大福晋，仅次于清宁宫中宫国君福晋，为诸妃之首。较之九年前以处子之身嫁与皇太极的妹妹西宫永福宫侧福晋庄妃（孝庄），宸妃后来者居上，成了姑父兼老公皇太极的最爱。

二、皇太极在天聪七年接受豪格建议，以明朝为首敌，于是要继续加强满蒙联姻的外交关系。当宸妃生子、他颁诏大赦后，蒙古巴林部、扎鲁特部、科尔沁部等王公台吉，纷纷派人来朝，或亲自至盛京，"以关雎宫宸妃诞生皇子"（《清太宗实录》卷三十八，崇德二年八月丁未）为由向皇太极进献庆贺礼，对皇太极即将钦定蒙古女人所生皇子为皇储，表示明确的支持。这样的互动，是皇太极其他皇子，包括与皇八子同年诞生的皇六子高塞、皇七子常舒，所没有的。

三、皇太极即位，是太祖安排共治国政的八和硕贝勒推选的结果。改称为皇帝的皇太极，皇权在握时，决意改变八和硕贝勒推选制度，探索皇帝指定储君的建储计划。皇太极即位，不但改变了既定的八和硕贝勒制度，而且加强了满汉关系，大力纠正了太祖后期强化的民族征服和民族压迫政策，重建了民族共处的社会秩序。

遗憾的是，皇太极还没来得及正式册封储君，他所寄予深度政治意图的"皇嗣"就夭折了。

皇太极最爱的大臣
是汉人

1

萧一山将范文程视为清朝第一贰臣，认为汉人投效，气节有亏，但还是说："福临入关，宣力文臣，必以文程居首，历事四朝，首定大计，诏敕谕檄，皆出其手，经营草昧，弼成丕业，盖亦清之厚幸也！"（《清代通史》卷上第三篇《一统期之政略与三藩之乱·开国之勋臣》）

在萧一山评价的贰臣之列，范文程是归附后金——清朝最早的。

清天命三年（1618）五月，努尔哈赤率军抵达抚顺城下，致书迫降驻守抚顺的明游击李永芳："汝若战，则吾兵所发之矢，岂有目能识汝乎？倘中则必死矣。力既不支，虽战死亦无益。若出降，吾兵亦不入城，汝所属军民皆得保全。假使吾兵攻入城中，老幼必惊散，尔之禄位亦卑薄矣。"（《满洲实录》卷四）

太祖承诺，如果李永芳归降，就保证不再杀戮归顺的平民，并禁止部下强占其妻女，同时对李永芳许以皇家婚姻、高官厚禄。

后金大军只发动了一次进攻，李永芳便率城中军民开门出降，其中便有范文程与其兄范文寀等一批辽东士大夫。

范文程跟李永芳不一样。

他没有考上明朝的公务员，但他是根正苗红的官 N 代。

祖辈为明朝兵部尚书、沈阳卫指挥同知的范氏兄弟，当时都是秀才出身。他们玩过科举考试那一套，于是主动觐见清太祖。他们明白，只要太祖欣赏他们，他们就有机会在宦海冲浪。

果然，太祖称他们为名臣之后，要善待之，尤其与范文程一番对答后，知其熟谙当世时势，便安排在身边当谋士。此后，太祖取沈阳，度三岔，攻西平，下广宁，范文程都跟从出征，参与指挥谋划的事宜。

范文程参谋帷幄，但在天命一朝，职务都不高。至天聪三年（1629）十月，皇太极统率满蒙大军五万余人，从喜峰口突入塞内，入蓟门，克遵化，范文程还是清太宗的文馆职员（书房秘书），并没有正式官衔。

没有名正言顺的官位，但范文程为皇太极出谋划策，殚精竭虑，甚至披挂上阵，率先力战，率领枪炮手斩杀很多明军。

遵化战斗后，皇太极挺慷慨的，直接赏了他一个游击的职位。这是个武职，在清朝属于从三品。

品级不高，但范文程权重。

他一直工作在大汗的身边，是最高领导人的大秘。

2

天聪七年三月，明将毛文龙旧部孔有德、耿仲明想要归降，皇太极命范文程率人拿着汗谕前去谈判，并陪孔、耿来到盛京。

这是一起机密行动，皇太极以范文程为特使，不但要聪明地使投诚者信任又觉得受重视，而且要委婉地向降臣传递该怎么去敬畏主子。

孔、耿到来，皇太极纡尊降贵，亲至都门迎接，三年后封二人为亲王，可见重视程度之高。皇太极让范文程带队前去洽谈，无疑对他寄予重任。

只是让他们没有想到的是，四十一年后，即康熙十三年（1674）三月，耿仲明之孙耿精忠起兵响应吴三桂造反，以范文程次子、福建总督范承谟祭旗。此为后话。

崇德元年（1636），皇太极称帝，将文馆改为内国史院、内秘书院、内弘文院，即内三院。范文程被任命为内秘书院大学士，职掌撰写与外国往来书札，掌录各衙门奏疏、辩冤词状、皇上敕谕、文武各官敕书并告祭文庙谕、祭文武官员祭文。

清朝宣谕各国的敕书，都出自范文程之手。

范文程荣膺这个伟大的任务，盖因为他摸透了皇太极的帝王心术。

八旗设置都统，王公大臣众议首推范文程，虽然太宗说"然固山职一军耳，朕方资为心膂。其别议之"（《清史稿·范文程传》），但还是先强调"范章京才诚胜此"。

清沿明制，不设宰相，代之以大学士。内三院大学士的权力很大，参加议定军政大计，掌握国家机要，取代了太祖后期以来八和硕贝勒共议国政的体制。范文程，一个拿着明朝低学历的汉人，却成了胸怀宏图大略的清太宗的首辅，极受宠信。

皇太极每次商议军国大事，都要听取他的意见；每次召见范文程，必留下他单独商议很长一段时间，有时还没来得及吃饭就召进宫商谈。范文程殚精竭虑，操劳国事，先后疏言废除连坐法，奏准更定部院官制，六部各设满洲承政一员。

范文程被皇太极倚为心腹重臣。

范氏感恩图报，在高度集权的皇太极与统兵作战的诸王公之间缓解矛盾，起到了润滑剂的作用。

崇德六年三月，睿亲王多尔衮率诸王公统军围攻锦州，离城远驻，又私自派遣部分官员兵丁返家，以致明朝守兵得以运粮入城。太宗获悉后，勃然大怒，立即遣内院大学士范文程、希福、刚林等，携谕严厉斥责主帅多尔衮和肃亲王豪格等，谕令他们自议其罪。

多尔衮自议死罪，豪格亦上奏死罪，杜度、阿巴泰请削爵为民，没收全部户口奴仆,从征将领三十余人将分别议死、革职、籍没。若按这些自议之罪执行的话,清廷的主要战将都会被处死。

范文程等为了打破僵局,偕大学士刚林、学士额色黑奏称:国中诸王贝勒大臣,半皆获罪,不许入署,不准晋谒皇上,他们回家日久,又将去锦州更替郑亲王,对明作战。各部事务,及攻战器械,一切机宜俱误,望皇上息怒,令其入署办事。皇太极允准,诸王贝勒大臣"遂各赴署办事"。

太宗在位十八年,范文程作为最受皇太极信任的汉臣,位极人臣,宠冠朝野。

皇太极收服洪承畴,使用"解裘暖心计",就出于范文程的计谋。就连民间都传说,皇太极命永福宫庄妃玩美人计劝降洪承畴,是范文程出的主意。

可见,皇太极对范文程是言听计从、引为知己的。

范文程是皇太极遴选汉臣进入最高权力机关的一个缩影。在皇太极治下的大清(后金)政权,先后有一大批优秀汉官士大夫进入各个政权机关。

天聪五年设六部,皇太极专门设汉承政一职,各部皆有一员汉人参决部务。

天聪十年三月,皇太极改文馆为内三院,以范文程、鲍承先任内秘书院大学士,罗硕、罗绣锦为内国史院学士,胡球、王文奎为内秘书院学士,为满洲最高领导人献计献策。

此后,皇太极不但以大凌河众降将出任各部院承政,命降将张存仁以都察院承政司监察大汗及诸王贝勒,还在崇德七年任命了祖泽润等八人为固山额真,祖可法等十六人为梅勒章京,推行汉将独掌汉军八旗军权制度。

在皇太极时代,出现了汉人异姓王,如孔有德、耿仲明、尚可喜"三顺王"。虽然名称有些戏谑的味道,但证明了汉官地位急剧上升,严重分割了满洲贵族的特殊权益,不免引发他们的强烈不满:"昔太祖诛戮汉人,抚养满洲,今汉人有为王者矣,有为昂邦章京矣。至于宗室,今有为官者,有为民者,时势颠倒一止于此。"(《清太宗实录》卷六十五,崇德八年正月辛酉)

天聪初年,大汗只是名义上的共主,皇太极在四大贝勒联合执政的政局中处于弱势。后金走向何处，内部有满洲王公贵族的掣肘，外部有已被侵犯的大明和察哈尔虎视眈眈，皇太极想要强大自身，实现独裁，除了积极培植以多尔衮为首的满洲少壮派外，联合很有政治抱负的汉官降臣集群，已是不二选择。

汉官们有主动投诚的，有叛国屈降的，有寻路政治而夤缘而至的，有迫于生计而改换门庭的，但在新的岗位，他们都带着再创一个像大明王朝那般中央集权、又由自己参决军国要务的国家的政治理想，推动和加快了女真社会的封建化进程。

他们如同范文程那般，"帷幄善谋，皆国是大计"，以期天子称心地说："范某知否？"（钱仪吉辑录《碑传集》卷四《开国宰辅·范文程》）

知否？知否？君臣际遇，各有所求！

皇太极在即位之初提出的"满汉一体"政策逐步得以实现。他还充分利用以范文程为首的那些深谙儒家道统和治统的汉官。汉官为新创政权的国家制度建设与开疆拓土倾尽智慧，同时也为强化汗权与集中皇权殚精竭虑地出谋划策。

皇太极欣然接受汉人们"我国处南朝之大计，惟讲和与自固二策"（《明清史料》甲编首本《天聪二年奏本》）的忠告，在位十八年的大部分时间，都在"修我政治，垦我疆土，息兵养民，举贤任才，勿慕虚名，惟求实利"，甚至不惜提出去年号、屈居崇祯之下而寻求和议。

虽然在此间，皇太极几番挑衅明军，崇德元年命阿济格、阿巴泰等率部入关劫掠，创造了"五十六战皆捷，俘人畜十余万"（《清史稿·阿济格传》）的战绩，但这主要是议和失败、感觉受辱的一次反击。在实力尚未坐大前，他始终不曾对明发起大规模战争，终于从最初的宁锦之战惨败、祭祀之役狼狈北归，到最后一鼓作气发动松锦大战，将明朝势力驱逐入关。

值得注意的是，皇太极取得松锦大捷后，于崇德七年十月发动其生前最后一次入口之战。八旗大军在奉命大将军阿巴泰统率下，两翼进发，分别从界岭口及黄岩口毁墙而入，长驱南下，至山东兖州，计克三府、十八州、六十七县，败明军三十九处，获黄金二千二百五十两、白金二百二十万五千二百七十两，俘获人口三十六万九千口及牛马衣服无数。

此时，众王公贝勒、文武大臣提出乘胜追击，直捣山海关，却被皇太极否决。

他仍要坚持既定的自固国策，要求阿巴泰等注意明朝和农民军的动向及应采取合作的态度，而不是向明朝发起最后一战。

就连清、明之间具有决定性意义的松锦大战，也是祖可法、张存仁等大凌河降将献进取之策，为皇太极决定突破明宁锦防线起到了关键性的推动作用。明军联动集结，清军破锦打援，石廷柱等及时为皇太极分析和制定战略战术，汉军八旗与孔有德、耿仲明、尚可喜带去明朝精干的野战军积极参战，联合打了一场成功战，才使得皇太极下定决心与明朝彻底决裂。

汉军镶红旗固山额真石廷柱说："定鼎之谟，在此一举，时不容缓，机不可失。"（《清太宗实录》卷五十六，崇德六年七月丁酉）

皇太极的不冒险，实为韬晦之计。他在汉官的力劝下沉住气，"待我国益富，兵益强，乘间再投，破竹长驱，传檄天下矣！正兵法所谓卑骄利诱之术也"（《明清史料》甲编首本《天聪二年奏本》），为其死后一年内清军入关、问鼎中原创造了先决条件。

可以说，他为多尔衮日后的统兵入关扫清了道路。

他是汉人大批量进入满洲政权体系的推动者和保护者，从某种程度上促成了继承者多尔衮和顺治帝对汉人的充分使用。

3

天聪八年八月初九日，皇太极暴卒。

世祖福临冲龄继位，济尔哈朗与多尔衮联合摄政。范文程仍为内秘书院大学士，但连续遭遇满洲亲贵的欺辱。

先是郡王阿达礼和贝子硕托等议立睿亲王失败，代善大义灭亲，联合多尔衮，以扰政乱国的叛逆罪，将阿达礼、硕托处死。范文程高居首辅之尊，但因隶属硕托主旗的镶红旗，受到牵连。范文程被划拨镶黄旗，侥幸躲过杀身之祸。

一难刚过又逢一劫。

刚过三十岁的豫郡王多铎，打起了范文程妻子的主意。

当时，范文程已年近五十，其妻年纪也该不小。多铎要抢夺范妻，无疑是要羞辱范文程。

太宗崩逝，多铎最初拥立胞兄多尔衮，不获允准时要多尔衮改立自己，结果遭多尔衮反对。范文程是保皇子派的核心人物，应该为制衡睿王兄弟、力挺福临继位出了不少主意。一向任性爽直的多铎以夺妻的形式，要让范文程受辱难堪。

范文程在旗只是属民，而在朝是实权宰相，德高望重。多铎虽是主旗王爷，却非直管范氏家族。范氏迫于淫威也不相让，就把此事闹到了朝堂之上。多尔衮是摄政王之一，在朝局未稳且有代善、济尔哈朗、豪格等政敌重围的形势下，只能来一个帮理不帮亲，判了多铎罚银一千两、夺牛录十五个。

短短几个月间，位居文臣之首的范文程，因为靠山皇太极的坍塌，而接连遭遇故主遭戮、爱妻受辱的两次事变。

他是一个聪明人，精于权谋，置身于满洲亲贵多个山头争衡的朝堂，谨小慎微，为报先帝幼子，而表现出强烈的大局观念，在多尔衮将统兵伐明前夕，为之分析"明之受病，已不可治"（《清史列传·范文程传》）的天下形势，提出如何安民治国的多项主张，敦促摄政睿亲王兼奉命大将军的多尔衮"申严纪律，秋毫勿犯，复宣谕以昔日不受内地之由，及今进取中原之意"。

多尔衮统率进军，范文程扶病从征，严明军纪，禁止妄杀，并打出旗号："义兵之来，为尔等复君父仇，非杀百姓也，今所诛者惟闯贼。官来归者复其官，民来归者复其业。师律素严，必不汝害。"（《清史列传·范文程传》）范氏自诩入关清剿义军的义军，契合北京城里某些大臣议借兵后金击溃农民义军的主张。但是，八旗清军入关成功，赶走了曾占京师的义军后，自然不会再将北京城拱手相让。

他们早在努尔哈赤起兵一统女真时，便盘算着如何破关入主中原。只是当时实力尚小，又有八旗亲贵掣肘，故而几次挑战都以失败告终。

皇太极边打边看，还用范文程的计谋，玩各种各样的反间计、热情计，连续拔掉了袁崇焕、洪承畴等明朝驻扎辽东的守门神。

清朝皇帝最终坐上了紫禁城里的龙椅，摄政睿亲王总成其事、揽权行政，而范文程运筹策划、创制规模。

清军进入北京城，范文程建议多尔衮备礼厚葬明崇祯帝及皇后、公主，安抚孑遗，举用废官，收求隐逸，更定律令，笼络人心。崇祯自缢于煤山，死于李闯王破城时，但与范文程力劝皇太极、多尔衮连续进攻明朝之情势，有着极大的关联。

同为中国清史研究的两大奠基者，孟森说"清之入关创业，为多尔衮一手所为"（《清史讲义》第二篇第一章《开国·世祖》)，而萧一山说："使清无多尔衮之摄政，无范洪诸人之运筹，无多铎等之征伐，则清之一统，未可必也。"（《清代通史》卷上第三篇《一统期之政略与三藩之乱·开国之勋臣》）萧先生将范文程的运筹之功，与多尔衮的摄政主国、多铎等的征战讨伐，等同视之。

4

范文程以太宗首辅，置身权力中枢，励精图治，成绩卓著，但太宗中途崩殂，他连遭政治厄运，如受旗主硕托谋立罪牵连，妻子被多铎觊觎欺辱。

尤其是进入北京城后，摄政睿亲王多尔衮权欲急剧膨胀，初晋叔父摄政王，就将信义辅政叔王济尔哈朗排挤出朝堂，再接连发力，强迫顺治帝尊其为皇父摄政王，擅权自专，功高震主，也权重逼主。

这，让有心为故主太宗辅佐幼主世祖的范文程，进入了权力倾轧不断的危险境地。

大学士刚林、祁充格谄附多尔衮，将《太祖实录》中关于大福晋阿巴亥被迫殉葬的记载删改为自愿殉葬，凸显其对太祖情深。范文程对此也没提出反对意见，算是对睿亲王示好。但范文程蒙受太宗特恩殊宠，知恩图报，在为多尔衮率军挺进中原、取代明朝出谋划策的同时，也誓死不忘故主，竭力效忠幼主。

范文程坚持原则，多尔衮对此不悦，表现出对刚林、冯铨、祁充格三位大学士的信任，而将范文程逐渐排除于议政之列。

当时的内三院有大学士七人，汉大学士冯铨与李建泰，原为明大学士，在清军入关后降附清朝，虽以原衔入内三院佐理机务，但不懂满语，自是不敢乱说话。汉军大学士范文程、洪承畴、宁完我，归清有年，受多尔衮看重，有一定的话语权，但不如满洲正黄旗大学士刚林、满洲镶白旗大学士祁充格两人位高权重，与多尔衮更亲近。

顺治五年（1648）正月，多尔衮将范文程、刚林、祁充格三人，定为文职衙门领袖，命"三人可用珠顶玉带，以示优崇"（《清世祖实录》卷三十六，顺治五年正月壬寅）。顺治八年二月，清廷追论多尔衮罪行时，对刚林、祁充格等进行清算，称"刚林、祁充格二人预睿王逆谋，朝夕筹画，定议迁驻永平一案，讯之刚林，据供不知。但刚林、祁充格与罗什、博尔惠等，推崇睿王功德，僭拟至尊，何事不与谋议，尚欲狡词抵饰"（《清世祖实录》卷五十四，顺治八年闰二月乙亥），并以二人"谄附睿王，一切密谋逆迹皆为之助"而论罪处死。将这两件事联系起来，可以看出，范文程被多尔衮推崇备至只是形式与笼络，而刚林与祁充格才是多尔衮倚为心腹的重臣。

朝政日变，睿王势大，爱弟意切，又封多铎为辅政叔王。范文程见状，不得不强抑政治雄心，无可奈何地远离朝堂是非之地，以免日后多尔衮多铎兄弟恃权复仇，于是托疾家居，只是没有辞职，仍以首席大学士的虚职做保护伞。

顺治七年十二月，多尔衮病逝，顺治帝亲政。第二年闰二月，刚林、祁充格以附逆多尔衮罪，被处以死刑。范文程亦系同谋之人，刑部拟议革职，解任，籍没其家，诸王大臣复议，拟令其革职折赎留任。

但是，顺治帝批示：范文程曾效力太宗朝，在盛京时不曾参与贝子硕托谋立罪，后知睿王所行悖逆，托疾家居，众亦共知。睿王重任刚林时，以范文程不合其意，故不重任。范文程著革职，本身折赎，仍留原任。前所行情罪已结，今后于委任职掌，当矢忠报效。

不久，范文程即复官，复进世职为一等子，授议政大臣，后加少保兼太子太保，再次成为顺治后期的重臣，退休后特进太傅兼太子太傅。

5

范文程由满人清国偏隅辽东的大学士，成为中国清朝君临天下的大学士，官事多了，权力大了。

他以"治天下在得民心，士为秀民，士心得则民心得矣"（《清史列传·范文程传》），几次出任会试主考官，为清朝治理中国，从满、蒙、汉不同民族中选拔人才。

满人入关立国，激化了满与汉之间的族群矛盾。范文程自许"我大明骨，大清肉耳"，以明朝秀才的身份，为清廷收买人心，在政治上敦促多尔衮下令"勿杀无辜，勿掠财物，勿焚庐舍"，打破民族界限开科纳才，为清廷在入主中原未稳的情势下，舒缓了汉族中心论被破坏之后的矛盾，吸收了一大批真诚报国的书生士子。

范文程大胆地提出，治理天下首先在于会用人，顺治十年专门向世祖请旨，以最高指示下令部院三品以上官员举贤任能："不论满汉，不拘资格，不计亲疏，取正直才守之人，堪任何官，列疏奏闻。一官可举数官，数官可举一官！"（《清史列传·范文程传》）对于使用称职者，朝廷给予推荐者嘉奖，但若被推荐者才疏学浅、庸碌无为，朝廷将进行追查连坐，按罪之大小，进行论罪。这样的人才人事制度的出台，对于清初经历长期战事、国都新建、疆域未稳而发生几次宫廷政变的国家，为半开化的满人入主中原，重建久受儒家礼制影响的中华社会秩序之帝国，聚集到更多的、不同民族的、不同出身的优秀人才。这，对于清廷崇满抑汉、任人唯亲、大搞宗派族群歧视的人事弊政，起到了一定的清洗作用。

范文程强调"治天下唯在得贤"，对待出身不同民族的各种官员要凸显其才。顺治帝一改太祖、太宗二朝崇满抑汉的祖制，积极使用汉族杰出人才，抑制恃宠骄纵的满洲亲贵，应该是受了范文程的不少影响。

著名清官于成龙，顺治十八年已四十五岁，以明经谒选清廷吏部，被授以广西柳州罗城县知县。此后仕途二十三年，三次被举"卓异"，以卓著的政绩和廉洁刻苦的一生，深得百姓爱戴，被康熙帝赞誉为"天下廉吏第一"。虽然他是以"此行绝不以温饱为志，誓勿昧天理良心"的政治抱负，接受清廷的官职和重任，但他仕途的最初起点，只是明崇祯十二年（1639）不算中举的副榜贡生，距进士还有一段差距。其能够顺利进入官场，靠的是执政为民、廉正奉公的正能量，当然也靠了始于范文程献策的顺治朝"不论满汉，不拘资格，不计亲疏，取正直才守之人"的人才国策。

6

明末内外战事频仍，天启、崇祯二朝，内外军费激增，国家机构臃肿，而国库空虚入不敷出，故而国家所定的、宦官私定的、地方增加的赋税额度不断增长，导致关内的农民军将明末的官府饷册通通烧毁，只剩下万历年间的旧册。

范文程入京之后，即召集各部胥吏，征求册籍。

有人建议于地方搜寻明季新册，范文程拒绝其议，说："即此为额，尤恐病民，岂可更求。"（《清史列传·范文程传》）范文程以赋税较宽松的万历旧册为依据，清除了天启、崇祯时代诸多增加部分，制定了清朝新的赋税政策。

这一与民休养生息的政策，是难能可贵的，对于遭受长期战争破坏的社会秩序重建、人类本性回归，起到了举足轻重的作用。就此以民为本的思想，范文程无愧为满人清国顺利转型为中华帝国的第一功臣。

如果要评选清初三杰，范文程当之无愧。其功绩较之汉初的萧何、明初的李善长，不遑多让。

顺治元年七月十七日，朝廷谕告全国官吏军民，宣布废除三饷："前朝弊政，厉民最甚者，莫如加派辽饷，以致民穷盗起，而复加剿饷，再为各边抽练，而复加练饷。惟此三饷，数倍正供，苦累小民，剥脂刮髓，远者二十余年，近者十余年，天下嗷嗷，朝不及夕……兹哀尔百姓困穷，夙害未除，痌瘝切体，徼天之灵，为尔下民请命，自顺治元年为始，凡正额之外，一切加派，如辽饷、剿饷、练饷，及召买米豆，尽行蠲免。各该抚按，即行所属各道府州县军卫衙门，大张榜示，晓谕通知，如有官吏朦胧混征暗派者，查实纠参，必杀无赦。"（《清世祖实录》卷六，顺治元年七月壬寅）

十月初十日，顺治帝颁行的即位诏，又以万历年间的会计录为据，再次宣布："地亩钱粮，俱照前朝会计录原额，自顺治元年五月初一日起，按亩征解，凡加派辽饷、剿饷、练饷、召买等项，悉行蠲免。"（《清世祖实录》卷九，顺治元年十月甲子）

这样的抚民政策，正是范文程提出的建议，得到了清廷最高权力核心层的肯定和执行。

有清一代，田赋基本上没有加派，实奠基于此。电视剧《鹿鼎记》就曾设计顺治帝出家后，还让韦小宝给康熙帝带回"永不加赋"四字。

其实，"永不加赋"为康熙帝亲政后才颁布的政策。康熙帝宣令停止圈地，准许壮丁"出旗为民"，又奖励垦荒，蠲免钱粮，任用靳辅、陈潢治理黄河，规定"滋生添丁，永不加赋"（《清世祖实录》卷二百四十九，康熙五十一年二月壬午）。但不论此策为顺治还是康熙所言，都是受了范文程的深层次影响。就凭此点，利在百姓，范文程居功厥伟。

他投效满洲、反攻故国，自然要背负有亏民族气节的耻辱和骂名，但还是有人将范文程与汉初张良、明初刘基相提并论，这是因为他为清朝统一中国做出了不小的历史贡献。

明清之际的大学者顾炎武评价范文程是"士大夫之无耻，是为国耻"（《日知录》卷十三），而对于他的历史功绩，太宗、世祖的后继之君是感激的。顺治帝以范文程为"祖宗朝旧臣，有大功于国家，礼遇甚厚：文程疾，尝亲调药饵以赐；遣画工就第图其像，藏之内府"（《清史稿·范文程传》）。

康熙五年，七十岁的范文程病逝，圣祖为其赐葬立碑，四十七年后，即康熙五十二年，又为之御书"元辅高风"匾额，悬挂其祠。又过了几十年后，乾隆帝将从明朝走过来的汉臣，如同样建有大功的洪承畴、金之俊等，定为贰臣，但没有丑化同样从明朝走过来的范文程。

即便多铎夺其老妻而羞辱之，即便多尔衮因其不先请示而怪罪之，但范文程依然服务了清初太祖、太宗、世祖和圣祖四朝皇帝，历时近五十年。诸多皇帝对其"宠锡优异"。尤其是太宗对他引为知己智囊，因其形貌高大，为他所赐衣服冠帽皆为特制，还影响到诸王公大臣只称官位而不呼其姓名，以示尊重。

洪承畴原是情迷
皇太极的暖男？

1

关于孝庄文皇后逸闻秘史的影视剧，大多都会安排一出情感戏，让著名的明朝降臣洪承畴成为暂时的男主角。

故事是红袖添香，情乱忠诚，让英雄过不了美人关。

崇德七年（1642）三月，清军俘获明蓟辽总督洪承畴，皇太极下令把他押到盛京，派心腹汉臣范文程、张存仁等轮番劝说。洪承畴始终不屈，为此皇太极颇费踌躇，食不甘味。永福宫庄妃毛遂自荐，亲自去劝说，"以壶承其唇"（萧一山《清代通史》卷上第二篇《明清之兴替与满洲典制述要》第九章之《洪承畴之降》），一口一口给他灌下人参汁，动之以情，喻之以理，经过数天的努力，终于说服洪承畴投诚清廷。

这是一个挺煽情的传闻。当征服者处于半开化状态时，为了收获和利用被征服者的智慧与价值，完全可能采取有违伦常的野蛮手段，近乎牺牲地融化文明人为道义浇注的心门，使之成为征服者权力和富贵的新奴仆。

电视剧《孝庄秘史》并未安排庄妃自荐，而是设计让接受过儒家礼制观念教育的范文程，为主子献计献策，采取冷暴力的手段强迫庄妃上阵。当然，皇太极和多尔衮都是不情愿的，剑拔弩张地蹲守在房外察听动静，好在庄妃一语惊醒梦中人，洪承畴感激地臣服。

庄妃劝降洪承畴一事，并不见诸正史，就是《清史列传》将洪氏纳入贰臣之列，也没有记载这一出军营办不了的事拿到床榻上去办的好戏。但是，民间还是传说甚广，成了一桩迷案！

2

皇太极指挥松山一战中，其最爱的女人关雎宫宸妃病逝，使他悲恸欲绝，但是他俘获洪承畴，也得到了一点心灵上的安慰。毕竟，拿下洪承畴，就是搬开了他向明朝进军路上的一块巨石。

为了收服洪承畴，皇太极是想尽了办法。昭梿《啸亭杂录》卷一说："洪感明帝之遇，誓死不屈，日夜蓬头跣足，骂詈不休，文皇命诸文臣劝勉，洪不答一语。"洪承畴以装疯卖傻，不再顾及士大夫斯文，蓬头散发，赤脚待人，任皇太极派遣的汉臣范文程等人如何晓之以理、动之以情，总是寻求速死，来实现他以及明末士大夫所共有的"那种虚幻的道德英雄主义"（魏斐德《洪业——清朝开国史》）。

洪承畴弄成了一副视死如归的样子，却被细心精明的范文程察觉，洪氏对梁上掉落在肩头的灰尘不时轻拂，于是向皇太极回禀："承畴必不死，惜其衣，况其身乎？"（《清史稿·洪承畴传》）皇太极亲自出马，至拘禁洪承畴的处所，"解貂裘与之服"，嘘寒问暖。

洪承畴在明朝，几年时间由一个提学道台、藩台属官，逆袭成为封疆总督、军事统帅，但只要他一出差错，暂时无功，就遭政敌权臣弹劾，被皇帝削职，困守孤城时久不见救援。而今太宗纡尊降贵，解裘披肩，更暖人心，让洪承畴感激涕零："真命世之主也！"

洪承畴如此一个大反差，说明他其实也想试着与清朝合作，寻求一个新的政治改革机会。他久在官场，征剿义军，对明末宦寺擅权乱政、皇帝平庸刚愎、文官贪赃枉法、武将虚功冒赏，导致国家臃肿破败、百姓艰难困苦的情况，不

无痛心。他在顾及道义的情势下，仍想施展自己远大的政治抱负，而不是只求
实现简单的仁义之死。

清史名家李治亭在《洪承畴降清考辨》中说："洪承畴顺应历史大势，弃暗
投明，把他的才能献给了新的统一事业，并为此做了不懈的努力，是功不是过，
更与投降外来侵略者的'汉奸'风马牛不相及。时代已经变了，旧的史学观念
也在变。只有抛弃那种以华夷之分的标准评价历史人物，才能对洪承畴及其他
降清的人做出科学的评价。"

皇太极热忱对待洪承畴，终于使之屈节臣服，于是在赏赐无数财宝后，还
搭台唱戏百场作贺，诸王公大臣不悦，问太宗为何对"洪承畴一羁囚"如此优遇。
太宗问，我们栉风沐雨地玩命拼杀，是为了什么？诸人说为入主中原。太宗道
出了洪承畴的价值："譬诸行者，君等皆瞽目，今获一引路者，吾安得不乐也！"
（昭梿《啸亭杂录》卷一《用洪文襄》）文襄者,乃洪承畴死后,康熙帝给的追谥。

<h1 style="text-align:center">3</h1>

太宗大费周章，冒着被传闻出卖小老婆色相的流言蜚语，降服洪承畴，但
却没给予其重任。他只是表面对洪承畴恩礼有加，将他安排在隶属自己亲率的
镶黄旗汉军中，却仅做明朝国情咨询，不委任实际职务，大部分时间将洪软禁
在家，不使之外出活动。

直至顺治朝，摄政睿亲王才起用他替换豫亲王多铎督抚江南，世祖更为他
提供了一个施展才华和抱负的广阔舞台，使其为清朝中国的统一做出了巨大的
历史功绩。

但是，不论其在尴尬的境地起到怎样的积极作用，他都是大节有亏，投敌
叛国，甩不开汉人仇视、满人轻视的贰臣帽子。萧一山说："承畴负时誉久，生
平疵行，亦少概见，一旦变节，殊出意外。吾人若舍民族国家之观念而论断之，

似属人之常情，惟当君主专制时代，则不免遗贰臣之羞耳。"（《清代通史》卷上第二篇《明清之兴替与满洲典制述要》第九章之《洪承畴之降》）

清朝宗室昭梿在《啸亭杂录》卷一《用洪文襄》中，除了说皇太极解下自己身上的貂裘为洪氏御寒暖心外，并没说太宗安排庄妃上阵，摆弄骚姿媚态玩美人计。

这倒不伤大雅！

昭梿继续写道："毛西河谓洪初不降，继命优人诱惑。洪故闽人，夙习好男宠，因之失节。"洪氏好男宠？洪氏开始坚决不降，真如毛奇龄所说，洪为同性恋，因此抵不住男宠的诱惑吗？

昭梿援引清初学者毛奇龄之说，貌似为孝庄太后曾委身降臣辟谣，虽又加了一句"何厚诬之甚"，笔锋一转："故明帝初闻其死，设坛以祭，非无因也。"崇祯帝初闻洪氏殉国，为他举行大祭，活动进行一半，前方送来可靠的情报，说洪已降清，崇祯帝哀伤不已。这，潜在地说洪承畴有断袖之癖，可能和崇祯帝之间有不清不楚的关系。难道他对皇太极亲切的关爱，解裘披身，也想入非非？

明末博物学家谢肇淛在《五杂俎》中说，当时的官僚士大夫绝大多数有娈童之好，在京城外交友接客时，总以自己有一个或几个文人书生为相好而炫耀。这样的同性恋，最早出现在晋代，士大夫们热衷此道。后来随着宋朝道学的兴起而日渐衰落，但至明末再次兴盛，并以广东、福建为中心区域。洪承畴即为京官文人，福建泉州人士，难免有娈童的喜好。昭梿说，洪承畴为福建人，素来喜爱男宠。

孰真孰假，孰是孰非，也只能留给那一段近四百年前的历史烟云了。昭梿如此攻击为清朝攻略中原的主要干将（甚至可以说是最为得力的鹰犬之一），也是受了乾隆帝将洪氏钦定贰臣的影响。乾隆四十一年（1776），清高宗下令国史馆编纂《明季贰臣传》，洪承畴、金之俊等顺治朝大学士和其他降清的叛臣一样，都因为"开创大一统之规模，自不得不加之录用，以靖人心而明顺逆。今事后平情而论，若而人者，皆以胜国臣僚，乃遭际时艰，不能为其主临危授命，辄复畏死刑生，觍颜降附，岂得复谓之完人"入列。

昭梿为太宗二兄代善的六世孙，生于乾隆四十一年（即乾隆帝将洪承畴纳入贰臣那一年），嘉庆十年（1805）成为第八代礼亲王。由于满洲贵族内部倾轧，恃才放旷的昭梿于嘉庆二十年十一月，遭有人投匿名帖举报他凌辱大臣、府内滥用非刑。嘉庆帝在谕旨中斥责他："平日以田租细故，在顺天府、步军统领、刑部等衙门，涉讼累累"，并连下四道严旨，以其"妄自尊大，目无君上""滥用非刑""凌辱大臣"等罪名，革去王爵，押入宗人府监禁，三年后放出，不再被重用。

昭梿后期抑郁不得志，悉心专攻诗书文史，著成内容丰富的《啸亭杂录》，保存了道光初年之前政治、经济、军事、文化、典章制度、文武百官的遗闻逸事和社会习俗等方面的大量珍贵史料。昭梿是和硕亲王出身，近水楼台，对于皇家和大臣旧闻秘事掌握的程度，较之他书作者要高一些。他记载洪承畴"分桃断袖"、牵扯崇祯帝一段，真实性如何，无他书互证，还是很难确定的。

洪承畴作为明清之际很有争议性的重要人物，面对数十万之众的义军，他是过关斩将，算为国尽忠而损害百姓利益；而至松锦战役，他拥兵更多，却不敌十多万清军，兵败所俘，当为自身利益所计。尤其他经过皇太极劝降，屈民族气节，臣服异族强权，在经历一阵冷落之后，重新复出，为清朝统一中国出谋划策、征战沙场，坐实了一个民族道义背叛者的堕落。但不可否认的是，他在清军入关、招抚江南、进军西南中，及时制止了八旗兵争夺战中的杀戮，避免百姓生灵涂炭，缓和民族矛盾，为多民族的中国统一做出了历史贡献，这是值得肯定的。

我们评判不同朝代与不同人物的历史存在，既要对重返人类本性惨遭杀戮的现场背景给予批判，也要对遵从社会秩序断裂后重建的发展规律做出新的评价。只有从中国历史发展新陈代谢的角度出发，在复杂的文化交融中审视族群纷争之后的国家统一，才不至于受缚于狭隘的单一民族论，主观地臧否特殊时代的族群关系与权力政治。

代善杀子总想
过把瘾

1

俗话说得好："虎毒不食子。"然而，在清开国之初，接连出现父亲要杀儿子的人伦悲剧。

1615年，也就是努尔哈赤称汗建国的前一年，其长子褚英被处死。此前，褚英已被圈禁了两年。

褚英是否真的该死？被洗干净的清朝史料，说他恃功骄纵，与努尔哈赤非常倚重的五大臣、"爱如心肝"的四贝勒争权。五大臣和四贝勒为了所谓的自保，联手进言，迫使努尔哈赤将原定的接班人褚英拉下马。

褚英失势，铤而走险，在努尔哈赤率五大臣和诸贝勒攻打乌拉之时，请萨满巫师诅咒努尔哈赤兵败而返，然后进行截杀。

褚英对家国不忠，对君父不孝，对诸弟不仁，对臣下不义，结果死于非命。

这些，虽见诸《清太祖实录》、《满洲老档》及《清史稿》之类，但这些史书，要么是修撰成书于清太宗年间，要么是根据太宗朝的记载而撰写。就是说，褚英之死，死于其祸，但对这个祸的描述，却要根据太宗及其后世皇帝的意见完成。

史料所述，未必是真实的历史。古往今来，无数聪明的君王，对关于自己的帝王起居注和先帝实录，都是很重视的。他们绝对不会留下对自己不利的材料。

当然，敌国的记载，也未免公正。前明遗老黄道周等人就认为，褚英之死，死于他多次劝止其父努尔哈赤不要叛明自立。黄道周是一个反清名臣，在他的眼里，努尔哈赤就是一个恶魔。

2

努尔哈赤杀子，无论在清宫史料中，还是明人笔记里，都是不争的事实。

努尔哈赤后来也悔恨不已。《清太祖武皇帝实录》卷三记载，天命六年（1621）正月，努尔哈赤率四大贝勒及王公大臣，祝告天地，焚香设誓言："吾子孙中纵有不善者，天可灭之，勿令刑伤，以开杀戮之端。如有残忍之人，不待天诛，遽兴操戈之念，天地岂不知之？若此者，亦当夺其算。昆弟中若有作乱者，明知之而不加害，俱怀礼仪之心，以化导其愚顽。"

太祖以天地为证，对其曾经囚弟杀子懊悔，并说以后出了不肖子孙，都不得以刑法处死，而是让天来灭之。言下之意，是囚禁在高墙之内，任其自生自灭。果然，清朝后世确实出现了不少窥视储位而相互倾轧的皇子，但大都是按太祖盟誓执行祖制。即便是雍正帝斥责其八弟、九弟为"阿其那""塞思黑"，也是圈禁起来。至于此二人死于非命，虽有雍正毒杀的传闻，但也有下臣妄为邀宠的记载。《清史稿》记载，允禟死前，"上闻胡什礼与楚宗中途械系允禟"。

但是，太祖继褚英之后所立的储君代善，却是一个要杀儿子还穷追不舍的主。

3

岳托、硕托是代善的长子、次子，母为代善之嫡福晋李佳氏。他们自幼丧母，继母和父亲代善对待他们都很刻薄。

岳托稍微幸运些，自幼被太祖接进宫，交由大妃、皇太极的生母孟古哲哲，与皇太极一同抚养。皇太极与岳托，名为叔侄，近乎手足，关系一直要好。

天命五年三四月间，太祖准备从界藩城迁居萨尔浒城，视察并指定各贝勒兴建府邸的宅地。代善看到岳托修整好的宅地比自己的好，就先后请莽古尔泰和阿敏向太祖请命，说大贝勒所居之地狭小，意欲霸占岳托的宅地。

同年九月初三日，硕托因无法忍受代善的虐待而突然失踪，有人说其密谋投明。代善不做调查，也不听硕托辩白，一口咬定硕托有叛逃之心，向太祖跪下五六次请斩硕托。

努尔哈赤派人调查代善与岳托、硕托的矛盾，发现早年代善分家产时，将富裕的属人都留给了继妻所生的萨哈廉等诸幼子，却把贫困的属人分给岳托和硕托。

这引发了太祖的心伤。太祖和弟弟舒尔哈齐幼年丧母，深受继母虐待，父亲冷落而分得他们少许财产，迫使他们寄居到外祖父家，后连遭厄运，沦为明朝总兵李成梁用作炮灰的俘虏兵。后来，他在元妃佟佳氏早逝的情势下，虽然长期征战，但仍对幼年丧母的褚英、代善待遇格外优厚，即便立储也是先后选定二子。

长子不争气欲弑父而被处死，而今次子听谗言要杀子，让太祖更是心痛不已。

太祖怒斥代善：你也是前妻的儿子，为何不想我是如何对你更亲近的？你怎么就被后妻蒙蔽，虐待已长大成人的儿子呢？何况我待你一直是特选良好的部民让你专管，你为什么就不能像我一样将优良的部民赐给岳托、硕托呢？

由于代善多有不善，太祖宣布废除其储位，并监督岳托、硕托与代善再次分家。

4

在太祖、太宗二朝，岳托和硕托驰骋沙场，拼军功，封贝勒，进王爵。

天命八年四月，岳托同七叔阿巴泰出兵征讨喀尔喀扎鲁特部。岳托疾驰八日，直捣敌军驻扎地，出奇制胜，斩杀了敌军贝勒昂安及其儿子。凯旋时，太祖率众迎接，对岳托的善战、智谋予以肯定。

天命十一年八月，太祖病逝，没有指定接班人选，诸贝勒争夺汗位。关键时刻，岳托协同三弟萨哈廉劝代善放弃登位，向二贝勒阿敏、三贝勒莽古尔泰及贝勒阿巴泰、德格类、济尔哈朗、阿济格、多尔衮、多铎、杜度、硕托、豪格等提议，以八和硕贝勒共同推举的形式，拥立四贝勒皇太极为新汗。皇太极登基之初，与三大贝勒仍然平起平坐。岳托积极协助皇太极加强中央集权，打击、削弱三大贝勒的势力。崇德元年（1636）四月，称帝后的太宗封岳托为和硕成亲王。

在诸亲王贝勒中，岳托是太宗最为亲近的一个。然，厄运也随之而来。问题就出在岳托的嫡福晋是努尔哈赤第三女莽古济的长女。

莽古济与太宗是同父异母的兄妹，但是宿怨极深。莽古济的胞兄莽古尔泰，虽拥立皇太极有功，但也对汗位虎视眈眈，与太宗不时冲突。《清史稿·莽古尔泰传》记载：天聪五年（1631），莽古尔泰跟从大军围攻大凌河，向太宗上奏所率正蓝旗部队被明军重创。太宗诘问他："闻尔所部兵每有违误。"莽古尔泰生气地说："宁有是耶？"太宗说："若告者诬，当治告者；果实，尔所部兵岂得无罪？"说完，皇太极将要乘马而去。莽古尔泰说："上何独与我为难？我固承顺，乃犹欲杀我耶？"说罢，莽古尔泰手握佩刀，数次怒视皇太极。他的胞弟、贝勒德格类怒斥莽古尔泰犯了悖逆之罪，并用拳头打他。

莽古尔泰更加愤怒，将佩刀抽出刀鞘。皇太极怒骂莽古尔泰亲手弑母邀宠的事情。其后诸贝勒商议莽古尔泰"谋上"之罪，夺去和硕贝勒爵位，降为多罗贝勒，削五牛录，罚银万及甲胄、雕鞍马十、素鞍马二。一年后，莽古尔泰气愤暴卒，年四十六。

又三年，德格类病逝。《清史稿·德格类传》云："逾月，莽古尔泰既卒，为冷僧机所讦，以大逆削爵，德格类坐同谋，追削贝勒。"冷僧机为莽古济的家奴，出身贫寒，但圆滑狡黠，善于钻营取巧，在莽古尔泰、德格类相继死后，告发莽古尔泰、德格类和莽古济等曾跪焚誓词，密谋篡位。冷僧机本参与密谋，众议"以自首免坐，亦无功"，但太宗却一反常态，力排众议，嘉奖冷僧机世袭三等梅勒章京。世袭未成，顺治帝以附逆多尔衮、挑拨皇帝与两黄旗大臣的关系为罪名，在多尔衮死后，将冷僧机作为党羽斩首。这是后话，算作奴仆告主不得善终的一个说明。

太宗对莽古济的恨，不仅在其被冷僧机告发参与密谋这一件事上。天聪九年，太宗将归顺的蒙古察哈尔汗的伯奇福晋赐予儿子豪格为侧福晋，引起同为豪格岳母的莽古济不满："吾女尚在，何得又与豪格贝勒一妻也？"后来，莽古济路过代善营帐，被代善邀入款待馈赠，兄妹之礼节也惹怒了太宗。（王先谦《东华录·天聪十》）

足见，太宗对姐姐莽古济恨之入骨，找了一个理由将莽古济和她的儿子额必伦处死。岳托为莽古尔泰、德格类抱不平，太宗责备他"偏听哈达公主"，即莽古济。

莽古济也是政治联姻的牺牲品，最初太祖曾考虑将她嫁给哈达部贝勒孟格布禄为妻，后孟格布禄被杀，太祖又将她嫁给孟的儿子吴尔古代，故称哈达公主。吴尔古代死后，又嫁给蒙古敖汉部长索诺木杜棱。

太宗处死姐姐之后，豪格将其妻即莽古济的女儿杀死，但岳托没做这等权力斗争之下变态的蠢事，而是向太宗求情："豪格既杀其妻，臣妻亦难姑容。"太宗制止，但不久又为岳托娶了一个蒙古女为福晋。第二年，蒙古女向刑部控告莽古济女"摘其额上一发，似是魇魅之术"。大福晋辩白无效，群臣议罪定斩不赦。太宗下旨免死，但责令岳托与之分居，不得往视。其实，又是一起圈禁案。

崇德三年，被重新起用的岳托在征明之战中连克十九城，但第二年正月攻陷济南时，岳托因染天花病逝。多尔衮率领满载而归的远征军回到盛京，汇报战绩时却没有岳托的名字。太宗惊问为何，才知其早在济南去世，太宗悲痛万分，辍朝三天，以示哀悼。等到岳托灵柩运回，太宗亲至盛京城外的沙岭遥奠；还宫后，再次辍朝三日。诏封岳托为克勤郡王，赐骆驼五匹、马二匹、白银万两。

岳托下葬不足两月，其原来的部下、蒙古人阿兰柴等就说岳托生前曾将岳母莽古济的第三任丈夫索诺木杜棱召入内室密语良久，给过索诺木杜棱"刀一口、弓二张"，索诺木杜棱则送岳托一匹马。这本是翁婿之间的礼尚往来，却被告发为谋逆之举。

此事上奏后，岳托生父代善联合济尔哈朗、多尔衮奏称："当按律惩治，抛其骨，戮其子。"然而太宗说他早年对岳托"爱而抚之"，即使其萌生"不轨之心"，他亦不忍心对岳托施以身后之刑，岳托这才避免身后被毁尸灭门的惨剧。

5

代善对长子岳托毁尸灭门没有成功，但在太宗死后，他还是弄死了次子硕托和一个孙子。

崇德八年，皇太极暴崩，皇室内部又因皇位继承问题爆发了尖锐的矛盾。豪格与多尔衮成了强劲的竞争对手。迫于两黄旗和代善的压力，多尔衮最初同意太宗第九子福临继位，由他与济尔哈朗辅政。

代善的次子硕托和第三子萨哈廉之子阿达礼在已拟定新君的情势下，还是力挺多尔衮继位。阿达礼先往睿王府，告诉多尔衮："王如坐大位，我当从王。"硕托也派亲信告知多尔衮："内大臣图尔格及御前侍卫等，都赞同我的谋划，王可自立为君。"（《清世祖实录》卷一，崇德八年丁丑）

硕托与阿达礼同往代善家，借探视足疾寻求支持："今立幼儿，国事可知，请速做决断。众人已决定立和硕睿亲王，王为何还默不作声？"

代善却不为他们的劝说所动："既然已对天立誓，为什么又说这话？不要再改变主意！"二人见代善不从，又前往豫王多铎家，多铎闭门不见。阿达礼、硕托吃了闭门羹，不得已返回礼王府重申前意。

代善决定拿子孙开刀，以硕托、阿达礼"扰乱国政"为名，以叛逆罪论死。

这个情节也出现在电视剧《孝庄秘史》中：硕托与阿达礼参与多尔衮自立密谋。此举被深恨多尔衮的豪格察知，用计于代善处拿到多尔衮亲笔书信，证明了硕托与阿达礼确实鼓动多尔衮称帝。豪格趁机威胁多尔衮。庄妃得知此事将牵动清朝将来，跪求代善，代善为顾全大局，沉痛答应大义灭亲，杀了硕托与阿达礼，让事情有个交代，也让多尔衮打消称帝念头。

《孝庄秘史》把代善塑造成一心为了大清朝的大忠臣形象，甚至死前还威逼多尔衮对天盟誓效忠幼主，不得谋逆，动不动就说他不能让他的儿子和孙子白死。但是，历史上真实的代善却曾反复跪求太祖诛杀其次子硕托，在其长子岳托死后，还要将他挫骨扬灰，并诛灭岳托之子。天底下有这样的恨吗？是父子亲情，还是寡情狼性呢？

不公待遇保阿巴泰
平安终身

1

前朝历代的皇帝之子，大多出生就是亲王。清太祖建国称汗，太宗改元称帝，皇子要想被封为亲王，既要凭本事，又得讲出身。多尔衮摄政时，论功行赏，就不忘"贵宠之列"。如果不在贵宠之列，就是同样被封王，也在位次、俸禄等方面有着鲜明的区别。

太祖第七子阿巴泰，为侧妃伊尔根觉罗氏所生。生母出身低下，导致他不能像历任大妃所生的儿子，如代善、莽古尔泰、德格类、皇太极、阿济格、多尔衮、多铎那样，享受同为太祖之子的优待，甚至不如堂兄、侄子的待遇。

家族大哥代善曾对阿巴泰说："德格类、济尔哈朗、杜度、岳托、硕托早从五大臣议政，尔不预焉。阿济格、多尔衮，多铎，先帝时使领全旗，诸贝勒皆先尔入八分。"（《清史稿·阿巴泰传》）

阿巴泰并非一个平庸的皇家贵胄。万历三十九年（1611），宁古塔首领僧格、尼喀礼到赫图阿拉进贡，太祖回赠四十副铠甲，归途被乌尔固宸和穆棱的部落劫获。太祖几次派人索要，不果，大怒，命二十三岁的阿巴泰同大将费英东、安费扬古率兵一千，攻取乌、穆二地，俘获千余人归来。阿巴泰被封为台吉。这是其人生首战。

天命三年（1618），努尔哈赤以"七大恨"誓师征明，阿巴泰从征。八年，阿巴泰同德格类等征讨扎鲁特部，阿巴泰斩杀该部长昂安父子，归来，六十五岁的太祖亲赴郊外迎接。十年十一月，阿巴泰参与对蒙古察哈尔一战，打得林丹汗趁夜而逃。

太祖生前让阿巴泰参与的战事，有记载的寥寥可数，而比阿巴泰小三岁的第八子皇太极，自少年起便随父兄参战，有记载的首战即万历四十年，从太祖出征乌拉部，克六城，此时年方二十岁。

太祖对诸子，也有嫡庶之分。他让嫡子们成为掌旗贝勒、执政贝勒，共治国政，而对也是亲子之一的阿巴泰仅分了六个牛录。

这也为太宗时期阿巴泰屡遭作为嫡子的哥哥们的排挤、冷遇埋下了伏笔。

2

太宗继位，阿巴泰作为响应代善之议的拥立者之一，被封贝勒。

太宗宴请诸贝勒大臣，代善、阿敏、莽古尔泰和太宗同坐高台。

太宗与众贝勒议定君臣礼仪，盟誓昭告天地，赋予三大贝勒对阿巴泰、阿济格等十一位"子弟贝勒"的管教权、辖束权，如藐视代善三人，则短命而亡。

太宗之下，代善、莽古尔泰与阿巴泰也是亲兄弟，但有了制度化的等级区别。此时已三十八岁的阿巴泰，位次还被安排在二十一岁的阿济格、十四岁的多尔衮、十二岁的多铎诸弟及侄儿岳托之下。

这是亲情之外的政治冷落。

阿巴泰事后跟姐夫扬古利等发牢骚：战则我披甲胄而行，猎则我佩弓矢而往，为何我就封不得和硕贝勒？

此话传到太宗那里，得到的答复是："尔等宜劝之，告朕何为？"（《清史稿·阿巴泰传》）这就说在太宗心里，庶兄阿巴泰只能封贝勒，不入和硕之列。

又是一次太宗主持的宴请，接待前来归附的察哈尔大贝勒昂坤杜棱。这是满洲开国后的大事件，发生在天聪元年（1627）十二月，太宗设大宴，召诸贝勒作陪。阿巴泰拒不参加，直言："我与诸小贝勒同列。蒙古贝勒明安巴克乃位我上，我耻之！"（《清史稿·阿巴泰传》）太宗闻言，大为不满，下令代善集合诸贝勒，讨论对阿巴泰的处理。

代善先摆那些和硕贝勒早有议事资格、议政名分，指责阿巴泰资历浅薄："尔今为贝勒，得六牛录，已逾分矣！乃欲与和硕贝勒抗行，得和硕贝勒，不更将觊觎耶？"（《清史稿·阿巴泰传》）代善怒斥阿巴泰想与三大贝勒并列，觊觎汗位。

二号首长发了话，其他贝勒更无亲情可言，群起而攻之，逼得阿巴泰低头认罪。还好，太宗只对他罚了四副甲胄、八匹雕鞍马和八匹素鞍马。

较之于后来太宗对三大贝勒及其他贝勒的犯错深究、违法严惩，阿巴泰先后十多次触怒、对抗太宗，甚至两次拒拒太宗对其女的指婚，引得太宗深有不满，多次罚银罚物，却不曾有过一次降级或削爵的处罚。崇德六年（1641），多尔衮率众王公贝勒征明，因为在距离锦州三十里的地方扎营，以及遣士卒私自回家的罪过，众王公贝勒都被受罚，就连主帅多尔衮、皇长子豪格也被降为郡王。阿巴泰论罪应削爵，夺去所属户口。然太宗下诏宽恕，只罚银两千两。

终太宗一朝，阿巴泰未被封郡王、亲王，仅是第三等贝勒，难免心有抵触，但他参与了太宗对明朝、朝鲜的一系列战争。阿巴泰主要是从征之将，一旦单独行动完胜归来，太宗都给予大量的财物奖励，甚至派济尔哈朗、多尔衮等郊外三十里迎接。

在政治待遇上，太宗及代善等大贝勒，甚至太祖，都给予了阿巴泰不公平的待遇，然而阿巴泰有埋怨而不图谋的政治行为，以及他只认做事而不拘小节、不玩心计的人生追求，帮助他成功地赢得了太宗的信任。

天聪五年，太宗设立六部，让阿巴泰掌管工部，总理部务。这在大兴土木的开国初期，无疑是一个最好的肥缺。结合太宗改革国家机构，始设六部，在设置满承政二员、蒙古承政一员、汉承政一员及启心郎、参政数员的框架下，任命一名兄弟子侄掌部事务：多尔衮掌吏部，德格类掌户部，萨哈廉掌礼部，岳托掌兵部,济尔哈朗掌刑部,阿巴泰掌工部,具体行使国家管理权。此六人中,岳托、萨哈廉为两红旗共主、大贝勒代善的代言人,当初怂恿代善力挺皇太极继立汗位有大功。德格类、济尔哈朗也是支持皇太极的拥立派,又分别代表二贝勒阿敏、三贝勒莽古尔泰所领二旗利益。多尔衮则是正白旗旗主,是最受皇太极扶持的少壮派领袖人物。阿巴泰能脱颖而出,比皇长子豪格先掌部务(豪格于崇德元年六月取代已逝的德格类掌户部),可见其深得皇太极信任和倚重。

阿巴泰治绩平庸、家中办公,却没有贪腐枉法的劣迹见之于史料记载。

阿巴泰在战场是一员能征惯战的大将。崇德七年十月,获授奉命大将军,统兵发动太宗生前最后一次入关之战,创造了"克城八十八,降城六,俘三十六万,得金万二千、银二百二十万有奇"(《清史稿·阿巴泰传》)的战绩。

太宗正是看中了阿巴泰多勇少谋、直率坦言的性格。

从而,阿巴泰在太宗众多庶兄弟中,也是最幸运的。顺治元年四月晋封为多罗饶余郡王,是最受重任,也获封赏最好的一个。

甚至可以说,从终其一生的政治命途和晚节来看,他的幸运仅次于太宗一人。代善虽在朝堂第一个站出来拥戴太宗,但晚年受尽压抑。莽古尔泰获罪遭斥,抑郁暴卒,死后被揭发有谋上之罪,被追夺其封爵。阿济格、多尔衮、多铎兄弟,身前极受尊荣,身后荣辱翻覆,还被弄了一系列罪状,写进了历史。

3

阿巴泰所得的待遇不公平,遭受了诸多亲兄弟的排挤、歧视,这是不可改变的。毕竟从太祖开始,嫡庶分界突出了贵宠之列,诱发了太宗诸兄弟之间的权力之争、亲情有别。但是,政治上的不幸运,却使阿巴泰平安而终、显耀于后。这,不得不说是一种平衡。

阿巴泰手痛,太宗曰:"尔自谓手痛不耐劳苦。不知人身血脉,劳则无滞。

惟家居佚乐，不涉郊原，手不持弓矢，忽尔劳动，疾痛易生。若日以骑射为事，宁复患此？凡有统帅之责者，非躬自教练，士卒奚由奋？尔毋投安，斯克敌制胜，身不期强而自强矣。"（《清史稿·阿巴泰传》）太宗看似不通手足之情，却不免压制了多有莽言的阿巴泰，让他做一个自强而坚忍的人，不身陷于残酷的政治斗争中。细读阿巴泰的本传，他虽多次触碰太宗的底线，但不曾与其他亲王贝勒玩过权谋较量。

与其说阿巴泰率真而不谙权术，不如说他清醒而善于自保。他这种性格，也使其世系家族，甚至旁系都赢得了数代皇帝的礼遇和重任。

天命三年，太祖攻克抚顺，收降明游击参将李永芳。李永芳官职虽低，却是第一个公开投降后金的明将。太祖授其三等副将，统辖抚顺降民，并将阿巴泰的大女儿嫁给他。此后，李永芳对内对外称"抚西额驸"，竭尽忠诚报效后金，太祖赐他"免死三次"的特权。李永芳的九子，后来都做了清朝的高官，其次子李率泰官至内翰林弘文院大学士、闽浙总督。

李永芳玄孙李侍尧更加出名，昭梿《啸亭杂录》卷四载："李昭信相国侍尧，为忠襄公永芳四世孙。少以世荫膺宿卫。纯皇帝见曰：'此天下奇才也！'立授满洲副都统。部臣以违例尼之，上曰：'李永芳孙，安可与他汉军比也？'"乾隆帝不但违例封赏了这个远房的表侄，还逐步擢升其为武英殿大学士兼军机大臣。后来李侍尧两次论罪，议斩立决，都被乾隆下旨弄了个斩监候，不久又让他做了更大的官。乾隆帝厚待李侍尧，说是因为李永芳对清朝的情分，但未必不是阿巴泰的威望所致。

多铎狎妓傅粉献瘸马
对抗皇太极

1

清太祖生子十六人，名声显著者当是几个嫡福晋所生的儿子。若按嫡子齿序，第十五子多铎为幼子。太祖驾崩前，也作了安排，让多铎掌最精锐、最强大的正黄旗。

多铎十三岁丧父。而在此前，他已在政坛崭露头角：天命五年（1620）九月，太祖废黜大贝勒代善的储位，而"立阿敏台吉、莽古尔泰台吉、皇太极、德格类、岳托、济尔哈朗、阿济格阿哥、多铎多尔衮为和硕额真"（《旧满洲档·昃字档》)，共议国政，时多铎仅六岁。天命九年正月初一，后金举行新年朝贺典礼，不满十岁的多铎名列第七，实为第六。天命十一年，多铎成为正黄旗主旗贝勒。

如此看来，太祖有意坚守满人"幼子守灶"旧俗，让多铎继承大汗的事业。但是，经朝鲜史料渲染，坊间多传太祖属意多尔衮接班，代善摄政。最后的胜利者，却是皇太极。

1636 年，太宗皇太极称帝，改元崇德，建号大清，同时建立了一套有亲王、郡王、贝勒、贝子、公、将军六种十二等的宗室爵位制，对从太祖、太宗征战的兄弟子侄叙军功封爵。太宗在给多铎的册封敕谕中写道："考核功罪，虽无大功于国家，以父皇太祖之少子，封为和硕豫亲王。"

2

当时，被封为和硕亲王者，太宗兄弟辈有礼亲王代善、睿亲王多尔衮、豫亲王多铎、郑亲王济尔哈朗，子侄辈仅肃亲王豪格。像最初对太宗有拥立首功、太宗也极为倚重的岳托，战功卓著，也只封了郡王。而被封为亲王的，除多铎外，都是有过独领大军外征获胜的猛将。

多铎自天聪二年（1628），跟太宗讨伐多罗特部有功，被赐号为"额尔克楚呼尔"（勇敢的将军）。此战为多铎的人生第一战。尔后，他随太宗、莽古尔泰、多尔衮等征讨明朝，都是协同作战，以幼留后，有些斩获。他在小凌河一战率军追击，逼近锦州时坠马，马逸入敌阵，就夺军校马乘以还。直至天聪六年，从太宗征伐察哈尔，率领右翼兵，杀俘其众千余。

多铎在天聪年间，表现出色的一次，并非是多次从征获胜，而该是天聪七年，皇太极向大臣们询问，明朝、朝鲜、察哈尔该先打哪个。《清史稿·多铎传》记载："多铎言：'我军非怯于战，岂可必得？夫攻山海关与攻燕京，等攻耳。臣以为宜直入关，庶餍士卒望，亦久远计也。且相机审时，古今同然。我军若弛而敌有备，何隙之可乘？吾何爱于明而必言和？亦念士卒劳苦，姑为委蛇。倘时可乘，何待再计。至察哈尔，且勿加兵；朝鲜已和，亦勿遽绝。当先图其大者。'"

在此前，像阿敏、莽古尔泰等一批猛将乐于偏安，四处敲敲打打，掠人劫货。此时的多铎，不足二十岁，却有集中优势兵力专攻最强大的明朝的战略眼光，充分展现出了一个青年军事家的才干。

多铎受封铁帽子王后，战斗力倍增，最大的成绩莫过于崇德七年（1642）生擒洪承畴，迫降祖大寿。

洪、祖这两名明朝虎将的能耐，不亚于让太祖生前念念不忘的袁崇焕。拔掉这两颗钉子，收为己用，为后来清军入关省去了不少阻力。洪承畴虽终太宗一朝，只以大学士身份起咨询之用，但为太宗了解明朝内部虚实起到了关键性作用。祖大寿为明宁远总兵吴三桂的舅舅，虽受太宗之命写信劝降吴三桂遭拒，但对后来吴三桂献关投降还是有一定的影响的。

3

太宗拔高多铎，封其为和硕亲王，命掌管礼部，似是还他这个太祖幼子守灶不成的人情，但没有史料证实这种说法。对太宗继位的合法性有疑问的史料，只是说多尔衮是皇太极的竞争对手。但是，多铎并不因为皇太极哥哥的拔高封赏而感恩戴德，反而常与之对着干。

《清太宗实录》记载：太宗赏识谁，多铎就攻击谁；反之，太宗讨厌谁，多铎就与谁结交、亲近。喀克笃礼，在太宗即位时列八大臣，领正白旗，天聪三年以战功获赠号噶思哈巴图鲁，但后来不恤士卒，图谋逃归瓦尔喀，遭太宗痛恶，并影响到其家族，为太宗所不齿。多铎却反加哀惜。

在商议军国大事时，多铎时常不给太宗面子，你要往东我非要往西不可。某年元旦，王公大臣给太宗呈献奇珍异宝，而多铎拿一匹癞马作为贺礼。太宗不悦，多铎补上一句，开一次玩笑，让太宗哭笑不得。

《清史列传·多铎传》记载，崇德三年九月，太宗率众王公大臣至演武场送睿亲王多尔衮征伐明朝，多铎以眼疾未愈为由（有史书称以避痘为名，似为后来多铎死于天花做一次呼应），不参与送行。而实际上，多铎在府中狎妓歌欢作乐。有人向太宗汇报，多铎披优伶之衣，学傅粉之态。

太宗盛怒，却还是没有及时命众臣对多铎议罪，而是带着他出征明朝锦州，寄望他有自知之明，戴罪立功。孰料，他攻克大兴堡后，奉诏与郑亲王济尔哈朗会师，途经中后所时，且战且退。明大将祖大寿率部袭击多铎部后路，伤清军九人，使多铎部失马三十余匹。

崇德四年五月，清室王公大臣聚崇政殿，共议多铎之"前不送出师即中后所失士马罪"(《清史列传·多铎传》),罚银万两,夺多铎镶白旗奴仆、牲畜的三分之一,作为对多尔衮的奖赏。

多铎被降为多罗贝勒,太宗命他管摄兵部,但重大的部事无权决断,也不得过问日常政务的审理。称病不参与送师出征和丢失稍许马匹,算不得什么大罪,但是多铎以狎妓、傅粉羞辱太宗,只会彻底激怒太宗,导致连降三级、被褫夺大权。

直率的多铎,始终不待见阴谋夺位的皇太极。

4

崇德六年,多铎同豪格围攻宁远,击溃明总兵吴三桂;攻陷松山,擒获明经略洪承畴及巡抚邱民仰。

战后叙军功,豪格恢复原封和硕肃亲王,被赐马鞍一副、蟒缎百匹。多铎晋爵多罗豫郡王,而太宗给他的册文中,还是有警告的意思,称围困锦州之三年,多铎同和硕肃亲王克取松山,虽无大功,但念尔为幼弟,尔尔。

在著名的松锦战役中,多铎设伏于杏山与松山之间的高桥,令杏山明军全军覆灭,从根本上扭转了局势。

直至太宗死前,多尔衮以摄政王之尊掌握了清王朝兵政大权,才真正对多铎委以重任,或带同作战,或任为主帅。

顺治元年(1644)四月,多铎随多尔衮入山海关,击溃李自成的大顺军,十月晋升和硕豫亲王。多铎从此声名显赫,成为明清之际的风云人物。

皇家的权力之争,虽没有鼓角铮鸣的沙场点兵,但也是另一个充满狡诈、冷酷、寡义和无情的铁血征程。在此征程上,铁帽子并不怎么"铁",只要你跟强权的皇帝叫板对抗,那么皇帝原来郑重其事给你的"世袭罔替,永不降级",不过是一纸空文。更何况,在清太宗那里,无论多铎累积了多大军功,对他的破格优待厚遇,都是看在先帝少子、今上少弟的情分上。

皇太极的名字原是
乾隆给取的

1

皇太极是努尔哈赤的第八子，其生母为来自叶赫部的孟古哲哲。

虽然孟古嫁给努尔哈赤是部落联姻，但孟古只知道侍奉丈夫而不理会政治，得到了努尔哈赤的尊重，夫妻感情甚笃。

《太祖秘史》中则虚构孟古是代姐东哥嫁给努尔哈赤的，因努尔哈赤杀了她大哥纳林而疯狂复仇，险致建州女真覆灭。

而在历史上，纳林和努尔哈赤确实因部落之战结仇，但他病死于明万历三十七年（1609），而孟古早在万历三十一年便已病逝。孟古临终前，最大的心愿就是再见自己的母亲一面。努尔哈赤立即派遣使者前去迎接岳母，然而双方的仇恨实在是太深了，叶赫贝勒纳林布禄坚决不许，最终只派了孟古乳母的丈夫南太前往建州探视。

这段历史，《清史稿·后妃传》记载："岁癸卯秋，后病作，思见母，上遣使迎焉，纳林布禄不许。"这个"后"，即孟古哲哲。努尔哈赤称汗后，追封其为大妃；皇太极继位后，追尊为孝慈高皇后。

《满洲实录》卷三中的记载更详细："是年，中宫皇后疾笃，思母一会，太祖遣人至夜黑往请，后兄纳林卜禄阻之，止令家人南太来。太祖曰：'我未获罪于舅，前掠我护卜插寨，后复率九国兵来侵我，汝夜黑、哈达、兀喇、辉发，因前加兵侵我，曾自任其非，各许互相结亲，宰白马已当天盟誓，今汝夜黑背前盟，将我所聘之女另（予）与蒙古，今尔妹病笃永诀之际，欲母一见，汝不容相会，是与我断好矣。既如此，我何必讳言，自今后，两家已成敌国，我将筑城汝地，日为仇杀。'言讫，令南太回。"

2

孟古哲哲死时，皇太极只有十二岁。而努尔哈赤称汗后孟古被追为大妃，那么皇太极也算是嫡子。努尔哈赤对他很是疼爱。《满文老档》记载，努尔哈赤曾说"四贝勒乃余爱妻所生之唯一后嗣，故不胜爱悯"。

天命元年（1616），努尔哈赤称汗，设四贝勒。代善是诸子老大，阿敏是帮努尔哈赤打天下的弟弟舒尔哈齐的儿子，莽古尔泰是努尔哈赤时任继室大福晋富察氏所生的第五子，而第八子皇太极的生母已死十三年。虽然皇太极在四贝勒中排位最后，但并不表示他的地位低。天命六年二月，努尔哈赤"命四大贝勒按月分直，国中一切机务，俱令直月贝勒掌理"。四贝勒的地位和权力是同等的。

努尔哈赤设四贝勒时，除了长子褚英已死外，三子阿拜、四子汤古代、六子塔拜、七子阿巴泰及皇太极以下的诸子，要么是牛录章京，要么是辅国将军，或者是没有封号。这可以说明，努尔哈赤对八子皇太极是另眼相看的。

3

至于皇太极的名字，《清史稿·太宗本纪》有记载："初，太祖命上名，臆制之，后知汉称储君曰'皇太子'，蒙古嗣位者曰'黄台吉'，音并暗合。及即位，咸以为有天意焉。"

此名高大上，此说却勉强。

皇太极出生于明万历二十年，当时的努尔哈赤做过明朝的建州都督、龙虎将军，难道不是先知道汉人的储君叫"皇太子"？

他那时已起兵统一女真，也会对西面强敌蒙古的内部政治有了解，自然少不了得知蒙古"黄台吉"。不了解敌情，怎么在防御中交结？

这就是说，努尔哈赤给第八子取的名字，未必是皇太极。早期明清文献将其称作黄太吉、洪太时、洪太主、红歹是……均为同音异写。

明人陈仁锡《山海纪闻》将其写作"喝竿"，《朝鲜王朝实录·仁祖实录》署名"黑还勃烈"，日本学者三田村泰助以此两种文献，提出皇太极的本名大致读作"Hekan"（黑还）。

俄罗斯汉学家戈尔斯基认为皇太极的本名是"阿巴海"。出生在他前面的老七叫阿巴泰。但这也未必准确。阿巴泰的生母为庶妃，当时还只是小妾，而皇太极的生母孟古哲哲很得努尔哈赤宠爱，死后十三年努尔哈赤称汗，第一个将其追封为大妃。或许，这个大妃是皇太极后来弄上去的，毕竟努尔哈赤的发妻和第二任大福晋并没有公开的追封。

实际上，皇太极出生后，努尔哈赤还公开了两任接班人：褚英和代善。故而在皇太极出生时，不论努尔哈赤如何宠爱孟古哲哲，都不会想到将来让他作为接班人，用一个伟大的名字作为潜台词。当时的努尔哈赤，也不会想到褚英、代善被废的悲剧。

褚英、代善被废之后，皇太极已在佐理国政、赞襄军事的四贝勒之列。努尔哈赤应该想到了横绝卓著的皇太极可以为他的后金开疆拓土。

而皇太极汉译名的统一，则是乾隆朝的事情了。许是皇太极的玄孙乾隆帝在那本《满文老档》中看到这个名字不错，似有天意，就给老祖宗改定了这个名字。至于具体是何年何月哪道诏书为他改名、皇太极最早在爱新觉罗家的族谱玉牒中叫什么，都被作政治性涂抹，无从查考了。

4

电视剧《太祖秘史》安排，皇太极暗窥神器，阴谋争储，让努尔哈赤一直提防，被认为是"最不放心的儿子"，未必不是虚构。

皇太极之所以后来能继位成功，除了他被岳托等以"才德冠世，当速继大位"为由拥戴的原因以外，他自身的实力也很强。

蔡东藩在《清史通俗演义》中评价皇太极："满洲太宗确系能手，观其声东击西，征服朝鲜，其兵谋不亚乃父。"

金庸在《袁崇焕评传》中说，皇太极智谋武略，实是中国历代帝王中不可多见的人物，他本身的才干见识，不在刘邦、刘秀、李世民、朱元璋之下。中国历史学家大概因他是清朝皇帝，由于种族偏见，向来没有给他以应得的极高评价。其实以他的知人善任、豁达大度、高瞻远瞩、明断果决，自唐太宗以后，中国历朝帝王没有几个能及得上。皇太极的军事天才虽不及父亲，政治才能却犹有过之。

至于传言努尔哈赤遗言要立多尔衮，其实也是因为多尔衮是末任大妃阿巴亥之子，也是要坐实努尔哈赤择嫡立储的心理。

多尔衮篇——睿王摄政

努尔哈赤理想的接班人
不是多尔衮

1

天命十一年（1626）七月中旬，努尔哈赤身患毒疽，下旬前往清河汤泉疗养。八月初，病势转危，他遂决定乘船顺太子河返回沈阳，不料十一日病死于距沈阳四十里的瑷鸡堡，终年六十八岁。

电视剧《太祖秘史》设计努尔哈赤死于宁远兵败归途，中间插入了皇太极逼宫篡位、矫旨逼大妃阿巴亥殉葬的桥段。

阿巴亥之死，确是皇太极主导，帮凶有代善等。但是，努尔哈赤并非死于宁远兵败的归途。

《清史稿·太祖本纪》对努尔哈赤死前数月的事情是有明确记载的：天命十一年正月，努尔哈赤发动伐明的宁远大战，不敌年轻的明将袁崇焕从西洋购置的红衣大炮，折戟而返。二月壬午，努尔哈赤回到都城沈阳，对诸贝勒说："朕用兵以来，未有抗颜行者。袁崇焕何人，乃能尔耶？"

努尔哈赤是佩服袁崇焕的，誓要拔掉这颗钉子。

此后，努尔哈赤四月御驾亲征背盟的蒙古喀尔喀五部，五月经历了女真大败明将毛文龙的战斗，还封了科尔沁贝勒奥巴为土谢图汗。

努尔哈赤从宁远班师回京，还活了大半年，办了不少事情。

如果皇太极真如秘史所表现的那样，又怎会有努尔哈赤死后，四贝勒与阿济格三兄弟的皇位之争呢？

皇太极得到了二哥代善的鼎力支持，完胜阿济格等三个弟弟。

2

《太祖秘史》安排努尔哈赤在发兵宁远之前，特地给大妃阿巴亥留下两黄旗的调兵凭证，说要传位给多尔衮。

电视剧的表现，也有历史依据。努尔哈赤晚年提前做安排，将亲统的两黄旗授予阿巴亥的三子阿济格、多尔衮和多铎，每人十五牛录，其余自己统率做亲军。他有个明确的指示：阿济格是镶黄旗旗主，多铎领正黄旗，将来自己死后统率的亲军全给多铎。另赐一旗给多尔衮。（据说是将统率镶白旗的褚英之子杜度调至镶红旗，把镶白旗给多尔衮）

有史家据此认为努尔哈赤要立多尔衮作继承人。努尔哈赤没有明确命令多尔衮统率哪一旗，可能是想让他成为八旗之主，让阿济格与多铎统率两黄旗作为护卫。这种认识，源于朝鲜史籍《春坡堂日月录》的记载：努尔哈赤临终时，曾遗命由幼子多尔衮继承汗位，代善为摄政。

电视剧设计，阿巴亥所生三子中，多尔衮是老大，阿济格是老幺。但史料写得很清楚，阿济格为努尔哈赤第十二子，要大第十四子多尔衮七岁，大第十五子多铎九岁。

多尔衮出生于明万历四十年（1612），至努尔哈赤驾崩时，仅十五岁。虽然他和十三岁的弟弟多铎都有十五个牛录，但并不足以与强大的皇太极、代善联合集团对抗。

电视剧里传位给多尔衮的安排，真是努尔哈赤所愿吗？

一、努尔哈赤驾崩时，十四子多尔衮十五岁，还没有上过战场。而他的哥哥代善、莽古尔泰、皇太极，以及他们的儿子，都已经是骁勇善战的大将了。努尔哈赤作为一个马上帝王，自然会明白皇太极他们的个性。他们断然不会听从一个不知军事的少年天子的命令。如果多尔衮上位成功，那就只会形成众贝勒与多尔衮血腥对抗的局面，阿济格也未必会帮助自己的胞弟。努尔哈赤发动宁远之战兵败，未必不想接班人能复仇，再次对明朝发起攻击。这样的使命，绝对不是当时的多尔衮所能胜任的。

二、五大臣执政之后是四贝勒执政。代善被废之后，"立阿敏台吉、莽古尔泰台吉、皇太极、德格类、岳托、济尔哈朗、阿济格阿哥、多铎多尔衮八贝勒为和硕额真"（《旧满洲档·昃字档》），共议国政，多尔衮三兄弟参与八和硕贝勒共治国政制，后来努尔哈赤又制定由代善领衔的十固山贝勒共同执政的制度。多尔衮兄弟虽在其中，但年轻功薄，真正有话语权的还是代善、皇太极他们。多尔衮还是一个未成年的孩子，政治地位不如阿济格，甚至不如多铎。在天命年间许多重大活动中，都不见多尔衮的踪影。

三、让多尔衮继位、代善执政，努尔哈赤未必愿意。虽然努尔哈赤曾说："等我百年之后，我的诸幼子和大福晋交给大阿哥（指代善）收养。"但是，有事实证明努尔哈赤很忌讳妻妾和儿子交往。有一种说法是，他的继妃富察氏跟了他三十多年，生育了二子一女，很受宠爱，但因传出与代善有私情，便被努尔哈赤以"盗藏金帛"之名罗织罪状，"迫令大归"（即休弃。一说被处死，故有莽古尔泰杀母邀宠的典故）。另外，代善大另一个大妃阿巴亥七八岁，也似乎是私通案的另一版男女主角（《太祖秘史》就安排了这出戏，但没让富察氏出场），努尔哈赤自然不放心让阿巴亥作为太后与执政代善共管朝政。那样只会让儿子与继母重演情感戏。

四、多尔衮兄弟接管两黄旗，遵循了女真族的幼子守灶制度。幼子守灶，是一些少数民族在原始氏族社会时衍化出的一种财产继承法则，即幼子继承父亲的家业，长子析居，幼子守户。努尔哈赤十九岁时即从父亲家中分出，独自立户。《满洲实录》卷一记载，分家时"家产所予独薄"，这是满族人薄于长厚于幼的传统习惯使然。按理，努尔哈赤最小的幼子是第十六子费扬果，但他是偏妃所生，其生母连姓名都不详，而阿巴亥是大妃，按当时的嫡庶观而言，第十五子多铎是最小的嫡子。故而，努尔哈赤对多铎的优待，是要明显多于多尔衮的。

就拿努尔哈赤的分配来说，多铎要比多尔衮小两岁，但他提前成了正黄旗旗主（上三旗排名第一）。除了三兄弟同时分得的十五牛录外，努尔哈赤还要将自己剩下留作亲兵的部分也全部给多铎。

牛录是八旗制度的基层军政组织。努尔哈赤在位时期，对八旗牛录数量大致作了这样的安排：正黄旗四十五个牛录，镶蓝旗三十三个牛录，镶红旗二十六个牛录，正红旗二十五个牛录，正白旗二十五个牛录，镶黄旗二十一个牛录，正蓝旗二十个牛录，镶白旗十五个牛录。每个牛录大约三百人。努尔哈赤的两黄旗是六十六个牛录，等其死后，多铎还会得到二十一个牛录，除非多尔衮真正成了镶白旗旗主。满族以黄色为尊，两黄旗是皇帝亲率，是实力最强的，故皇太极登基后，拿自己最弱的两白旗和多尔衮兄弟的两黄旗调换，不久又加罪于阿济格，废掉了他的旗主位置，还在崇德二年（1637）将两白旗混编。

3

虽然多尔衮三兄弟在努尔哈赤生前得到了实力最强的两黄旗支持，但他们年纪太小，阿济格虽已成年但直爽莽撞，即便有大妃阿巴亥在背后帮衬（皇太极、代善矫旨逼死她，也是要剪除她对多尔衮的支持，不让她拿努尔哈赤的遗言发号施令），也还是不能对代善、皇太极形成威胁。

代善虽被废储，但他仍是四大贝勒之首，参与国政，掌管两红旗（正红、镶红）人马，其四子岳托、硕托、萨哈廉、瓦克达，皆是英勇善战的猛将。镶白旗旗主——褚英之子杜度，也是能征惯战，一直追随叔叔代善。也就是说，代善至少拥有六十六个牛录，且手下悍将不少。

在诸多贝勒中，代善实力最强、威望最高、年龄最大，而且是努尔哈赤元妃所生的次子，有着足够的本钱夺位。但是，他的左右手儿子岳托、萨哈廉力劝父亲支持老八皇太极，他也知道自己制服不了其他执政贝勒：镶蓝旗旗主阿敏素有野心；正蓝旗旗主莽古尔泰桀骜不驯，阿济格刚强好斗；而不是旗主的多尔衮虽小，也不愿甘为人下；尤其是皇太极胸怀大志。

皇太极智勇双全，机警聪睿，善用权术，而且功勋卓著。他是正白旗的旗主贝勒，生母也是努尔哈赤的大妃，深受汗父宠爱，岳托、济尔哈朗、斋桑古（阿敏之弟）、德格类等贝勒及八旗诸多大将都与他关系密切，曾誓言愿意为皇太极效劳。

这些，努尔哈赤未必不清楚，即便他再爱多尔衮，那也只是父子之情，而在明王朝还很强大、蒙古也未臣服的情势下，即便是他亲自选择接班人，也只能是文韬武略的皇太极，而不是尚无历练的多尔衮。

《清太宗实录》卷一记载："太祖以上（皇太极）为大贝勒，与代善、阿敏、莽古尔泰，共理机务，多所赞画，统军征讨，辄侍太祖，偕行，运筹帷幄，奋武戎行，诛携服叛，所向奏功，诸贝勒皆不能及。又善抚亿众，体恤将卒，无论疏戚，一皆开诚布公以待之，自国中暨藩服，莫不钦仰。上凡遇劲敌，辄亲冒矢石，而太祖深加爱护，每谕勿前往。时帝业肇兴，大勋将集，圣心默注，人望攸归。"

多尔衮三兄弟为什么
不反抗救母？

1

天命十一年（1626）八月十一日未时，努尔哈赤病逝于沈阳城外四十里处的瑷鸡堡，享年六十八岁。第二天辰时，大妃阿巴亥"以身殉焉，年三十有七，遂同时而殓"（《清太祖高皇帝实录》卷十，天命十一年辛亥）。另外，还有二庶妃殉葬太祖。

殉葬的二庶妃为德因泽（塔因查）和阿济根。阿济根原为侍女，因协同庶妃德因泽（塔因查）举报阿巴亥与大贝勒代善有染，被努尔哈赤升为侧福晋，奖励与大汗同桌吃饭。（历史上一种推测）她们殉葬努尔哈赤，也是被逼的：一是皇太极要向代善示好，毕竟二庶妃的揭发让代善被努尔哈赤废掉了储君之位；二是她们并未给太祖生育一儿半女，按明朝开国皇帝朱元璋玩的殉葬法，未生育的妃子不好留在未来大汗的后宫，需要陪葬。

而大妃阿巴亥，准确地说，是被四大贝勒逼迫而殉葬努尔哈赤的。一说是她自缢而死，二说是被弓弦勒死。

不论哪种死，阿巴亥都是被逼的。

阿巴亥死时，其大儿子阿济格二十二岁，二儿子多尔衮十五岁，小儿子多铎十三岁。

皇太极主持修撰的《清太祖武皇帝实录》卷四是这样说的：孝慈皇后"崩后复立兀喇国满泰贝勒女为后，饶丰姿，然心怀嫉妒，每致帝不悦，虽有机变，终为帝之明所制，留之恐后为国乱，预遗言于诸王曰：'俟吾终，必令殉之。'诸王以帝遗言告后，后支吾不从。诸王曰：'先帝有命，虽欲不从不可得也。'后遂服礼衣，尽以珠宝饰之，哀谓诸王曰：'吾自十二岁事先帝，丰衣美食，已二十六年，吾不忍离，故相从于地下。吾二子多儿哄、多躲，当恩养之。'诸王泣而对曰：'二幼弟吾等若无恩养，是忘父也，岂有不恩养之理！'于是，后于十二日辛亥辰时自尽，寿三十七，乃与帝同枢，巳时出宫，安厝于沈阳城内西北角"。

兀喇和多儿哄、多躲，都是乌拉、多尔衮和多铎的原始写法，这不是主要问题。主要的是，四大贝勒称阿巴亥丰姿绰约、俏丽聪颖、心怀嫉妒、恐乱国政，而被太祖遗命殉葬。

他们的政治阴谋是要避免聪明能干的大妃在太祖去世之后升为太后。大妃势必能影响整个朝局，同时她作为太祖驾崩前的独处者、见证人，自然能传出不利于四大贝勒而推己子上位的太祖遗命。

所以，四大贝勒率先传出不见记载的太祖遗命，先发制人，以绝阿巴亥"为国乱"。

这样的理由，应该是二贝勒阿敏、三贝勒莽古尔泰和四贝勒皇太极想出来的。大贝勒代善虽然拥有两红旗，但他两个最能干的儿子岳托和硕托，都是皇太极的支持者。为了自证清白，代善不得不做出政治妥协。毕竟这个冠冕堂皇的借口，既针对阿巴亥，也与他代善有关。

天命五年三月，德因泽（塔因查）与阿济根向太祖告发，大妃阿巴亥（或为继妃富察氏衮代，具体是谁，存疑。也有可能为乌拉那拉氏阿巴亥）私自给大贝勒送了两次酒食，代善都接受了；给四贝勒送了一次酒食，而四贝勒受而未食。阿巴亥曾两三次遣人到大贝勒家，还曾深夜出宫两三次。太祖闻言，便命侍卫彻查，得悉并非诬告。

努尔哈赤急了！虽然他曾说过身后大妃及其所生诸子交由代善照顾，没想到他还没死，阿巴亥和代善就眉来眼去、暧昧行事。每次赐宴会议上，阿巴亥皆艳妆往来代善之侧，不免让太祖心生不满，使大臣私有腹诽，也给了以皇太极为首的其他贝勒为夺储争权而借题发挥的机会。

虽然有说法直指德因泽（塔因查）的揭发，是受了皇太极的指使。但努尔哈赤不想让收继婚的传统提前变成事实，更不想因此遭人暗算，毕竟当初他幽死爱弟舒尔哈齐、处死长子褚英，也是因为大位受到了亲人的威胁。如果代善和阿巴亥联手铤而走险，所造成的威胁丝毫不亚于褚英或者舒尔哈齐。于是，太祖以私藏金银之罪，责令阿巴亥"大归"，并命她不得与其他人往来联络。

阿巴亥被离弃了两三年，还是被努尔哈赤召回。但代善的储位被废，却未被复立。

2

努尔哈赤死前，曾给阿济格兄弟各分了十五牛录，命阿济格为镶黄旗旗主，多铎为正黄旗旗主。

让人不解的是，后来在太宗朝以卓越军功博得官爵的阿济格、多尔衮和多铎三兄弟，在母亲被迫殉葬时，并未进行实质性的反抗。

即便后来多尔衮在顺治朝，以摄政睿亲王之尊成为皇父摄政王，除了"擅称太宗文皇帝序不当立"（《清史稿·多尔衮传》）外，就是指使亲信大学士刚林、祁充格将《太祖实录》中阿巴亥殉葬的内容删去，改为自愿殉夫，何其高风亮节，并追封为孝烈武皇后。

好一个"烈"女子，被诸继子逼殉，而被亲儿子改为忠烈女。

阿巴亥的大儿子阿济格，作为八旗最强大、最尊贵的镶黄旗旗主，且在天命十年随莽古尔泰征伐察哈尔，次年拜将领兵出征喀尔喀巴林部，从代善讨伐扎鲁特，骁勇善战，战功卓著，被封贝勒，入列八和硕贝勒共治国政。但他作为少壮派的显贵旗主，却对母亲被逼自杀无动于衷，是有原因的：

一、四大贝勒打着太祖遗命，让阿济格不敢反抗。天命汗的子孙似乎都有一个共性，就是为了取悦父汗，不惜拿亲人开刀。三贝勒莽古尔泰的生母富察氏，貌似与代善有私情被发现，太祖以私藏财物之名将其休弃，莽古尔泰却将生母残忍地杀害。后来，豪格因父汗对岳母兼姑母莽古济厌恶，于是将自己的嫡福晋——莽古济之女——杀死。

二、阿巴亥曾私藏财物，被努尔哈赤发现并追责，派人对阿济格进行抄家。努尔哈赤曾一度远离阿巴亥，不与其同房。

三、阿济格虽骁勇善战，但自身存在软弱性，身领最强势的镶黄旗，并兼管正黄旗，然而相较于四大贝勒所率的六旗，并无胜算。

四、从《清太祖武皇帝实录》卷四中记载的阿巴亥请诸贝勒"恩养"其子的遗言来看，她只提到多尔衮、多铎，而不涉及阿济格。当时的多尔衮和多铎，都在参与国政的和硕额真行列，而且多尔衮已成婚两年，也算作成人。虽然阿济格已经二十多岁，但不论如何，对于四大贝勒来说，都是一个弱势群体，作为母亲不该厚此薄彼。所以，阿巴亥和阿济格的感情究竟如何，也让人不得不怀疑。

电视剧《孝庄秘史》表现了阿巴亥被逼殉葬，多尔衮和多铎有不少戏份，但没有安排阿济格有像样的出场。

3

对于母亲阿巴亥的死于非命，阿济格、多尔衮和多铎三兄弟表现得最多的是妥协，有无可奈何，也有无助冷漠。

即位成功的皇太极，兑现了对阿巴亥临终的承诺。《清太宗实录》卷一记载：太宗"继立，大妃乌拉那拉氏生子三，长阿济格，次多尔衮赐号墨尔根戴青，次多铎赐号额尔克楚虎尔"。

多尔衮和多铎得到了封号。《清史稿·诸王传》记载是天聪二年（1628），他们跟从太宗征战多罗特部有功，而得封赏。太宗并未奖励阿济格，而以阿济格擅自为多铎迎娶乌拉舅舅阿布泰家的表妹为由，削去他的爵位，后来再恢复原位，但他原管的镶黄旗却被皇太极永久夺去。

从阿济格三兄弟在太宗朝的战斗历程和政治作为来看，他们是皇太极培育倚重兼及打压的少壮派，但他们对皇太极算是忠心拼命的。天聪元年，阿济格随阿敏出征朝鲜，连克五城，归来又跟着皇太极南征明军。而多尔衮作为太宗朝最耀眼的政治明星，东征西讨，多建殊功，不但成了大清王朝第一个奉命大将军，而且统摄六部，为后来摄政做了充分的准备。

多尔衮继位说是朝鲜人
报复皇太极

1

日本人稻叶君山在《清朝全史》中，引用朝鲜人李肯翊《燃藜室记述》记载："吾人推求其故，当由于太宗争夺汗位，出此隐情。谓出于太祖之遗言，其实与事实上适相违反也。就朝鲜所闻，则太祖临死时谓贵永介曰：'九王当立而年幼，汝摄位后，可传九王也。'贵永介以嫌疑，遂让洪太氏……是太祖欲以最宠所出之多尔衮继汗位，因子幼母寡，暂以长子摄位，其心苦矣。然而太宗前半生之骨肉相贼，祸因亦自此始。"

贵永介为代善，洪太氏为皇太极。而九王，是朝鲜人对多尔衮的称呼，是从九贝勒来的，因为多尔衮在太祖所封的后金十贝勒中排序第九。

太祖病逝时，已有六十八岁，但他并不老迈昏聩，精力还很充沛。天命十一年（1626）正月，他在宁远之战中被袁崇焕的红衣大炮击中，班师返回沈阳，不久又御驾亲征蒙古势力最大的部落喀尔喀，大获全胜；随即又调兵遣将大败偷袭鞍山驿和萨尔浒的明将毛文龙。

努尔哈赤七月发病，到八月病亡，但他有足够的时间安排后事和接班人。毕竟此前为了他那把椅子，他已经两次面对亲弟被幽禁而死、长子圈禁后被杀的人伦悲剧。他已经不可能也不情愿再为此付出流血的代价了。

努尔哈赤称汗建国十一年，先册封四大贝勒辅政，后实行八和硕贝勒共治国政。不论是前制还是后制，杰出的皇太极无疑都是带头大哥，即便是与之有权力暗战的前储君代善，也自知不如。皇太极身边聚集了后金的一大批战将贝勒，就连代善最优秀的两个儿子岳托和萨哈廉（《清史稿》作"萨哈璘"），也唯皇太极马首是瞻。

多尔衮是否真为努尔哈赤最爱的儿子，让努尔哈赤有意传位于他，还是一宗扑朔迷离的旧案。四大贝勒辅政时，多尔衮只是刚出生的娃娃。八和硕贝勒共治国政时，多尔衮年纪太小，与其弟弟多铎同占据一个席位，而且年幼的多铎排名在前。

即便多尔衮能够参与共治国政，也是和多铎一样，都是一个虚设。且不说四大贝勒持重老成、军功卓著，当时的多尔衮和多铎不过是十岁左右的儿童。努尔哈赤将部众分为八旗，亲率两黄旗，打算要多铎掌正黄旗，阿济格掌镶黄旗，而多尔衮该是哪旗旗主尚未正式公布。多尔衮拿什么来与"才德冠世"的皇太极进行权力之争呢？

满人有"幼子守灶"的习俗。多尔衮虽幼，但不是幼子。太祖不把多尔衮列入辅政贝勒，也许是另有用意，但如果没有他的公示，并专门培养一段时间，是更不能服众的，甚至还会招来杀身之祸。

2

毕竟，太祖驾崩时，既没有一纸遗诏，也没有重臣为证。不到十五岁的多尔衮，在没有绝对力量的支持下，是不可能有继位的机会的。

虽然李肯翊传言，太祖要代善摄政，将来传位给多尔衮，但李氏史家严重地忽略了一个大环境和一个大前提。

努尔哈赤虽统一了女真，时不时敲打蒙古和朝鲜，但他建国自立，还必须有一个强有力的接班人来对抗故主——尚且强大的大明王朝。最起码，让他这个常胜大佬吃了大亏的袁崇焕，还像一颗钉子一样镇守在宁远。

王先谦《东华录》通过代善长子岳托、三子萨哈廉的嘴，说出了太祖对皇太极的特别用心："四贝勒才德冠世，深契先帝圣心，众皆悦服，当速登大位。"

皇太极继位是众望所归！

李肯翊也承认太祖托孤时，代善让贤皇太极。足以证明当时能力最强的，当属皇太极。

另外，代善何许人也？太祖废掉褚英之后，指定代善为储，后因代善听继妻谗言要杀自己的儿子，才将其废掉。太祖这时又遗命代善摄政，这难道不是明摆着要代善继位吗？

如果让代善摄政，又是一次私密的谈话，而没有公开的诏书，这对于代善而言，就是没有监督，他完全可以废掉甚至杀掉傀儡大汗多尔衮，自己根据国家命运和历史需要正式登基，然后传之子孙。论实力，多尔衮兄弟即便有先大妃阿巴亥的支持，也不是强大的代善父子的对手。

3

努尔哈赤临终遗言谁来继位，谁来摄政，如此私密的事情，即使真有其事，那知情的也只能是在场的人，只有努尔哈赤、代善，顶多加上阿巴亥。这怎么会被朝鲜人窥知。难道是阿巴亥或者代善传出来的？

为什么朝鲜人专门设计了一幕努尔哈赤遗命代善摄政、传位多尔衮的戏呢？这是有原因的！

朝鲜人对代善以同情为主，对多尔衮却是友好，而对皇太极很是仇恨。

朝鲜与明接壤，又与后金为邻。明金对峙，后金要想西进伐明，就要考虑东面朝鲜的行动，朝鲜的向背确实举足轻重。在后金统治集团内有两种意见。据朝鲜《李朝实录》记载："第三子洪太时，常劝其父欲犯我国；其长子贵永介则每以四面受敌，仇怨甚多，则大非自保之理，极力主和，务要安全，非爱我也，实自爱也。"努尔哈赤为了避免两线作战，故对朝鲜采取拉拢的政策，曾多次派遣使臣赴朝投书，希望朝鲜与明朝脱离关系，同后金结盟。

天命四年的萨尔浒一战，明军大败，许多贝勒都主张杀掉前来为明助战的朝鲜元帅姜弘立等。但代善（贵永介）不赞成，他认为："与南面的明朝相战时，不可不与北面的朝鲜相合。"当朝鲜元帅姜弘立率剩余的五千兵下山来投降，因不以后金礼节拜见太祖，太祖发怒并欲尽斩朝鲜将卒以后快时，又是代善出面阻止。代善说，阵上和约已指天为誓，若将他们杀掉天所不容，并建议将朝鲜军队尽数放回。最后，太祖依代善所言，与朝鲜暂时达成了修好之议。

顺治元年（1644）始，摄政王多尔衮成为清朝主要决策者，他对朝鲜的政策主要秉承皇太极。由于明清战略形势的巨变，为了得到朝鲜的物资援助，多尔衮及时调整了朝鲜政策，使得清朝与朝鲜的关系由征服与被征服的关系开始向传统的宗藩关系回归。

在多尔衮十一名有名分的妻妾中，有二女来自朝鲜李氏王族。一个是继妃李氏，崇德三年（1638）为他生下独生女爱新觉罗·东莪。一个是侧妃李氏，即朝鲜义顺公主。顺治七年，多尔衮在迎娶豪格遗孀的同时，又派亲信去朝鲜选美，之后亲自前往朝鲜，未举行任何仪式，就迫不及待地与十六岁的李氏在连山成婚。

可以看出，多尔衮虽耽于享乐，但对朝鲜还是友善的。故而朝鲜史家投桃报李，也希望大清将来是这个姑爷的。可惜的是，多尔衮性急地纳了李氏后，半年后纵马跌伤，撒手人寰。

4

而皇太极对朝鲜，确实一以贯之地打击。朝鲜对清朝，由以前的兄弟之称，变为执藩臣之礼。

《清史稿·太宗本纪》中就有两次详细的记载：

天聪元年（1627）正月，太宗命二贝勒阿敏，以及贝勒济尔哈朗、阿济格、杜度、岳托、硕托率兵出征朝鲜。太宗的理由是："朝鲜累死得罪，今明毛文龙近彼海岛，纳我叛民，宜两图之。"这一战，迫使朝鲜国王李倧率妻儿仓皇出逃，后献大礼议和，盟约罢兵。清朝派了七千兵员防守义州和镇江城。此外，阿敏还准备在朝鲜称王。

崇德元年十一月，太宗以"朝鲜败盟逆命"为由，决定发兵讨伐，十二月率军起行。朝鲜国王李倧预料"朝夕被兵"，寄希望于明朝支援，实际落空。清军攻城略地，势如破竹，来势凶猛，史称"丙子虏乱"。第二年正月，清军战胜朝鲜全罗、忠清两道援军，李倧逃到南汉山城，"势穷情迫"，称臣请罪。太宗要求严惩朝鲜挑起衅端的大臣，同时造船发兵攻入江华岛，获朝鲜王妃、王子及阁臣等人。李倧亲至太宗面前伏地请罪，史称"丁丑下城"。举行受降仪式后，当即留下其长子及次子为质，其余被俘妻子家口二百余人遣送还京。

从此，清朝代替明朝把朝鲜变成了藩属国。直至 1895 年 4 月，清朝在中日甲午战争中战败，被迫签订《马关条约》，日本控制下的朝鲜政府才宣布终止与清朝的宗藩关系。

朝鲜人对皇太极的恨，不仅表现在说皇太极继承汗位的手段不合法，而且通过朝鲜使臣郑忠信之口说他对力保他继位的代善"潜怀弑兄之计"（吴晗辑《朝鲜李朝实录中的中国史料》第八册）。

此事还有所指。天命六年九月，努尔哈赤问堂弟阿敦谁可继位。阿敦一句"智勇俱全，人皆称道者可"，即指皇太极。不久后，阿敦又跟代善说，皇太极伙同莽古尔泰、阿济格要杀他。代善向太祖求庇护，太祖找来皇太极等三人对质，三人矢口否认。太祖大怒，认为阿敦挑拨自己的儿子们内斗，将其拴上铁链圈禁。所以，郑忠信回国后，宣扬此事，认为皇太极使诈。

多尔衮一统中原
无底气

1

顺治元年（1644）四月，大清国摄政睿亲王多尔衮受奉命大将军印，统率大军，借占领紫禁城的李自成东征吴三桂的机会，以敕封亲王、世袭罔替等形式，迫降据守山海关的明朝宁远总兵官吴三桂。

多尔衮代行皇权，有决定一切赏罚的便宜行事大权，所以不请示顺治帝也能够给可以归附的对手以承诺，当然也可以与敌对阵营的主要人物媾和。

他曾给李自成送过一份求和信，以"大清国皇帝"的名义，向"西据明地之诸帅"表达结盟的意愿："朕与公等山河远隔，但闻战胜攻取之名，不能悉知称号，故书中不及，幸毋以此而介意也。兹者致书，欲与诸公协谋同力，并取中原。倘混一区宇，富贵共之矣。不知尊意如何耳。惟望速驰书使，倾怀以告，是诚至愿也！"（《明清史料》丙编第一本《清帝致西据明地诸帅书稿》）

信是这年正月二十七日写的。

多尔衮派工作人员迟起龙送的。

当信送至陕西榆林时，刚刚建国大顺的永昌皇帝李自成，已经率领大军东渡黄河，大举进攻山西，大张旗鼓地向明廷的京师进军。

榆林守将王良智接待了迟起龙，并写了回信，承诺会向上禀告李皇帝。但是，他将多尔衮表示友好的原信退给了送信人。

当时没有复印机，也没有扫描仪，迟起龙回禀王良智"奏知他主上去了"，其实是口说无凭。此等大事，仅凭王良智一张嘴，能说服李自成吗？

王良智把原信退回，无疑是不重视多尔衮寻求帮手、趁火打劫、联合攻明的结盟信息。没有证据，他也怕落一个与清谋和、私通外敌的罪名。

王良智在李自成开国御封的五等爵位中，为七十二伯爵之一——确山伯，属于高级干部，但并非位高权重，不像汝侯刘宗敏、泽侯田见秀、亳侯李锦及左辅大丞相牛金星、开国大军师宋献策那般举足轻重。即便他把消息及时传递，也未必能影响到势头正盛的李自成。

就在大顺军兵临京师、即将破城的前一天，李自成派投诚的明廷太监杜勋，给危坐在太和殿龙椅上的崇祯帝捎去一封信。

只要崇祯帝许诺他自立做西北王，并送给他一百万两银子劳军，他可以马上调转枪头奔赴辽东，灭了不安分的大清国。

从此事可见，已胜券在握的李闯王并无灭明的帝王气魄，临了临了，还在为一些蝇头小利打算盘。这是不是真实的历史，且不好说，毕竟记载此事的史料《小腆纪年附考》，为晚清咸丰文人徐鼒所写。

在徐鼒的文字里，李自成就是十恶不赦的"闯贼"。

徐氏说，杜勋传信："闯人马强众，议割西北一带分国王并犒军银百万，退守河南"，只要崇祯答应兑现，"闯既受封，愿为朝廷内遏群寇，尤能以劲兵助剿辽藩"（《小腆纪年附考》卷四）。

"辽藩"指的就是多尔衮的大清国。

无疑，李自成没有收到多尔衮的和谈计划，当然也没有考虑多尔衮"协谋同力，并取中原"的联合攻明建议。

就在吴三桂屈膝降清的同时，多尔衮与曾经的假想盟友李自成第一次交锋。

吴三桂的老父亲吴襄被李自成杀了示威，他的美姬妾陈圆圆被刘宗敏掳去陪床，他的崇祯帝朱由检在万寿山悲壮自缢。国仇家恨，激怒了吴三桂，他请为前驱，引领着多尔衮的清军一路向西，逼得李自成不断进行战略性转移。

如果不是吴三桂们的襄助，多尔衮未必进得了紫禁城。

· 进了紫禁城的多尔衮发号施令，接受曾力劝崇祯帝南迁的前明东宫大秘李明睿的建议，为崇祯举哀三日。

这是招抚明朝遗老和官员的政治用心。

多尔衮紧接着推行民族压迫政策：剃发改制。

剃发令下，京师大震。久受儒家礼教观念熏染的明朝臣民强烈抵制。

有人力劝多尔衮，这不是"一统之策"！

多尔衮说："何言一统？但得寸则寸，得尺则尺耳。"（张怡《谀闻续笔》卷一）

初入关内的多尔衮，对于一统中原是没有底气的。他能够进入紫禁城都是侥幸，所以，他在此前制定进攻明朝方略时，第一时间想到了还很陌生的反明义军。

由于消息闭塞，他甚至连李自成已改元建国称帝都不知道，甚至还不知道"西据明地之诸帅"的带头大哥是谁。

他想联合攻明，"富贵共之"，却没料到李自成的手下并没重视他的提议，没有及时传递他的意思。

2

多尔衮意欲联合李自成被拒后，审时度势，在吴三桂的带领下，出兵赶跑了李自成。之后，他又担心在江南新成立的南明政权吸取教训，和李自成抱团反击清军。所以，多尔衮并没有第一时间将远在盛京的顺治小皇帝迎进关内，而是在不久，即顺治元年六月初一日，颁诏江南，大骂李自成和大顺军弑君篡国，并将自己鸠占鹊巢的虚功夸饰一番。

他追忆自己的家族与朱明王朝渊源甚远，而不说对大明皇帝的背叛。

他自诩义师，不杀无辜，不抢财物，不烧房屋，却强制推行剃发、圈地等霸王条款。

他当前最想干的，是联合明朝残余势力，对势众人多的义军进行二打一。

所以，他在鼓动那些"不忘明室"的"河北、河南、江淮诸勋旧大臣，节钺将吏及布衣豪杰之怀忠慕义者"，"或世受国恩，或新膺主眷，或自矢从王，皆怀故国之悲，孰无雪耻之愿？"（谈迁《国榷》卷一百〇二）

他寄望支持南明政权的各方势力能看到他打出的为明帝复仇讨贼的旗号。

贼喊捉贼。

为了进一步推动南明的积极响应，多尔衮想到了致书南明弘光政权的督师大学士史可法，先大肆表功，称自己统兵入京后，首先尊崇崇祯帝后谥号，以最高规格安葬山陵，对前明王公勋戚和文武大臣，封赏如昔，重用依旧，做到了"耕市不惊，秋毫无犯"（多尔衮《致史可法书》）。

紧接着，多尔衮通报最近的战斗计划："方拟秋高气爽，遣将西征，传檄江南，联兵河朔，陈师鞠旅，戮力同心，报乃君国之仇，彰我朝廷之德。"

他致书史可法，主要是想说动史可法联合剿闯。他又担心遭到南明督师、兵部尚书兼东阁大学士史可法拒绝，故而采取了激将法："岂意南州诸君子，苟安旦夕，弗审事机，聊慕虚名，顿忘实害，予甚惑之！"并盛气凌人地威逼道："我国家不惮征缮之劳，悉索敝赋，代为雪耻。孝子仁人，当如何感恩图报？兹乃乘逆寇稽诛，王师暂息，遂欲雄踞江南，坐享渔人之利。……今若拥号称尊，便是天有二日，俨为敌国。予将简西行之锐，转旆东征；且拟释彼重诛，命为前导。"

威逼利诱。

所谓威，莫过于八旗兵赶走了打进紫禁城、逼死崇祯帝的李自成及其大顺军。

所谓利，就是多尔衮打出的旗号："为尔等复君父仇！"（徐锡龄、钱泳《熙朝新语》一卷）

3

虽然曾任崇祯朝南京兵部尚书的史可法，与南京掌管户部、吏部、都察院的张慎言等，最初支持的是"贤良而且聪明"的潞王朱常淓，而非集中了"贪、淫、酗酒、不孝、虐待下属、不读书、干预官吏"七大缺点的福王朱由崧，但最后迫于凤阳总督马士英联合诚意伯刘孔昭及江南四镇总兵的压力，而不得不拥立无能的朱由崧作为新明朝的弘光皇帝。

作为南明名义上军事统帅的史可法，实际上根本驾驭不了镇将刘泽清、刘良佐、高杰、黄得功及镇守武昌的宁南侯左良玉，他一直忙碌于调解诸将之间的矛盾。

他也明白清军将是南明复国的最大祸患，但此时的他，想得最多的还是"借虏平寇"，即与多尔衮合作，联合围剿李自成以及其他义军势力，当然也包括已经建立大西政权的张献忠。

他主动向政敌马士英示好，联合力主联清剿闯，怂恿弘光皇帝向多尔衮派出以左懋第、陈洪范、马绍愉为首的议和团。

史可法在《请遣北使疏》中说："先帝以圣明之主，遭变非常，即枭逆闯之头，不足纾宗社臣民之恨。是目前最急者无逾于办寇矣。"（史可法《史忠正公文集》卷一）

也正是因为史可法积极响应多尔衮，主导南明政府和大清王朝缔结具有可能性的盟约。他认为清军西向剿闯，就是为南明复仇，所以在清军大举西征李自成时，他希望弘光皇帝授权，命其统率四镇精锐，直指秦关。

多尔衮终于借力打力成功，被清室宗亲昭梿当作经典案例，写进了《啸亭续录》，声称"致书察时明理""足以传千古"（《啸亭续录》卷三《睿忠王致史阁部书》）。

乾隆帝翻阅多尔衮传略，决意为已成百年铁案的睿亲王平反，称赞他"奉世祖车驾入都，成一统之大业，厥功最著"（《清史稿·多尔衮传》），还将没有写进的多尔衮致书史可法一事，重新从内库中翻出原稿，"补行载入，以备传世"。

清廷皇家奉为传世经典的离间政策，实为南明大忠臣史可法的战略失策所致。但，南明君臣始终仇视义军，即便义军多次真诚地联合反清，也是一以贯之地严防孤立、掣肘倾轧，结果损人害己，成就了清朝并无把握的"一统"。

招降吴三桂，多尔衮比
皇太极棋高一着

1

诱降吴三桂，不是多尔衮的首创。

早在太宗崇德七年（1642）松锦大捷后，皇太极接受了大凌河降将张存仁的建议：利用松锦城破、洪祖俘降大做文章，以"逆者必杀，顺者必生"（《清史列传·张存仁传》）的政策，招降宁远总兵吴三桂。

张存仁认为吴三桂进退失据，持观望的态度。

于是，皇太极命张存仁等给吴三桂写劝降信，晓之以理，威之以力，动之以情。

张存仁在信上写道：明朝气运已尽，救锦州之围而导致松、杏二城被困，"守一城而三城失，重臣大帅被俘归降"。吴将军是祖大寿的外甥，你舅舅既已降清，你难逃朝廷的追责，很难表明忠诚的心迹。明朝大厦将倾，你也是一木难支，纵然苟延岁月，但智竭力穷，最终也要重蹈你舅父覆辙。不如现在就投降，还能在大清获取勋名。

受命给吴三桂写信的，还有祖可法及其舅舅祖大寿。他们与吴三桂有裙带关系，祖大寿的妹妹嫁给了吴三桂的父亲、原锦州总兵吴襄，成为吴三桂的继母。

吴三桂看完此信，表达出愤怒：他要做崇祯帝的忠臣，砍下祖大寿、张存仁的脑袋以报天恩。

但是，吴三桂最终还是回了信，被转给了皇太极。崇德八年正月，皇太极当即给他去了一封长信：

"大清国皇帝敕谕吴大将军：尔遣使遗尔舅祖总兵书，朕已洞悉。将军之心，犹豫未决，朕恐将军失此机会，殊可惜耳。我国自兴师征明以来，攻城略地，历有年所，明之将士，至今有能立功名、保身家、全忠义者乎？非阵亡于我军，即受戮于尔主。军机一失，峻法随之，良将劲兵，殆将尽矣。将军知此，何为昧于从事，蹈覆车之辙哉！祖总兵初不携其妻子来归，今悔之无及，料将军亦所悉知。当祖总兵被围锦州时，明以各省镇兵倾国来援，一朝覆败，锦州、松山、杏山、塔山，俱已失守。今我军围困宁远，不知更有何处援兵，以解将军之厄耶？若不乘此时急图归顺，勉立功名？傥我国蒙天眷佑，南北两都，皆为我有，蕞尔宁远，岂能独立乎？逮至糗粮罄绝，阽危待毙之际，将军悔不可追矣！此非朕自为矜诩，实至论也。我国原以武力精强、言词谦逊者为贵，若徒为大言，又何益于胜负之数哉！将军试思之。"（《清太宗实录》卷六十四，崇德八年正月甲寅）

皇太极晓之以理、威之以力地劝降"犹豫未决"的吴三桂，然而，吴三桂还是守住了底线，被崇祯帝视若最后一根救命稻草。

2

甲申巨变，大顺国永昌皇帝李自成攻陷大明京师，其二号首长、第一大将刘宗敏抓住了吴三桂的父亲吴襄，抢走了丰厚的吴府财产，还霸占了吴三桂好不容易得来的爱妾陈圆圆。

《明史·流贼传》记载："初，三桂奉诏入援，至山海关，京师陷，犹豫不进。自成劫其父襄，作书招之，三桂欲降，至滦州，闻爱姬陈沅被刘宗敏掠去，愤甚，疾归山海，袭破贼将。自成怒，亲部贼十余万，执吴襄于军，东攻山海关，以别将从一片石越关外。"

《清史稿·吴三桂传》也记载李自成曾招降吴三桂。吴犹豫再三，曾一度有降闯的念头，但因爱妾陈圆圆被刘宗敏掳去而作罢："自成胁襄以书招之，令通以银四万犒师，遣别将率二万人代三桂守关。三桂引兵西，至滦州，闻其妾陈为自成将刘宗敏掠去，怒，还击破自成所遣守关将。"

他最后倒向多尔衮，联军攻击李自成，看似为了什么陈圆圆，然其最大的目的不过裂土自立，或者以"复君父之仇"成为明朝的实际统治者。

崇祯死了，明朝亡了。以摄政睿亲王亲领奉命大将军的多尔衮，陈兵山海关外，急需迫降扼守山海关的吴三桂，洞开逐鹿中原的入口。

他要彻底降服吴三桂。

此前，多尔衮接受洪承畴的战略建议，对前明文武宣示："此行特扫除乱逆，期于灭贼。有抗拒者，必加诛戮，不屠人民、不焚庐舍、不掠财物之意。仍布告各州县有开门归降者，官则加升，军民秋毫无犯。若抗拒不服者，城下之日官吏诛，百姓仍予安全。有首倡内应立大功者，破格封赏。法立令行，此要务也。"（《清世祖实录》卷四，顺治元年四月庚午）

此"有首倡内应立大功者，破格封赏"，当然针对的是守关的拦路虎吴三桂。

继而，多尔衮为吴三桂专门送去了一份承诺：平西伯"若率众来归，必封以故土，晋以藩王。一则国仇得报，一则身家可保，世世子孙，长享富贵，如河山之永也"（《清世祖实录》卷四，顺治元年四月癸酉）。

多尔衮出手大方，裂土封王，世袭罔替，不像李自成仅升侯，还霸占了人家爱妾和家产。吴三桂降清得福，愿为前驱，追击李闯，成了多尔衮收降最好的榜样。

皇太极以封"三顺王"，诱降被苟延残喘的明朝作为最后屏障的吴三桂，却只有客气，远不及针对已成丧家狗的吴三桂的多尔衮给得实际。

3

甲申巨变。

李自成入主紫禁城，派降将唐通带着四万两饷银、一纸招降书和一份晋爵承诺，送到了前明宁远总兵、平西伯吴三桂的面前。

成了丧家狗的吴三桂，正在寻找新主，加之关外大清国摄政睿亲王兼奉命大将军多尔衮大兵压境，所以，他第一时间想到了降闯。

在民族情绪之下，吴三桂认为李自成造反是内部矛盾，而降清则是叛国。但是，李自成挟持了他的父亲和家人，刘宗敏霸占了他的爱妾和家产，使他进退失据。他想臣服于李闯王，又欲向多尔衮借兵。

吴三桂向多尔衮提出，借兵与其复君父之仇，日后以黄河为界，南北分治。

多尔衮在范文程、洪承畴的影响下，却想彻底降服吴三桂，可"封以故土，晋以藩王"（《清世祖实录》卷四，顺治元年四月癸酉），但必须有一个明确归附的行动。

当李自成率六万大军逼近山海关时，吴三桂派出六名士绅前往迎接，意图欺骗李自成，为自己争取多尔衮借与虎旅以抗闯的时间。

多尔衮却在观望。迎闯使要逃跑。李自成发现吴三桂假降的阴谋，于是将其父吴襄斩首，将其头颅挂在竹竿上，威逼吴三桂，也提振士气。

李自成所为，将吴三桂逼上了绝路。吴三桂决意坚守待援，与李自成激战一天半，丝毫不给李闯王获胜的机会。

4

吴、李僵持在山海关。

李自成自恃灭明神武，无视偏守一隅的吴三桂，自然也没想到关外的多尔衮枕戈待旦，一旦得到吴三桂彻底臣服的表态后，会迅速出兵。

清军等待这一机会，可谓等了几十年。尤其崇德六年松山决战后，清军攻明已有充分的把握。虽然顺治元年（1644）正月，主持朝政的摄政王多尔衮曾派亲信致书李自成，提出联合攻明，共享胜利，但那时的多尔衮也不过是想沿着皇太极此前派兵突袭中原的路线，经由内蒙古，奔袭蓟州、密云，图取大明京师，而不受到东进的李闯王大军的袭扰与拦截。

李自成提前东征，没有收到多尔衮的联合提议。

李自成的东征，使明廷急调镇守关外孤城的吴三桂统军民撤离宁远，使多尔衮看到了新的机会。他马上下令修整军器、筹办粮草，于四月初大举攻明。

如今，吴三桂大开山海关门，清军顺利入关，向李自成发起突然袭击。

一片石战役，李自成大败。吴三桂看到：唯有臣服于多尔衮，才有复仇的希望。

多尔衮率部进入山海关，当即兑现承诺："进吴三桂爵为平西王，赐玉带、蟒袍、貂裘、鞍马、玲珑、撒袋、弓矢等物。"（《清世祖实录》卷四，顺治元年四月己卯）还安排一万骑兵隶属吴三桂。吴三桂感激涕零地率城中军民剃发。

六个月后，顺治帝在紫禁城再次表演了一次登极大戏，封多尔衮为叔父摄政王，不久向吴三桂正式颁发平西王的宝册，其上写道："咨尔平西伯吴三桂，洞识天时，当叔父摄政王统兵西征之际，尔即擒流贼说士，遣官归命军前。追王师式临，开关迎入，又随叔父摄政王破贼兵二十万，底定中原。大功茂著，宜膺延世之赏，永坚带砺之盟。"（《清世祖实录》卷十，顺治元年十月丁卯）再次强调吴三桂开关迎降、助清剿闯、底定中原之功。

5

顺治帝亲自册封吴三桂，那是后话。

而在清军入关之初，很多人对于吴三桂的开关迎降，给予了一致性的赞赏。

南明弘光朝廷为此专门开展了一次群议活动，商量如何给吴三桂进行最佳的表彰。因为吴三桂引兵将祸乱京师的李自成赶出了紫禁城，而且弘光帝一直记恨李自成曾将其父老福王朱常洵烹煮分羹。

太仆少卿万元吉说："臣屡阅北来塘报，镇臣吴三桂原止精卒数千，惟凭恃忠义，当闯百万，遂能屡控贼锋，凯奏收京，功成勒鼎。皇上爵以上公，永锡带砺。"（李天根《爝火集》卷四）

礼部尚书兼东阁大学士、管兵部事的史可法，也向弘光帝提交了《请颁诏敕定北方人心疏》，希望奖励吴三桂："四月二十四日，吴镇大败贼兵于一片石，贼踉跄入都，尽掠资财，于四月二十九日西遁……我皇上进膺大宝，正位旧都，在山东北直之人，尚未通晓，万一人心涣散，固尽弃前功；即或割据分争，又渐生后患。伏乞皇上即谕该部院，选廷臣之有才望者，赍监国、即位二诏及赐吴三桂、谢陞二敕，直抵山东北直一带，晓谕通知，庶人心有归，扫三秦之余孽，在指顾间矣。"（《史可法集》卷一）

弘光元年（1645）五月二十八日，内阁首辅、兵部尚书兼东阁大学士马士英向弘光帝朱由崧奏报吴三桂战败李自成的事迹。弘光帝龙颜大悦，当即下旨，嘉奖吴三桂"倡义讨贼，雪耻除凶，功在社稷"（李天根《爝火集》卷三），著封吴三桂为蓟国公，世袭罔替，加赐坐蟒滚龙纻丝八表里，银二百两。并责成户部发银五万两，漕米十万石，派太仆正卿兼户部郎中沈廷扬负责由海路运送，慰劳吴三桂的军队。

新建的弘光小朝廷，财力捉襟见肘，却还能拿出一笔巨资和大量粮食，对吴三桂进行奖励，足见对吴三桂的重视。

他们认为吴三桂联清剿闯，曲线救国，对朱明王朝功同再造。监军佥士宋劼在一份《仇耻最极疏》中建议定恢复规模、决扫荡大计、选将卒以振士气等，称"吴三桂克复神京，功在唐将郭、李之上"（李天根《爝火集》卷四）。

唐朝爆发"安史之乱"，差点倾覆李唐王朝。名将郭子仪、李光弼勠力勤王，力挽狂澜。宋劼将吴三桂拔至此等高度，也代表弘光朝廷大多数人的认识。

当然，也有人对吴三桂的"忠义"持疑。刑部侍郎贺世奇上奏："如吴三桂奋勇血战，李、郭同功，拜爵方无愧色。若夫口头报国，岂其遂是干城？河上拥兵，曷不以之敌忾？恩数已盈，勋名不立，冒滥莫甚。"（计六奇《明季南略》卷二《贺世奇言慎刑赏》。邹漪《明季遗闻》卷四作"贺世寿"，计六奇作"贺世奇"，存疑。值得注意的是，贺世寿于崇祯十六年（1643）拜户部尚书，能于弘光小朝廷屈居侍郎一职吗？）

不论上奏人是贺世奇还是贺世寿，都证明当时弘光政权内，有人已经意识到吴三桂的叛国。

曾任崇祯太子师的杨士聪，是一个毫无气节的软骨头，先降闯出任兵部侍郎，后屈膝做了清廷降官。但是，身历目睹甲申巨变的他，左右逢源，却在《甲申核真略》中挞伐吴三桂，称他在李自成和多尔衮之间权衡，审时度势，主动向东迎降多尔衮："西不能讨贼，东不能守关，姑潜匿焉以徐观鹬蚌之持，亦未为大失也。乃束身东降，予以复仇之名，一战再战，贼虽西遁，而京师非我有矣。且东宫三王祸不旋踵，吴襄被戮，殃及全家，揆之忠孝，有何当焉？坊刻不察，而沾沾三桂之功，吾不知其何功也。"

杨士聪嘲讽地说：如果要讲吴三桂的功劳，那就是渡河涉江，拿下金陵，灭了南明。

这些，弘光朝廷的君臣始料未及。他们只看到吴三桂是多尔衮跟前的红人，寄望吴三桂将清军劝返关外，而没看到他有心助力多尔衮剿灭朱明余势，主动剃发易服就是他的自证。

弘光朝派出以左懋第和陈洪范、马绍愉为正副使的通北使团。使团抵达京师后，带着南明御封的蓟国公封号和万两白银，去拜访已贵为清廷平西王的吴三桂。吴三桂连忙找了一个借口出京了。

不仅如此，吴三桂当初降清时，竟然还讨价还价，拿着朱明王朝的国家利益，当作自己换得最大荣耀的筹码。

他却没料到，李自成率兵东征，在山海关展开大战，自己不敌，催促多尔衮参战，而多尔衮作壁上观。待到吴三桂明显处于下风之时，李自成将吴襄阵前斩首，悬于长杆。吴三桂不得不对多尔衮屈膝臣服，故而多尔衮派出精锐偷袭李自成左翼，使闯军溃逃，退至京师，仓皇而逃。

吴三桂降清，不但遵从多尔衮令旨，按满洲习俗剃发，还带动一千多名前明官员和三万多乡勇降清。

吴三桂得封平西王，协助清军灭掉李自成后，多尔衮对他采取了防患于未然的态度，担心他复明，故命其还镇锦州，使之不再考虑复君父之仇。两年后，因为李自成的大顺军余部、张献忠的大西军余部和南明军联合抗清，多尔衮才命吴三桂入关南进。吴三桂还将长子吴应熊留在京师作为质子。

满洲统治者派遣吴三桂等率兵南下，进攻尚为南明势力范围的云贵两广地区时，准其留镇一方，世袭罔替，并清楚写着清王朝的殷殷期待："益励忠勤，奉公守义，以报特恩，尚其钦哉，勿负朕命！"（《清世祖实录》卷四十四，顺治六年五月丁丑）

多尔衮虽然派出孔有德、耿仲明、尚可喜和吴三桂诸路异姓王大军南下，并辅以满洲王公所率大军进剿，为的就是剿灭南明势力。为了防范异姓王，清廷给他们的兵力，最多不过两万，却准其居家驻防，是画饼式的利益诱惑。

多尔衮虚晃一枪：要封地，那你就得去抢，给我抢了一个辽阔的疆域，我再分你一小块，但是，主权和财权、行政权必须归属中央。

世事难料，不到三十年，清朝皇帝就对还在任的吴三桂动手了。"世世子孙，长享富贵，如山河之永矣"，亦不过是没煮熟的黄粱。

豪格斗不过小叔，
丢了夫人要杀子

1

崇德八年（1643）八月，壮志未酬的清太宗皇太极驾崩。对于他的死，《清史稿·太宗本纪》写得简单："庚午，上御崇德殿。是夕，亥时，无疾崩，年五十有二，在位十七年。"这是根据《清太宗实录》崇德八年八月庚午条"是夜，上无疾，端坐而崩"撰写的。

清代正史都说太宗无疾而终，说他忙碌了一天政务后，晚上九十点钟端坐在清宁宫南炕上突然死去。但他死在中年，如果暴卒，确实很蹊跷，故而后世留下了关于太宗死因的四种争议：一是无疾而终，二是忧劳暴卒，三是痰疾致死，四是明朝遗老制造的多尔衮害死说。

最可信的该是忧伤引发的暴卒。太宗是一个情种，且很痴情，娶了寡妇海兰珠后，将其封为关雎宫宸妃。宸妃独宠后宫，然而命薄，生子有立储之兆，但不满周岁夭折。宸妃因丧子之痛而病亡。当时太宗正在松山前线指挥作战，闻宸妃病重，不惜丢下紧要军务，星夜兼程赶回盛京，但为时已晚，宸妃已逝。是时为崇德六年九月。

太宗困于情伤。健壮的皇帝忽而昏迷，忽而减食，常常"圣躬违和"。《清太宗实录》崇德六年十月初二日记载，他对诸王说："山峻则崩，木高则折，年富则衰，此乃天特贻朕以忧也。"

《清史稿·太宗本纪》记载，虽然太宗说"天生朕为抚世安民，岂为一妇人哉？

朕不能自持，天地祖宗特示谴也"，但还是悲痛不已，就是王公大臣陪他去打猎散心，他经过宸妃墓时，也要独自去大哭一场。

这是太宗暴卒的一个重要因素。而《清太宗实录》记载，崇德五年始，太宗便多次"圣躬违和"，崇德五年七月到鞍山温泉疗养。若说这与宸妃子幼殇、使其立储失望有关，但幼子已逝两年半依然如此，自然有些勉强。六年，清军发起对明战争，前线告急，皇太极原定八月十一日亲征，却因鼻衄推迟三天。七年，"圣躬违和"，在大清门外大赦人犯。八年又"圣躬违和"，免了正月初一的庆贺礼，再次大赦，并向各寺庙祷告，施白金。

太宗早有痼疾在身。宸妃之死使得疾病激化，日益严重，而致太宗突然亡故。

2

太宗暴卒，再次为大清政权遗留了接班人问题。满人奉行幼子守灶旧俗，但当时是非常时期，虽已征服东面的朝鲜，以多重联姻暂时维稳了西部蒙古，而南面的朱明王朝仍重兵压境。独立称帝的大清王朝，亟须一个强有力的权力核心。

太宗在天聪年间，将最初同坐受礼的其他三大贝勒代善、阿敏、莽古尔泰逐次加罪，弄下了台，自己独在帝座，南面受礼。但，他为了自己的宏图，积极起用年轻贝勒：岳托、多尔衮、济尔哈朗、多铎、豪格等后起之秀，成了天聪一崇德朝的精英分子。

太宗的灵柩被安放在崇政殿，举哀三天。而在崇政殿外，大清帝位之争的呼声，盖住了殿内的哭声。

太宗长子、和硕肃亲王豪格及太宗小弟、和硕睿亲王多尔衮，都是太宗生前赋予重任的柱国亲王，各自形成了强大的阵营。

太宗有十一子，此时尚存七子。皇四子叶布舒、皇五子硕塞虽有十六七岁，但为庶妃或侧妃所生，太宗生前也没给他们立功的表现机会；皇六子高塞、皇七子常舒都只七岁，皇十子韬塞五岁，他们的生母出身也卑贱。

皇十一子博穆博果尔，其母为麟趾宫贵妃，是仅次于哲哲皇后的第二尊贵的女人，但她嫁太宗之前，是察哈尔末代可汗林丹汗的遗孀囊囊太后。幼子丧父时还不到两岁，其母作为被俘入宫的有夫之妇，并不为清初贵族所重视。

六岁的皇九子福临，其母博尔济吉特氏十三岁嫁给皇太极做侧福晋，太宗称帝后封为永福宫庄妃。这对孤儿寡母的背后，是蒙古科尔沁大领主世家和庄妃的亲姑姑、皇后哲哲。虽然哲哲只生下了三位公主，也无多少史料记载她的功绩，但从她稳居中宫十七年，以及主持后宫事务、满蒙联姻来看，她是深受太宗和诸王公大臣敬重的。

豪格作为皇太极长子，此时已有三十三岁，要年长多尔衮三岁。其母既不是皇后，也不属四宫贵妃之列。但，论功绩，他不比多尔衮逊色多少。太祖年间，豪格随父征战，初封为贝勒。太宗在位时，豪格先后被封为和硕贝勒、和硕肃亲王，掌管户部事务，随太宗亲征朝鲜，同多尔衮进攻明朝。崇德六年三月，他因过失被降为郡王，但很快因军功重新晋封为亲王。

按理，豪格是有足够的条件成为太宗的接班人的：

一、他是太宗长子，正值壮年。太宗诸子，唯有他具备理政、拥兵且不需辅政的年龄和能力。如果按照中国传统的嫡长子皇位继承制，豪格在太宗并无嫡子的情势下，以长子的身份继承大位，是顺理成章的，而且是最有资格的。

二、史称其"容貌不凡，有弓马才"，"英毅，多智略"，这是一个成熟君王所必需的。太祖遗诏中也有其名。这些，足以证明他自身能力和资历都不错，完全具备即位的前提条件。

三、他深得太宗重用和磨炼，曾在松山指挥大军深夜竖梯破城擒获明将洪承畴，以军功而封和硕亲王。太宗在位，虽不像太祖推行八和硕贝勒共治国政制，但也像太祖一样，积极扶持自己的亲子。

四、太宗似乎也对他很用心，让他累积军功，管理财政，并不时加强其所率正蓝旗的实力。豪格不但军功卓著，而且参与朝政治理、财赋管理，并非一个赳赳武夫。太宗生前，很早就带着他在战场上历练，虽然对他有过不同程度的惩罚，但也给予了厚望，让他在军事上、政治上都有了充分施展才华的机会。

3

对于豪格的争权失败，清史名家孙文良、李治亭在《清太宗全传》第六章中也说得很有道理："他没有当上皇帝的根本原因是清朝实力比较分散，诸王拥重兵，他们自己要保持权力，不愿绝对听命于皇帝。"

而埋下这个祸根的，则是皇太极本人。

太宗继位之初，阿敏出征朝鲜图谋自立，莽古尔泰拔刀威逼太宗，都是因为他们所率旗势力强大，足以与太宗抗衡。后来。太宗成功地剪除阿敏、莽古尔泰之后，也曾导致了他们率领的镶蓝旗、正蓝旗部众闹事。即便像莽古尔泰的正蓝旗，被太宗纳入自己的两黄旗之后，还不服帖，引发过反抗之后的大厮杀。

各旗主在长期的统领旗兵之后，形成了主旗的绝对权威，使旗兵只知旗主而不知皇帝。阿敏统兵攻入朝鲜时，其他七旗大臣回师，而镶蓝旗大臣顾三台等附和他，要留在朝鲜，拥兵自尊。

这些足以给太宗敲警钟，太宗从即位之初起，也在不断地调整八旗的势力分割。

镶白旗原来隶属褚英之子杜度，皇太极继位后，寻机夺了镶白旗给豪格。为了继汗位名正言顺，太宗将正白旗、镶白旗改名为正黄旗、镶黄旗，称原来的两黄旗各有主旗贝勒，他不好夺过来，别的旗主也不会同意。原来最强大的两黄旗变为了两白旗。

太宗扳倒镶蓝旗旗主阿敏和正蓝旗旗主莽古尔泰后，将正蓝旗和自己的正黄旗混编后再一分为二，组成新的正黄旗、镶黄旗，由自己亲率，从中还分出一部分牛录给豪格壮大实力。豪格原率的镶黄旗改名为正蓝旗。

为了巩固帝位，太宗对新的两白旗采用分化的办法，先是废掉年长战功高的阿济格的旗主地位，让自己选拔的多尔衮做镶白旗旗主。当多尔衮和多铎长大成人后，又借机将两白旗混编，以多尔衮为正白旗旗主，多铎为镶白旗旗主。

至太宗死时，他留下的两黄旗和豪格的正蓝旗共有一百一十七个牛录，是八旗的第一大势力；多尔衮兄弟的两白旗则有九十八个牛录，为八旗的第二大势力；代善家的两红旗和济尔哈朗的镶蓝旗则有九十六个牛录，为中间势力。

正蓝旗和两黄旗大臣，以图尔格为首，索尼、谭泰等誓立豪格，不惧赴死。两白旗主张推举多尔衮。但各自阵营还是有松动。

两黄旗大臣在王公大臣议立嗣皇帝时，于大清门张弓搭箭，环立宫殿。当多尔衮征询索尼等意见时，索尼说："先帝有皇子在，必立其一，他非所知也。"众将意见是："吾属食于帝，衣于帝，养育之恩与天同大，若不立帝子，则宁死从帝与地下而已。"（《清史稿·索尼传》）两黄旗死忠的对象，不是豪格，而是太宗，他们誓立的是先帝之子，不一定是豪格，这也为后来多尔衮推出福临、自己摄政，创造了先决条件。

多铎虽是多尔衮的同母弟弟，但二人关系并非电视剧《孝庄秘史》描述的那般融洽，多铎反而对侄儿豪格多为亲近。

多铎也是有野心的，他先劝多尔衮去抢皇位。《清史稿·索尼传》曾记载了他们兄弟觊觎帝位的一段对话："英亲王阿济格、豫亲王多铎劝睿亲王即帝位，睿亲王犹豫未允，豫亲王曰：'若不允，当立我。我名在太祖遗诏。'睿亲王曰：'肃亲王亦有名，不独王也。'豫亲王又曰：'不立我，论长当立礼亲王。'"由此可见，多尔衮宁愿拥立肃亲王豪格，也不情愿把皇位给弟弟多铎。多铎也不再力劝多尔衮，反而推出年过花甲的老代善。

代善不傻，先是认为豪格当承大统，豪格做样子礼让。代善继而推举多尔衮，逼退多尔衮学豪格风度。多尔衮公开表态"无继统之意"。代善马上一句："睿亲王若允，我国之福。否则当立皇子。我老矣，能胜此耶？"说得轻，落得重，让大家把储君的目标锁定为豪格之外的福临。《孝庄秘史》在福临登基之前，安排代善与哲哲皇后唱了一段双簧戏。

郑亲王济尔哈朗虽然支持豪格，但不坚定，后来多铎跟豪格说："和硕郑亲王初议立尔为君，因王性柔，力不胜众，议遂寝。"

强劲的对手争衡，得利的往往是第三方。当时，即便哲哲皇后力挺侄女庄妃所生的福临，但是她除了有皇后这份尊荣，并无实际兵权。只有在众王实力相抵时，她力挺的优势才能显露出来。

4

多尔衮和豪格断然想象不到，自己争了半辈子，权倾朝野，拥兵不少，却败给了一个六岁的娃娃。

但是，多尔衮胜了豪格一筹。

就军政而言，太宗多次起用多尔衮为征明大将军，豪格副之，无疑是给了多尔衮练兵和壮大的机会，使他成了众多王公大臣之首。

而在辅政上，崇德三年，太宗更定部院官制，把六部之首的吏部交给多尔衮统摄。文臣武将的袭承升降、管理各部的王公贵胄，都需经他之手任命。他举荐希福、范文程、鲍承先、刚林等文臣，被太宗分别升迁。根据他的建议，太宗又对政府机构作了重大改革，确定了八衙官制。在统辖六部的过程中，多尔衮锻炼了自己的行政管理能力，为他后来的摄政准备了能力和条件。

顺治登基，多尔衮按协议，与济尔哈朗一同辅政。但多尔衮先以奉命大将军的身份挥师入关，问鼎燕京，逐鹿中原，打败了李自成和明军，夯实了他的摄政王煊赫权威。然后，多尔衮授意贝子吞齐告发济尔哈朗与豪格图谋大事，打击济尔哈朗。

此时，豪格也累积战功，被授为靖远大将军出征四川，荡平最难啃的张献忠政权。本来此功可与多尔衮击溃李闯王义军相提并论，但多尔衮为了压他一头，强迫幼主加封自己为皇叔父摄政王。这个位置，豪格是得不到的。

在多尔衮心里，若非豪格争夺，他已是帝座上的主人。尤其是他以摄政王主政之后，虽没有享受皇帝的称号，却享受着皇帝的实际优越。越是如此，他越是恼怒豪格当年的夺位之谋，使之名不副实。

《清史稿·豪格传》记载：顺治"五年二月，师还，上御太和殿宴劳。睿亲王多尔衮与豪格有宿隙，坐豪格徇隐部将冒功及擢用罪人扬善弟吉赛，系豪格于狱。三月，薨"。

顺治五年（1648）二月，豪格西征大军班师回京，顺治帝在太和殿设宴慰劳豪格。稍懂事而不堪多尔衮压制的顺治帝，对大哥过于亲近。多尔衮不久就以豪格隐瞒其护军参领希尔根冒功、起用罪人之弟的罪名将豪格下狱。三月，豪格死于狱中，死时年仅四十岁。

豪格西征厥功至伟，而回京至死，不足一月。不难猜想，多尔衮对这个亲侄儿的恨，到了何等地步。单看多尔衮给豪格罗列的罪证，微末而不至死。但是，多尔衮还是用尽了手段。《清世祖实录》卷三十七有言，豪格被囚禁狱中，曾对来看望的阿济格、尼堪、苏拜说："将我释放则已，如不释放，勿谓我系恋诸子也，我将诸子必以石击杀之。"多尔衮的折磨何其惨厉，已让昔日铁汉豪格心理扭曲，出现了一种报复性的逆变心态，要以石头砸死自己的诸多孩子，以免诸子遭到多尔衮的虐杀。

这样权欲较量下的人伦悲剧，虽然在豪格父子中没有酿成，但在崇祯十七年（1644），却有先例。李自成攻陷北京城时，崇祯帝先是逼皇后、贵妃自缢，后拔刀砍中十五岁的长平公主的左臂右肩，又挥剑刺死了年仅六岁的幺女。最是无情帝王家，就连死也是出于一种毫无人伦、灭绝人性的可怕心理。

《清史稿·豪格传》记载："睿亲王纳豪格福晋，尝召其子富绶至邸校射。何洛会语人曰：'见此鬼魅，令人心悸，何不除之？'锡翰以告，睿亲王曰：'何洛会意，因尔不知我爱彼也。'由是得全。"

豪格死后不到两年，多尔衮因爱妻索诺布台吉之女过世，将原嫁给豪格做侧福晋的姨妹兼侄媳强娶进府做王妃。从豪格阵营背叛过来的何洛会，构陷豪格谋逆之后，力劝多尔衮对豪格斩草除根。还好，多尔衮这次没有对侄孙痛下杀手。

亲政后的顺治帝手足情深，对叔叔多尔衮却不客气了，除了削爵毁坟外，还将多尔衮铁定的豪格案推翻，称豪格无辜被害，予以昭雪，追复肃亲王，次年建墓立碑表之。顺治十五年九月，顺治帝再为豪格立碑，称"和硕肃亲王豪格，系太宗文皇帝长子，朕亲兄也。智略超群，英雄盖世"，"四川大定，建此奇功，宜膺上赏。墨尔根王摄政，掩其拓疆展土之勋，横加幽囚，追协之惨，忠愤激烈，竟尔沦亡。朕念手足之谊，不胜凄怆"。"墨尔根"汉译"睿"。天聪二年（1628）二月，太宗征服察哈尔多罗特部，赐号多尔衮"墨尔根代青"，后来在新爵位中做了保留。

豪格被追谥曰"武"，为清代亲王谥之始。

庄妃：我没任务
同多尔衮谈恋爱

1

《孝庄秘史》虽是一部现代电视剧，不乏虚构的戏份，但也有很多情节是与历史相吻合的。

如第一集努尔哈赤死时，身边只有大妃阿巴亥，未立遗诏而导致四贝勒的所谓阴谋篡位，最后以阿巴亥被逼殉葬、皇太极获胜继位，完成了后金王朝向第二代君王交接的场景。

电视剧特地安排，努尔哈赤遗言多尔衮继位，阿巴亥主动要推举皇太极承继，给儿子们换平安。皇太极太自负，不接受阿巴亥的转赠，故而阿敏和莽古尔泰撺掇皇太极替代多尔衮，伪造努尔哈赤遗言，用弓勒死阿巴亥。

谁是努尔哈赤生前选定的接班人？这一直是个谜！

电视剧凸显"秘史"词眼，凸显皇太极、多尔衮和那位大玉儿的情感纠葛与权力争斗，自然宣示多尔衮是努尔哈赤理想的后继之君，安排多尔衮和大玉儿成为青梅竹马的爱侣。

艺术创造的魅力是非凡的。电视剧设计，大玉儿有超级贵相，将嫁一国之君，母仪天下。皇太极之所以要娶她，是不想让潜在的汗位竞争者出现。

安排大玉儿嫁给皇太极，而不是嫁给多尔衮，潜台词即多尔衮有机会而且几经雀跃，但最终还是没有当国君的命！

2

在历史上，大玉儿有着另外一个名字：布木布泰，亦作本布泰（意为"天降贵人"）。

她是蒙古科尔沁部贝勒博尔济吉特·寨桑之次女。她的姑姑哲哲是皇太极的元妃，即后来的孝端文皇后，在《孝庄秘史》里是一个贤妻良母式的关键性人物，就连情痴多尔衮、莽夫多铎也对她恭敬服帖。

电视剧安排，努尔哈赤驾崩前后，大玉儿同多尔衮两情相悦，互相倾心。多尔衮还说，自己当了大汗就马上迎娶大玉儿。

电视剧并没有给多尔衮这个机会！历史也没有给多尔衮这个机会！

《清史稿·后妃传》中写得很明白："孝庄文皇后，博尔济吉特氏，科尔沁贝勒寨桑女，孝端文皇后侄也。天命十年二月，来归。"

后金天命十年（1625）二月，十三岁的布木布泰由哥哥吴克善护送到盛京，嫁给姑父皇太极，为其侧福晋。其姑姑哲哲为大福晋。

也就是说，在天命十一年八月努尔哈赤驾崩之前，布木布泰已经给皇太极做了一年半的小老婆。

而在布木布泰嫁给皇太极的前一年，努尔哈赤也从科尔沁给十三岁的多尔衮娶回了吉桑阿尔寨台吉（一说索诺布台吉）的女儿做大福晋。此女比多尔衮大两岁，比布木布泰大三岁，其祖父与布木布泰的祖父是兄弟，即她是布木布泰的堂姐。

历史记载，虽然多尔衮在她之后又娶了十多位侧妃，但和她相濡以沫，很是恩爱，在一起生活了二十五年。她在顺治六年（1649）十二月病逝，多尔衮私谥"敬孝忠恭元妃"。一年后，多尔衮围猎受伤病卒，被顺治帝尊为义皇帝，这位博尔济吉特氏也被追封为敬孝忠恭义皇后，次年又随多尔衮一同被夺去追封。此二人也算得上一对难夫难妻了。

从这些事情来看，她在多尔衮心中的分量很重，甚至可以说，她才是多尔衮的爱人。她死后，多尔衮沉迷声色，又爱上了她的妹妹，即嫁给豪格的侧福晋。顺治七年初，多尔衮张灯结彩，迎娶了这个姨妹子。张煌言有诗讽刺多尔衮"错将虾子做龙儿"，貌似多尔衮再娶时，把豪格的遗腹子当成了自己的儿子。其实不然，豪格于顺治五年二月被多尔衮构陷入狱，三月被虐死幽所，不可能留下一个孕育了两年的遗腹子。这个孩子，只能是多尔衮在豪格死后，强占了其孀居的侧福晋，珠胎暗结，先孕再婚，是为了给侧福晋一个名分。

《清世祖实录》记载，多尔衮死后，其兄阿济格强迫正白、正蓝两旗大臣依附于他，两旗大臣说："夫摄政王拥立之君，今固在此。我等当抱王幼子，依皇上以为生。"（《清世祖实录》卷五十二，顺治八年正月甲寅）这个多尔衮的支持者们所称的"王幼子"，指的该是多尔衮与续娶的原豪格侧福晋所生的儿子。

3

《孝庄秘史》中，也给多尔衮设计了一个对他爱得疯狂的女人，即小玉儿，原型为多尔衮的元妃博尔济吉特氏。人们因为她长得有几分像大玉儿，故称她为小玉儿。还是有很多观众，包括百度百科，都顾名思义，将她认作大玉儿布木布泰的妹妹。电视剧为了强化多尔衮与大玉儿爱得疯狂的热恋，让大、小玉儿的情斗愈演愈烈。

而事实上，在布木布泰的堂姐夫多尔衮的妻妾体系中，也确有一个侧妃是布木布泰的妹妹——族妹，是皇太极死后，多尔衮从侄儿豪格那里抢来的老婆。

让我们重返历史现场。多尔衮初婚，年纪尚小，虽因常年食肉而性早熟，但很容易和原配有着初恋的感情。这个时候，他未必还有心思打妻子家其他女孩的主意。

即便他想，但没有他父亲努尔哈赤的指婚，科尔沁贝勒是不会同意的。在科尔沁贝勒的心里，他们不擅打仗，在强敌环伺的情势下，他们的格格都有政治联姻的使命。虽然满蒙联姻是一种政治需要和外交传统，但科尔沁部也绝对不会容许后金一个尚无军功和实权的阿哥，刚娶了一个肩负联姻使命的女子，又和其他女子上演热恋戏。

科尔沁贝勒在哲哲嫁给皇太极第十二年后，又把布木布泰嫁给皇太极，未必不是看中了皇太极的未来。当时的皇太极，虽因年龄较小而居于执政的四大贝勒之末，但他的威望和能力无疑是四大贝勒之首。

4

布木布泰后来成了著名的孝庄太后，在大清王朝的发展史上起到了很关键的作用。

但她初嫁时，只是一个外交工具，很具有悲剧性。她十三岁嫁给三十六岁的姑父后，并未得到皇太极的宠爱。随着皇太极登基后女人越来越多，随着寡居的姐姐海兰珠和从林丹汗那里夺来的两个寡妇先后加入，她一步步地屈居下位。

政治联姻，她的使命，是融通器。

妻妾成群，她的隐忍，是一种牺牲。

民族矛盾，她的强大，成了攻击的对象。

故顺治七年，明遗民张煌言以《建夷宫词》十首为宣传书，其中写道："上寿觞为合卺尊，慈宁宫里烂盈门。春官昨日新仪注，大礼恭逢太后婚。"污蔑她为了保住儿子顺治的帝位而下嫁多尔衮。

当时的满人叔嫂再婚，司空见惯。努尔哈赤的继室大福晋富察氏，初嫁与努尔哈赤三伯祖索长阿的孙子戚准，并生有一个儿子昂阿拉，富察氏最初就是努尔哈赤的堂嫂子。

张煌言官至南明兵部尚书。顺治二年，南京失守后，宁波士子张煌言投笔从戎，与刑部员外郎钱肃乐等起兵抗清。后张煌言奉鲁王，联络十三家农民军，并与郑成功配合，亲率部队，连下安徽二十余城，坚持抗清斗争近二十年。他并不了解私密的清宫内幕和满人尊年长者为父的习俗，却因闻知多尔衮被称为"皇父摄政王"，遂认为顺治生母孝庄太后下嫁多尔衮，才有了多尔衮的皇父之称，于是，已是东南沿海抗清将领的张煌言，以诗文为武器，捏造宫闱丑闻，来进行攻心战，不免有污蔑不实之词。

像他称慈宁宫为太后下嫁的洞房，是纯粹拿前明皇贵妃所居的慈宁宫来说事，意指作为先帝贵妃的孝庄母凭子贵，成为太后，却仍改变不了其非皇后晋升太后的事实。而在清朝，慈宁宫作为太后的寝宫，是在张煌言写完这一组讽刺诗的三年后。《清世祖实录》卷七十六有明确的记载，即顺治十年六月庚申，"慈宁宫成，遣官祭司工之神"，次月，即闰六月甲戌，"以皇太后移居慈宁宫，遣官祭告太庙"，第二日，孝庄太后正式移居慈宁宫。

这可以说明，在顺治十年闰六月前孝庄并没有在慈宁宫居住过，更不可能张灯结彩地表演徐娘再嫁的活剧。

这更说明，张煌言对于入主前明旧宫紫禁城的清帝皇家生活起居与宫廷秘事，并不了解。

孟森在《太后下嫁考实》中说：张煌言为明之遗臣，坚持抗清，其中"自必有成见"，含谤书性质。写诗时人在南方，故远道之传闻，邻敌之口语，难以作为定论，"且诗之为物，尤可以兴到挥洒，不负传信之责"。日本史家稻叶君山《清朝全史》曾援引朝鲜史料，对多尔衮怀有好感，但对太后下嫁一说，认为"此系出当时南人，究难保无误传之处"。

孰料几百年过去了，还是有人喜欢用这种子虚乌有的旧闻造戏，愈演愈烈，还索性给他们安排了一场青梅竹马的虐恋，结果被上台的皇太极不知情地横刀夺爱。

其实，皇太极和布木布泰的婚姻，应该是皇太极与多尔衮的汗父努尔哈赤指定的！《清史稿·太祖本纪》专门记载：天命十年"二月，科尔沁贝勒寨桑以女来归四贝勒皇太极为妃，大宴成礼"。

5

在《孝庄秘史》第一集中，还有两件事是著名的历史事件，却被电视剧将后事前置了。

一、努尔哈赤驾崩时，多尔衮是正白旗旗主吗？

电视剧设计，努尔哈赤死前，多尔衮为正白旗旗主，而皇太极拥有两黄旗。不但话语吐露，而且有服饰为证。

满人有幼子守灶的传统习俗，故而努尔哈赤生前，曾将自己统率的两黄旗做安排，给大妃阿巴亥所生的三子：阿济格、多尔衮和多铎各分得十五牛录，阿济格为镶黄旗旗主，多铎为正黄旗旗主，待其死后将自己留作亲兵的剩余部队也要给多铎。

多铎是他最小的嫡子，所以《孝庄秘史》多次提到，多铎被努尔哈赤宠坏了。

对于多尔衮的安排，努尔哈赤准备将统率镶白旗的褚英之子杜度调至镶红旗，把镶白旗给多尔衮，但还没来得及发布诏令，便已驾崩。

而此时的正白旗旗主正是皇太极。皇太极继位后，鉴于两黄旗兵力最强，而多尔衮兄弟年轻，故而玩起了阴谋，将最强的两黄旗和最弱的两白旗置换，自己掌管两黄旗，而让阿济格做正白旗旗主，多铎为镶白旗旗主。天聪二年（1628），皇太极以阿济格擅自为弟弟多铎主婚为由，削阿济格爵位，将两白旗混编，让多尔衮接掌正白旗。

所以，多尔衮成为正白旗旗主，是努尔哈赤死后两年的事情。

二、阿巴亥有善待四大贝勒的母亲的机会吗？

四大贝勒逼大妃阿巴亥为努尔哈赤殉葬，阿巴亥说，她不但照顾过四大贝勒，而且照顾过四大贝勒的母亲。

这个照顾，言下之意，她是大妃，是善待！

阿巴亥生于明万历十八年（1590），十二岁时嫁给努尔哈赤，一年后成为大福晋。阿巴亥成为大妃时，是万历三十二年。

四大贝勒的母亲都是何许人也？

大贝勒代善的母亲——努尔哈赤的元妃佟佳氏，死于万历二十年。当时，阿巴亥还只两岁。

二贝勒阿敏是努尔哈赤的侄儿，舒尔哈齐之子，其母亲姓名和生卒都不详。《太祖秘史》给阿敏安排的母亲是那齐娅，她是舒尔哈齐的嫡福晋，又是明军总兵李如柏的小妾，同时是努尔哈赤的红颜知己，她并未与阿巴亥见过面。

三贝勒莽古尔泰的母亲富察氏，死于天命五年。死前，她的地位不低，很受努尔哈赤宠爱，称为继室大福晋。

四贝勒皇太极的母亲叶赫那拉氏，即努尔哈赤的大妃，皇太极追尊的孝慈高皇后。《清史稿·后妃传》写到阿巴亥时，说："孝慈高皇后崩，立为大妃。"这一年为万历三十一年。

阿巴亥作为四大贝勒的继母或伯母，可能对四大贝勒有所照顾。但她善待四大贝勒的母亲一说，还是有些勉强，顶多能对阿敏与莽古尔泰的母亲有过照面，而在代善与皇太极的母亲面前，她一是没有机会，二是不够资格。

多尔衮称"皇父"不是
孝庄下嫁的史据

1

凡同时涉及多尔衮与孝庄太后的影视剧，如《孝庄秘史》《大清风云》，都安排了两人爱得天荒地老、死去活来的虐恋戏。这个虚构，在历史上似可找到足够的证据。

一、南明遗老张煌言的《建夷宫词》说："上寿觞为合卺尊，慈宁宫里烂盈门。春官昨进新仪注，大礼恭逢太后婚。"太后再嫁，皇帝敬酒。抗清名臣按南明礼制，嘲笑入主中原的满洲人，大嫂嫁小叔，下臣娶太后，违背和亵渎伦常。有人认为清军入关，搬来了八旗的政治统治，征战之时营造高压态势，民间自然不敢妄传宫闱秘事。

但是，南明兵部尚书张煌言虽为儒将，他也该有北京密探，传来新朝敌情，为了对敌军进行攻心战，自然会想尽一切办法，打造最有力度的宣传书，哪怕是捕风捉影。他未必考虑君子有所为有所不为，即便是谤书也要震慑敌心。

皇帝大婚，必然是礼部张罗的头等大事。然而，太后下嫁，倘由礼部恭办，那就等于满洲统治者入关后，在迎合汉人儒家礼教观念而获取文人士大夫积极合作的关键时刻，又大张旗鼓地渲染一件太后改嫁的荒唐事，为有待进一步融合的满汉合作热潮狂泼冷水！即便有太后下嫁大臣、大臣逆袭皇父之事，那也是皇家丑闻，应当秘密进行，断然不是满朝欢庆、昭告天下。此事断然不会像敌国重臣炒作的那般。

至于坊间一度传得神乎其神的太后下嫁诏，那也是根据张煌言的谤诗以讹传讹。皇帝下诏，就是要昭告天下，就是要在宣诏之后，由礼部誊黄发刻刷印，形成一道最高层面的官方文书（相当于今日之红头文件），下发至全国各督抚司道府州县，以便天下闻知。就像摄政睿亲王多尔衮由皇叔父摄政王进位皇父摄政王的诏书、多尔衮死后的《皇父摄政王以疾上宾哀诏》，以及顺治八年（1651）正月二十六日正式颁发的《追尊皇父摄政王为义皇帝、元妃为义皇后覃恩大赦诏》，都是昭告天下，公之于众。待到顺治亲政，大权在握，要对死了的多尔衮进行清算，也是公开罪名，直指多尔衮"谋逆果真，神人共愤，谨告天地、太庙、社稷，将伊母子并妻所得封典，悉行追夺"（《清世祖实录》卷五十三，顺治八年二月己亥），并以一纸诏书颁行天下，让臣民共知晓。如果真有传闻中所谓《太后下嫁皇父摄政王诏》，顺治帝完全可以明发谕知，通知天下予以悉数追回禁毁，并给多尔衮罗织一条矫诏逼宫的大罪，既是翻案，也是攻击。然而，无论是官方正史，还是逸闻笔记，都没有写到这类情况。

二、顺治八年二月，世祖与郑亲王济尔哈朗对已追封成宗义皇帝的多尔衮，反戈一击，整出十四款大罪，其中有"自称皇父摄政王""又亲到皇宫内院"云云，似乎坐实了摄政睿亲王逼太后下嫁。他有了皇父摄政王的身份，可以随意出入太后居处。

关外旧俗，小叔娶寡嫂，并不少见，太祖继妃富察氏就是太祖堂兄的遗孀。但，已入关接受汉化的世祖，显然对叔叔的强迫是不情愿的。与顺治帝有些交情的意大利传教士卫匡国，曾在《鞑靼战纪》中写道：世祖"发现自己的叔叔活着的时候怀着邪恶的企图，进行暧昧的罪恶活动，他十分恼怒，命令毁掉阿玛王华丽的陵墓，掘出尸体。这种惩罚，被中国人认为是最严厉的，因为根据宗教的规定，死人的坟墓是备受尊重的。他们把尸体挖出来，用棍子打，又用鞭子抽，最后砍掉脑袋，暴尸示众"。这个阿玛王，即多尔衮。世祖严惩死了的多尔衮，真因太后下嫁吗？

三、康熙二十六年（1687）十二月二十五日，孝庄太后崩逝，遗嘱圣祖："我心恋汝皇父及汝，不忍远去"（《清圣祖实录》卷一百三十二，康熙二十六年十二月），故而没有被运回盛京与太宗合葬于昭陵。她的灵柩浮厝于"暂安奉殿"近四十年，直至雍正三年（1725），才在暂安奉殿原处就地起建陵园，葬入地宫。其陵在昭陵西，故称昭西陵，与昭陵遥相呼应。昭西陵碑文上刻有"念太宗之山陵已久，卑不动尊，惟世祖之兆域非遥，母宜从子"。所以，有说法称孝庄因下嫁过多尔衮，无颜去见前夫太宗。

2

太后下嫁之说，张煌言的《建夷宫词》因是当事人写的，无疑很有说服力。

可是，张煌言在南方，当时征战激烈，又相距千里，难免捕风捉影，臆断成说，加之又是最恨的敌情，不免酒后起兴，口占一绝，即便造成误传，也正好一泄心中巨大的憎恨和礼教的挞伐。

此诗一出，通俗易懂，正好流传。

当代影视剧乐此不疲地大肆渲染这一场煽情戏。

今日流行的营销炒作术，虚实掩映，又何尝不是从古代这样的攻心术、舆论战中学来的呢？

乾隆年间国史馆纂修蒋良骐在《东华录》中写到多尔衮的罪状，并未将多尔衮自称皇父摄政王与擅到皇宫内院弄作一款，而是胪列两条，一是"自称皇父摄政王"，二是"又亲到皇宫内院以太宗文皇帝之位原系夺立，以挟制皇上"。

故据《东华录》记载，多尔衮到皇宫内院，并非夜宿太后居住的慈宁宫，而是散播太宗继位不合法的言论，重提太祖遗言要传位自己，故而使顺治帝觉得再次继位不正而极度惶恐。

明崇祯十六年（1643），天主教耶稣会意大利籍传教士马尔蒂诺·马尔蒂尼，历经千辛万苦从海上来到杭州，开始系统学习中文，并给自己起了一个中文名字：卫匡国，弄了一个号"济泰"，意在卫护、匡救明国，帮助中国康泰。不久，他来到北京，却遭遇李自成攻打北京城、八旗军赶跑大顺军。明朝覆灭后，卫匡国曾觐见顺治帝，参加过顺治帝的大婚，得到了朝廷的善待。他对多尔衮也有很好的印象，认为："他具有超人的谋略和精明，并以勇武和忠实著称。他的聪明才智使最有学识的中国人都钦佩不已，他的公正仁慈赢得平民百姓的爱戴。"而对其身后荣辱巨变很是同情："阿玛王使鞑靼获得了中国，由于他的贤明公正仁慈和军事才能，鞑靼人和中国人都对他很敬畏。这个当权者的死给朝廷带来很大的麻烦。"（《鞑靼战纪》）

《清史稿·多尔衮传》所载济尔哈朗等给多尔衮弄的罪状，有："昔太宗文皇帝龙驭上宾，诸王大臣共矢忠诚，翊戴皇上。方在冲年，令臣济尔哈朗与睿亲王多尔衮同辅政。逮后多尔衮独擅威权，不令济尔哈朗预政，遂以母弟多铎为辅政叔王。背誓肆行，妄自尊大，自称皇父摄政王。"多尔衮"自称皇父摄政王"，应该不是因为已有的"报功"或"渎伦"之说，而是为了高居在诸和硕亲王，甚至两位辅政叔王济尔哈朗、多铎之上，而弄出的"清初亲贵之爵秩"（郑天挺《多尔衮称皇父之由来》）。

顺治即位之初，并未有立摄政王之议，摄政之名源自多铎的劝进工作奏效。蒋良骐《东华录》卷六称，顺治八年二月，郑亲王济尔哈朗、巽亲王满达海等联合清算多尔衮时，其中有一条："太宗皇帝宾天时，臣等扶立皇上并无欲立摄政王之议，惟伊弟豫郡王唆使劝进。"

康熙朝编纂的《清世祖实录》记载，崇德八年（1643）十二月十五日，即顺治即位后的第四个月里，和硕郑亲王济尔哈朗、和硕睿亲王多尔衮才首次冠以"摄政"之衔："罢诸王贝勒等办理部院事务。摄政、和硕郑亲王济尔哈朗、和硕睿亲王多尔衮定议，传集诸王贝勒贝子公大臣，令诸王贝勒各分坐，谓诸大臣曰：'前者众议公誓，凡国家大政，必众议佥同，然后结案。今思盈廷，聚讼纷纭，不决反误国家政务，我二人当皇上幼冲时，身任国政所行善。惟我二人受其名不善，亦惟我二人受其罪任大责重，不得不言，方先帝置我等于六部时，曾谕国家开创之初，故令尔子弟辈，暂理部务，俟大勋既集即行停止。今我等既已摄政，不便兼理部务。'"(《清世祖实录》卷二，崇德八年十二月乙亥)

崇德、顺治皇权过渡，内部矛盾并未消弭，宗室成员对小皇帝有抵触、不恭情绪者不少。从崇德八年八月二十六日顺治即位，到十二月十五日济尔哈朗与多尔衮首称"摄政"，可见清朝权贵争持未定。为了平息统治集团内部一触即发的冲突，济尔哈朗与多尔衮终止诸王贝勒办理部院事务的旧例，将权力集中到"摄政二王"手中，代行皇权，统摄大政。

据中国第一历史档案馆藏满文内国史院档，顺治元年四月，济尔哈朗还称"摄政和硕郑亲王"，多尔衮则称"摄政和硕睿亲王"。此后，多尔衮统兵入关，才有了大将军摄政和硕睿亲王、摄政王奉命大将军的称谓。

直至多尔衮统兵进京，采取追吊崇祯、任用汉官、招抚地方、免除三饷加派等措施，基本稳定畿辅，迁都关内，顺治元年十月，济尔哈朗与多尔衮的职衔发生了明确的变化，即济尔哈朗为辅政叔王，多尔衮则为叔父摄政王，并赐予册宝、册文。

多尔衮原为叔父摄政王，顺治二年五月"于叔父上加一皇字，庶上下辨而体统尊"(《清世祖实录》卷十六，顺治二年五月乙未)，成为皇叔父摄政王，改变了陕西道监察御史赵开心所奏报的必须给多尔衮正名的问题："夫叔父为皇上叔父，惟皇上得而称之。若臣庶皆呼，则尊卑无异矣。"

但，按顺治帝的称呼，多尔衮与济尔哈朗、多铎皆为皇叔父，同等称呼，并无区别。只是他们的"叔王"称号，就如同后来雍正即位之初为了崇隆隆科多的"舅舅"殊荣一般，被写进了正式的官方文书。

顺治四年七月，多尔衮将信义辅政叔王济尔哈朗排挤出局，另择胞弟多铎晋辅政叔德豫亲王，但他自知多铎对他不是顺承，而多有挖坑、拆台之举，自然要压多铎一头，高多铎一等。

如何表示高一等，去掉"叔父"或"皇叔父"都是不可能的。当时，除多尔衮亲率的正白旗外，其他七旗都虎视眈眈。在这种形势下，他唯有厚着脸去掉"叔"字，成为独一无二也至高无上的"皇父摄政王"，才是唯一的解决办法。

《朝鲜仁祖实录》中有记载：顺治六年二月，仁祖"曰：'清国咨文中有皇父摄政王之语，此何举措？'金自点曰：'臣问于来使，则答曰：今则去叔字，朝贺之事，与皇帝一体也。'"

这样的去法，未必不是一种实情。

这也不是他的发明创造，满洲（女真）人有称尊长为父的习俗。《旧满洲档》及其抄本《满文老档》中，多次记载不但努尔哈赤的子女称其为父，就是侄辈、大臣近侍，亦称其为"父贝勒""父汗""汗父"之类。

努尔哈赤还是建州女真贝勒时，古勒山一役失败后被拳养了三年的乌拉部贝勒布占泰想与努尔哈赤政治联姻，主动称其为"父汗"："我违盟约，凡四五次，获罪父汗，诚无颜面也。若以父汗亲生一女与我为妻，则我永赖父汗以生。"（《满文老档》"太祖皇帝"第一册《丁未年至庚戌年·与明修好及乌拉布占泰觐见》）

甚至蒙古王公如厄鲁特贝勒在誓词中，也再三强调努尔哈赤待他"如子如嗣"（《满文老档》"太祖皇帝"第五十七册《天命八年七月·蒙古兀鲁特诸贝勒之誓言》），日本满文老档研究会译注的《满文老档》直接写作："英明汗仁爱我等，有如亲子。若悖逆汗父而行，乞上苍明鉴。"

《旧满洲档》载天命十年（1625）五月十四日，努尔哈赤"命近身侍卫及众大臣称父贝勒，乃为识别其厚爱也"。

多尔衮明白，他不是皇帝，也需要对皇帝行跪拜之礼。只有做了皇帝的父亲，也就是做了天下臣民的皇父，才能彻底免除跪拜之礼（顺治四年十二月，免多尔衮跪拜之礼，那是皇帝给的特殊照顾，如过去加九锡、入朝不趋一样，而不是朝廷制度规定的天下共识）。

多尔衮自然想效乃父仁爱,与小皇帝以父子相称,拉近"如子如嗣"的关系。

多尔衮正式称"皇父摄政王",是在顺治五年十一月,但根据《满文档案》记载,早在顺治元年十月,为多尔衮崇隆首功、建碑纪绩时,就有"摄政父王多尔衮"的明确字眼。只是汉文的《清世祖实录》为了严格区分"阿玛王"的血缘关系,在顺治元年十月初三日丁巳条记录此事时,仍然称多尔衮为"摄政王多尔衮",不按两天前即初一日顺治帝赴南郊天坛告祭天地时祝文中满文所书的"叔父睿亲王"称号来,也不称其为七天后即初十日正式加封的"叔父摄政王"。

多尔衮成了皇帝与天下臣民公认的"皇父摄政王","凡批票本章,一以皇父摄政王行之。仪仗、音乐、侍从、府第,僭拟至尊"(《清史稿·多尔衮传》),并强迫顺治帝下旨,承认他是皇父摄政王,俨然以"二帝"之一自居,而不是做太上皇。

多尔衮何其聪明,难道不知道太上皇只是虚名,而未必是皇帝?汉高祖称帝后,就曾赠给其父太公一顶太上皇的帽子。哪怕是唐高祖李渊、唐玄宗李隆基,一旦禅位做了太上皇,也只有被儿子皇帝欺辱的份儿。精通权谋的多尔衮,定鼎中原独揽大权后,要的是诸王与天下臣民对他的臣服,而非象征性地尊崇。这也与《东华录》中所记载的他到皇宫内院散播太宗继位不正的事情吻合。他对帝位还是有强烈的欲望的。

3

多尔衮要以昭告天下的形式做皇父。

世祖被迫下旨,封多尔衮为皇父摄政王,是在顺治五年十一月戊辰。

这是一件大事。多尔衮还专门安排了一出追尊先人的戏,使之一荣俱荣:奉太祖配天,祭告天地,追尊四祖考妣帝后尊号,并为此大赦天下,广释恩泽。

追尊死人后,再尊奉活人。有诏为证:"皇叔父摄政王治安天下,有大勋劳,宜增加殊礼，以崇功德。及妃、世子应得封号，院部诸大臣集议具奏。"（《清代诏敕诰表》第一号）最后议定，加皇叔父摄政王为皇父摄政王，凡进呈本章旨意，俱书皇父摄政王。

多尔衮不但是满朝文武的皇父摄政王，而且是少年天子的皇父摄政王。

论功劳，清军入关，多尔衮总调度，先后肃清崇祯帝的大明军、李自成的大顺军和张献忠的大西军，只剩下南明小政权在强大的八旗大军与明朝降军的重围下，危于累卵，垂死挣扎。

多尔衮为首功，诚如后来乾隆帝所言："睿亲王多尔衮扫荡贼氛，肃清宫禁。分遣诸王，追歼流寇，抚定疆陲。创制规模，皆所经画。寻奉世祖入都，成一统之业，功劳最著。"（《清史稿·多尔衮传》）

值得注意的是，多尔衮晋级皇父摄政王，始于顺治五年十一月。是时，多尔衮大福晋博尔济吉特氏还健在。她于顺治六年十二月病逝，还被"以册宝追封为敬孝忠恭正宫元妃"（《清史稿·多尔衮传》）。若以多尔衮"自称皇父摄政王"，作为太后下嫁的一大证据，那么太后下嫁之后，是给多尔衮做妾？即便多尔衮与太后两情相悦，不计名分，或只做露水夫妻，但再庸懦的顺治帝与清朝皇族也断然不会答应太后纡尊降贵，居于多尔衮原配大福晋之下。

大福晋过世，多尔衮授意朝廷"以册宝追封为敬孝忠恭正宫元妃"，这是昭告天下这个博尔济吉特氏尊大，自然不是以障眼法去扇下嫁太后博尔济吉特氏的大耳光。如果太后还是太后，只是拔高多尔衮为皇父摄政王来匹配成婚，那又何来"太后下嫁"一说？即使多尔衮与太后玩了不合法的婚外情，太后也还是太宗的妻子，而多尔衮有自己的正宫元妃，何来嫁娶之说？宫闱秘史，多为茶余饭后的谈资罢了。

《清史稿·多尔衮传》还记载："七年正月，王纳肃王福金，福金，妃女弟也。复征女朝鲜……五月，率诸王贝勒猎于山海关，朝鲜送女至，王迎于连山，成婚。"这句话，暴露了多尔衮好色的本性。原配刚死不到一个月，多尔衮就从已故侄儿、肃亲王豪格的遗孀中，将自己的姨妹强娶过来，同时派人到朝鲜王族征集秀女。五月，多尔衮在外行猎，闻讯朝鲜女到，急不可耐地迎上去，当夜成婚。

如果这段史料属实，那么多尔衮置下嫁的太后于何地？

难道说，太后不论情爱所系还是情势所迫地下嫁多尔衮，之后，顺治帝已蓄势争权，诸王贝勒也虎视眈眈，多尔衮还能如此疯狂妄为？

未必。

这段史料要么是为了掩盖太后下嫁多尔衮丑闻而弄出的烟幕弹，让后世读者甚至研究者因为多尔衮的极度好色而不理会太后下嫁一说；要么，太后下嫁为子虚乌有之事，而此正说明了多尔衮风流成性的本性。

4

至于多尔衮成为皇父摄政王时，孝庄太后还只有三十五岁，从情欲和身心上都有对异性的需要，若其真的下嫁，断然不会容许多尔衮再接连强娶、征调其他年轻女人进入情场。

从孝庄成功地辅佐顺治、康熙两任明君的事功来看，她是一个懂得隐忍的伟大女性。不愿意与太宗合葬，而遗言另葬于北京，隐含的真实情结未必不是她哀痛独子英年早逝、牵挂孙儿独撑大厦。一位在长期激烈的权力斗争下历练出来的成熟的政治家，绝不会自缚于小我情长不得脱。她在支持顺治帝主动接触中原文化的同时，自然受过汉人礼制的一些影响，并在顺治、康熙的政治事业中渗透了点点滴滴。至于接受了多少，只有天知道。但，从服侍了她一辈子的侍女苏麻喇姑终身不嫁、终年不浴、终生不服药等奇特事来看，作为主子的她，也该更有常人不可比却少为人知的历史。否则，她怎会容忍一个怪女子，并倚为第一心腹。毕竟，历史给她的记载，也不是很详细。

当然，她也知道，她在太宗的后妃之中，虽是少女初嫁，却还不如几个半路杀人的寡妇，并未从丈夫那里得到该得的疼爱和尊重。虽然当时满人礼教观念还很粗糙，但清朝皇家在初入关内，置身汉人世俗，构建新的威仪之时，未必容许她去追爱其他非子孙的男人。她在面对多尔衮的淫威委曲自守时，守护得更多的，当是她儿子顺治帝的帝位和江山，甚至是皇帝的尊严和声誉，而不是自己的情爱和欲望。

文史大家金性尧在《太后下嫁案》中，强调"《朝鲜李朝实录》于康熙二十七年正月记朝鲜闻孝庄逝世，却秘不发丧，朝鲜大臣感到奇怪"，认为"这是因为圣祖已感染汉化，越发感到其祖母下嫁之不光彩，故有秘不发丧、灵柩浮厝等措施"。康熙帝接受汉文化，重用汉文人，甚至他的血管里也流着一半汉人的血液，但是他的骨子里还是坚守满族中心论，以"自古得天下之正莫若我朝"，贯串康熙盛世及其帝王心术。

圣祖为了彰显其母身份，用政治手段玩了一回抬旗的族群修饰。他虽生于关内，受了中原礼教观念的影响，但不深切。他妻妾成群，其中有四对亲姐妹，还有一人（慧妃）为其远房表姑。他深得祖母孝庄宠爱和扶持，对其只有强烈的感恩之情，"忆自弱龄，早失怙恃，趋承祖母膝下，三十余年，鞠养教诲，以至有成。设无祖母太皇太后，断不能致有今日成立，同极之恩，毕生难报"。即便其祖母有下嫁史，他也未必心怀芥蒂，反而可能会打出更加堂皇的幌子。

《朝鲜李朝实录》记载，康熙二十七年正月，朝鲜才知孝庄逝世，认为秘不发丧，而《清史稿·圣祖本纪》记载，康熙二十六年十二月，孝庄病重，圣祖"亲制祝文，步行祷于天坛"。《清圣祖实录》写得更感人，称圣祖祷告上苍，请求折损自己生命，增延祖母寿数："若大算或穷，愿减臣龄，冀增太皇太后数年之寿。"孝庄病逝，"上哭踊视殓，割辫服衰，居慈宁宫庐次。甲戌除夕，群臣请上还宫。不允"（《清史稿·圣祖本纪》），情深意切，真实流露，无须遮掩。如朝鲜官方史料为实，孝庄逝世后因有隐情而秘不发丧，那么清朝官方记载还有多少是没有被修饰诿过的呢？

　　当然，史料哪怕是实录，也未必是史实，但数千里之外的朝鲜记载，也未必没有水分。

5

　　多尔衮娶嫂疑点多。他妻妾成群而遗憾无子嗣，原因史料未载，但并非是男根有问题。

　　因为他有一女，即东莪，生于崇德三年，野史称为多尔衮第六妃瓜尔佳氏所生。

　　然，多尔衮有据可查的妻妾名单中，并无瓜尔佳氏，第六妃当是来自朝鲜历史王朝的李氏继妃。

　　李妃为顺治七年五月才见到多尔衮。

　　她本是金林郡公李开音（这是清室玉牒中的写法，其本为朝鲜锦林君李恺胤）之女，因为顺治七年多尔衮派人去朝鲜提亲，而被朝鲜孝宗封为义顺公主，作为国王的义女嫁给多尔衮。

　　多尔衮当时正外出围猎，闻讯此女到来，当即迎上去，不举行仪式连夜成婚。

　　第二天，开心的多尔衮对送亲的使臣赏赐了丰厚的礼物。

　　不料想，返京后多尔衮态度大变，对使臣大肆报怨"公主之不美，侍女之丑陋"！

　　他严厉地谴责：尔国不肯精挑细选，敷衍塞责，胡乱弄一个令人不满意的女人，冒充公主，并送来了一批丑陋的侍女，实在是不真诚。

　　朝鲜方面护送人员回国后报告："九王初见公主，颇有喜色，待臣等亦厚。及至北京，以公主之不美，侍女之丑陋，诘责万端。""观其辞气，甚凶且秘，每因事归责于君上。"（吴晗辑《朝鲜李朝实录中的中国史料》下编卷一）

多尔衮打着政治联姻旗号，实际上要公主、侍女一起收，充斥他的皇父摄政王后宫。

然而，半年后，多尔衮病逝，清朝应朝鲜请求将她送回国。《朝鲜李朝实录·显宗实录》卷五，显宗三年八月十八日记载："孝宗朝，清国九王欲与我国结婚，遣使要得公主，孝宗重违其意，选宗室锦林君恺胤女，称以义顺公主，送与九王。九王既死，清国以其女，遽与九王手下将，恺胤适奉使入燕京，呈文请还，清人许出送。"

顺治帝严惩死后的多尔衮时，下旨将其独生女东莪、过继子多尔博交由多铎的长子、信郡王多尼看管。

此事，清修官史有记载。《清世祖实录》卷五十三记载：顺治八年二月癸巳，"睿王应籍没所属家产人口入官，其养子多尔博、女东莪俱给予信王"。

这是清史中关于东莪的唯一记载，此后东莪便不知所终。

无疑东莪生母另有其人，很有可能是朝鲜宗室李世绪之女，为崇德二年多尔衮征服朝鲜后带回盛京的小福晋。

东莪也就成了多尔衮唯一的血脉，但多尔衮妻妾远非十人。

曾经在《建夷宫词》系列中留下一首诗"上寿觞为合卺尊，慈宁宫里烂盈门。春官昨进新仪注，大礼恭逢太后婚"，宣传多尔衮强迫寡嫂孝庄太后下嫁的南明反清名臣张煌言，还写道："掖庭又说册阏氏，妙选婵闺足母仪。椒寝梦回云雨散，错将虾子作龙儿。"

据虾子的字面解释，不应指顺治帝，而该是说多尔衮逼死豪格后，强纳其侧福晋，得了一个遗腹子。

豪格被囚禁至死，时为顺治五年四月。而多尔衮纳豪格寡妻在顺治七年初，他这次娶侄媳妇，还在顺治七年正月举行了大规模的纳妃典，史有明证。

这个所谓的"虾子"，传说名叫多尔真，当是多尔衮的。后因为多尔衮突然去世，此子不得所终，应该死于非命，但也应是幼殇，使得乾隆四十三年

（1778）高宗为多尔衮平反时，重新将归宗的多尔博指定为多尔衮后嗣，封其后裔淳颖为睿亲王，并将多尔博及其子孙五代追封为睿亲王。

多尔衮成婚很早。天命九年，努尔哈赤就从蒙古科尔沁部落为其聘来了吉桑阿尔寨台吉之女为正妻，当即成婚。多尔衮十三岁娶正妻，但根据皇家的惯例，作为大汗之子的他应该早就过上了性生活，以免大婚因性经验不足而出现尴尬。

而后多尔衮四处选美，妻妾成群，甚至随意出入后宫淫秽，却仅有一女，只能从其胞弟多铎那里抱养第五子多尔博作为嗣子，究竟原因，除了多尔衮三十九岁英年早逝外，再合理的原因就是纵欲无度，导致无子嗣继承身后荣辱。

多尔衮强娶侄媳，
颠覆太宗禁令

1

多尔衮是能干的大才，也是风流的淫棍。

天聪五年（1631），清太宗皇太极颁发禁令，永行禁止娶继母、伯母、婶母、弟媳、侄媳为妻。皇太极为加速女真社会的发展进程，学习和吸收儒家礼教观念，移风易俗，以禁绝收继婚俗的法令，来改革女真族的原始陋习："嫁娶则不择族类，父死而子妻其母。"（李民寏《建州见闻录》）

李民寏，作为朝鲜元帅姜弘的幕僚，于天命四年（1619）随姜弘助战明军发动萨尔浒之战，兵败被俘，在后金囚禁了一年，归国后将在后金的所见所闻写成了《建州见闻录》。他所言女真族内嫁娶非虚，后金大汗努尔哈赤曾扬言，其百年之后，年轻的大妃将由其指定的继承人、大贝勒代善继承。

皇太极明令改变天命朝乱象："凡娶继母、伯母、弟妇、侄妇，永行禁止……同族嫁娶，男女以奸论。"（朱璘《明纪辑略》卷十四，四库全书本）

天聪五年七月，皇太极再次申明谕禁同族嫁娶违者，以奸论罪，说："明与朝鲜皆礼仪之邦，故同族从不婚娶。彼亦谓既为人类，若同族嫁娶，与禽兽何异？是以禁止耳。"（《清三朝实录采要·太宗》卷二）

他对前朝《明律》的规定"若收父祖妾及伯叔母者，各斩。若兄亡收嫂、弟亡收弟妇者，各绞"充分吸收，为顺治朝伊始修订《大清律例》，改变祖制成法，严禁族内嫁娶，做了严格的定调。

皇太极可以将敌人孀妇收入宫闱（如崇德五妃中的关雎宫宸妃、麟趾宫贵妃、衍庆宫淑妃），笼络敌国；可以把妃嫔送给大臣（如东宫福晋博尔济吉特氏、侧福晋叶赫那拉氏），以示宠信；却不愿意在他死后，让兄弟、儿子们霸占他留下的女人。

2

让皇太极始料未及的是，在他死后不久，他留下的八旗军从龙入关，问鼎中原，新添的敌国南明则流传着一首诗。

"上寿觞为合卺尊，慈宁宫里烂盈门。春官昨日新仪注，大礼恭逢太后婚。"（张煌言《建夷宫词》）

说的就是皇太极的永福宫庄妃，即后来的孝庄太后，为了保住儿子顺治的帝位，下嫁皇太极生前非常倚信的皇十四弟、摄政睿亲王多尔衮。多尔衮收嫂不打紧，还公开宣称自己是皇父摄政王。

孝庄太后下嫁多尔衮之说，各有争论。抗清名臣张煌言一组《建夷宫词》，不过是反清的宣传书，多有毁损之意，不足为信。

但是，多尔衮霸占皇太极留下的女人，清宫史料并未避讳。有说法说，多尔衮可以随便出入皇宫内院，随意闯入皇帝的私地，虽不见得是与孝庄私会，但也可能是强迫宫女或先帝嫔妃陪床。

皇太极的禁令到了多尔衮这里是无效的。多尔衮不但创造了"二帝"局面，且成了凌驾于真皇帝之上的第一皇帝。

代行皇权，我行我素，多尔衮的公然践踏皇太极严禁族内婚的命令。

顺治八年（1651）二月，公示多尔衮的罪状中，有一条："构陷威逼，使肃亲王不得其死，遂纳其妃。"（《清世祖实录》卷五十三，顺治八年二月己亥）

肃亲王即皇太极的皇长子豪格。皇太极死后，豪格成了多尔衮夺位的主要对手与最大阻力。孝庄太后利用多尔衮与豪格的争衡，联合两黄旗大臣与后宫蒙古势力，推出自己的儿子福临，使多尔衮与豪格都不得继立。

混乱的朝局，离不开多尔衮这样的治政大才。多尔衮成了摄政王，郑亲王济尔哈朗作为豪格的代言人出任辅政叔王。济尔哈朗一度退让，使多尔衮统兵入关后，进一步权倾朝野。

大位旁落一个六龄童，多尔衮是怀恨在心的。虽然他在初进紫禁城时谢绝了降臣陈名夏关于自立上位的建议，说："本朝自有家法，非尔所知也。"（《清史稿·陈名夏传》）但，他把仇恨的怒火，疯狂地烧向亲侄儿豪格。

他先是命豪格为靖远大将军，统兵西征最强悍的大西皇帝张献忠。此前，多尔衮的心腹、正黄旗固山额真何洛会，为定西大将军，征讨张献忠不敌而返。多尔衮以张献忠为一根难啃的硬骨头，激发征剿李自成有功的豪格领命，想借机置豪格于死地，孰料豪格很快大破大西军，射杀张献忠，拔寨一百三十余座，斩首数万级。

豪格大获全胜，功劳不输多尔衮。

顺治帝将论功行赏，而多尔衮加紧为之罗织罪名，称他隐瞒部将冒功、起用罪人之弟等问题，将豪格下狱，百般侵害。

豪格下狱，不到两个月被折磨致死。

3

豪格去世一年后，多尔衮的元妃病逝。多尔衮很快将白幡改红绸，在摄政王府张灯结彩，迎娶新福晋。

这个继福晋，就是豪格的侧福晋。

多尔衮大张旗鼓地迎娶了侄媳妇。

张煌言《建夷宫词》中，有一首云："掖庭又说册阏氏，妙选嫣闱足母仪。

椒寝梦回云雨散,错将虾子作龙儿。"

据"虾子"的字面解释,不应当指顺治帝。顺治帝为皇太极之子,先天即为"龙儿"。唯有多尔衮逼死豪格后强纳其侧福晋得的一个"遗腹子",才有可能是"虾子"。

但遗腹子是说不过去的。豪格被囚禁至死,时为顺治五年三月。而多尔衮纳豪格寡妻在顺治七年初,前后相距二十多个月。这个所谓虾子,很可能是荒淫的多尔衮在豪格死后就与侄媳妇有了关系,致其怀孕而生下的孩子。

多尔衮荒淫无度,妻妾成群,但唯有一女东莪,还有从其胞弟多铎那里抱养的第五子多尔博作为嗣子。

元妃于顺治六年十二月刚去世,多尔衮就在第二年正月纳侄媳妇为妃,急不可待。只有此女已怀孕待产,才解释得过去。对于这个孩子,《清世祖实录》卷五十二有记载:顺治八年正月甲寅,群议英亲王阿济格篡权乱政罪行时,正白、正蓝二旗大臣声明,自己不受阿济格胁迫,而是"夫摄政王拥立之君,今固在也。我等当抱王幼子,依皇上以为生"。"抱王幼子"的所谓幼子,当不是生于崇德八年(1643)正月、已有九岁的嗣子多尔博,而是豪格侧福晋为多尔衮所诞下的新生儿。后因为多尔衮被追责清算,此子及其母不得所终。

多尔衮不但娶了侄媳妇,还与之生育一子。

值得注意的是,多尔衮元妃去世,被追封为敬孝忠恭元妃,继而很快又大张旗鼓地迎娶了继福晋。这也从侧面证明,多尔衮并没有娶孝庄太后,更不会大摆筵席、昭告天下,否则,孝庄只能以皇太后的至尊,给一个还是大臣身份的皇父摄政王做小妾。

多尔衮娶了侄媳妇,得了一儿子,还不甘心,很快命人至朝鲜选美。可见,多尔衮刚娶了豪格寡妻不久,又纳了新美人,仍然想着再次择新。结合这一系列史实来看,多尔衮又怎会像现代影视剧所渲染的那样,与孝庄青梅竹马、对孝庄情有独钟呢?

皇太极的耳目
背叛了主人

1

崇德八年（1643）八月初九日，太宗猝死于盛京后宫，生前没立皇储，身后帝位空悬。两黄旗大臣从利害关系而论，希望由皇子继位，以继续保持两旗为皇帝亲率的优越地位。

太宗诸子中，肃亲王豪格是皇长子，已成年，军功卓著，且有能耐。大清重要将领图尔格、索尼、图赖、锡翰、巩阿岱、鳌拜、谭泰、塔瞻八人，"往肃王家中，言欲立肃王为君，以上为太子，私相计议"（《清世祖实录》卷三十七，顺治五年三月己亥），即拥豪格继帝位，以福临为太子。

八月十四日，代善召集王公大臣于崇政殿讨论继位人选。当天清晨，两黄旗大臣盟誓于大清门，坚决拥立太宗之子，并命两旗精锐护军全副武装环卫崇政殿，做好了不惜兵戎相见的准备。《沈阳状启》记载了这一场剑拔弩张及之后急剧变化的场景:诸王皆会于大衙门。大王（代善）发誓曰:"虎口，帝之长子，当承大统云。"则虎口（豪格）曰:"福小德薄，非所堪当。"固辞退去，定策之议，未及归一。帝之手下将领之辈，佩剑而前，曰:"吾属食于帝，衣于帝，养育之恩与天同大，若不立帝之子，则宁死从帝于地下而已！"大王曰:"吾以弟兄，常时朝政，老不预知，何可参于此议乎？"即起去。八王（阿济格）亦随而去。十王（多铎）默无一言。九王（多尔衮）应之曰:"汝等之言是矣。虎口王既让退出，无继统之意，当立帝之第三（应为'九'）子（福临），而年岁幼稚，八高（固山）军兵，吾与右真王（济尔哈朗）分掌其半，左右辅政，年长之后，即当归政。"誓天而罢云。

《清史稿》和《清史列传》谭泰本传，都没有记叙谭泰誓立豪格，与多尔衮对抗的具体文字，但不能否认，正是谭泰、索尼们的武力相争，威胁睿亲王不得觊觎帝位，才使得多尔衮不得不做出让步，退求摄政大位。

多尔衮是否真的觊觎帝位，那只有历史知道。

后来，乾隆帝在追复多尔衮封爵的谕令中指出："其时我世祖章皇帝，实尚在冲龄，未尝亲政也。夫睿王果萌异志，则方兵权在握，何时而不为？……然彼诚图为不轨，无难潜锄异己，以逞逆谋。"（《清高宗实录》卷一千○四十八，乾隆四十三年正月辛未）

《清史稿·谭泰传》写道："睿亲王摄政，谭泰与巴牙喇纛章京图赖、启心郎索尼并见信任。固山额真何洛会诬肃亲王豪格怨谭泰等不附己，讦之睿亲王，王谓谭泰忠，益信任之。"

多尔衮有梦承袭帝位却未成真，但顾全大局，避免了八旗的一次分裂与流血，还对坚决拥立政敌豪格的得力干将给予信任重用。这充分展现了多尔衮作为一个王者的大度和隐忍。

2

不容否认，谭泰着实有不少才干。

天聪八年（1634），护军参领谭泰同都统图尔格分统左右翼兵，攻略锦州，班师后又从太宗征明，在上方堡破墙而入，大败明军，攻克保安，被擢升护军统领。崇德元年，谭泰随武英郡王阿济格等征明，连克十二城；进围定兴时，谭泰率先登城。

崇德六年，松锦之战爆发，谭泰率四百人自小凌河直抵海边，断绝明兵归路。

此役，洪承畴被俘。

第二年，谭泰又连败蓟州总兵白腾蛟、马兰峪总兵白广恩等，"擒斩俘获，为诸军最"（《清史列传·谭泰传》）。

谭泰战功不少，但性喜徇私。

天聪九年，侍卫宗室济马护欲得太祖女婿兼一等大臣扬古利旧居，扬古利不允，济马护请谭泰向太宗请求。谭泰为扬古利堂弟，不肯上报，结果被济马护反告一状。

太宗谕责谭泰："尔为朕耳目，凡事当不徇偏私，入告无隐。尔乃欺罔巧诈，大负委任。"（《清史列传·谭泰传》）

太宗视谭泰为亲信耳目，却因济、扬争宅事件，对谭徇私很是恼怒，认为他自恃宗族强盛，欺负宗室愚弱。太宗强调："济马护乃朕叔父之子，其言尚壅蔽不达，彼小民有劳苦嗟怨之事，何由得达乎？"

太宗斥责谭泰徇私，连宗室意见都不传，那民情又怎能上达圣听，"似此奸恶，朕所深恶"，因而将谭泰下狱论罪，罢职处理。但是，没过多久，太宗又起用谭泰，重新任命其为正黄旗都统（固山额真）。

谭泰有能耐得太宗优渥厚待，也不时恃功而骄。

在争宅事件中，太宗给了谭泰革职下狱的教训，但他好了伤疤忘了痛，崇德五年又同济马护的哥哥、辅国将军巩阿岱在禁门相骂，巩告诉谭"尔父德克塞之目，是我所刺也"，谭说巩只知吃喝，没有真本事，二人骂架不过瘾，索性拳脚相向，被太宗责令部议失大臣礼，按律处罚。谭泰和巩阿岱都是正黄旗大臣，发生辱骂肉搏甚至械斗事件，可见清朝内部甚至八旗旗内，也是矛盾不断，流血不止。

3

摄政睿亲王对谭泰青眼有加，不时拉拢他。

顺治元年（1644），弘文院大学士希福主持翻译的辽、金、元三史完成，奏进皇帝，清世祖恩赉有加。当时摄政掌权者，为郑亲王济尔哈朗和睿亲王多尔衮，对希福的嘉奖，也是二人借幼主的名义给的。

此后不久，隶属正黄旗的希福，希望更易赐第，请掌管本旗事务的都统谭泰帮忙。二人素有过节，谭泰不肯，向多尔衮进谗，说希福说多尔衮曾自言过分娱乐事，并以"构衅乱政"等罪名议希福死罪。多尔衮命罢希福官，黜为民，削世职，并抄家；而对谭泰叙功，由二等子直接晋爵一等公。

多尔衮拉拢谭泰为己所用，不惜对异母兄巴布海痛下杀手。

巴布海与谭泰宿怨已久。崇德四年，太宗授巴布海为梅勒额真（太祖创八旗制度，在固山额真外，设左右梅勒额真，即后来的副都统）。七年，巴布海对固山额真谭泰说，请罢其梅勒额真，此职多于草木。

巴布海自恃太祖第十一子、辅国将军，却居谭泰之下，不甘心也。谭泰称巴布海"口与心违"，正好图赖派人登记牛录贫富，巴布海晒"我所领牛录甚富"。巴布海莽言遭谭泰诬告，辩称："我非太祖之子欤？谭泰等顾厚诬我。"

太宗命人调查，谭泰所奏属实，巴布海论罪当死，被从宽夺爵。顺治元年，巴布海家仆向一等公塔瞻府第投射飞书，说谭泰阴谋不轨，谭泰找摄政睿亲王多尔衮陈诉，内监逮捕巴布海审讯，巴布海不承认控罪，多尔衮却仍下令："巴布海及其妻并子阿喀喇皆坐死，籍其家予谭泰。"（《清史稿·巴布海传》）多尔衮把自己的亲哥哥、嫂嫂和侄儿一并处死，没收巴家一半财产给谭泰，以此博取谭泰的好感。

谭泰利用多尔衮打击政敌，但未真正买多尔衮的面子。

顺治二年八月，英亲王阿济格追剿大顺军，将逃走的李自成"诳报已死"，还在军营称皇上为"孺子"。摄政睿亲王闻言大怒，谕知随征都统公谭泰与鳌拜等集中上报阿济格罪行。《清史稿·谭泰传》载："谭泰匿谕旨不以示众，索尼发其罪，降世职昂邦章京，夺官。"谭泰不听话、不配合，被索尼降爵、革职、听差。

谭泰因此怨恨索尼，反过来攻讦索尼于内库牧马鼓琴及禁门桥下捕鱼，使之遭论罪罢黜。谭泰不久又被多尔衮起用，复职正黄旗都统。

谭泰与索尼这对昔日以不惧同死而誓立豪格的战友，已然成了仇敌。图赖告诉索尼，谭泰奉命自西安追剿大顺军，为争平定江南之功，请求图赖帮忙，趁南京未下时留待其所领大军。索尼以书信为证，向多尔衮报告了此事。与此同时，谭泰又被其岳父、都统阿山找巫医治病牵连。

朝廷议罪，谭泰下狱当死。多尔衮派人给谭泰送美酒佳肴，让谭泰感激涕零，说："王若拯我，我杀身报王。"(《清史稿·谭泰传》)

谭泰终于为了活命跪求多尔衮。果然，大权独揽的多尔衮宽免了谭泰，官复其原职，不久封其为征南大将军，统兵征剿江西叛将金声桓、广东叛将李成栋。

4

顺治七年十二月，世祖亲政，授谭泰为吏部尚书，不久恢复一等公。这是顺治帝的一着暂时维稳棋。

谭泰也为报顺治帝的知遇之恩，积极报告多尔衮的党羽何洛会等人的罪行。顺治帝先后杀了何洛会、刚林等。自此，谭泰更加纵恣。

顺治八年五月，被谭泰尊奉为南党盟主的南明降臣、秘书院大学士陈名夏，被御史张煊弹劾结党营私、诟事睿王，"谭泰力祖名夏，于廷议时，咆哮起争"。廷议报告刚给顺治帝，旨意未下，谭泰便以张煊诬告忠臣之罪，将其处死。

其妻弟岳尔多已承袭一等精奇尼哈番（一等子），谭泰为其夺族人法喀应袭一等阿思哈尼哈番（一等男），合并为三等侯；其妹夫佟图赖驻防杭州，谭泰妄称驻防统领员缺，以佟图赖为拟补。

顺治肃清多尔衮主要党羽之后，腾出手来追责谭泰之罪。顺治帝下诏责罚谭泰专横，命执捕谭泰下狱，纠集廷臣议罪。

护军统领鳌拜揭发谭泰党附多尔衮及营私擅政诸罪状，上报之事皆定案属实。王公大臣议诛杀谭泰及其子孙，顺治帝下命只诛谭泰，籍没他的家产，宽恕他的子孙牵连之罪。

谭泰这棵貌似坚定的墙头草，最终依附多尔衮，虽然没有像何洛会那样百般构陷豪格，但他只顾利益、不顾情意的选择，让自己享受统兵大将军、两任一等公殊荣的同时，也死于自己的恃宠骄纵、忘乎所以。

多尔衮爱上了
卖主的奴才

1

顺治五年（1648）三月，太宗皇长子、肃亲王豪格，因隐瞒部将冒功、起用罪人之弟等罪名下狱致死。二月，豪格刚从剿灭张献忠前线完胜归来，顺治帝亲自在太和殿慰劳。孰料，功勋卓著的豪格，很快被亲叔叔兼宿敌多尔衮论罪幽禁。

豪格之死，元凶为多尔衮，而帮凶却是他曾经的心腹爱将何洛会。《清史列传·何洛会传》记载："何洛会初隶肃亲王豪格下，颇见任使。"太宗在位时，豪格与多尔衮倾轧，何洛会积极出谋划策，被豪格极其倚重。

何洛会原属正黄旗，其父阿吉赖为太祖佐领，卒后子顶父职，兼护军参领。天聪八年（1634），何洛会随都统阿山等攻略明朝锦州，因功免徭役。《清史稿》《清史列传》的何洛会本传，都记有"命免功臣徭役，何洛会与焉"。清朝开国之初，即便三四品官员也得给大汗或皇帝服徭役，是主子的奴才。何洛会为护军参领，是八旗兵护军营军事职官，掌领护军宿卫宫禁。按八旗官制，护军参领，每旗满洲十人、蒙古四人，总额一百一十二人，分正、副两级，正参领正三品，副参领正四品。

何洛会浴血奋战，不断拼军功，也不断受罚。天聪九年，多尔衮率大军围攻锦州。第二年因离城远驻扎、遣兵丁轮流回家，触怒太宗，集体受罚，何洛会被拟定革职籍没，最后从宽罚款。当年十一月，何洛会因功升为正黄旗蒙古都统（即固山额真。《清史列传·何洛会传》作"满洲都统"，有误）。按八旗官制，固山额真为太宗天命十一年（1626）所设，为八旗组织中一旗旗主之下的最高军政长官，管理全旗户口、生产、教养、训练等事务，足见太宗对何洛会非常重视。崇德七年（1642），多尔衮率军打下锦州，班师归来奖罚军功，何洛会隐瞒了护军统领鄂罗塞臣的率先破阵功，理应革职罚款，被太宗宽免。

何洛会着实有不少能耐和军功，只是因后事而被史官隐没。太宗知道，何洛会被豪格倚为亲信大将，故不断擢升重视，从宽处理他的过失罪行，以其充实儿子的实力。但事与愿违，太宗的爱子却死于何洛会之手。

2

太宗驾崩过去八个月，即顺治元年四月，睿王摄政，何洛会向多尔衮告发：和硕肃亲王豪格同两黄旗大臣扬善、俄莫克图、伊成格、罗硕，如何如何诋毁睿王、图谋谋乱。此事，《清世祖实录》中有详细记载。

何洛会先讦告豪格曾向自己及议政大臣扬善，甲喇章京伊成格、罗硕说："固山额真谭泰、护军统领图赖、启心郎索尼向皆附我，今伊等乃率二旗附和硕睿亲王。夫睿亲王素善病，岂能终摄政之事，能者彼既收用，则无能者我当收之。"（《清世祖实录》卷四，顺治元年四月戊午）扬善说："此皆图赖诡计也。若得亲视其寸磔死亦无恨。"豪格说："尔等受我之恩当为我效力，可善伺其动静。"扬善说："我等务致之死，以一身抵之，王岂不宴然处乎？"伊成格亦是以此言对。何洛会将豪格和扬善、伊成格、罗硕四人做成一局。

紧接着，何洛会又报告，豪格还跟他和固山额真俄莫克图说："和硕睿亲王将五牛录人，给予硕塞阿格。其意何居？"何洛会回答："此正为国效力以垂名于万世也。"俄莫克图和何洛会都是豪格的亲信。

多尔衮闻言，很不高兴，怫然而退，准备指派豪格从征。豪格因此对何洛会、俄莫克图、扬善说："我未经出痘，此番出征令我同往，岂非特欲致我于死乎？我欲诣摄政二王言之。"何洛会答："死生天命也。大兵将发，正宜为国报效，不应往问。"俄莫克图答："我等业以为不可，即往问亦以为不可也。"

何洛会构陷，称豪格曾对他和俄莫克图、扬善曰："和硕睿亲王，非有福人，乃有疾人也。其寿几何而能终其事乎？设不克终事，尔时以异姓之人主国政，可乎？多罗豫郡王曾语我云：'和硕郑亲王初议立尔为君，因王性柔，力不能胜众，议遂寝。其时，我亦曾劝令勿立，由今思之，殆失计矣。今愿出力效死于前，其为我言如此。至于塔瞻公乃我母姨之子，图尔格公素与我善此辈，岂忘我乎？'"此言说豪格中伤多尔衮是有病之人，无命享福。说太宗驾崩时，郑亲王济尔哈朗与豫郡王多铎有心拥立豪格，这无疑是何洛会拿病痛说事，称豪格等诅咒多尔衮寿命不长，想带动多尔衮的支持者们众叛亲离，以期彻底激怒多尔衮。

何洛会接着报告，肃亲王曾向俄莫克图说："我岂似彼病夫，尔何为注目视我，我岂不能手裂若辈之颈而杀之乎？"肃亲王召甲喇章京硕兑说："尔与固山额真谭泰郎舅也尔可说，令附我，前曾给侍卫穆成格妻，岂非我之厚爱于彼乎？"

多尔衮与豪格这一对亲叔侄，为争权夺位，积怨日久。何洛会告密的众多话语，也应该是多尔衮用手段收买何洛会之后，二人精心设计，最后通过何洛会的口说出。

初摄大政的多尔衮，正要刑杀立威，于是下令法司鞫实，将和硕肃亲王豪格削爵，将扬善四人砍了。《清世祖实录》记载："于是，何洛会偕硕兑、胡式、凌图喀木图、开禅、硕格达古等因王言词悖妄，力谏不从，恐其乱政，特讦告于摄政和硕睿亲王、和硕郑亲王、诸王贝勒、贝子、公及内大臣，会鞫俱实，遂幽和硕肃亲王。既而以其罪过多端，岂能悉数，姑置不究，遂释之。夺所属七牛录人员，罚银五千两，废为庶人。俄莫克图、扬善、伊成格，坐附王为乱不行，出首弃市，罗硕以乱法诡谋，曾禁止不许近王。后复往来王所私相计议，亦弃市。"

多尔衮处理完豪格一干人等后，以何洛会"能矢忠义，举发伊主悖乱"，以抄没的俄莫克图、伊成格家产给之，授世职二等甲喇章京（《清史列传》作"一等轻车都尉"。《清史稿》作"顺治二年，叙功，进世职一等"），重点奖励卖主求荣的何洛会。而在事初，何洛会是豪格同多尔衮争权的主要帮手，曾积极参与争夺嗣位的密谋。

3

何洛会是告密高手，也是征伐大将，改投新主子之后，颇得多尔衮器重。顺治元年，他跟从摄政睿亲王入关，击溃李自成的大顺军，被睿亲王指派奉表迎世祖，迁都燕京，擢内大臣。多尔衮设左右翼拱卫京师，命阿哈尼堪将左翼，硕詹将右翼，各置城守官，皆统由何洛会统领，留守燕京。

第二年二月，何洛会因功晋封一等男。多尔衮命何洛会率师驻防西安，转道河南，讨定西平土寇刘洪起等。是岁十二月，多尔衮授其定西大将军，进剿四川。清朝不常设大将军，只有遇到重大战事时设立，没有品级，但统辖战区军政大权，节制战区内的督抚、提督、将军，有先斩后奏的大权，权力极大，皇帝或摄政王一般指派自己信得过的心腹近臣或兄弟子侄担任。

何洛会投靠摄政睿亲王刚刚一年，就得此重任，足见他能耐超绝。睿亲王挂大将军印率军破关、定鼎燕京后，再封的大将军，大都是和硕亲王，如豫亲王多铎为定国大将军领军南征，英亲王阿济格以靖远大将军追击李自成。何洛会以一等男、内大臣受任大将军，无疑是清朝第一人。

何洛会的故主豪格，从龙入关、破李闯王义军后，恢复和硕肃亲王爵位，顺治三年才因要彻底攻打盘踞四川的张献忠，而被起用为靖远大将军。

豪格受命追剿最难啃的张献忠。多尔衮召何洛会回京。看来何洛会以一等男高居大将军之尊位，一路向西，只是击溃了李自成大顺军的逃兵散将，打着进军四川的旗号，却没有完成平定西部的使命。何洛会归来，不但受赐大量金银珠宝，而且爵升三等子，却留给了豪格一个可以惨败致命的陷阱。

孰料，豪格出马，以鳌拜为先锋，大破张献忠的军队。豪格亲手射死大西国皇帝张献忠，攻破一百三十多所营寨，斩首数万级。故主立了盖世奇功，可与新主破关入主中原相提并论。这时，何洛会又来事了。《清史列传·何洛会传》记载：豪格"灭张献忠，还京。贝子屯齐等讦郑亲王济尔哈朗徇隐肃亲王悖妄事，何洛会复证之"。

多尔衮为了扳倒宿敌济尔哈朗与豪格，再次同何洛会联手，使"郑亲王坐降爵，肃亲王以幽系终"。何洛会以正黄旗满洲都统，被多尔衮调入胞弟多铎统摄的镶白旗。

何洛会为新主出力，弄死了故主，还要斩草除根，在肃王诸子入睿王府射箭时，对贝子锡翰说"见此鬼魅，不觉心悸"（《清史稿·豪格传》），要锡翰向多尔衮进言诛杀豪格诸子。何洛会此言，一是证明他忘恩负义心狠手辣，二是对构陷故主心有余悸。此次，多尔衮却没有再痛下杀手、累及无辜，而说：他想取媚于我而说这样的话，但不知我只想豪格死。多尔衮明白何洛会在权力的驱使下，谄媚自己，毫无情义，但他还是需要何洛会这一只有骨头便是主的猎狗。

4

顺治七年十二月，摄政睿亲王出猎跌伤而死。何洛会慌了，对附和多尔衮的贝子锡翰说："今上亲政，两黄旗大臣与我相恶，我昔曾首告肃王，今伊等岂肯不杀我而反容我耶？"（《清世祖实录》卷五十三，顺治八年三月癸巳）何洛会挺有自知之明的，而新主子的命运被旧主子言中，让他前路迷茫。

电视剧《孝庄秘史》给了何洛会不少戏份，谄事豪格时也算忠诚，后来谄事多尔衮更加卖力。多尔衮刚死，他拟了一张追尊主子为皇帝的草诏，逼迫顺治帝用玺。在宫廷争斗不休的情势下，何洛会屈从的是利益，而不是恩义。即便他有强迫顺治追尊多尔衮之事，也未必不是在为自己找一把保护伞。

让他没有想到，少年老成的顺治帝破天荒地给了多尔衮一顶大帽子，同时安排了最凶狠的明枪冷箭，威逼多尔衮旧属、何洛会的战友纷纷讦告故主和战友的不赦罪行。

议政大臣苏克萨哈首告多尔衮私藏僭越物品，还曾率两白旗人赴永平图谋不轨，何洛会参与密谋。

吏部尚书谭泰揭发何洛会的"鬼魅之说"，以及向多尔衮谗言要杀豪格诸子。谭泰最初也是拥立豪格的正黄旗倒多派，后来被多尔衮拉拢，成了睿王府的一条猛狗。

贝子锡翰报告：何洛会担心两黄旗大臣报复等，似乎在准备对策。

顺治帝追尊豪格为和硕肃亲王，以何洛会构陷肃亲王豪格，将其凌迟处死。同时，其弟胡锡明知兄长谋逆恶行却不出首告发，一同处死。何洛会兄弟，也就成了因附和多尔衮而被处死的第一干将和第一个被牵连的人。

同样卖主的苏克萨哈，虽然后来被顺治帝委以重任，担当顾命辅政大臣，却死于鳌拜之手。谭泰、锡翰也因党附睿王之罪，被顺治帝处死。

权力激烈争斗，既成就了告密者暂得荣耀的名利场，也为他们搭建了卖主求荣迟早重判的屠宰场！

多尔衮没死在
降将姜瓖刀下

1

电视剧《孝庄秘史》中的多尔衮，死在第 31 集，死在前明降将姜瓖的刀下。

一代英雄，就这样死了。

剧中设计，姜瓖趁豫亲王多铎患天花而亡、摄政王多尔衮得怔忡之症，带领旧部据守重镇大同反叛。

反复之人，也无好结果。二人冲杀，两刀相接，双双丧命。

多尔衮之死，印证了盟誓："誓报吾皇，不生异心。如有违誓，短折而死。"

果然，姜瓖一刀，划在多尔衮的肚子上。

剧中的多尔衮，始终认为皇位是他的，庄妃是他的，天下是他的。即使他与豪格争位势均力敌，拥立福临继位，他做了摄政王，对天盟誓，也还是对皇位一直玩小动作。

他不甘心做半个皇帝的实权派摄政王。为了在诸王之上，他逼两宫皇太后承认他是皇叔父摄政王。为了让顺治服从，他命小皇帝改称他为皇父摄政王。做了皇帝的皇父还不打紧，他又强迫太后下嫁。

一招接一招，一汤换一汤。若非性情男人遇到了心计女人，多尔衮早就结果了小顺治帝。八旗对阵，多尔衮未必能胜，但他破关逐鹿中原之后，皇权的诱惑成就了他最大的追求。

正因如此，曾对他有恩有情的代善、范文程、两宫皇太后，纷纷站到了他的对立面，甚至连最后受宠陪睡的小霓子，也在窥视他的一举一动。

电视剧名曰秘史，玩的就是情感路线，让马景涛版的多尔衮爱哭爱疯、爱耍酷爱愁，就连醉酒的醒药，都是一件何洛会私制的八团龙袍。

何洛会是反复之人。多尔衮也是反复之人。姜瓖也是反复之人。

只可惜，多尔衮这个注定了的悲剧英雄，却被电视剧悲催地安排死在姜瓖的一刀之下。

而历史上的多尔衮，却不是死在姜瓖刀下。

多尔衮之死，《清史稿·多尔衮传》写得很简单："十一月，复猎于边外。十二月，薨于喀喇城，年三十九。"《清史列传·多尔衮传》稍稍详细些："十一月，王以疾率诸王贝勒猎边外。十二月，薨于喀喇河屯，年三十有九。"

顺治七年（1650）十一月，多尔衮带病出猎古北口外，行猎时坠马跌伤。十二月初九，多尔衮薨于古北口外喀喇城。

2

姜瓖倒是死在多尔衮征讨大军阵前，但不是多尔衮杀的。那时距多尔衮病逝还有一年多。

据《朔州志》记载，姜家世代皆明将，传至姜瓖这一代，老大姜让是陕西榆林总兵，老弟姜瑄为山西阳和副总兵，而姜瓖以镇朔将军挂大同总兵官。崇祯十七年（1644）三月，李自成攻克太原，姜瓖投降大顺政权。次月，清军大将吴顺华率兵来攻，姜瓖守了一个多月，然后就杀了大顺军守将张天琳，投降阿济格，帮助阿济格进兵征伐山西、陕西，被封为统摄宣化、大同诸镇兵马的将军。顺治五年，姜瓖得知多铎病故、多尔衮染病，于十二月初三日在大同起义归南明，以割辫为标志，遵用永历正朔。

多尔衮获悉，亲自带军征讨，还对姜瓖进行劝降，希望他能悔罪归诚，仍将"照旧恩养"。清将参战者，除了多尔衮外，还加派了端重亲王博洛、承泽亲王硕塞、多罗亲王满达海，连同阿济格继续作战。

《清史稿·多尔衮传》记载：顺治"六年二月，自将讨大同叛将姜瓖，拔浑源。闻豫亲王病痘，先归。谕瓖降，未下。以师行在外，铸行在印。禁诸王及内大臣干预部院政事及汉官升降，不论所言是非，皆治罪。七月，复征大同，瓖将杨振威斩瓖降"。

姜瓖是被自己的部将杨振威杀死的。当时，多尔衮因为多铎患天花出痘，提前回京，把指挥权交给了胞兄、英亲王阿济格。

顺治六年六月，清军攻克了山西部分州县，阿济格围困大同数月，大同城内已经食尽，"兵民饥饿，死亡殆尽，余兵无几"，守将杨振威等于十月斩杀姜瓖及其兄弟首级，献城投降。

阿济格入城，恨城内兵民固守，下令屠城，除杨振威的官兵家属外，"官吏兵民尽行诛之"，"隳其城睥睨五尺"，邻近各府、县等地区亦遭屠戮，史称"大同之屠"。

3

多尔衮与姜瓖一战，不但没死，而且应该没受伤。

结果姜瓖之后，多尔衮迅速移师，转战喀尔喀，攻城略地，一直杀到喀屯布拉克。

当年十二月，他的王妃博尔济吉特氏病逝。

《孝庄秘史》中，多尔衮的王妃小玉儿，不是病逝，而是因多尔衮移情别恋忧愤自焚。小玉儿一死，多尔衮就要太后大玉儿下嫁。哪知，顺治帝找来的洪承畴带来一首诗"上寿觞为合卺尊，慈宁宫里烂盈门。春官昨进新仪注，大礼恭逢太后婚"，制止了太后下嫁。两人不敢与天下人为敌。大玉儿为了保住儿子顺治帝的皇位，再生一计，让代善临死之前逼着多尔衮再次盟誓，立书为证。

剧中的多尔衮，皇位不得，情人不得，天下不得。不是病，就是酒，还有一个小霓子。临了又是胞弟多铎没有熬过天花。故而，多尔衮垮了。

史书没有记载多尔衮与庄妃的情感纠葛，却写到多尔衮在王妃博尔济吉特氏死后，忧伤致病，似乎还不轻。《清史列传·多尔衮传》记载："王寻以悼妃故有疾"，请假不上朝理政，贝子"锡翰与内大臣席讷布库等诣第，王怨曰：'顷予罹此莫大之忧，体复不快。上虽人主，念此大故，亦宜循家人礼，一为临幸。若谓上方幼冲，尔等皆亲近大臣也。'"

虽然多尔衮是在演戏，希望顺治帝亲临王府慰问，但还是能说明一个问题：多尔衮对王妃有感情，最起码没有在电视剧中设计的夫妻不和的非议。

4

也许多尔衮是一个真情之人，但他未必是秘史中的专情之人。他前前后后在满洲、蒙古和朝鲜弄了十多位妻妾，这还是有名分的。

一个娇妻死了，多个美妾来了。

王妃死后不到一个月，他又把原来嫁给侄儿肃亲王豪格做侧福晋的姨妹子抢过来做继福晋。他弄死豪格之后，张灯结彩地抢了侄媳妇来陪床。

这还不算啥。

他还派人到朝鲜李朝选美，选中了十六岁的李氏，半途去迎亲，见面就上床。

《清史稿》和《清史列传》多尔衮本传还专门讲了此事：顺治七年五月，多尔衮率诸王贝勒在山海关打猎，朝鲜送美女至，多尔衮亲自到连山迎接，当日成婚。

至于是否还有其他美人入帐，史书未载，但未必没有。

蒋良骐《东华录》记载，多尔衮的罪状中，不仅有自称"皇父摄政王"，还有"又亲到皇宫内院"。顺治帝不傻,未必是写其母与多尔衮有丑闻,但写多尔衮自恃是太上皇,定然是淫秽后宫。

半年后,多尔衮行猎,坠马跌伤,死时还不过四十岁。这不得不让人怀疑,他的身体已经因为疯狂纵欲而掏空了。

满族是半个马背上的民族,多尔衮是一个马背上打天下的英雄,如果不是身心原因,又何来从马上跌落,很快就死了呢?

当然,谈迁在《北游录》中说他有寒腿病,出猎之前,膝盖受伤,打了不该打的石膏,感染未愈;打猎时,寒风刺骨,导致跌下快马,重伤而死。

这是一种勉强过得去的说辞。

但是,有一份藏于中国第一历史档案馆的档案《皇父摄政王多尔衮外出围猎日记》,称顺治七年"十一月十三日,皇父摄政王身体欠安,居家烦闷,欲出口外野游",十二月"初七日,宿于喀喇城。本日,皇父摄政王病重歇息。初九日戊子,戌时,皇父摄政王猝薨"。(转载于《历史档案》一九八七年第三期)

从中可见,多尔衮因"身体欠安,居家烦闷",而出边外古北口行猎。这与《清世祖实录》卷五十一所载:顺治七年十一月"壬戌,摄政王以有疾不乐,率诸王、贝勒、贝子、公等,及八旗固山额真、官兵猎于边外"相似。

多尔衮因为身体不适而心情烦闷,想以外出围猎疗伤。满人有一习俗,即身体患病之初或心情烦闷之时,外出围猎,以求心情舒畅,缓解或消除病痛烦闷。

寻常平民如此,皇家概莫能外。皇太极在宸妃病逝后,圣躬违和,也是多次外出行围。

遗憾的是,浩浩荡荡的打猎行动,没有缓和顶着冷风狂奔的皇太极的愁闷与病痛,却加速了他的突然崩逝。而且,多尔衮又是选择最寒冷的冬月北上行猎,结果病情加重,最后死在了喀喇城。

5

沉迷于肉欲，无疑使多尔衮身体严重透支。

加之，他代行皇权，专制独裁，与即将成年且少年老成的顺治帝，在最高权力场上出现了尖锐的矛盾，不免愁绪剧增。

身心疲惫的多尔衮，北出行围，从出发到病逝，前后不过二十六天。只是，从《皇父摄政王多尔衮外出围猎日记》与《清世祖实录》的记载来看，又有一个明显的区别。皇家史官所撰的实录，只是署作"摄政王"，而非日记中的"皇父摄政王"。

难道日记是多尔衮的近臣为之贴身写的起居注？难道没有经过后来为了满足政治需要的删减？当然，这些并不重要，却可证明《清世祖实录》所载，多尔衮属于正常死亡，死于疾病。

毕竟，多尔衮之死，只用了与亲王配套的"薨"，而没用专属皇帝的"崩"。

多尔衮本来有病，加之在凛冽酷寒中跃马狂奔，盘弓扣弦，不啻雪上加霜，加速病情。

多尔衮作为清军入关、定鼎北京、逐鹿中原的最高决策者和领导者，施展其能，奋扬其烈，陆续平定实力强悍的大顺、大西政权及南明弘光、隆武诸小政权，还要面对满洲统治阶级内部形形色色的明枪暗箭，自是殚精竭虑，身心疲惫，痼疾缠身。

他在大权在握时，也曾毫不忌讳地对大臣们说，自己"素婴风疾，劳瘁弗胜"（《清世祖实录》卷二十四，顺治三年二月乙酉）。

"风疾"，又称风痹，中医学的解释是因风、寒、湿侵袭而引起的肢节疼痛或麻木的病症，稍不注意就会半身不遂。

多尔衮身患风疾，满朝皆知，本该好好疗养。他还劝有病的大学士范文程要注意多休息。但是，他自己却日理万机，不辞辛劳，又纵情声色、毫不节欲，加之移居关内、水土不服，结果病情加剧，经常头昏眼胀，体内郁结不快，甚至连批阅一份完整的奏疏都力不从心，需要手下大秘们为之节录出一份精要的简本。

风疾缠身，多尔衮指使心腹大臣提议，摄政王的寒腿跪不得，应该在新春朝贺时免去他向皇帝行礼时的跪拜。顺治帝不得不准奏："皇叔父摄政王体有风疾，不胜跪拜。夫跪拜小事，恐勉强行礼，形体过劳，国政有误。"（《清世祖实录》卷三十五，顺治四年十二月丙申）于是，"摄政王从其言"，索性代行皇权，给了自己一个特殊的加礼："以后凡行礼处，跪拜永行停止！"

因为风疾，多尔衮自行改变了君臣之礼，但是却不自行疗伤，最后在冰天雪地中行围取乐，早早地丢了性命。

6

此病是痫疾，折磨了多尔衮许多年。

故宫博物院曾在清内阁大库残卷中，发现一册不分卷的《多尔衮摄政日记》，里面吐露了多尔衮早在十年前就已呈现病态。

顺治二年闰六月十三日，多尔衮在一份给内秘书院大学士洪承畴的王谕中说："松山一役，我颇劳心焦思，亲自披坚执锐。卿后虽无成，亦足见卿之能。我之体弱精疲，亦由于此。"

这份王谕的由来，是顺治二年五月，和硕豫亲王、定国大将军多铎率军攻陷南京，强推剃发令，引起江南人民抗暴运动。多尔衮决定请洪承畴南行，出任招抚南方总督军务大学士，敕赐便宜行事大权，换回已激起民愤的多铎。

多尔衮重提崇德五年（1640）至崇德七年间的松锦大战，充分肯定时为明军统帅的洪承畴"是至清的好官，其用兵上阵，亦有可观"，同时说到自己作为清军统帅，却因此一役，心力交瘁，致使"体弱精疲"。

这是一个三十三岁的王者，对一个五十二岁的降将说的贴心话。

这进一步说明多尔衮体质疲弱，而非世传的体格健硕、精力旺盛。

与此同时，朝鲜无名氏撰写的七卷本《沈馆录》，专述李朝王室质子羁押盛京的点滴。其卷六中有一段文字，写多尔衮纡尊降贵，向被作为人质的李朝昭显世子求药：崇德八年九月，多尔衮派人向其传达"九王言：俺荷国眷爱时深，世子之待俺，亦至其欲生不欲死之意。可见俺有痼疾，非竹沥难治，而蒙惠得服，便见其效。但此物非此地所产，不得不求之于馆所者。事势则然，而只恐求药之言，若或漏泄，则其害岂止涉烦而已。世子若以馆中所用，并与生姜，而优数取来，使不告乏俺之有求，辄即救济，则其恩轻重，何可报也。"

竹沥，即竹茎经火烤后流出的液体。《大明王朝1449》中曾有一幕：于谦患病，景泰帝朱祁钰亲率太监们找到一片竹林，不辞辛苦地为于谦烤出竹沥，使之感激涕零、感恩戴德。

竹沥，化痰祛瘀，清热去火。

生姜，驱寒解毒，生热补肾。

多尔衮得了一种疑难杂症。

然而，竹子生长在山东、河南及江南等地，在北京罕见，于关外更是稀罕之物。长在关内的生姜，亦是如此。当时，清军还被长城阻挡在关门之外，若要寻得如此二物，需历尽艰险，而且竹沥不好保存。李朝昭显世子为多尔衮献上了这两种稀有之药，让多尔衮很是感激。

多尔衮求药，谦恭委婉，言辞恳切，不无媚态，并说日后要报恩。同时，他又威之以力，说这是秘密行为，不得"漏泄"，否则就是麻烦。

多尔衮夺位失利，与主要竞争对手、太宗皇长子、和硕肃亲王豪格已然结下了仇怨，故而不希望豪格发动政敌借机中伤，导致其摄政之位再次失落。

然而，没有不透风的墙。即便质子昭显世子噤若寒蝉，但是多尔衮久被病痛折磨的事情，也不是秘密了。

豪格与这位比自己还小三岁的亲叔叔，同朝分掌部务，同行征讨敌国，还是知根底的。正黄旗满洲固山额真何洛会向多尔衮揭发，豪格曾多次对两黄旗大臣说："夫睿亲王素善病，岂能终摄政之事""和硕睿亲王非有福人，乃有疾人也。其寿几何，而能终其事乎？"（《清世祖实录》卷四，顺治元年四月戊午）豪格认为多尔衮疾病缠身，做不了多久的摄政王。

他甚至在一次训斥心腹大将、正蓝旗蒙古固山额真俄莫克图时，干脆、直截了当、不无鄙夷地将皇叔多尔衮称为"彼病夫"（《清世祖实录》卷四，顺治元年四月戊午），即那个病人。

如此羞辱，也难怪多尔衮恼羞成怒，伙同何洛会将豪格及其支持者弄成了一个谋逆集团，杀了不少昔日冲锋陷阵的功臣悍将，也将功勋卓著的太宗之子、顺治之兄豪格削夺了爵位。

多尔衮对于反对自己的血缘亲人与生死战友，不再爱之以大义，不再是止息愤怒，而是动辄构陷，加以诛戮。他以摄政之尊拼命维持的政治秩序，不容置疑和挑衅。暴力成了他排除异己、塑造权威、维稳朝局的一柄利器。

昭显世子聪明，献药及时，得到了多尔衮的厚恩，获允于顺治元年正月回国探亲。如此不寻常的恩赐，遭到了其父、李朝国王李倧的猜忌："今闻九王年少刚愎，其意何可测也？前则待世子太薄，而今乃太厚云，予不能无疑焉。"（吴晗辑《朝鲜李朝实录中的中国史料》上编卷五十八，仁祖二十一年癸未十月）

李倧却不知，多尔衮是因为昭显世子的献药，而前后有薄厚。多尔衮于顺治元年十一月决定遣返昭显世子，以示报大恩，原因无非有三：一、明朝已经灭亡，断了李朝被迫奉清朝为正朔后仍对明朝存有的念想；二、他已入主中原，竹沥与生姜不再是稀罕之物；三、送走质子，似可证明其病已痊愈，不再需要秘密服药。

只不过他的"痼疾",竹沥和生姜只是治标不治本,一旦复发,就必将使其英年早逝。

多尔衮死于"痼疾",是说得清的。至于影视剧渲染的姜瓖横刀夺命,以及坊间传闻的政敌阴谋暗害,那都是捕风捉影,不足为信。

多尔衮死后做了
俩月假皇帝

1

顺治七年（1650）十一月，摄政王多尔衮率诸王公贝勒出猎边外古北口。不料，时值壮年的多尔衮，弯弓立马不住，跌落受伤，十二月初九日在喀喇城病逝，享年三十九岁。死因有多种，一是他刚从侄儿豪格家夺回姨妹子，又从朝鲜王室纳了一房公主美少女，纵欲太多，体力超支。此说正史都有证明。二是他前不久膝盖受伤，打了不该打的石膏敷治，感染加剧，遇冷风受寒而剧痛难忍。此说见谈迁的《北游录》。三是有人认为，多尔衮擅权，激怒诸王而死于预谋。这只是权斗的猜测。

死讯传入京师，年仅十四岁的少年天子顺治帝窃喜。他虽对皇父摄政王积怨在胸，但没有喜形于色，仍诏令天下臣民易服举丧。他率诸王、贝勒、文武百官易缟服，迎灵柩于东直门五里外，跪奠三爵，哀天恸地。《清史稿·世祖本纪》记载："丙申，丧至，上亲奠于郊。己亥，诏曰：'太宗文皇帝升遐，诸王大臣吁戴摄政王。王固怀捴让，扶立朕躬，平定中原，至德丰功，千古无二。不幸薨逝，朕心摧痛。中外丧仪，合依帝礼。'庚子，收故摄政王信符，贮内库。甲辰，尊故摄政王为懋德修道广业定功安民立政诚敬义皇帝，庙号成宗。'"

下诏之日，为十二月二十日（即乙亥日），顺治帝大肆褒奖多尔衮"至德丰功，千古无二"，成就大清入主中原，大义让位先帝幼子，如今薨逝，得"中外丧仪，合依帝礼"。

第二年元月，顺治帝再次强调"追尊故摄政王多尔衮为成宗义皇帝，祔于太庙"。同时，将多尔衮元妃博尔济吉特氏追封为敬孝忠恭义皇后，以其嗣子多尔博袭爵和硕睿亲王。

孰料，仅仅过了一月，《清史稿·世祖本纪》又记载："己亥，暴多尔衮罪于中外，削其尊号及母妻追封，撤庙享。"

多尔衮的身后荣辱，都发生在"己亥"这一天，前后六十天。

2

生于皇家且久在最高权力中心，多尔衮即便有周公辅政之志，但也曾两度成为帝位的主要竞争者之一，自然对帝位有觊觎之心、不甘之想。其在摄政期间的种种表现，也证明了他专横擅权，虽不在帝位却紧握实权，会招致诸多王公贝勒，甚至一天天长大的皇帝的非议和猜忌。

幼主登基，以郑亲王济尔哈朗、睿亲王多尔衮辅政。济尔哈朗告诫群臣，凡事要先请示睿王，上书要以睿王为首，这是济尔哈朗的一种客气，却被多尔衮视为退让，以摄政王之尊独掌"刑政拜除，大小国事"（《沈阳状启》），后来又提出"盈庭聚讼，纷纷不决，反误国家政务"，一改太宗朝的诸贝勒管部院事务制，为各衙门办事须先奏摄政王制，彻底架空排名其前的济尔哈朗。后来，多尔衮以何洛会计，将济尔哈朗与豪格扯在一起，罗列罪名，将济尔哈朗降爵为郡王，真正退居其下，外出领兵。

为了整垮最大的政敌肃亲王豪格，多尔衮先派其追剿最强悍的张献忠义军。原本是设个陷阱，不料豪格过关斩将，建立奇功。多尔衮索性以几个微末事件，小题大做，给豪格弄了一个谋逆大罪，先幽禁，再折磨致死，最后霸占了肃王府的财产，强娶了豪格的侧福晋做王妃。

为了让自己的地位处在诸王之上，多尔衮拟好叔父摄政王的名号，勉强顺治承认。当他成为名义上的一人之下后，还不满足，又打起了凌驾于皇帝之上的主意。先是逼顺治封自己为皇叔父摄政王，后又干脆要做皇父摄政王，同时将胞弟多铎也封叔王德豫亲王。如此一来，最高领导人不再是皇帝，而是他摄政王多尔衮。多尔衮高居皇父摄政王的尊位，发号施令，弄得顺治帝后来回忆："于时睿王摄政，朕惟拱手以承祭祀，凡天下国家大事，朕既不预，亦未有人向朕详陈者。"（《清世祖实录》卷八十八，顺治十二年正月）

君主专制的政体，可怜的皇帝却只是名义上的元首，只是坐朝听政、祭天祀地。而摄政王除了临朝执政外，主宰一切，甚至出行的护卫、仪仗、车舆、宫室，都与皇帝御用规格相当。这自然让日益懂事、成熟的顺治帝心有不甘。当然，按幼主尚未亲政、亲王暂代摄政的分工而言，多尔衮并不全算违规操作、违法乱纪。只是多尔衮摄政日久，栈恋皇权，欲望膨胀，让对皇权同样有着强烈渴望的少年天子敢怒而不敢言。

3

一旦巨石被搬开，顺治帝虽然还在喊"朕之初心，本欲于摄政王归政之后，优礼酬报，不意王中道捐弃，未遂朕怀"（《清史列传·多尔衮传》），但实际上已摩拳擦掌，充分展现在折磨中历练出来的权谋之术，甚至主动对多尔衮势力以退为进，安排亲政释权的诸多事情，以备不久以喷薄之势来清算多尔衮的罪行。

他先是起用与多尔衮无牵扯的堂兄弟满达海、博洛与尼堪管理六部事务，稳定朝纲。同时，派多尔衮的亲信大学士刚林收缴摄政王印符，象征着收权亲政。那些遭受多尔衮排挤的王公勋贵，纷纷站到皇帝的一边，成为最强劲的倒睿派。

大局已定，放开手脚。顺治先以最高规格追尊多尔衮夫妇来稳住多尔衮势力，然后拿多尔衮的胞兄阿济格投石问路，以谋逆下狱议罪，同时抬升原来遭多尔衮压制的两黄、两白和两蓝六旗。此招一出，顺治帝站在众山头之上，一览谁是自己的忠实拥趸，谁是还在嚣张的对手羽翼。

多尔衮最得力的帮手、新任议政大臣苏克萨哈、詹岱等，倒戈首告故主私藏御品陪葬等罪状。而原来从两黄旗出来附逆多尔衮的谭泰、何洛会、刚林等遭到诛杀。原以构陷莽古尔泰谋逆而得太宗重用的冷僧机，与太祖侄子巩阿岱、锡翰，内大臣西讷布库等，迎合睿王祸乱国政，下王大臣鞫实，并诛，籍其家。

郑亲王济尔哈朗迅速出手，拉拢巽亲王满达海、端重亲王博洛、敬谨亲王尼堪，联合内大臣追论多尔衮的罪状："昔太宗文皇帝龙驭上宾，诸王大臣共矢忠诚，翊戴皇上。方在冲年，令臣济尔哈朗与睿亲王多尔衮同辅政。逮后多尔衮独擅威权，不令济尔哈朗预政，遂以母弟多铎为辅政叔王。背誓肆行，妄自尊大，自称皇父摄政王。凡批票本章，一以皇父摄政王行之。仪仗、音乐、侍从、府第，僭拟至尊。擅称太宗文皇帝序不当立，以挟制皇上。构陷威逼，使肃亲王不得其死，遂纳其妃，且收其财产。更悖理入生母于太庙。僭妄不可枚举。臣等从前畏威吞声，今冒死奏闻，伏原重加处治。"

清算多尔衮，是与其同祖父母的堂兄济尔哈朗一生最大的贡献。而满达海是代善第七子，博洛为阿巴泰第三子，尼堪为褚英第三子，和顺治帝一样，都是多尔衮的亲侄儿。在权力较量下，他们早已淡薄了亲情，甚至要对自己的堂弟或亲叔多尔衮开棺扬灰，宣泄他们为重获利益所受的压抑和愤恨。

而此骨肉相残的乱象，早在顺治继统之初，镇国公艾度礼就已料到："二王胁迫盟誓，我等面从，心实不服。主上幼冲，我意不悦。今虽竭力从事，其谁知之？二王擅政之处，亦不合我意。每年发誓，予心实难相从，天地神明，其鉴察之。"（《清世祖实录》卷五，顺治元年六月癸未）

艾度礼因为当初反对幼主继位、二王摄政争权，而被济尔哈朗、多尔衮携手处理。其言未必不是预知二王最后命运的谶语。

虽然济尔哈朗协助顺治快速清算了多尔衮的所谓罪状，得到了叔和硕郑亲王的晋封，但在顺治亲政、乾纲独断的岁月，他也只能分享免去朝贺、谢恩行礼的虚荣。

这是一种历史的教训。顺治选择后世之君时，不再指定皇家亲王为幼主摄政，而是任命辅政大臣作为制衡。

少年天子顺治帝能如此老成地处理经历大型宫廷政变之后的纷乱朝局，俨然是一位从久经压抑中走过来的精通权谋、善应权变的成熟政治家。故意大利籍传教士卫匡国在《鞑靼战纪》中说："这个皇帝虽然年轻，但一开始治理国事就表现得深谋远虑，受到各个阶层、各个集团的赞扬，胜过了头发灰白的最有才智的大臣们。他已经不再是一个傀儡了，在处理政务方面也表现出惊人的判断力。"

阿济格"劳苦功高"
的悲剧

1

《清史稿·诸王传序》说:"国初开创,栉风沐雨,以百战定天下,繄诸王是庸。"清朝开国,太祖兄弟子侄及诸孙,无疑是领兵打天下的主要战将。这较之于前面历朝开国,都是一种独特的现象。

阿济格,太祖第十一子,也是嫡子,虽然没入同治国政的四大贝勒,也不如胞弟多尔衮那般盛名煊赫,但他对于清初的建国战事而言,仍是一位所向披靡、战功卓著的常胜大将。

阿济格十多岁便骁勇善战,被授为台吉,20岁时跟从三贝勒莽古尔泰征伐察哈尔部,令其首领林丹汗望风而逃。

天命十一年(1626),阿济格同侄儿硕托讨伐喀尔喀巴林部,再从哥哥代善征战扎鲁特部,都有战功,封为贝勒,颇受太祖宠爱。皇太极的继妃乌拉那拉氏,即豪格的生母,就是因为见太祖和阿济格不肯下轿,即被下令休弃。

天聪年间,阿济格随阿敏战朝鲜,连克五城;从太宗伐明朝,战绩斐然。大军会师锦州,逼近宁远,遇到明朝总兵满桂出城列阵,太宗想进击,诸贝勒以距城太近而进谏不可攻,唯阿济格以为未必。阿济格迅速出击,大败明朝骑兵,追至城下,激发畏缩的诸贝勒不及披甲就上前冲杀,杀得明军死伤大半。

崇德元年(1636),阿济格同饶余贝勒阿巴泰及扬古利讨伐明朝,从雕鹗堡进入长安岭,越过保定,接连攻克十余县,五十六战全部获胜,擒总兵巢丕昌等，俘获人畜十余万。

顺治元年（1644），阿济格从摄政王多尔衮在山海关之战中大败李自成大顺军，封英亲王。又受命为靖远大将军，领兵三万，自山西入陕西，追击李自成大顺军至湖广，"八战皆胜，克城四，降城三十八"（《清史稿·阿济格传》）。

《清史列传·阿济格传》记载："自成走时，携贼十三万，并湖广襄阳、承天、荆州、德安守御贼七万"，二十万众被阿济格一路追击，丢城失地，最后的结果是："自成仅以步卒二十人遁，斩其两叔父及伪汝侯刘宗敏于军，伪军师宋献策、总兵左光先等皆就俘。是役十三战，皆大捷。"

阿济格转战南明，乘胜追击，招降南明宁南侯左良玉的儿子左梦庚、总督袁继咸部的马步兵十万，相继占领河南、湖广、江西、江南的六十三城。

《清史稿·阿济格传》记载，顺治二年闰六月，皇帝下诏嘉奖："王及行间将士驰驱跋涉，悬崖峻岭，深江大河，万有余里，劳苦功高。"

2

阿济格打胜仗上百次，获城百余，顺治帝赞其劳苦而功高，但顺治之父太宗却对他是一边任用，一边敲打。

天聪二年（1628），太宗拿阿济格擅自主持其胞弟多铎的婚礼说事，削去阿济格爵位，并将镶白旗的主旗贝勒由阿济格易为多尔衮。

多尔衮给太宗打下的胜仗和城池未必有阿济格多，但阿济格从太宗那里得到的优待却比多尔衮少得多。崇德元年，太宗改元称帝，叙兄弟子侄军功，多尔衮受封和硕睿亲王。就是以瘸马给太宗当元旦贺礼、狎妓歌欢作乐与太宗对抗的多铎，也被"考核功罪，虽无大功于国家，以父皇太祖之少子封为和硕豫亲王"。而阿济格仅被封武英郡王。亲王本来就比郡王高一等，况且多尔衮与多铎的亲王爵前又加了"和硕"二字，这样一来，就比他们一奶同胞的哥哥阿济格高了两个等级。

阿济格晋爵为英亲王，则是顺治元年多尔衮摄政之后的事情了。多尔衮给胞兄进位，一是感激阿济格在太宗死后拥立自己；二是多尔衮初摄国政还需胞兄多帮衬，毕竟他还要面对来自肃亲王豪格、礼亲王代善、郑亲王济尔哈朗，甚至是胞弟豫亲王多铎等各个阵营的明枪冷箭。

就拿顺治帝嘉奖阿济格"劳苦功高"的诏书来说，诏书虽是以幼主的名义所下，但也体现了多尔衮对阿济格的拉拢。幼主继位，济尔哈朗同多尔衮辅政，济尔哈朗谕诰诸大臣，凡事先请示多尔衮，书名也以多尔衮为首。多尔衮独自专政。

3

在权力争斗面前，只有欲望的膨胀，没有亲情的温暖。即便是同父同母的亲兄弟，也是厚此薄彼。阿济格、多铎与多尔衮同母，多铎与多尔衮有矛盾，反与多尔衮的政敌豪格、济尔哈朗亲近，但多尔衮仍对多铎厚待，超过了对阿济格。

多尔衮大权独揽、害死豪格之后，又构陷济尔哈朗与豪格谋反，罢黜其辅政，改授多铎。《清史稿·多尔衮传》记载："多尔衮独擅威权，不令济尔哈朗预政，遂以母弟多铎为辅政叔王。"

多尔衮对阿济格，同太宗一般，也是边用边敲打。李自成逃遁，阿济格谎报其已死，并在没有接到旨意的情况下擅自班师。多尔衮要对其论罪，让大胜归来的阿济格直接回家候旨。

有人向多尔衮密报，阿济格在军营称侄儿皇帝为"孺子"。多尔衮给随征都统谭泰等传话，要他们收集阿济格的罪行。谭泰何人也？他原为拥立豪格的正黄旗大臣，后得多尔衮信任，日益纵恣专横，与昔日战友索尼、鳌拜变成了仇敌。

谭泰不敢妄动，不敢像何洛会诬陷故主豪格那般整阿济格，毕竟人家和新主子是亲兄弟。谭泰也为自己打算，此次出征大获全胜，如果主帅受罚，自己搞不好弄一个连坐，到头来有功反受累。骑墙派和投降派虽无原则和情义可言，但为了自己的那点蝇头小利，也会锱铢必较。

谭泰不报，但多尔衮有办法，给阿济格弄了一个出师贻误战机、谎报军情罪，降为郡王。阿济格还没过两年亲王瘾，就被摄政王弟弟撸了。爵位降级，俸禄减少，还被处罚白银五千。

当然，多尔衮还得充分利用哥哥的军事才能，毕竟打虎亲兄弟，只有兄弟们在前线浴血杀敌，才有利于自己在朝廷擅政独专。不久，他就恢复了阿济格的亲王爵位。顺治五年，阿济格封平西大将军，出兵镇压天津、山东曹县一带的抗清队伍。而在这一年冬天，原来向他投降的大同总兵姜瓖，趁多铎病故、多尔衮患病之时，倒戈反清。阿济格带红衣大炮急赴大同，围剿的同时劝降姜瓖：若能悔罪归诚，仍将"照旧恩养"。劝降却不奏效。阿济格遇到了难啃的骨头。多尔衮率端重亲王博洛、承泽亲王硕塞、多罗亲王满达海，连同阿济格继续作战。

六亲王战一降将，孤城困守大半年，最后是诸王荡平了山西大部，阿济格围困大同，大同城内已经食尽，"兵民饥饿，死亡殆尽，余兵无几"，守将杨振威等斩杀姜瓖及其兄弟首级，献城投降。这一战，成了常胜将军阿济格战史上的尴尬。他入城后，恨城内兵民固守，下令屠城，除杨振威的官兵家属外，"官吏兵民尽行诛之"，"隳其城睥睨五尺"，邻近各府、县等亦遭屠戮。还不解恨，阿济格索性将大同城墙毁后才还师。这一事件，史称"大同之屠"。

战大同时，阿济格家中两妃病逝，多尔衮命他先回，阿济格谢绝："予不希富贵，但丈夫重名誉，欲佐命效力。俾后世垂名史册耳。顾以妻死弃大事而归乎？"（《清史列传·阿济格传》）

阿济格真的是不求富贵而重名誉吗？非也。大同一破，阿济格便以军功盖世、多铎已逝的理由，向多尔衮索要济尔哈朗、多铎曾经荣膺的"辅政叔王"位置。

对此，《清史列传·阿济格传》记载："辅政德豫亲王征流寇至望都，潜身僻地，破潼关、西安，不歼其众；追腾机思，不取其国。功绩未著，不当优异其子。郑亲王乃叔父子，不当称'叔王'；予乃太祖之子，皇帝之叔，当以予为'叔王'。"

皇父摄政王之下，辅政叔王俨然矮了一个档次。多尔衮以罪将济尔哈朗革爵，排挤出权力中心，又将多铎晋升为叔王，成为实际上的二号首长，无疑有接班人的意思。多铎患痘而死，阿济格积极谋求这个尊位，不无日后顶替多尔衮的想法。毕竟，多尔衮无子，虽有多铎的第五子多尔博承嗣，但多尔博当时不过六周岁。多尔衮貌似强壮却已显病态，阿济格想做多尔衮第二。

孰料，多尔衮并不以阿济格已是自己仅存的同胞兄弟为念，反而斥责其狂妄："德豫亲王薨不久，何忍出此言？曩者令尔征流寇，德豫亲王征江南，尔逗留边外。德豫亲王乃破流寇克西安，平定江南、河南、浙江，追腾机思，败喀尔喀二汗兵，功较尔甚多，且原系亲王，尔原为郡王，其一子吾养为子，一子袭王爵，何为优异？郑亲王虽叔父子，原系亲王，尔安得思越分，自请为叔王？"（《清史列传·阿济格传》）

阿济格请封叔王遭拒，于是提出扩建王府，又被多尔衮警告，称他在外征战时擅给官员晋级、私授职官，还与其他郡王私赠财物，因功而"姑免治罪"。结果阿济格扩建王府不成，反被多尔衮禁令："嗣后勿复预部务、接汉官。"有功未受赏，反被削权。

4

阿济格的军功大，但"剽悍少谋"，是一个遇事不考虑、有权欲不谙权谋的赳赳武夫。太宗在世，睿王摄政，都是利用他四处征战，攻城略地，但只要他有微末罪过，便马上给他一记狠狠的耳光。阿济格却记不住教训。

萧一山在《清代通史》中强调："福临以冲龄践祚，奠定中原，征服华夏，其所以能成大业者，皆群臣襄赞之力也。当时宗室懿亲，僇力行间，栉风沐雨，勤劳佐命者，如豫亲王多铎、肃亲王豪格、英亲王阿济格、郑亲王济尔哈朗、敬谨亲王尼堪、端重亲王博洛、顺承郡王勒克德浑等，其殊勋茂绩，诚可为开国之大人物。"但是，他还写道："阿济格举动荒谬，犹欲摄政，其死宜也。"（《清代通史》卷上第三篇《一统期之政略与三藩之乱·开国之勋臣》）

顺治七年十二月，阿济格乘多尔衮病死之机，欲谋乱夺政。《清史列传·阿济格传》记载："摄政王薨于喀喇河屯，王赴丧次，即归帐。其夜，诸王赴临，王独不至，而私遣人至京，召其第五子郡王劳亲，以兵迎胁摄政王所属人附己。诈言摄政王悔以多尔博为子，曾取劳亲入正白旗；又怨摄政王不令豫亲王子多尼诣己，诘责豫亲王旧属阿尔津、僧格，且讽端重亲王博洛等速推己摄政。至石门，上迎丧，王不去佩刀；劳亲兵至，王张纛与合队，左右坐举动甚悖。摄政王近侍额克亲、吴拜、苏拜等首其欲为乱，郑亲王等即于路监守之。"

阿济格精心谋划，俨然摄政，却是误入网中不得脱。顺治帝好不容易摆脱被摄政的折磨，而济尔哈朗等亲王也不愿再受摄政王排挤，所以自然不会让新的武夫当国。阿济格虽有彪炳军功，但已不是拥有重兵的主旗亲王，对顺治和济尔哈朗而言，在多铎、多尔衮相继死去之后，只是一个隐患，却构不成绝对的威胁。

顺治七年十二月，议政王大臣会议给阿济格夺爵定罪，将其幽禁，籍其家，诸子皆黜为庶人。阿济格不仅没有收敛，反而益加狂暴无礼。

《清史列传·阿济格传》写道，阿济格被幽禁后，顺治帝还赏了他三百妇女服侍，还有不少僮仆、牲畜、金银和其他物品。但是，王大臣们报告，说他在监房内私藏四口大刀，暗掘地道，准备越狱。这无论是真是假，都是其他政敌王爷们的报告。对手们要敦促顺治帝对自己的亲叔叔痛下杀手，自然会挠得皇帝心头痒痒。阿济格"前犯重罪，皇上从宽免死，复加恩养"，而不思悔改，"罪何可贷"？骨肉伤残，亲情浇薄，早已成了权力场上血色的常态。

第二年十月，诸王以阿济格在狱中举火要烧监牢，奏请应立即处死。顺治帝令阿济格自尽，赐死劳亲，除宗籍。

至乾隆四十三年（1778），皇帝才下旨将阿济格的后裔皆恢复宗籍。

皇权争斗的现场只有血色的较量，而没有血脉亲近的温情，其背后更是阴冷的虐杀。顺治帝迅速处理完阿济格的密谋事件，无疑是即将清算多尔衮（包括多铎）所谓摄政罪行的一次练兵和公开预演。

济尔哈朗杀三个堂兄弟
想立威

1

太宗、世祖两朝最威风的王公大臣，莫过于睿亲王多尔衮。他是太宗所向披靡的大将军，为清朝平定辽东立下了汗马功劳。他是世祖入主中原的摄政王，为清朝定鼎燕京建立盖世奇功。他的成功，与太宗的高度重用密不可分，太宗对他的重用，要超过对自己的长子豪格。

《清史稿·太宗本纪一》记载，天聪五年（1631）秋七月"庚辰，始设六部，以墨勒根戴青贝勒多尔衮，贝勒德格类、萨哈廉、岳托、济尔哈朗、阿巴泰等管六部事。每部满、汉、蒙古分设承政官，其下设参政各八员，启心郎各一员，改巴克什为笔帖式，其尚称巴克什者仍其旧"。太宗更定官制，以多尔衮掌吏部事，为六部之首。可见，多尔衮能力出众，为太宗看重。

而济尔哈朗是皇太极堂弟、多尔衮的堂兄，即太祖亲弟舒尔哈齐的第六子。济尔哈朗十岁那年，舒尔哈齐阴谋另立门户，移师黑扯木，遭太祖镇压囚禁。太祖一怒之下，将舒尔哈齐的长子阿尔通阿、三子扎萨克图诛杀，并打算将他的次子阿敏处死，只是在皇太极等人的求情下，阿敏才逃过一劫，免于一死。两年后，舒尔哈齐死于幽所，也有传言说是被太祖秘密处死。

济尔哈朗自幼被太祖接入宫中抚养，和太祖诸子，尤其是皇太极亲近友好，但太宗给诸兄弟子侄安排军政事务，皆以多尔衮为首、为主，济尔哈朗甚至豪格都是副职。太宗设六部，济尔哈朗管刑部，豪格也是到崇德元年（1636）才兼管户部。

按年龄，济尔哈朗年长多尔衮十三岁，就连豪格也比皇十四叔多尔衮要大三岁。但是这三人中，年龄最小的多尔衮居上，被太宗培育成了作战与理政能力皆为最强的第一重臣。太宗驾崩，诸王贝勒中多尔衮的威望最高，实力可同太宗亲率的两黄旗加豪格的正蓝旗抗衡。最后，多尔衮在济尔哈朗支持豪格、代善另有打算、多铎觊觎帝位的情势下，不得不从大局出发，接受两黄旗大臣提出的立皇子主张，避免了八旗的分裂内斗。

济尔哈朗也有领兵作战、分管刑部的经验和能力，但论统摄全局的眼光，他自知在多尔衮之下。于是，他虽身居首席辅政叔王的尊位，但还是谕令王公大臣，朝务先报摄政王处理，书奏联名以多尔衮领衔。

济尔哈朗所为，似乎是为清朝入主中原而相忍，但也未必不是要让多尔衮功高盖主而树敌君臣，方便自己在政见分歧、权欲冲突中成为最后的胜利者。

济尔哈朗在生父去世后，被伯父养在宫中，成了其兄二贝勒阿敏所掌镶蓝旗的旗主贝勒，并在太祖去世后获得了推选新汗的贝勒大会投票权。然而，他很聪明，知道自己不是努尔哈赤的嫡系，因此没有阿敏的骄横，而是低调行事，作为皇太极的铁杆支持者，赢得了天聪汗崇德帝的倚信，并取得了卓越功勋。

阿敏被论罪幽禁后，济尔哈朗成了镶蓝旗旗主。

崇德元年（1636）四月，改汗称帝的皇太极对近亲论功行赏，第一批封了五个和硕亲王，即二哥代善为礼亲王，堂弟济尔哈朗为郑亲王，十四弟多尔衮为睿亲王，十五弟多铎为豫亲王，长子豪格为肃亲王。济尔哈朗虽然按血缘有亲疏之分，但按齿序仅次于代善，足见深得倚重，方是荣耀加身。

皇太极统兵外出，多次命济尔哈朗留守盛京。皇太极死后，济尔哈朗暗中支持皇长子豪格争位。不意多尔衮与豪格争衡被利用，永福宫庄妃联合两黄旗大臣，推出六龄童福临即位。

多尔衮谋夺辅政大位，但考虑到制衡豪格等反对派，于是推出颇具人气的济尔哈朗作为第一辅政，成为帮助自己拦截政敌攻击的挡箭牌与防火墙。

大权在握，济尔哈朗仍然表现出最大的谦和，除了说豪格格局太小难成大器外，还向王公大臣约定，凡奏报与记档，皆以摄政睿亲王领衔。

济尔哈朗主动向多尔衮让出了首席辅政的位置和权力，因为他知道多尔衮是皇帝的亲叔叔，而自己只是皇帝的堂叔，八旗主要势力还是控制在多尔衮兄弟手中。他有自知之明，也想以退为进。

但是，一旦多尔衮统兵入关，开始独力专政，他就要把济尔哈朗作为支持豪格的"假想敌"，彻底排挤出权力核心层。于是，他借打击豪格的机会，为济尔哈朗罗织诸多僭制罪名，议罪论死，又怕处死深孚众望的济尔哈朗引发满朝反对，于是罢黜济尔哈朗的辅政之位后，将其和硕亲王降为多罗郡王。

多尔衮把济尔哈朗视为专制独裁的最大阻力。他的目的是将其赶下辅政王的位置，而不是像惩处豪格那样要其性命。所以，多尔衮很快恢复了济尔哈朗的亲王爵号，甚至于顺治五年（1648）九月，命济尔哈朗为定远大将军，率大军征讨流窜湖广的李自成余部及南明的抗清武装。

济尔哈朗征战十六个月，横扫湖广，克敌制胜，查明降将刘泽清私通南明的罪证并将其诛杀，擒斩南明太师、武英殿大学士兼湖广总督何腾蛟。他虽对多尔衮多有愤恨，但还是忠于大清王朝的。

顺治七年正月，济尔哈朗凯旋班师回朝。多尔衮以顺治之名，对济尔哈朗论功行赏，赐黄金两百两、白银两万两，并厚待其部下。然而，多尔衮却不愿意恢复济尔哈朗的辅政王位，即便多铎死后再次空缺辅政叔王一职，即便多尔衮已是貌似同顺治并为二帝的皇父摄政王，他仍然要将济尔哈朗闲置起来。

因为在济尔哈朗出局的日子里，多尔衮政出一处，擅权独专，足以凭令旨决定一切。

济尔哈朗当初不坚定支持豪格，而使多尔衮出头，成为权倾朝野的摄政睿亲王，现在应该会为此后悔。何洛会曾向多尔衮报告，说豪格说："多罗豫郡王曾语我云：'和硕郑亲王初议立尔为君，因王性柔，力不能胜众，议遂寝。其时，我亦曾劝令勿立，由今思之，殆失计矣。今愿出力效死于前，其为我言如此。'"（《清世祖实录》卷二十四，顺治三年二月戊午）

豪格、济尔哈朗及多铎，都是觊觎帝位不得，同病相怜，而悔恨当初。唯独幸运的是，济尔哈朗的寿命比肃、豫、睿三王长，笑到了最后。

多尔衮的突然病逝，标志着压在济尔哈朗身上多年的大山终于自行倒掉了。济尔哈朗改变了"以前俱畏威吞声，不敢出言"（《清世祖实录》卷五十三，顺治八年二月己亥）的姿态，紧锣密鼓地站到了顺治帝的台前幕后，为彻底清算多尔衮执牛耳，领导巽亲王满达海、端重亲王博洛、敬谨亲王尼堪及内大臣，历数"多尔衮显有悖逆之心"。

被猜测的心思能作为真实的证据吗？这只是捕风捉影。

但是，"皇上因在冲年，曾将朝政付伊与郑亲王共理，逮后睿王多尔衮独专威权，不令郑亲王预政，遂以伊亲弟豫郡王多铎为辅政叔王"（《清世祖实录》卷五十三，顺治八年二月己亥），这是济尔哈朗亲身经历且挥之不去的个人荣辱，甚至是最大仇恨。

一向隐忍不发、甘受欺辱的济尔哈朗，愤怒已然难以止息。

传闻济尔哈朗侵害病入膏肓的多尔衮，致其死亡，这种说法自是难以成立。但是，他对多尔衮死后疯狂报复，是显而易见的。

确乎，从顺治八年二月对死了两个月、追尊为成宗义皇帝的多尔衮来一个荣辱巨变、夺典毁墓的反攻来看，济尔哈朗成了胜利者。济尔哈朗被顺治帝加封为叔和硕郑亲王，连他那在太祖称汗建国之前被幽死的父亲舒尔哈齐，也被顺治帝追封和硕庄亲王。

但是，他也没想到，当他帮助堂侄顺治帝肃清多尔衮一党影响后，皇帝下旨，郑亲王年老，免去朝贺、谢恩行礼。这无非是让济尔哈朗不好意思再每天上朝，站在跪拜的文武大臣前参政，赞襄机务。

或许他知道，他要是顶着这份天大的恩典上朝，必然会成为不能摄政但能遭忌的多尔衮第二。

2

大清一朝有三位叔王，多尔衮和多铎都是以皇帝亲叔和战功卓著所得，而济尔哈朗作为顺治帝的堂叔，是因为帮助堂侄清洗政敌所得。

多尔衮生前享受了无限实权，由摄政王经叔父摄政王、皇叔父摄政王，最后成为享受最高权力的皇父摄政王，死后还被追尊为成宗义皇帝。虽然被追尊为宗为帝只有短短的两个月，但这份殊荣，济尔哈朗未必不想得到。

然而，济尔哈朗没有这种幸运，甚至他使用作为辅政叔王的权力，也是到了顺治亲政后，帮着清算多尔衮及其党羽之时，非常短暂，而且还唯唯诺诺揣测圣意。

济尔哈朗是这一场"倒多运动"的领军人物。他拉拢顺治帝付予重任的满达海、博洛和尼堪，联合罗织诸多罪名。济尔哈朗拿多尔衮攻击损害顺治帝及其父兄来炮制多尔衮的罪状，激怒坐在多尔衮抢来的至尊宝座上的少年顺治。顺治帝对摄政睿亲王的功高震主，更是忌讳。济尔哈朗最开始就说自己也是辅政王，却遭多尔衮排挤、构陷出局。

济尔哈朗以所谓损害顺治尊严和权威的微末之事，让年轻自负的皇帝气盛恼怒。

太宗驾崩后，他曾被推选为新君的第一辅政亲王，而且顺治帝在北京重新即位时，加封他为信义辅政叔王，位居叔父摄政王多尔衮之前。济尔哈朗最早拥立豪格，与多尔衮争位。最后，在一场权力交易、政治妥协中，豪格与多尔衮被迫接受六龄童福临的即位。济尔哈朗作为太宗堂弟、豪格的人，成为辅政叔王。豪、多帝位争夺战中，除去顺治帝和孝庄太后之外，他无疑是获利最多的人。只是他没料到，多尔衮最终以能力占了上风，更没料到何洛会出手将他和豪格的所谓谋逆扯到了一起。他被多尔衮慢慢地排挤出了朝局。

济尔哈朗加罪多尔衮时，称多尔衮建造的府第与宫阙无异。而他自己被多尔衮罢免辅政时，也有一条罪名是顺治四年二月，以造第逾制，擅用铜狮、铜龟、铜鹤。他扈从入关，擅自令两蓝旗越序立营前行，也被多尔衮作为降为郡王的一条罪状。看来，济尔哈朗辅政，也不是真正尊重幼主的。

多尔衮死于非命，济尔哈朗看到了重返中枢的希望。他要对死后的多尔衮进行最严厉的打击，既是对自己遭受政治打击、武力排挤的复仇，也是为父兄至少四人死于太祖太宗之手的复仇，但他又是胆怯的，就连面对多尔衮这个死人，他也要拉拢太祖家的三个孙辈亲王满达海、博洛、尼堪来联名上书，勉强弄了十四宗罪，怂恿十四五岁年轻气盛的顺治帝排遣心中的压抑。

顺治帝成就了济尔哈朗的部分复仇，正式宣布多尔衮罪状，追夺一切封典，毁墓掘尸。但是，掌握了大权的顺治帝，虽然只有十四岁，却坚决不让济尔哈朗成为多尔衮第二。他不情愿再做影子皇帝。辅政王从此只能是一个爵位，而非权位。他公开谕令内三院："以后一应章奏，悉进朕览，不必启和硕郑亲王。"

而在史料中，他对多尔衮的丰功伟绩并未抹灭，同时也没有对济尔哈朗进行拔高褒扬。

《清世祖实录》记下了多尔衮的所谓罪行,但那是援引济尔哈朗的上疏内容。至于顺治帝说多尔衮"各处征伐，皆叔父倡谋出奇。攻城必克，野战必胜。叔父幼而正直，义无隐情，体国忠贞，助成大业""又辅朕登极，佐理朕躬，历思功德，高于周公"之类，还是在帝王记载中留了下来。这些在一百二十多年后，仍能让高度自负的乾隆帝看得泪流满面："睿亲王多尔衮，摄政有年，威福自专，扫荡贼氛，肃清宫禁。分遣诸王，追歼流寇，抚定疆陲，创制规模。奉世祖入都成一统之业，功劳最著。王之立心行事实为笃忠，感厚恩明君臣之。"

（《清史稿·多尔衮传》）

而济尔哈朗呢？顺治帝只是在他去世数年后，立碑纪功，给了"忠冠当时，功昭后世一云""有贞臣之节，有良将之风""亲历战阵，躬冒矢石，决策于万众之中，制胜于千里之外""处忧患而不惊，肩弘钜而不乱"之类的客套话。后世只是把他列入襄赞群臣中笼统评价。

3

济尔哈朗复仇，不报复顺治的父祖太宗、太祖，而是疯狂地对死去的堂弟多尔衮进行开馆扬灰，将其开除宗籍，并勒令其嗣子归宗。这是权欲膨胀之下，一种报复性的逆变发泄。

他把报复的对象，选择为直接打击过他的多尔衮，并使之绝后，但又不能对多尔衮进行实质性打击，索性又将与多尔衮走得近的其他人，包括自己的堂弟，作为新的发泄对象。

正黄旗大臣巩阿岱，为太祖、舒尔哈齐的异母弟巴雅喇的第四子，崇德八年被太宗任命为吏部承政，曾为拥立豪格、兵围崇政殿的诸大臣之一。事发本应论死，被多尔衮赦免，出任吏部尚书，此后多次领兵出征立功，顺治三年晋级三等公，六年参与多尔衮平叛姜瓖有功，进贝勒。《清史稿·巴雅喇传》说："巩阿岱事多尔衮，最见信任，累进封贝子。"巩阿岱为多尔衮最信任的堂兄，但因其不自重而频仍犯禁，由贝勒被降为贝子。

多尔衮死后，济尔哈朗并未即刻处理与多尔衮走得最近的巩阿岱，反而恢复他的贝勒爵位，推举他为议政大臣，激励他和其弟、贝子锡翰积极为"清洗多尔衮一党"出力。待到肃反运动趋近胜利，济尔哈朗即以"党附睿王，构陷忠良"等十六大罪，于顺治九年三月将巩阿岱、锡翰处死。

锡翰为巴雅喇第五子，崇德五年为工部承政，崇德六年随太宗围攻锦州，打败洪承畴十三万大军。太宗驾崩，锡翰与索尼、谭泰、图赖、巩阿岱、鄂拜六人结盟于三官庙，立誓辅助幼主，六人如同一体。多尔衮摄政，谭泰、巩阿岱、锡翰三人皆背盟而事奉，为多尔衮信任，锡翰累功升为贝子。顺治七年，多尔衮染病，通过锡翰等请来顺治帝临幸睿亲王府第，睿亲王又斥责锡翰，议罪当死，降为镇国公。顺治九年，锡翰因党附之罪与其兄巩阿岱、西讷布库、冷僧机等被杀。

巩阿岱、锡翰的哥哥拜音图，亦因此事受牵连遭幽禁，以罪削爵，与巩阿岱、锡翰俱被废黜宗室资格。直至嘉庆四年（1799），才被仁宗命复宗籍，赐红带子。

巩阿岱、锡翰同济尔哈朗是同祖父的堂兄弟，并无史料证明与济尔哈朗有权力冲突，只是因为依附了济尔哈朗的政敌多尔衮就被处死。拜音图更是无辜受了牵连。济尔哈朗对堂兄弟们大开杀戒，无非是想为自己在皇族与朝堂冒头，树立辅政叔王的顶级威信。然而，济尔哈朗虽刑杀不少亲人，但顺治帝并未给他太多的立威机会。

多尔衮的十四宗罪
依据在哪里？

1

清朝入主中原，江山稳固，多尔衮的功劳，丝毫不比创业的太祖、奠基的太宗逊色。

孟森说："清之入关创业，为多尔衮一手所为。"（《清史讲义》第二篇第一章《开国·世祖》）

萧一山说："在入关初，总成其事，揽权行政者，则睿王多尔衮也。使清无多尔衮之摄政、无范洪诸人之运筹，无多铎等之征伐，则清之一统，未可必也。"（《清代通史》卷上第三篇《一统期之政略与三藩之乱·开国之勋臣》）

就连自许"十全老人"的乾隆帝，在清朝盛极而衰的时刻，也对这位高叔祖推崇备至："睿亲王多尔衮扫荡贼氛，肃清宫禁。分遣诸王，追歼流寇，抚定边疆。创制规模，皆所经画。奉世祖车驾入都，成一统之大业，厥功最著。"（《清史稿·多尔衮传》）

同时，他为曾祖顺治帝开脱，指责多尔衮"殁后为苏克萨哈所构，首告诬以谋逆。其时世祖尚在冲龄，未尝亲政，经诸王定罪除封。朕念王果萌异志，兵权在握，何事不可为？乃不于彼时因利乘便，直至身后始以敛服僭用龙衮，证为觊觎，有是理乎？"（《清史稿·多尔衮传》）

可见，乾隆帝坐在帝位上，对多尔衮手握兵权而拥立幼主，使顺治一脉王天下，还是很感激的。

2

后世对多尔衮的历史功绩，给予了崇高的评价，又为其身后荣辱感叹唏嘘。但是，受够了多尔衮压制的顺治帝，在给为他打下辽阔江山的皇父摄政王一顶成宗义皇帝的桂冠后，马上又给他弄了十四宗罪：

一、太宗死时，诸王贝勒大臣等舍死盟誓，扶立皇上，并无立摄政王之议，只其胞弟多铎劝进。

按：太宗驾崩，帝位空悬。亲贵们有拥立皇长子豪格的，有拥立皇十四弟多尔衮的。而对多尔衮劝进者，除了多铎，还有阿济格，拥趸也不少。若非多尔衮竞争，皇位则按子承父业落入豪格囊中，那么跟"皇上"福临就无关了。多豪相争，福临得利。两黄旗大臣舍死盟誓，要立的是太宗皇子，并未指定是豪格还是福临。后来主导顺治帝治罪多尔衮的郑亲王济尔哈朗，最初支持的是豪格，而不是福临。福临还是多尔衮和代善推出来的。《清史稿·世祖本纪》记载："太宗崩，储嗣未定。和硕礼亲王代善会诸王、贝勒、贝子、文武群臣定议，奉上嗣大位，誓告天地，以和硕郑亲王济尔哈朗、和硕睿亲王多尔衮辅政。"

清军由多尔衮任大将军，领军破关，入主中原，迁都北京。顺治元年（1644）十月，顺治帝于皇极门（后改太和门）重行即位大典，"以睿亲王多尔衮功最高，命礼部建碑纪绩"，进封多尔衮为叔父摄政王，加封济尔哈朗为信义辅政叔王。朝廷给予摄政王的位置，在某种意义上，是对多尔衮从龙入关的奖励。

二、多尔衮与济尔哈朗同为辅政大臣，但多尔衮独专威权，不令济尔哈朗预政，却封多铎为辅政叔王。

按：睿王在太宗时，掌管吏部，统摄六部，确实有掌管全局、统率征战的才干，这点使济尔哈朗谕告群臣，凡事先请示睿王，上书要以睿王为首。多尔衮排挤济尔哈朗，这是争权；而多尔衮加封多铎为叔王，则为拉拢。结果济尔哈朗怀恨在心，多铎也不领情效忠。

三、背誓肆行，自称皇父摄政王，以扶立皇上之功，尽为己功。又将太宗素日恩养诸将攻城破敌、剿灭贼寇之功，不归朝廷，全为己功。

按：睿王高居摄政王之尊位，强迫幼主由皇叔父改称皇父，虽然亲近了，但有些过了，也让明朝遗老制造了太后下嫁的猜想。即使如他们所想，多尔衮嗜色，应该跑到宫中找过不少宫女侍寝，但未必真正上了太后的床。至于睿王掠功的事例，古今有之，下面拼杀在外，上头统率全局，一份功绩有两种算法。基层员工累死累活，挣的是计件工资加额外奖励；而领军人物掌控全局，创造了集大成的功业和政绩。

四、其仪仗、音乐、侍卫与皇上同，盖造府第亦与皇上宫殿无异。

按：形式主义也是朝廷的脸面。顺治元年，礼部议定摄政王居内及出猎行军的仪仗、礼节，诸王不得平起平坐。多尔衮凌驾于诸王之上，也是得到了首辅济尔哈朗的首肯的。多尔衮仿制皇宫般的府邸，《清史稿·多尔衮传》写到，睿亲王所用物品在数量上还是少于皇帝的。其实玩僭越的不止多尔衮一人，顺治四年二月，济尔哈朗因建筑府第逾制，擅自使用铜狮、铜龟、铜鹤，被罚银二千，罢免辅政职务。

五、府库之财，任意靡费，织造缎匹，库贮银两珍宝，不予皇上，伊擅自用。

按：拿的和受赏的，在案发时也分不清了。毕竟当时财赋、军政大权，都是多尔衮掌控。随着权力的迅速膨胀，多尔衮的生活穷奢极欲，以摄政王之尊，仪仗、冠服之制均超过其他亲王，府第"翚飞鸟革，虎踞龙盘，不惟凌空挂斗，与帝座相同，而金碧辉煌，雕镂奇异，尤有过之者"。他"于八旗选美女入伊府，并于新服喀尔喀部索取有夫之妇"，还逼娶朝鲜公主，又嫌其不美，让朝鲜再选美女。多尔衮有名分的女人有六妻四妾，还疯狂在外纵欲。顺治七年七月，他下令加派白银二百五十万两，在承德修建避暑之城。这些都是需要花钱的。

六、将皇上侍臣伊而登、陈泰一族、刚林一族、巴尔泰一族尽收入正白旗下。

按：多尔衮对两黄旗进行打压和分化，收服了一些两黄旗大臣，这些叛徒如谭泰、拜尹图，也是趋炎附势之徒，趁机把皇帝的侍卫交给多尔衮控制。

七、到皇宫内院，以太宗之位原系夺位为由，挟制皇上侍臣。

按：多尔衮私自散布皇太极称帝，违背了太祖本意而自立。这该是济尔哈朗的激将法，激怒血气方刚的少年天子惩罚质疑他们父子上位合法性的人。太祖死，并未指定继承者，太宗和多尔衮都是竞争者，都有资格继位。

八、以微末过错逼死肃亲王，又纳其妃；官兵户口财产等项，既予皇上，旋复收回，以自厚其力。

按：顺治帝对大哥豪格还是挺有感情的，一清算睿王，就为豪格平反，"封和硕肃亲王豪格子富寿为和硕显亲王"。多尔衮与豪格争位不得，积怨太深，斗争激烈。至于多尔衮抄肃王府，是打着献给皇帝的旗号，但难免私吞。其实，这种事不止多尔衮一人干过。顺治亲政后，掌管吏部的巽亲王满达海死于顺治九年，但七年后因当年抄多尔衮家侵占其财物等被举报，就被追降为贝勒。

九、欲将皇上侍臣额尔克戴青归己。

按：这是件很微末的事情。额尔克戴青并无大本事，就因没附和多尔衮入正白旗，做了一回忠诚的奴才，而被顺治帝升一等侯，封领侍卫大臣，晋一等公。

十、凡一切政事及批票本章，不奉上命，概称诏旨。擅作威福，任意黜陟。

按：多尔衮不得帝位却得实权，权力欲望膨胀得很厉害。多尔衮独掌朝政，自然会打压异己，培植私党，结果最后还是栽在亲信大臣苏克萨哈、詹岱手里。

十一、悖理入生母于太庙。

按：多尔衮之母阿巴亥为太祖大妃，理应追尊皇后，配享太庙。作为太祖宠爱的女人，她也是被太宗强迫才生殉太祖。太宗称帝，追尊其父为太祖武皇帝，生母为孝慈武皇后，却对太祖元妃佟佳氏、继妃富察氏及大妃阿巴亥，毫无追尊。

十二、凡伊喜悦之人，不应官者滥升，不合伊者滥降，以至僭越悖理之处，不可枚举。

按：权力大了也作怪。这应了麦克阿瑟的那句话："人才好用不好用，奴才没用又有用。"但是，他在八旗各个山头制衡的情势下统兵作战，还是善于任人的。李治亭说："在清朝开国史上，摄政王多尔衮无疑是决定清朝命运的关键人物之一。他在明清兴亡的关键时刻，毅然决策进关夺权；又在关键时刻，指挥关键的山海关决战，一举击败李自成，使清军顺利进关；再决策定鼎北京，国家初成一统！从一定意义上说，多尔衮之开创清朝历史新纪元，与努尔哈赤之开国奠基一样，同具深远的历史意义。"这样的功业，是需要领导者有卓越的人才观来完成的。

十三、不令诸王、贝勒、贝子、公等入朝办事，竟以朝廷自居，令其日候府前。

按：毕竟他名义上是诸王之上的二皇帝，但实际是执政的真皇帝。历朝历代的首辅的家，也是非正式办公室，作用似乎比办公室还大。

十四、私造帝服，藏匿御用珠宝。

按：顺治帝进紫禁城，一次性赐给了多尔衮嵌有十三颗东珠的黑狐皮帽、黑狐皮大衣。苏克萨哈、詹岱告发多尔衮，说的也是大东珠素珠、黑貂褂陪葬。所以乾隆说多尔衮拥兵入关时不称帝，而至"身后以敛服僭用明黄龙衮，指为觊觎之证"，是不合情理的。

《清世祖实录》对多尔衮的所谓大罪，写得清楚。顺治帝强调："朕闻之，即令诸王大臣，详细审问，逐件皆实。……据此事迹看来，谋篡之事果真。谨告天地宗庙社稷，将伊母子并妻，罢追封，撤庙享，停其恩赦，布告天下，咸使闻知。"顺治帝将王公大臣追议的多尔衮罪状，昭告天下，落款时间为顺治八年二月二十二日。

天主教耶稣会传教士卫匡国对多尔衮热情接待过他，很是感激，所以在《鞑靼战纪》中说："阿玛王使鞑靼获得了中国，由于他的贤明公正仁慈和卓越的军事才能，鞑靼人和中国人都对他很敬畏。这个当权者的死给朝廷带来很大的麻烦。"卫匡国还说，顺治帝命人毁掉位于东直门外多尔衮之陵，掘墓、平坟、削首示众。

无疑，在顺治看来，多尔衮是罪大恶极的，却忘了他那高大的龙椅和辽阔的疆域，都是多尔衮给的。

3

《清史稿·多尔衮传》记载，乾隆帝为多尔衮的第一宗罪打抱不平："《实录》载：'王集诸王大臣，遣人传语曰："今观诸王大臣但知媚予，鲜能尊上，予岂能容此？昔太宗升遐，嗣君未立，英王、豫王跪请予即尊，予曰：'若果如此言，予即当自刎。'誓死不从，遂奉今上即位。似此危疑之日，以予为君，予尚不可；今乃不敬上而媚予，予何能容？自今后有忠于上者，予用之爱之；其不忠于上者，虽媚予，予不尔宥。"且云："太宗恩育予躬，所以特异于诸子弟者，盖深信诸子弟之成立，惟予能成立之。"'朕每览《实录》至此，未尝不为之堕泪。则王之立心行事，实为笃忠荩，感厚恩，明君臣大义。乃由宵小奸谋，构成冤狱，岂可不为之昭雪？"

乾隆所读《实录》，该为《清世祖实录》，康熙初年所修，当时由原来屡遭多尔衮打压的索尼、鳌拜等四辅臣执政，索尼、鳌拜是坚决拥立太宗皇子派，按理不会把多尔衮图谋夺位粉饰成拥立幼主的形象。更何况历顺治亲政及康熙、雍正、乾隆三朝，留给乾隆四十三年（1778）的皇帝的印象是多尔衮蒙冤受难、深明大义。

故而，在多尔衮遭削爵、除籍、绝嗣的一百二十七年后，乾隆正式下诏，为当年顺治钦定、康雍不论的多尔衮铁案平反，追复旧封，配享太庙，将归宗的多尔博重还为多尔衮后裔，以其五世孙颖淳袭爵为和硕睿亲王，而且将多尔博之后的颖淳父祖四代皆进位为郡王或亲王。

乾隆将原本绝嗣的多尔衮宗室体系重新续接，封同自己已出五服的族兄弟为铁帽子王，世袭罔替。他是在为其高祖顺治补过，还是重新勘定多尔衮的历史功绩呢？历史是非，是不会为这样那样的政治斗争所彻底掩盖的。

乾隆帝为多尔衮含冤蒙尘大呼不平，认为在太宗驾崩后，英亲王阿济格、豫亲王多铎跪请多尔衮登位，多尔衮却坚决不从，"使王彼时如宋太宗之处心积虑，则岂肯复以死固辞而不为邪说摇惑耶？"宋太宗在其兄弥留之际，传下了烛影摇红遮掩的弑君篡位迷局，为后世所不齿，但在乾隆帝看来，手握重兵的多尔衮在明朝大将吴三桂的迎合下，完全可以因幼主冲龄而代主自立，然其除了威福自专外，却只做好了摄政的本分，最后反得了个夺爵毁坟的下场："乃令王之身后，久抱不白之冤于泉壤。"（《清高宗实录》卷一〇四十八，乾隆四十三年正月辛未）

乾隆欲为多尔衮平反，早在乾隆三十八年就安排内务府修葺多尔衮墓，让其近支王公等祭扫，后来在公开发表官方意见时，说了一些客套话，为顺治帝诿过，称假如睿亲王多尔衮真有谋逆的蛛丝马迹，其削爵、除籍之罪是世祖圣裁，他也不敢翻案。但是，他认为论罪多尔衮，非"出于我世祖圣裁"。而"乃实由宵小奸谋，构成冤狱，而王之政绩载在《实录》者，皆有大功而无叛逆之迹"，使顺治帝受了蒙蔽。《清世祖实录》对其政绩大功都是记得清清楚楚的，顺治帝也曾坦言："各处征伐，皆叔父倡谋出奇。攻城必克，野战必胜。叔父幼而正直，义无隐情，体国忠贞，助成大业。……又辅朕登极，佐理朕躬，历思功德，高于周公。"（《清世祖实录》卷九，顺治元年十月甲子）

乾隆四十三年正月，乾隆帝以多尔衮被人诬蔑，于开国有大功，复任睿亲王，追封谥号为"忠"，补入玉牒，配享太庙，入祀盛京贤王祠。依亲王园寝制，修其茔墓，令太常寺春秋致祭。其爵世袭罔替。这也算是清朝皇家官方对多尔衮这起宫廷斗争的最终认定。

徐珂在《清稗类钞·爵秩类》中对乾隆的翻案有一个评价："睿亲王多尔衮以元勋懿戚，横被流言，乾隆朝，始特旨昭雪，复爵予谥。"骄傲狂妄的乾隆帝，在多尔衮事件上，还算是做了一个较为公允的论断。

顺治帝篇——世祖亲政

顺治同博穆博果尔有过帝位之争吗？

1

电视剧《孝庄秘史》在太宗驾崩之际，在安排多尔衮与豪格帝位之争后，又设计了一场皇九子福临同皇十一子博果尔的争位戏。

博果尔的生母贵太妃为了推子上位，早就运筹帷幄，先后让两个侄女分别婚配多尔衮和豪格。孰料，多尔衮争位不得，将情人大玉儿即庄妃所生的福临抱上了龙椅，正中孝端文皇后与礼亲王代善下怀。

秘史美其名曰未公开的内部秘密，不见于正史。正史所述未必是真正的历史，而秘史所藏或许是背后的隐秘。然，《孝庄秘史》之秘，到底有多少真实，只有导演和编剧知道。

如多尔衮与庄妃的情事，作为电视剧的主线，而在史上所据的，无非是南明抗清名臣张煌言的《建夷宫词》："上寿觞为合卺尊，慈宁宫里烂盈门。春官昨进新仪注，大礼恭逢太后婚。"孟森在《太后下嫁考实》中直指为"谤书"："远道之传闻，邻敌之口语，未敢据此孤证为论定也！"就连清朝属国朝鲜的《李朝实录》也没有"太后下嫁"颁诏告谕的记载。日本史家稻叶君山在《清朝全史》中说："但此系出当时南人，究难保无误传之处。"

福临与博果尔（当是"博穆博果尔"）的帝位之争，并未见史料记载。结合当时的情势分析，博穆博果尔到底有多少资本争位呢？

博穆博果尔，太宗第十一子，电视剧是其母贵太妃（即麟趾宫贵妃）位在庄妃之前。崇德元年（1636），皇太极在盛京称帝，册封崇德五宫后妃，也称五大福晋，即：清宁宫皇后（称国君福晋，中宫）居首位，以下依次为关雎宫宸妃（称东大福晋，东宫）、麟趾宫贵妃（称西大福晋，西宫）、衍庆宫淑妃（称东侧福晋，次东宫）和永福宫庄妃（称西侧福晋，次西宫）。

麟趾宫贵妃居第三位，位在居第五位的永福宫庄妃之上。子凭母贵，这是博穆博果尔的唯一优势。

2

博穆博果尔除了在子凭母贵上占了一些优势之外，其他方面却大大的不利。

一、博穆博果尔生于崇德六年十二月二十日，至太宗崇德八年八月驾崩时，年仅一岁半多点，而出生在崇德三年正月三十的福临已虚龄六岁，大了博穆博果尔四岁。太宗驾崩前，已有三子幼殇，而且他最爱的皇八子，未满一岁夭折，自会引起诸王公大臣的警惕，而在二选一中只会支持年长的福临。

二、福临生母庄妃布木布泰，不满十三岁便嫁给了尚未继汗位的太宗。而博穆博果尔的生母麟趾宫贵妃娜木钟，初嫁蒙古察哈尔林丹汗，为其多罗大福晋(正室大福晋)，为林丹汗的八大福晋之首，称"囊囊福晋"。天聪七年(1633)夏，林丹汗在青海大草原去世，她成了囊囊太后，第二年生下林丹汗遗腹子阿布鼐(亦作阿布奈)。她统管阿纥土门万户斡耳朵。天聪九年，金军包围林丹汗的族人，准备征服察哈尔。囊囊太后为了族人的性命向后金大汗皇太极让出北元的玉玺，太宗纳其为侧福晋。先她嫁给太宗的，还有林丹汗的窦土门福晋，即著名的"野鸡入帐"典故的女主人公。当时，窦土门福晋希望嫁给太宗，太宗并不情愿，毕竟人家是敌国先汗遗孀、新汗太妃。窦土门婚嫁强国大汗成功，也为后来囊囊太后归附太宗做了引线。更何况，囊囊太后为太宗带来了他梦寐以求的玉玺。

《孝庄秘史》为这一方玉玺，专门设计了一场多尔衮觊觎汗位的戏。多尔衮被指派收服察哈尔，多尔衮用计让对手不战而降，还献上了传国玉玺。多铎鼓动多尔衮以玉玺号令八旗自立，被豪格向太宗告发，结果在班师回京时，太宗严阵以待，差点结束了多尔衮的政治人生。

三、麟趾宫贵妃虽在位次上，确实高了永福宫庄妃一点点，但她们同在贵妃之列，而庄妃的背后，有其亲姑姑中宫皇后，以福临的嫡母身份作为最大支持。中宫皇后虽非太宗元妃，也没有生育儿子，但在太宗一朝十八年主持后宫，自然可以作为一股强大的势力，对大清朝政局有着举足轻重的地位和影响。《孝庄秘史》中的哲哲皇后，不但得到了太宗和诸大贝勒的尊重，就连傲慢的多尔衮、多铎兄弟也待之如亲娘一般。她肩负着蒙古科尔沁部落与清朝皇家联姻的政治使命，更不会让帝位旁落其他部落。若让福临胜出，她的嫡母皇太后有名有实；而让博穆博果尔继位，那她高居嫡母皇太后之尊位也是一份虚荣。史料对她的记载不多，但不能否认她是一个成熟的政治家，甚至影响了后来成为清朝最伟大政治女性的孝庄太后。

四、麟趾宫贵妃作为敌国寡妇，被太宗厚待，多半是政治原因所致，可以说是清朝政权与蒙古最强大的察哈尔部进行的政治联姻。贵妃本人起到了维稳工具的作用。但在太宗驾崩时，清朝实力已非当日可比，作为少壮派领军人物的多尔衮，甚至是豪格、多铎，都未必情愿让尚未被彻底征服的察哈尔部的先汗遗孀，成为大清国的太后。

从后来多尔衮以摄政睿亲王之尊对待顺治帝能干的庶兄硕塞的态度来看，多尔衮对亲侄儿论功行赏也强调"贵宠之列"、嫡庶之分，自然会对侄儿生母的出身也有清晰的区别。

3

清崇德八年八月，太宗猝死在松锦大捷之后。

他对自己的死，早有预感。他在最爱的关雎宫宸妃死后，经常生病，说："山峻则崩，木高则折，年富则衰，此乃天特贻朕以忧也。"（《清太宗实录》卷五十八，崇德六年十月甲辰）

他享受着臣民们的山呼万岁，还是怕死。正是因为怕死，导致了他临死前来不及指定接班人。

他最想立的储君，早在几年前便夭折了。那还是一个婴儿，就因为是宸妃所生，所以皇太极在其初生时大赦天下，准备立储。

可以说，皇太极已经大权在握，可以专断继承者的国本要务，以彻底改变太祖努尔哈赤几番择立储君而不成功的历史。

他也应该指定接班人，毕竟他的即位，也导致了一场宫廷争斗，更为后世留下了"太宗原系夺立"的传言。

但是，他的接班人福临六岁登基，是为顺治帝，却没有先帝皇太极的遗诏。顺治帝仍为后金初期汗位推选制的产物。

如果不是势均力敌的睿亲王多尔衮与肃亲王豪格展开争夺战，福临是不可能成为顺治帝的。这一场争夺，八旗势力积极参与，分成了几股：

多尔衮除了自将的正白旗拥戴，还得到了胞弟多铎的镶白旗支持。多铎和他们的胞兄阿济格多次力劝多尔衮夺位，多尔衮有顾虑，犹豫不决。同时还有一个关键性的问题：多铎也有非分之想，而且同豪格往来密切。

豪格领正蓝旗，得到了郑亲王济尔哈朗所领镶蓝旗的支持。济尔哈朗是皇太极的心腹重臣，自然力挺豪格。然而，从后来多铎给豪格带话"和硕郑亲王初议立尔为君，因王性柔，力不胜众，议遂寝"（《清世祖实录》卷二十四，顺治三年二月戊午）来看，济尔哈朗对豪格自身的性格弱点还是很失望的。

老资格候选人代善，太祖朝的储君和大贝勒，太宗朝的和硕礼亲王，是两红旗的总负责人。他也有资格争夺皇位，但他不敢倚老卖老做出头鸟，害怕招致其他六旗群起而攻之。他持两不相帮的态度，但对皇太极扶持的少壮派政敌多尔衮即位是绝对不支持的。

而在八旗中，势重人多的两黄旗，以大臣图尔格、索尼、图赖、锡翰、巩阿岱、鳌拜、谭泰、塔瞻八人为首，在皇太极驾崩后，为立皇储，紧锣密鼓地行动。他们前往豪格府上，密谋拥立豪格为帝，同时以福临为太子（这应该是福临成为顺治帝后，大臣们媚上的一种新表述）。他们要维护皇权的正统，自然得到了范文程、洪承畴等朝中汉臣们的支持。

这样的局面，随时都可能引发一场流血事件，随时都可能将新生的清朝皇权推至万劫不复的深渊。

二王争夺，让多尔衮有所忌惮的是皇太极生前亲领的两黄旗大臣。他们在皇家决断的最高会议上，张弓搭箭，死忠先帝，迫使最有希望也最有能力的多尔衮，最后选择了退让。

两黄旗大臣支持豪格的本质，是因为豪格是皇太极的长子。豪格军功卓著，又是旗主，但其母只是皇太极的侧福晋，这是明显的弱势。从清朝历代封爵皇子的情况来看，满人还是有优先考虑嫡子的情感成分的。

所以，两黄旗真正支持的是皇太极的皇子即位，不仅仅是已成年的豪格。崇德五妃中，麟趾宫贵妃所生的两岁娃博穆博果尔、永福宫庄妃所生六岁童福临，在清宁宫皇后无子的情况下，更有机会。而且，以退为进的多尔衮在谋求摄政或者辅政的前提下，也希望是幼儿，而不是一个成年人即位。

崇德五妃都来自蒙古科尔沁部，她们在此关键情势下，抱团谋求自己的儿子承继大统。

然而，她们内部出现了问题：

一、麟趾宫贵妃位号在永福宫庄妃之前，但她的儿子年纪太小，皇太极的儿子中曾出现过三个幼殇。故而，博穆博果尔的继承权，被年龄严重弱化了。

二、庄妃十三岁嫁给皇太极。而麟趾宫贵妃原为察哈尔林丹汗的正室大福晋，为后金军攻打察哈尔的战利品，并为林丹汗生育了一个遗腹子。满洲贵族虽然还没有接受汉人的礼教观念，但他们未必愿意接受皇太后是曾为敌人福晋的囊囊太后。

三、庄妃是皇后的侄女，她的儿子福临很容易作为皇后的嫡子，被皇后力挺为后继之君。有皇后的力挺，福临即位自然很容易得到代善、多尔衮等皇家亲王和索尼、鳌拜等两黄旗大臣的支持。豪格在多方面的压制下，也只能接受这一种命运的安排。

很多学者认为福临的最后胜出，赖其生母庄妃的运筹帷幄。然而，从庄妃在崇德五宫的位置来看，她只是西宫永福宫庄妃，处在西宫麟趾宫贵妃之下，发言权是很难同等的。但是，皇后从皇太极即位起一直是中宫，从这一事实来看，她作为后宫女主人的位置是稳固而不可撼动的。无疑，她不但赢得了皇太极的尊重，而且得到了满洲亲贵和朝中大臣的信服。

当然，有了皇后姑姑的大力推动，孝庄自然是感激涕零，甚至会认为这是自己当初嫁给皇太极得到的最大回报。

清算多尔衮，孝庄不干预
有前因

1

崇德八年（1643）八月初九日，五十二岁的大清皇帝皇太极猝死于盛京后宫。

猝然长逝，皇太极又像先汗努尔哈赤死后一样，没有指定帝位继承者。他曾属意关雎宫宸妃所生的皇八子，但因幼儿早夭而使立储计划落空。他的皇长子豪格，以赫赫军功受封和硕肃亲王，一度出任户部主管王爷，但其母不在崇德五妃之列。豪格只是一个庶子，皇太极对他有父子之情却无传国之意。

这，给了坐拥重兵且总管六部的睿亲王多尔衮最大的机会。

多尔衮是皇十四弟、正白旗旗主王爷，又得胞弟、统率镶白旗的豫亲王多铎等人支持，于是与皇长子豪格成了主要的竞争对手。

二者势均力敌，多尔衮自然不想帝位旁落他人。但豪格的背后，还有原由皇太极亲率的两黄旗的支持，同时，代善家族的两红旗也不支持多尔衮，而济尔哈朗也支持豪格。多尔衮只有他的兄弟阿济格、多铎表面支持，况且多铎的心里也打着夺位的小算盘。

由于两黄旗的大将集团誓死拥立豪格，多尔衮不得不顾忌，只好做出让步，决意迫使豪格一同退出，正好与两黄旗大臣力保皇子继位的用意吻合。

永福宫庄妃（即后来的孝庄太后）在姑姑清宁宫皇后的支持下，成功地利用上旗旗属利害关系联合两黄旗大臣，使自己的六岁儿子福临，成了两虎相争的得利者。

　　多尔衮接受了政治交易，成为被豪格阵营代言人郑亲王济尔哈朗制衡的摄政王。此后，多尔衮功劳越来越大，率军入关，定鼎中原，将济尔哈朗挤出了权力中心，最终由皇叔父摄政王变成了皇父摄政王。

　　多尔衮权势煊赫，成为操控真皇帝顺治的假皇帝。他有称帝的野心，但不敢妄动：

　　一、两黄旗虽屡遭多尔衮打击，但他们的整体实力不在多尔衮之下。加之多尔衮采取不断晋封的手段使其凌驾于诸王之上，增强自己所率正白旗而削弱其他旗，十分嚣张，让其他各旗主王爷很是不满。更何况，庄妃已与两黄旗大臣结为稳固的政治盟友，并得到了皇太极生前重用的汉臣，如范文程、洪承畴等的支持，能有效地与多尔衮进行坚忍的对抗。

　　二、原来支持多尔衮的多铎，因多尔衮不支持他继位，而不时给摄政王哥哥拆台。多尔衮曾有意扶持多铎，命其统兵南征，但多铎孔武滥杀，与多尔衮缓和民族矛盾的方针严重冲突。多尔衮只好中途召回多铎，改授洪承畴经略大学士，招抚南方，总督军务。后来，多尔衮封多铎为辅政叔王，给予多铎高出其他亲王一等的政治殊荣，但是又自封皇父摄政王，再次压了多铎一等。多铎未必心甘情愿，不久，因患天花早逝。

　　三、清廷入主中原后，积极邀请贯彻儒家政治理想的汉人士子和前明官员进行政治合作，如果他突然篡位，必然会引起儒家道统人士及中原民众的非议和反抗。明朝降臣陈名夏在紫禁城初见多尔衮，便力劝多尔衮自立正位，被多尔衮以"本朝自有家法，非尔所知也"（《清史稿·陈名夏传》）为理由谢绝。

　　四、满人初入中原，强制推行剃发、易服、圈地、投充、逃人等恶政，激化了民族矛盾。倘多尔衮篡位，即继位不正，改变了帝位继承的合法性和合理性，只会更加激化民族之间的诸多问题。多尔衮摄政期间，虽然派出多路大将追击李自成的大顺军、张献忠的大西军，以及前明宗室建立的南明政权，但在李自成、张献忠死后，大顺军、大西军余部打出联明抗清的旗号，让本部人马不过二十万的多尔衮不得不先稳定内部，为满人入主中原的大局着想。

2

统兵入关的多尔衮并没有正大位，而是迎驾入关，让冲龄践祚的顺治帝重新登基，感受紫禁城里的宏大气魄。

按理，顺治帝应该感激多尔衮。如果多尔衮在皇太极去世后，不计后果地争夺帝位，或在坐稳摄政王位置后自立，那么冲龄践祚的顺治帝都难逃厄运。多尔衮统兵入关，让顺治帝拥有了扩大十多倍的疆域，成为天子。

一百多年后，自负的乾隆帝说："睿亲王多尔衮，当开国时，首先统众入关扫荡贼氛，肃清宫禁。分遣诸王，追歼流寇，抚定疆陲。一切创制规模，皆所经画。寻即奉迎世祖入都成一统之业，功劳最著。"（《清高宗实录》卷一千〇四十八，乾隆四十三年正月辛未）

这是乾隆帝要推翻顺治钦定铁案时的说辞。他强调，多尔衮兵权在握时足以萌生异志，但是多尔衮没有。然而他又指出多尔衮"摄政有年，威福自专"。

摄政七年的多尔衮，独擅威权，让顺治帝只是名义上的皇帝，纯粹一个摆设。

一、多尔衮高居摄政王之尊位，按理说还是臣下，但他凌驾于皇帝之上，做了皇叔父摄政王后，又逼顺治帝封他为皇父摄政王。按关内的称法，多尔衮自许为顺治帝的皇父，就是把"太上皇"改了一个等同的称法。

二、多尔衮掌控票拟本章大权，规定其命令为令旨，且将玉玺搬入摄政王府，貌似组建了第二朝廷，架空了顺治帝和真正的朝廷。同时，多尔衮在仪仗、音乐、侍从和府第规制上一步步接近皇帝的规格。

三、多尔衮喜好美色，传闻经常出入后宫，胡乱奸淫。民间传闻，太后下嫁多尔衮，给崇尚儒家礼教观念的顺治找了一个后爹。太后下嫁是虚构，但多尔衮侵占了顺治帝的后宫，必然让顺治很是不满，担心哪天自己的女人也被迫上了多尔衮的床。

四、多尔衮"擅称太宗文皇帝序不当立,以挟制皇上"(《清史稿·多尔衮传》),多尔衮称皇太极即位不合法,那么作为皇太极之子继立更是不合法理。顺治帝更担心此条,一旦形成了大影响,不免会被多尔衮夺取皇位。

至于多尔衮将济尔哈朗排挤出局,另封多铎为辅政叔王,构陷肃亲王豪格至死,等等,都是济尔哈朗帮助顺治帝做足的多尔衮的罪证而已。

3

顺治七年(1650)十二月,时值壮年的多尔衮突然病逝,举朝震惊。顺治帝下诏,追尊其为成宗义皇帝,奉入太庙配享,但是很快褫夺其母、子、妻所得的一切封典,甚至出现了平毁墓葬的悲剧。

多尔衮被顺治帝秋后算账,定罪除封。那么,传闻曾下嫁多尔衮的孝庄皇太后,为何此时不出面调停干预呢?

太后下嫁说的产生,主要是因为远在东南的南明兵部尚书张煌言的一首带有谤词性质的《望夷宫词》,加之好色的多尔衮淫秽后宫一说,强迫顺治尊其为皇父摄政王等举动,留给民间和后世野史笔记和影视剧许多无稽之谈,发酵为他们在年轻时代就有着刻骨铭心的情感纠葛。

实际上,天命十年(1625)二月,十三岁的孝庄作为其姑姑哲哲的替补,成为姑父皇太极的小妾。而在此前不久,十三岁的多尔衮娶了科尔沁的另一个女子,新婚蜜月期,多尔衮乐在其中,自然不会想着另一个陌生的女子。而当孝庄成为他的小嫂子时,他更加不敢叫板四大贝勒的核心人物皇太极。

多尔衮自称皇父摄政王,是在顺治五年末。而顺治六年,其正妃博尔济吉特氏逝世,他还追封其为敬孝忠恭正宫元妃。可见,这个女人是多尔衮的正妻,更可证明孝庄嫁给多尔衮是附会的。多尔衮去世后,顺治追尊多尔衮为成宗义皇帝，将其正妃追封为敬孝忠恭义皇后，就是公开显示孝庄不可能是多尔衮的女人。多尔衮在正妃死后，接连娶了几个女人，更不是深爱孝庄的表现。

而在太宗暴卒后，皇家夺位内斗激烈，最有希望的多尔衮让位给不满六周岁的顺治，也是被逼的!

皇太极死前没有指定接班人，位高权重的皇十四弟睿亲王多尔衮（正白旗旗主）和皇长子肃亲王豪格（正蓝旗旗主）成了最强劲的皇位竞争者，势均力敌。

虽然豪格的势力和威望稍逊于多尔衮，但他作为皇长子，赢得了皇太极生前亲率的两黄旗大臣力挺。多尔衮又屈居下风。

镶蓝旗旗主济尔哈朗支持豪格。两红旗总负责人代善也倾向于豪格。镶白旗旗主多铎先是支持多尔衮，但同时与豪格私交甚笃。多尔衮不支持多铎争位，多铎因而对胞兄心生芥蒂。

多尔衮不敌豪格，又不甘心豪格胜利，于是二人退出，接受两黄旗提出的誓立皇子的条件，改推豪格之外的皇子。皇太极生有十一子，三子幼殇，豪格之外，还有七子。满人虽有幼子守灶旧俗，但诸子因生母尊卑而有嫡庶之分，唯有六岁的皇九子福临与两岁的皇十一子博穆博果尔为崇德五妃所生，要比其他五子更有继承权。孝庄在中宫皇后哲哲的支持下，联合捍卫自身利益的皇帝亲率的上旗两黄旗势力，并获取曾逼殉多尔衮生母的两红旗共主、和硕礼亲王代善的支持，使福临继承大统，也是大家都愿意接受的。而多尔衮成为摄政王，无疑又占了权力优势。

风水大师顺治帝为
身后事捡漏

1

清朝有多位捡漏皇帝,如初期的顺治、康熙,末期的光绪、宣统。顺治帝的捡漏,要比其他三位皇帝捡得更惊心动魄。他六岁登基,其帝位是睿亲王多尔衮与肃亲王豪格争斗得剑拔弩张的产物。

如果多尔衮与豪格都不妥协,清王朝难免有一场宫廷政变,或许会演变成一次生死攸关的大转折。他们迫于两黄旗大臣誓立皇子的死忠气势,让皇九子福临幸运地坐上了紫禁城里的龙椅。

顺治帝上台了,顺势嗣统,顺势而治。

福临称帝,多尔衮摄政。他们有着一个共同的理想和目标,那就是"治国顺利,实现华夏统一"。

多尔衮是皇太极精心培育的政治强人,独擅威权,忘乎所以,不再满足于简单的摄政睿亲王的称谓,做了皇叔父摄政王后,还要做皇父摄政王。

这顶帽子,在满语中可能是臣下最高的爵位,不但高居诸亲王之上,而且凌驾在辅政叔王济尔哈朗、多铎之上。但在汉人看来,多尔衮就是皇上的父亲:太上皇!

大清王朝出现了国有二主的局面。

多尔衮经略中原,福临打破民族界限,在面对李闯王、南明等多重力量抵制的情势下,走进了紫禁城,改朝换代,使清王朝顺利传之后世。

顺治帝亲政十年,虽在最后的罪己诏中自责改变了崇满抑汉的既定国策,但他在新的抗清高潮出现时，推行抚重于剿的策略，重用汉臣，整肃吏治，稳定秩序，鼓励垦荒，恢复生产，还算是一个年轻有为的青年天子。

顺治时代，不论是多尔衮摄政，还是福临亲政，最大的成功就是入关后迅速吸收坚守儒家思想的前明官员和士大夫，进行政治合作，为中国成为当时世界第一强国奠定了基础。

但是，明末泛滥的天花蔓延到清廷，最后要了顺治帝的命。

做了十八年皇帝的顺治帝，只活了二十四岁。

2

顺治帝英年早逝，死后还弄了一道罪己诏与十四款大罪，称他未遵祖制、渐习汉俗，几乎全盘否定了他的历史功绩。

然，《清史稿·世祖本纪》还是说："顺治之初，睿王摄政。入关定鼎，奄宅区夏。然兵事方殷，休养生息，未遑及之也。迨帝亲总万几，勤政爱民，孜孜求治。清赋役以革横征，定律令以涤冤滥。蠲租贷赋，史不绝书。践阼十有八年，登水火之民于衽席。虽景命不融，而丕基已巩。"

他是一个中外点赞的勤政爱民的好皇帝。

曾觐见过他的意大利籍天主教传教士卫匡国在《鞑靼战纪》中，谈及自己对顺治帝的印象："这个皇帝虽然年轻，但一开始治理国事就表现得深谋远虑，受到各个阶层、各个集团的赞扬，胜过了头发灰白的最有才智的大臣们。他已经不再是一个傀儡了，在处理政务方面也表现出惊人的判断力。"

后来，清朝第八代礼亲王昭梿以笔记的形式，在《啸亭杂录》中多有披露先人秘闻。他铺垫多尔衮在清军入关后，对迎降的明臣"权宜用之"，故而导致不少弊政不尽然厘正，烘托出顺治帝将擅权的大臣，如陈名夏、谭泰、陈之遴、刘正宗等"无不立正典刑"。这说的是明末转入清廷的南北党争。

此争斗在多尔衮摄政时确实存在，但昭梿所列举的人，大多是顺治帝亲政后的亲信大学士或权臣。陈名夏于顺治八年（1651）七月以吏部尚书授内翰林弘文院大学士，两年后改内翰林秘书院大学士。谭泰为多尔衮死后出任吏部尚书。陈之遴于顺治九年二月以礼部尚书授内翰林弘文院大学士。顺治十年闰六月，刘正宗以新任内翰林弘文院大学士管吏部尚书事。

他们都是顺治亲政后的新宠。参与这一场政治争斗的，还有顺治帝极其倚重的大学士冯铨、金之俊、洪承畴和成克巩等。顺治帝坐山观虎斗，经常偏袒这些擅权之臣。刘正宗和成克巩围攻陈名夏时，顺治帝还因为陈氏能写得一手好文章而想办法庇护。

当刘正宗权倾朝野跋扈张狂时，顺治帝一次次地给他机会，谁料刘氏不领情，险被处死。刘正宗是顺治帝的文化至交。他博览群书，擅长诗律，爱好书法，笔法秀妙无伦，顺治帝凡得著名书画，都要经他鉴别评定后才归御府收藏，顺治帝还常将所得名人字画和自己作的字画及亲笔题字赐给他。御府图书题跋也多出自刘正宗之手。为显示荣耀，他于安丘城大学士府内特建"御墨楼"。

3

昭梿称顺治帝勤政之余，善于画牛，也通于禅机。

顺治帝曾召玉琳、木陈二和尚进京，住进万善殿，每天处理完政务之后，就前往与二和尚谈论禅机，"皆彻通大乘"，"真天纵夙悟也"（昭梿《啸亭杂录》卷一《世祖善禅机》）。

刘正宗被顺治帝日渐疏远，是因为他不像王熙等人那般护驾参禅论道，而是谏阻顺治远离佛法。孰料顺治帝因为董鄂妃之死，更加沉迷佛教，最后上演了一场出家的戏。

顺治帝是真皈依佛门，还是患天花而崩，已成一桩清朝迷案，不是此处谈论的重点。有趣的是，这个喜好佛法的皇帝，早早地给自己找好了墓穴。

顺治帝的陵寝，即孝陵。虽然孝陵兴工开建于顺治帝死后，但墓穴是顺治帝亲自勘定的。

某次，顺治帝至遵化打猎，看到一块地方，便勒马四顾，说："此山王气葱郁非常，可以为朕寿宫。"

他取下手上的玉扳指掷之，说此处便是"佳穴"。后来，有不少风水先生说："虽命我辈足遍海内求之，不克得此吉壤也。"

福临出生时，皇太极说："奇祥也，生子必建大业。"（《清史稿·世祖本纪》）

飞马围猎给自己找墓穴，奇祥顺治帝算是一奇葩。

年纪轻轻的顺治帝，原来是一个很有眼力的风水大师。然而，学者李寅据查继佐《罪惟录》"崇祯初年，偏求天寿，无吉壤。至十三年，始召刘诚意孔昭及张真人甲，协视地，得蓟州凤台山。云地善而难得治陵起工之吉，吉在甲申以后，不及事"的记载指出，少年顺治掷扳指定墓穴，不过是虚构的闹剧，影响了乾隆后期出生的昭梿。

如是说，十多岁的顺治帝是有备而来的。那个地方是前明崇祯帝命开国军师刘伯温的后人诚意伯刘孔昭以及道士张甲相中的龙穴。遗憾的是，他们计划开工那年却是明朝覆亡之时，结果被顺治帝为自己的身后事又捡了一个漏。

顺治帝对崇祯帝是熟悉的，曾多次在心情郁闷时，去另建的崇祯思陵哭奠一番。顺治十四年二月，顺治帝还专门通知工部："朕念故明崇祯帝，尚为孜孜求治之主，只以任用非人，卒至寇乱，身殉社稷。若不亟为阐扬，恐千载之下，竟与失德亡国者同类并观。朕用是特制碑文一道，以昭悯恻之意。"（《清世祖实录》卷一〇七，顺治十四年二月甲申）让工部勒碑正名，"立于崇祯帝陵前，以垂不朽"。

若崇祯皇帝不亡国，哪有顺治帝坐上紫禁城龙椅的机会，当然也不可能有少年风水奇才摘扳指选陵址神乎其神的玄幻。

太宗禁止后世乱伦，
孝庄顶风作案

1

顺治十七年（1660）八月，二十二岁的董鄂妃病逝，第二年正月，顺治帝崩于痘症，演绎了一曲帝妃生死相依的绝恋。

顺治帝之死，源于爱情上的纠结。他在爱妃死后，除了"辍朝五日。追谥孝献庄和至德宣仁温惠端敬皇后"之外，还亲制《孝献皇后行状》数千言，又命中和殿大学士兼吏部尚书金之俊另外写传略。

这样的举措，足见顺治爱妻深切，堪为情爱佳话。然，作为一个帝王，顺治帝却显得荒唐，跑到五台山清凉寺，剃了头发要出家。最后是太后与汤若望苦劝，才算作罢。

顺治帝出家一说，有人系于佛家情结，但实际上他还是因情所困，受了董鄂妃之死的刺激。

顺治帝纳董鄂氏为妃，前后不过五年。董鄂妃十八岁入宫，顺治帝"眷之特厚，冠宠后宫"（《清史稿·董鄂妃传》）。她于顺治十三年八月被立为贤妃，得益于顺治偏重，而十二月进封皇贵妃，该与母凭子贵有关。《清世祖实录》卷一百一十二记载：顺治十四年十月"丙子，皇第四子生"。这个皇四子，即董鄂妃所生的荣亲王，被顺治帝昭告天下，署作"第一子"（《清初内国史院满文档案译编》下，顺治十四年十月）。董鄂氏封皇贵妃之时，应该是受孕之后，顺治请示太后，再行册立大礼，颁诏大赦天下。

按理，此时的顺治帝已亲政近六年，大权在握，乾纲独断，太后对他的约束力要明显弱于多尔衮摄政时。顺治亲政后，除了大范围肃清摄政睿亲王之影响外，在政治上、经济上、思想上的作为，还是有不少可以圈点的。他算得上一位明君。

至于顺治为何宠爱董鄂氏，顺治给出的答案是："后婉静循礼，事皇太后，奉养甚至，左右趋走，皇太后安之。事朕，晨夕候兴居，视饮食服御，曲体罔不悉。朕返跸晏，必迎问寒暑，意少乱，则曰：'陛下归晚，体得毋倦耶？'趣具餐，躬进之，命共餐，则辞。朕值庆典，举数觞，必诚侍者，室无过燠，中夜置匜起视。朕省封事，夜分，未尝不侍侧。"（《清史稿·董鄂妃传》）貌美为其一，但主要是董鄂氏待婆母太后、丈夫顺治，都严格遵守汉文化的礼仪。这些褒词，都合乎汉人贤妻关于侍奉公婆遵礼仪、伺候丈夫有规矩的高标准，应该是真实情景，不为顺治因宠幸而伪饰。

虽然顺治在世时始终未改变清朝"首崇满洲"的既定国策，一再重申要坚持满洲的衣冠服饰，将主张部院大臣专用汉人不用满人及建议修改逃人法的言官如李呈祥等流放，甚至下令将主张"留发复衣冠"的内翰林院大学士陈名夏处绞。但，他作为清军入关后的第一任皇帝，弥留之际，曾安排礼部侍郎兼翰林院掌院学士王熙起草遗诏，即所谓顺治罪己诏，胪列十四款，主要指他未循祖制、渐习汉俗、重用汉人、宠汉抑满等。他偏爱董鄂妃循于礼，说明他受汉文化的礼教观念影响深切。

2

董鄂妃作为一个大龄女子，而被世祖作为最爱。关于她的前身究竟如何，正史只有"内大臣鄂硕女"一句简单的说明，但民间却有另外的说法：

一、襄亲王福晋说。电视剧《孝庄秘史》《少年天子》等，都认为董鄂妃原是襄亲王博穆博果尔的福晋，后被顺治帝纳入宫中，成为宠妃。依据是，博穆博果尔为太宗幼子、顺治亲弟，十四岁晋封和硕襄亲王，成为诸兄弟中唯一不以军功尊封者，受顺治过分嘉奖。这种嘉奖被视作补偿。并且不久之后博穆博果尔就死了。

二、庄亲王福晋说。顺治末年翰林院庶吉士、康熙朝武英殿大学士李天馥《古宫词》写道："日高睡足犹慵起，薄命曾嫌富贵家。"邓之诚《清诗纪事初编》卷五注释："明言董鄂先入庄邸。"钱仲联《清诗纪事》也说："毛奇龄《长生殿序》称应庄亲王世子之请，作《长生殿》院本。盖正以杨妃先为寿王妃暗示董鄂先入庄邸，然则汤若望所云满籍军人者，或当为庄亲王矣。"庄邸，即庄亲王府。顺治五哥、承泽亲王硕塞长子博果铎，生于顺治六年。顺治十一年十二月，硕塞逝世，博果铎袭爵亲王，改号和硕庄亲王，即为清朝第一代庄亲王。"杨妃先为寿王妃"，指杨玉环成为唐明皇的杨贵妃前，是寿王李瑁妻，意指董鄂妃为顺治抢了侄儿博果铎的福晋。而事实上，顺治十三年，十八岁的董鄂氏入宫为妃时，博果铎才五岁。

三、满洲军官妻子说。此说源于《汤若望传》中汤若望的回忆："顺治皇帝对于一位满籍军官（有学者认为是某个一品或一品以下武职官员）之夫人，起了一种火热爱恋。当这一位军官因此申斥他的夫人时，他竟被对于他这申斥有所闻知的天子亲手打了一个极怪异的耳掴。这位军官于是怨愤致死，或许竟是自杀而死。皇帝遂即将这位军官的未亡人收入宫中，封为贵妃。这位贵妃于一千六百六十年产一子，是皇帝要规定他为将来的皇太子的。但是数星期后，这位皇子竟而去世，而其母于其后不久亦薨逝。皇帝陡为哀痛，竟致寻死觅活，不顾一切。"传教士汤若望为顺治信任的近臣，但《汤若望传》为他人作传，其中又有不少讹误，如1660年为顺治十七年，董鄂妃生子则在顺治十四年。

董鄂妃究竟是怎样进宫的，为何极受顺治宠爱，限于史料流于表面只言片语的记载，故而种种猜测都莫无荒唐言。甚至有人将这个可怜的女人与坚决抗清的秦淮名妓董小宛联系到了一起，而董小宛情系冒辟疆厮守终老。董小宛委身冒辟疆时，顺治还是襁褓中的婴儿。后来，董小宛与顺治也是缘悭一面，又哪来情爱终身呢？

不论顺治帝与董鄂妃的爱情如何魂牵梦绕、生死相依，对国家和百姓而言都是极其荒唐，甚至是近乎不负责任的。

3

顺治帝如此宠爱一个出身不清白的女子，甚至背上了抢夺弟媳、臣妻甚至侄媳的骂名，可见他对太后指婚的皇后是如何强烈的厌恶和无可奈何，拿一个已婚女子来作为痛苦的反抗。

顺治生前除了追封董鄂氏为后外，还先后正式册立过两任皇后。元后为顺治八年八月所立，是其舅舅、科尔沁卓礼克图亲王吴克善的女儿，系多尔衮生前所议娶。虽在多尔衮死后所册立，但不为顺治喜爱，被以"朕素慕简朴，废后则癖嗜奢侈，凡诸服御，莫不以珠玉倚绣缀饰，无益暴殄，少不知惜"（《孝献皇后行状》）为名，降为静妃，并令其改居侧宫。顺治与废后为姑舅表亲。

顺治十一年五月，选科尔沁左翼札萨克（执政官）、达尔汉巴图鲁亲王满珠习礼的孙女入宫，封为妃；六月，册为皇后，即后来康熙追谥的孝惠章皇后。满珠习礼与吴克善，皆为太后亲兄、顺治母舅。顺治此次娶妻，又是姑舅联姻，娶了自己的表侄女。

满人入关前，贵族乃至大汗的婚姻，多为部落或君臣政治联姻的产物，"嫁娶不择族类，父死子妻其母"的现象很常见，不受汉人"渎伦"礼教观念的制约。像"父妻子婚""兄妻弟婚"以及混乱辈分的婚姻，是八旗入关前满族社会普遍存在的原始族外婚的一种显著形式。后金进入辽沈后，太宗有意引导满洲奴隶制世俗社会向宗法制汉文化社会靠拢，以先进文化促进落后社会的快速壮大，曾颁旨禁止皇族内部乱伦婚娶的事情发生。天聪五年（1631），太宗下令"禁止婚娶继母、伯母"。崇德元年（1636），太宗改国号大清，议定《会典》，重申"自今以后，凡人不许娶庶母及族中伯母、婶母、嫂子"，并将过去这种现象视为乱伦，加以严禁。凡娶继母、伯母、叔母、兄嫂、弟妇、侄妇，永行禁止。太宗的这项婚姻改革，是他主动学习汉文化的成果。他在议定《会典》时说："汉人、高丽因晓道理，不娶族中妇女为妻。凡人既生为人，若娶族中妇女，与禽兽何异。"（《清太宗实录稿本》）

科尔沁为求自保，自太祖时起，多与满人贵族多重联姻，出于政治目的，淡化了亲情伦理。太宗娶姑侄三女，虽然夫妻之间没有任何血缘关系，但有违伦常，而非生理上的乱伦。

顺治也是娶了科尔沁的姑侄三女。废后为其表姐妹，而第二任皇后则为其母的亲侄孙女。史料记载，顺治与表侄女皇后婚后不睦。另外，顺治还同时将另一个表侄女纳为妃子，即淑惠妃。《清史稿·后妃传》记载："淑惠妃，博尔济吉特氏，孝惠皇后妹也。顺治十一年，册为妃。"顺治被迫娶了舅舅家的表姐妹，甚至两个混乱伦常的表侄女，造成了生理关系上的"渎伦"，这与他积极接受汉文化礼教观念，是有着严重的冲突的。顺治应该也有汉初惠帝刘盈迫于生母吕后安排，迎娶亲外甥女的羞愧感。

4

造成顺治政治悲剧和生命悲剧的始作俑者，却是其生母孝庄太后。顺治帝在有过两任皇后、妻妾成群之后，近乎荒唐地宠爱再嫁的董鄂氏，导火索为太宗禁止后世乱伦而孝庄顶风作案。

顺治像太宗一样，都娶了科尔沁部的姑侄三女。区别在于，太宗与她们并无血缘相连，而顺治同三后妃却是母家近支血亲。这样的安排，拍板人当是顺治的生母孝庄太后，她是废后的亲姑母，也是孝惠章皇后的姑奶奶。即便顺治废后为摄政睿亲王指婚，但主动牵线者当为顺治嫡母、生母两宫皇太后。顺治后宫这三个不幸的科尔沁女人，却没有姑母或姑奶奶孝庄太后幸运，即使孝惠章皇后姐妹被康熙帝继位后分别尊为皇太后、皇考淑惠妃，得高寿而逝，但并未留下自己的一儿半女。这不可不谓政治联姻下的女性悲剧。

悲剧的形成，无疑是因为孝庄太后为了加强娘家科尔沁与满洲皇家的政治联姻，要让博尔济吉特氏家族的女人持续成为清朝的皇后。这既是一种家族荣誉，也是对于家族部落的一种政治庇护和军事保障。

不仅如此，孝庄太后还将自己的堂侄女从小养育宫中，后来成了孙儿康熙追封的慧妃。若不是为了联姻四辅臣之索尼与遏必隆，想必康熙的首任皇后，应该是被孝庄拟内定的那位死后才被追认的苦命的远方表姑了。入关后的满人，继续沿袭婚娶兄嫂、姑母、侄女等"渎伦"旧俗，且影响后世，虽禁不止。

而孝庄太后嫁给太宗，无形中也成了太宗渎伦的受害者。电视剧《孝庄秘史》中曾有一场戏，是孝端文皇后哲哲、蒙古科尔沁贝勒莽古斯向其父提出，太宗看上了大玉儿，其父不怒反而高兴，认为侄女嫁给姑父大汗，为亲上加亲、卫护中宫、稳固联姻。当然，在历史上，永福宫庄妃布木布泰嫁给皇太极，是在太祖在世的天命十年（1625）二月，当时的皇太极是否能继位还是未知数，只是科尔沁首领押中了宝。太宗在世时，尊重中宫皇后博尔济吉特氏，布木布泰虽十三岁嫁给四贝勒皇太极，却远不及中途杀入的超大龄姐姐海兰珠（关雎宫宸妃）受太宗宠爱，甚至在太宗迎娶的察哈尔林丹汗遗孀、被封为麟趾宫贵妃、衍庆宫淑妃之后，位次由原来的第二被后来居上者排挤到第五了。

离奇的董鄂妃不是
江南名妓董小宛

1

顺治十三年（1656），内大臣鄂硕十八岁的女儿董鄂氏入宫为嫔，受大其一岁的顺治帝"眷之独厚，宠冠后宫"（《清史稿·董鄂妃传》）。同龄的少男少女，不受压制地来一次自由恋爱。八月二十五日，董鄂氏被封为贤妃，时隔一月，顺治以"敏慧端良，未有出董鄂氏之上者"为由，晋封董鄂氏为皇贵妃。顺治帝如册立皇后一般，特颁诏书。此女升迁速度之快，所受礼遇之隆，能作为中国历史上后妃受宠的一个经典。

第二年，董鄂妃生下皇四子，顺治颁诏天下"此乃朕第一子"，祭告天地，接受群臣朝贺，大赦天下。有清一代，因皇子出生而大赦天下者，唯有太宗皇八子与世祖皇四子，然而这两子都命薄福浅。被顺治帝给予爱意和厚望的"第一子"，"生两岁，未命名，薨"（《清史稿·诸王传五》）。

顺治对此子之爱，胜过了太宗对皇八子的爱，不但追封其为荣亲王，还超越祖制和丧葬规格，为他专修高规格园寝，亲笔写下《皇清和硕荣亲王圹志》："制曰：和硕荣亲王，朕之第一子也。生于顺治十四年十月初七日，御天于顺治十五年正月二十四日……呜呼！朕乘乾御物，敕天之命，朝夕祗惧，思祖宗之付托，冀胤嗣之发祥。"顺治帝是想立其为储。

曾有一部狗血剧，设计康熙在位多年后，遭二哥福全逼宫意欲篡位，荣亲王复活出手，保住了康熙的帝位。

文艺的虚构，无视历史的真实，既可以让相隔半个世纪的男女来一次青梅竹马的爱恋，也能让真切的死者成为后世了不起的救世主。

顺治帝爱子情深，是爱妻情深的一个表现。董鄂妃因丧子之痛，抑郁而终，被谥为孝献庄和至德宣仁温惠端敬皇后，不附帝谥，是中国最后一位有独立谥号的皇后，与顺治帝合葬清孝陵。

2

顺治帝对董鄂妃的爱，堪称大清帝王绝恋，故而为后世的艺术创作提供了许多素材。

皇帝不好变，于是因董鄂妃的"董"，联系到秦淮八艳之一的董小宛。然而，董小宛生于明天启三年（后金天命八年，1623），十五岁嫁给复社名士冒辟疆为妾，此后不曾离开，死于顺治八年正月。

董鄂妃为董小宛说，只因名字中都有"董"字而牵强附会。年长顺治帝十四岁的董小宛的生卒年月、人生经历，除了在时空上同顺治帝有些交集外，其他就没啥了。董小宛出身卑微，但关心国事，在清军入关时以坚决之民族精神抗清，对清朝统治者的民族屠杀、民族侮辱政策深恶痛绝。这样的情势之下，她与顺治难道能有一次情色爱恋吗？

于是有人想到，董鄂妃是顺治帝从其十一弟博穆博果尔那里抢来的。依据貌似很充分，说博穆博果尔长年征战在外，把福晋留在家中，福晋与顺治一见钟情，日久情深，索性来硬的。

电视剧《孝庄秘史》的安排，更是充满情史的神秘。少年顺治就爱上了鄂硕家聪慧的宛如格格，长大了一次偶遇后两情相悦。多尔衮与孝庄为帝选妃，顺治帝要立宛如为后。孰料半路杀出博果尔，其母贵太妃使离间计，强迫太后将宛如指婚给博果尔。顺治帝不甘心，绝食，私奔，为了宛如可以不要帝位，最后强制性地将宛如带进宫，致使博果尔为情所困而跳崖自尽。

3

历史中的博穆博果尔，真如电视剧中的博果尔一样，是死于情伤吗？

《清史稿·诸王传五》对他的记载，为太宗诸子中最简单的："襄昭亲王博穆博果尔，太宗第十一子。顺治十二年，封襄亲王。十三年，薨，予谥。无子，爵除。"他的亲王，在《世祖本纪》中作"和硕襄亲王"。

他这顶帽子要比顺治六年，太宗第五子硕塞因累积军功，被摄政睿亲王给的亲王，要"贵宠"得多。此前，博穆博果尔虽是太宗之子、世祖之弟，却没有爵位。《世祖实录》记载，顺治九年三月，清算多尔衮一党，在拜尹图、冷僧机等依附多尔衮案录取的口供中，有冷僧机等人曾议"鳌拜、巴哈不宜留上左右，当与宗室博穆博果尔俱逐退"。

太宗共十一子，至世祖继位时，有三子幼殇，老大豪格与老五硕塞因军功封和硕亲王，其他除老十一博穆博果尔外，爵位都低，老六高塞为辅国公，老四叶布舒、老七常舒、老十韬塞都只为镇国将军。

顺治十二年，博穆博果尔因何被封为和硕襄亲王？史料未载，遗留一桩迷案。他还只十四岁，便被封为和硕亲王。有学者认为顺治帝给他这顶高帽子，是作为一种补偿，用来掩盖里面的绿帽子。

4

难道真是顺治帝抢了弟媳妇？清朝留下的史料，对此都未说明，也不好猜测，但是有几点可以推知：

一、《清史稿·硕塞传》记载，摄政睿亲王在大同战后论功行赏，强调："博洛、尼堪、硕塞皆不当在贵宠之列。兹以太祖孙故，加锡王爵。其班次、俸禄不得与和硕亲王等。"

这个"贵宠之列"，当是可封不同于普通亲王的"和硕亲王"。

后金—清朝君王在分封诸子时有明确的嫡庶之分。太祖在时，重任诸位嫡子。太宗在位时，除了对军功显著的皇长子豪格有封赏外，其他诸子都只是宗室在籍。顺治帝在多尔衮死后，恢复豪格、硕塞的和硕亲王，加封麟趾宫贵妃所生的博穆博果尔为和硕亲王，似在为自己正名，证明崇德五宫所出都为嫡出。

顺治帝为居第五位的永福宫庄妃所生。让博穆博果尔进入"贵宠之列"，那么顺治帝自然也有了"贵宠之列"的好出身。

二、《清世祖实录》卷九十七记载：顺治十三年正月"乙酉，工部制造库奏言，修葺襄亲王府第需用赤金四百两，为钉片镀金之用。得旨，此乃王所暂居，又非创造。偶尔修葺，赤金四百两安所用之？且修乾清宫时，尚务俭朴，今何得估计靡费如此之多。其工部制造库官员，吏部从重议罪以闻"。

若说顺治帝要补偿博穆博果尔，为何要吝啬修葺王府时多的一点费用呢？难道区区赤金四百两，比一个和硕亲王的待遇还高？

清制规定，和硕亲王岁俸银一万两，禄米一万斛。修葺王府需赤金四百两，并不算超支，只因修乾清宫简朴，故要以此来要求王府修葺，对做预算超支的工部官员进行追责。

值得注意的是，顺治帝还准备给博穆博果尔另建府邸，旧王府只做暂住。这似可证明，顺治帝对弟弟的优待，并不是一次性的补偿，而是按制度长期维持。如果只是为还情债，有这样持续性的吗？难道他们要选择情伤的长痛？不是的话，那就是说顺治帝是按照皇家制度对嫡系弟弟加封行赏，而不是什么夺妻之后的补偿。

三、董鄂妃出生于崇德四年（1639），而博穆博果尔生于崇德六年十二月。董鄂妃之父鄂硕不过普通的内大臣，皇家礼制会容许皇帝亲弟去娶一个比他年长三岁且家世不显赫的女子吗？

清朝皇子王孙，嫡福晋基本是政治联姻而来。由宗人府编撰的《清玉牒》《爱新觉罗宗谱》记载：博穆博果尔"嫡福晋博尔济吉特氏，和硕达尔汗巴图鲁亲王满朱锡礼之女"，而没有记载他有侧福晋。

满朱锡礼（满珠习礼）是孝庄的亲兄弟。这样的婚姻，无疑是孝庄太后指定的满蒙政治联姻。顺治帝加封博穆博果尔为和硕亲王，该是让皇弟在与蒙古郡主表妹的婚姻上，有一个被尊重的身份。他曾奉命娶的也是舅舅吴克善家的表妹为皇后，因皇后恃宠而骄而婚姻不幸。

四、《清史稿·礼志八》对皇子婚仪有规定："先指婚，简大臣命妇偕老者襄事。福晋父蟒服诣乾清门，北面跪，大臣西面传旨：'今以某氏女作配皇子某为福晋。'"虽然顺治帝时，博穆博果尔是皇弟，非皇子，但他的婚配也该得到皇帝的首肯。天聪二年（1628），阿济格因擅自主持胞弟多铎娶乌拉部表妹，被太宗削去爵位。若按《孝庄秘史》所设计的情节，董鄂氏在婚前已被顺治帝看中，大权在握的顺治帝，又怎会将她婚配给他人。顺治帝亲政时，博穆博果尔还不到十岁，不可能成婚。

五、顺治帝与董鄂氏钟情于博穆博果尔领兵外出时一说，不符合史实。顺治十二年，博穆博果尔还只十四岁，即便出生在战争年代的太祖诸子，十四岁上战场的也微乎其微。顺治帝年代的战争，在多尔衮摄政时期基本完成，也就是说没有博穆博果尔上战场的机会。在多尔衮后的和平时代，如果博穆博果尔有机会去军中历练，应该有记载传之后世，而不会被洗得干干净净。他的众多兄弟，除了大哥豪格、五哥硕塞外，其他都没有参与战事的记载。至于他十五岁而死，可以病逝作为解释。他的十五叔多铎"开国诸王战功之最"，三十六岁死于天花。给他和硕亲王帽子的皇帝哥哥，也是同一种死法：顺治十八年正月，死于天花，年仅二十四岁。博穆博果尔究竟死于何因？或因其政治作为不大而记录极为简单。

六、董鄂妃入宫时"年十八",即是顺治十三年,而博穆博果尔被封为和硕襄亲王为顺治十二年。难道是顺治帝先将董鄂氏从弟弟手中抢走,送回娘家,同时给弟弟封赏,到了第二年才将董鄂氏接进宫?这是不合常理的。顺治帝既然敢冒天下之大不韪来抢弟媳,哪还会遵从礼法先让董鄂氏回家呢。

董鄂氏入宫时已十八岁,显然不是按选秀制度入宫的。

她是否嫁过人,当是他话,但与博穆博果尔无关。被孝庄称作义父、顺治喊为爷爷的天主教耶稣会传教士、正三品京官通政使汤若望曾回忆:"顺治皇帝对于一位满籍军人(有学者认为是某个一品或一品以下武职官员)之夫人,起了一种火热爱恋。当这一位军人因此申斥他的夫人时,他竟被对于他这申斥有所闻知的天子亲手打了一个极怪异的耳掴。这位军人于是乃怨愤致死,或许竟是自杀而死。皇帝遂即将这位军人的未亡人收入宫中,封为贵妃。"(《汤若望传》)

顺治八年二月,顺治帝亲政后,将曾经独揽大权的摄政睿亲王,从追封的成宗义皇帝弄到罢黜宗籍,无疑震慑了整个皇家宗族。他从此成为真正的皇帝。若其真的抢占了弟媳妇,他与后世之君会让这个见不得光的人伦丑事留下蛛丝马迹吗?顺治八年,内翰林国史院大学士刚林仅因改睿亲王生母殉葬太祖为"自愿从死",结果被弄个阿附多尔衮之罪,诬改《太祖实录》,斩首籍没。康熙修《古今图书集成》、乾隆修《四库全书》,美其名曰盛世修典,直言之,却不知毁了多少典籍,兴了多少文字狱。

5

不少人将顺治宠妃董鄂妃和江南名妓董小宛混为一人,其中不乏历史名家大师。

最先说起的是清末官员、龙阳才子易顺鼎。

易顺鼎是光绪元年(1875)举人,但六次应试落第,三十岁时以同知候补河南，不久花钱捐道员，总厘税、赈抚、水利三局，出任三省河图局总办。光绪十四年，他以进呈三省河图，授按察使衔，赏二品顶戴。

易顺鼎在甲午海战中是一个主战派，被两江总督刘坤一召入幕府，后又被湖广总督张之洞聘请主持两湖书院。他曾在大陆筹集巨额银两，送至台湾，帮助刘永福抗日。清亡，他赋闲居京，与袁世凯次子袁克文交好，被委为政事堂参事，支持袁世凯称帝，被任命为印铸局长。帝制失败后，易顺鼎认为怀才不遇，喟叹"名士一文值钱少"，纵情于歌楼妓馆，以遗民终老。

然而，这个清末遗老却挑起一桩清初公案——董小宛入宫说。

他将顺治帝为董鄂妃撰写的《行状》与冒辟疆《影梅庵忆语》所载董小宛与冒辟疆九年间忆旧事合刊在一本书上，印行于世。

一书惊起千重浪，万众纷传两悲情。

也是晚清名士的易氏好友罗惇曧在《宾退随笔》中说："冒辟疆《亡姜董小宛哀辞序》云：'小宛自壬午归副室，与余形影交俪者九年，今辛卯献岁二日长逝。'张公亮明弼《董小宛传》云：'年仅二十七岁，以劳瘁卒。'其致疾之由与久病之状并隐微难悉，盖当时被掠于北兵，辗转入宫，大被宠眷，用满洲姓称董鄂氏。"

罗惇曧说，董小宛被清兵掳掠入宫，被顺治宠爱。

汉人董小宛，成了满女董鄂妃。

冒辟疆无可奈何，即以其被掠之日为其亡日也，情势所迫，情不得已，不然，他怎么只在所谓哀辞中详细写董氏致疾之由和久病之状："凡一饮食之细，一器物之微，皆极意缕述，独至小宛病时作何状，永诀作何语，绝不一及。"而对她"死后若何营葬亦不详书。仅于《哀辞》中有云：'今幽房告成，素幡将引，谨卜闰二月之望日，安香魂于南阡。'数语而已，未足信据也！"（罗惇曧《宾退随笔》）

继而，陈衍在《石遗室诗话》、陈寅恪在《柳如是别传》中，也支持了董小宛入宫说。

这些人所在的年代距清初已有两百多年，他们也不是捕风捉影、胡编乱造，毕竟与冒辟疆、董小宛是同时代人的吴伟业,曾在《题冒辟疆名姬董白小像八首》诗中有云"墓门深更阻侯门"。

董白为董小宛本名，小宛为其寄身青楼的艺名。

吴氏将"墓门"联通"侯门"，似乎在说董小宛的死生门，最有可能被掠进紫禁城。

侯门深似海，但又怎会作为帝王宫禁的代名词呢?

崇祯十五年（1642），田贵妃之父田弘遇曾经到江南选美，虽然最后带走了陈圆圆，但同为"秦淮八艳"之一且名气更大、年龄稍小的董小宛，未必不是田国丈为女婿崇祯献美的理想人选。

只是当时，董小宛刚从黄山归来，遇上母亲去世，激发痨病，奄奄一息。

人之将死，几近墓门，如此病容，自然扫了田氏抢夺佳丽的雅兴。

6

虽然晚清遗老易顺鼎、罗惇曧们煞有其事、浓墨重彩地渲染董小宛入宫一说，却回避了很多既定历史。

一、董小宛的妓女身份。

董小宛出生于苏州城内小有名气的老字号"董氏绣庄"，但因父亲去世、家道中落，为生计所迫不得不沦落青楼。

著名的秦淮八艳，才有了才色双绝的董小宛名列榜中。

纵然她抱定卖艺不卖身的原则，得到了一些高雅之士的赞赏。然其命运掌控在鸨母手中，自然少不了轻薄的人们光顾她的闺房。

另外，她与风流文人们游戏山水之间，难免有些说不尽的情感纠葛，或者其他。

仅凭董小宛的妓女身份，即便少年顺治在千里之外爱慕不已、猴急不休，也需要考虑许多现实因素。初掌大权的顺治在清算已故皇父摄政王多尔衮的残余势力，进一步削夺诸王权势而集中皇权时，还受尽了以孝庄太后、辅政叔王济尔哈朗为首的老一辈亲贵的限制和制衡。

据吴晗所辑《朝鲜李朝实录中的中国史料》下编卷二"显宗改修实录七年九月"记载，孝庄太后与汉文化格格不入，"甚厌汉语，或有儿孙习汉俗者，则以为汉俗盛而胡运衰，辄加禁抑"。

倘顺治帝真将一个汉人妓女弄进了后宫，并宠冠于包括孝庄侄女、侄孙女皇后在内的一切满蒙后妃之上，这难免不会在后来为顺治帝罗列的十四款罪名后，再加上一条大罪：专宠汉人妓女。

二、董小宛曾给老文人冒辟疆做过小妾。

董小宛之美，让明末的文人们纷纷传播，传说其娇艳，也播撒其风骚。

扬州才子冒辟疆是从复社四公子之一的方以智处听说董小宛的美名和才气的。这是流连忘返于风月场所的男人们的赞美。

崇祯十二年秋，二十九岁的冒辟疆利用来南京参加乡试的机会，一路辗转，见了十六岁的董小宛第一面。

崇祯十五年春，董小宛从黄山归来，母亲去世，又受国丈田弘遇选美的惊吓，引发痨病，奄奄一息。冒辟疆来见董小宛，两情相悦，缠绵情深，于是，冒辟疆在娶了秦淮八艳之一柳如是的赋闲老文人钱谦益的帮助下，终于为董小宛赎身成功。

董小宛成了冒辟疆的小妾。

至顺治八年，董小宛已经做了冒辟疆近十年的小妾。

久做他人妇，还为顺治爱？

虽然顺治帝的祖父努尔哈赤、父亲皇太极都多次娶他人留下的寡妇为妻为妾，但那主要是联姻豪强、联姻蒙古的政治需要！

顺治帝若从一个流浪的江南文人手中武力夺妻，非但改善不了敌对仇视的民族关系，反而会更加激化民族矛盾。这是当时的政治环境和斗争形势所不允许的。

三、董小宛年长顺治帝十四岁。

董小宛生于明天启三年，而顺治帝生于清崇德三年，前后相距十五年。董小宛出生时，顺治帝的生母孝庄太后还未嫁给后金四贝勒皇太极（后金天命十年，即 1625 年，布木布泰嫁给皇太极）。

从顺治帝十四岁生皇长子牛钮的年龄来看，董小宛与顺治帝近乎两代人。如果顺治帝娶了一个大他十四岁的女人，想必更会被文人们大书特书，作为特大新闻，彰显这一异代绝恋，毕竟只是稍逊于前明相差十七岁的明宪宗与万贵妃的爱情。

万贵妃之于明宪宗，有保姆抚养之恩，有初试云雨之情，有护卫幼主之义，有生死相依之爱……而董小宛之于顺治帝，除了名妓的身份，再嫁的事实，还有什么值得他迷恋的呢？

四、顺治怎会爱瘵病患者董小宛？

易顺鼎们宣扬董小宛入宫说，无疑是要夸耀汉人名妓都能成为满人皇后（董鄂妃死后，被顺治帝追封为孝献皇后）。但是，他们并没有推翻冒辟疆哀叹董小宛是一个重度病患的事实。

明崇祯十五年二月，冒辟疆再来与董小宛相见，本想缠绵一番，却不料她已病十九天，紧闭门窗不见客。冒辟疆不听朋友们的劝止，强行敲门，"叩门至再三，始启户，灯火阒如，宛转登楼，则药饵满几榻"（《影梅庵忆语》）。

冒辟疆进门惊呆了，几案、卧榻上堆满了中药。董小宛身患绝症，已病入膏肓。

如果把顺治八年正月董小宛病逝之日，当作她被清军掳掠献给顺治帝之时，也说不通。当时情势，摄政睿亲王多尔衮刚死，清朝正是国葬之时，顺治帝已经颁发《皇父摄政王以疾上宾哀诏》，规定在京在外嫁娶音乐，官员停百日，民间停一月。此外，顺治帝还在正月二十六日颁诏，追尊已同祔太庙的多尔衮夫妇为义皇帝、义皇后。

正在举国哀丧之时，地方官员怎敢将一个药罐子、病秧子献给即将大权在握的年轻皇帝？而且是将一个年长他十四岁且不知经历过多少男人的青楼从良者，从她的男人身边夺走，献给皇帝。

即使献美者洞察到顺治帝即将大刀阔斧地清算多尔衮，也未必敢让一个刚刚亲政的皇帝与强抢民间妇女联系在一起。

痨病是传染人的。崇祯十五年就已病入膏肓的董小宛，此后又经历了在兵乱中的四处流离，自然得不到很好的医治，即便是保养护理也是很艰难的。所以，冒辟疆在《影梅庵忆语》中说，他的母亲和妻子见到"星靥如蜡，弱骨如柴"的董小宛，也是哀怜不已，感慨万分。

如果说献美的官员将顶着名妓身份的痨病患者董小宛送到顺治帝的龙榻，难道想将痨病传染给顺治帝，提前拖垮年轻的皇帝？

这些，不仅是杀头之罪，也是灭门之祸。

纵然顺治帝暗中指使心腹大臣在江南找到名妓董小宛充斥后宫，董小宛也是被强迫北上的，被迫离开她痴爱多年的男人冒辟疆，自然忧心如焚，病情加剧。

当佳丽成群的顺治皇帝看到如蜡如柴、满目愁容的病美人董小宛，也会兴致全无，她怎又会宠冠后宫？

否则，顺治就是一个极端的变态狂。

7

按晚清遗老罗惇曧《宾退随笔》所载，董小宛病亡之时为清军被掳之日，那么时间点该为顺治八年正月初二日。而崇德三年正月三十日出生在盛京永福宫的顺治帝，此时虚龄还不足十三岁。

虽然少年天子顺治帝已经历男女之事，且初为人父（其长子牛钮生于顺治八年正月初一日），但把他想象为把手伸至千里之外的江南，去强占已做他人妇、如母亲辈的前失足女性董小宛，也未免太夸饰淫欲、匪夷所思了。

从来不缺少母爱的顺治，不需要另一个母亲般大小的女人在身边晃悠。他已同母亲孝庄太后在权力分配上产生了不可调和的矛盾。他不要强势的母爱，而是需要同龄人的慰藉。

已"渐习汉俗"且乾纲独断的他，在全面清算多尔衮余威的同时，基本遵循和发展多尔衮的政治路线，该不会任人评说他戴了一顶绿帽子。

冒辟疆以《影梅庵忆语》哀悼董小宛之离开，也极力渲染董小宛对他的爱恋。

冒氏说他第二次见到董小宛时，董小宛说早已爱上了他，只可惜他"奇秀"，让人感叹不能生活在一起。后来，董小宛被冒辟疆赎身后，二人情投意合，在战乱中流离辗转，相互扶持，生死相依。

尤其是冒氏说他大病期间，"此百五十日，姬仅卷一破席，横陈榻旁。寒则拥抱，热则披拂，痛则抚摸，或枕其身，或卫其足，或欠身起伏，为之左右翼"。观天下，哪个男人能忍受自己的女人对其他男人这般好？

这样缠绵的情话，也许是冒氏无可奈何的哀辞，但一经传开，年轻自负的顺治帝怎又甘心自己的女人，曾是如此和一个江南老文人缠绵悱恻，演绎了一出让人叹为观止的江湖绝恋？

董小宛虽久历烟花之地，但颇有民族气节。她在逃亡中，曾耳闻目睹清军制造的扬州十日、嘉定三屠、江阴大辟、嘉兴剃发等血腥暴行。

她对清朝统治集团推行的民族征服、民族侮辱、民族屠戮是极为不满的。她曾在盐城经历"城中日杀数十百人，夜半鬼声啾啸，来我破窗前，如蚕如箭"，鼓励病重忧虑的冒辟疆说："但人生身当此境，奇惨异险，动静备历，苟非金石，鲜不销亡！异日幸生还，当与君敝屣万有，逍遥物外，慎毋忘此际此语！"

这些，都被冒辟疆写进了哀辞，哀痛董小宛之爱恋他、温存他、鼓励他、劝导他，劝导在任何情况下不应跟满洲贵族合作。

这个著名文人冒辟疆终身不事二姓，无疑深受董小宛的民族气节影响。

而《影梅庵忆语》的问世，却没有被制造成一桩文字狱，也没有给冒辟疆带来一场灭顶之灾。冒辟疆一直活到了康熙三十二年（1693）十二月，享寿八十三岁。

清兵平定全国后，原复社成员陈名夏做到了清廷的大学士兼吏部尚书，曾给冒辟疆写信，称他是"天际朱霞，人中白鹤"，"特荐"他仕清，而他以痼疾"坚辞"。

康熙年间，清廷开博学鸿儒科，下诏征山林隐逸。冒辟疆属应征之列，但他视之如敝屣，坚辞不赴。

当然，如果董小宛成了董鄂妃，被宠冠后宫的话，作为顺治帝重臣的陈名夏，纵然对顺治帝清算多尔衮不满，又岂能不明事理，要将顺治帝的情敌、董鄂妃的男人招至朝堂之上？

回到顺治独宠董鄂妃一事上来，顺治帝又怎会要将妓女所生的儿子立为储君？

顺治十四年十月初七日，董鄂妃生育皇四子。顺治帝狂喜过后，立即通知礼部，派四名尚书加一级的高官分别告祭天坛、地坛、太庙和社稷，宣传"朕第一子生"。

年仅二十岁的顺治帝要立储、册立皇太子。

以孝庄太后为首的满洲亲贵并没有反对。

倘若董鄂妃的来历不清白，是汉人名妓，那么此时即便顺治与孝庄矛盾白热化，料想顺治帝也不敢将妓女之子择立为后继之君。

哪怕董小宛被洗白为满洲正白旗内大臣鄂硕之女，也洗不掉孝庄领导的满洲保守势力阵营对汉人的歧视和防患。

8

清宫戏喜欢粉饰顺治帝与董鄂妃的爱情，不惜在董鄂妃的出身上大做文章，平添吸睛的闪光点。

顺治帝之死，有爱情上的纠结。

但，顺治帝之所以宠爱董鄂妃，还有一个主要原因，即政治原因——她来自新晋上三旗的正白旗。

正白旗原来隶属多尔衮，战斗力强，不亚于两黄旗中的任何一旗。顺治探索民族交融政策，遭到了满洲保守势力代表孝庄和两黄旗大臣索尼、鳌拜等的反对，因而顺治帝需要正白旗的支持。

他破格宠任背叛多尔衮的正白旗大臣苏克萨哈，命其出任领侍卫内大臣，与索尼等平起平坐。他将董鄂妃独宠，甚至要母凭子贵晋升为皇后，也是宠给正白旗看的。

独宠的背后，是顺治帝为了抗击孝庄、索尼们的权力之争，而寻求的特别支持。

在与保守势力对抗中处在弱势的顺治帝，不但打出了董鄂妃这张牌，甚至发自肺腑地苦奠前明苦命天子崇祯帝，以及陪他一起上吊的太监王承恩。

无情最是帝王家。

六岁登基的顺治帝福临，好不容易等到了皇父摄政王死于非命。

顺治七年十一月，多尔衮因身体抱恙而不悦，率亲近诸王、贝勒、贝子、公一干人等出边围猎。不意，这位年仅三十九岁的马上英雄，纵马跌了个气短神伤，次月初九日，在他准备修建夏宫的喀喇城薨逝。

第二年正月庚申，顺治帝颁诏天下，正式宣布亲政。

虽然，顺治帝在亲政诏书中，充分肯定了"朕以冲龄继位，削平寇乱，垂衣端拱，统一多方，皆皇父摄政王之功也"（《顺治亲政大赦天下诏》），但是几天后就紧锣密鼓地对刚追尊为"成宗义皇帝"的多尔衮进行彻底清算。

顺治对多尔衮之恨，恨到了掘棺扬灰的地步。

然而，他在这年八月，还是遵从多尔衮生前定下的婚约，于十三日正式册立来自蒙古科尔沁的博尔济吉特氏为皇后，并在两日后昭告全国。

顺治大婚了，迎娶的是多尔衮定下的女人。

两年后，即顺治十年八月二十四日，顺治帝派礼部诸臣传谕内院，命大学士们搜集历代废后事例上报——他要废掉皇后！

废后是国家大事。大学士冯铨、陈名夏、成克巩、张端、刘正宗等赶紧联名劝止，请顺治三思、慎重。顺治帝还没看完，勃然大怒，立即传旨："皇后壸仪攸系，正位匪轻，故废无能之人！尔等身为大臣，反于无益处具奏沽名，甚属不合。"（《清世祖实录》卷七十七）

顺治坚持废后，言之凿凿，即便大学士们说"皇后母仪天下，关系甚重。前代如汉光武、宋仁宗、明宣宗，皆称贤主，俱以废后一节，终为盛德之累"，也不为所动。

两天后，顺治帝直接给礼部下谕："朕惟自古帝王，必立后以资内助。然皆慎重遴选，使可母仪天下。今后乃睿王于朕幼冲时因亲订婚，未经选择。自册立之始，即与朕志意不协，宫闱参商，已历三载，事上御下，淑善难期，不足仰宗庙之重。谨于八月二十五日奏闻皇太后，降为静妃，改居侧宫。"

顺治废后，给出的理由是"朕素慕简朴，废后则癖嗜奢侈，凡诸服御，莫不以珠玉绮绣缀饰，无益暴殄，少不知惜"（《孝献皇后行状》）。这是他在七年后追思董鄂妃时说的。七年过去，他还愤恨不平。

表面上看，顺治帝废掉表亲皇后，是因为憎恨多尔衮的缘故。

其实不然！

要知道，顺治帝的这位废后博尔济吉特氏，是其亲娘舅、科尔沁卓礼克图亲王吴克善的女儿。是多尔衮生前所议娶的，也是秉承了顺治生母孝庄太后的意思。

科尔沁的女人要成为大清的女主！

即便第一个博尔济吉特氏被废，孝庄又给顺治帝直接下懿旨，必须娶科尔沁的女人做皇后。

于是，顺治帝的第二任皇后则为其母的亲侄孙女。史料记载，顺治帝与表侄女皇后又是婚后不睦。

另外，孝庄还安排了另一个侄孙女入侍顺治帝，即淑惠妃。唐治邦辑《清皇室四谱·后妃》记载："淑惠妃，科尔沁博尔济锦氏，孝惠皇后妹也。顺治十一年五月册为妃。"博尔济锦氏，即博尔济吉特氏。

顺治亲政后，仍基本遵循和发展了多尔衮摄政时期的大政方针，进一步改善满汉关系，在"首重满洲"的既定国策下，有限地分给汉官一些权力，结果招致以孝庄为首的满洲贵族保守派的严重不满。保守派反对他疏远满洲亲贵、不信任议政王大臣会议的举措，认为他"渐习汉俗，于淳朴旧制日有更张，以致国治未臻，民生未遂"（《清世祖实录》卷一百四十四，顺治十八年正月丁巳），尤其是"委任汉官，即部院印信，间亦令汉官掌管。致满臣无心任事，精力懈弛！"

顺治帝极力拉拢正白旗，培养亲信，将其提升为上三旗，将首告多尔衮"谋逆"的苏克萨哈破格提拔为领侍卫内大臣，使之与曾力挺顺治帝承统和亲政的两黄旗大臣索尼、遏必隆、鳌拜平起平坐，甚至在临终遗诏中，直接命曾背主求荣的苏克萨哈为四大辅政之一，排名第二。

不仅如此，顺治弥留之际，特命苏克萨哈一人守护御榻，独送"御讳"，而索尼等诸臣只能眼巴巴地望"在东间内"。

顺治帝过分地宠爱董鄂妃、倚重苏克萨哈，不免有向孝庄及两黄旗大臣示威的成分。这为康熙六年七月鳌拜对康熙指婚的亲家苏克萨哈灭门埋下了祸根。

鳌拜、遏必隆说：顺治帝驾崩时，"所奉各旨，皆我等共奉者，惟送御讳，止令伊送"（《清圣祖实录》卷二十三，康熙六年七月己未）。

独宠，就是受宠者被群起攻之的大罪。

掌控最高权力的孝庄太后，冷眼看着鳌拜欺负少年康熙，矫旨处死苏克萨哈一家，明显装聋卖傻泄了前愤。

顺治帝一生的痛，
还是摄政睿亲王

1

顺治十八年（1661），福临是真的做了行痴和尚，还是出家未成患天花而崩？这有争议。但他给后继之君康熙留下四位辅政大臣：索尼、苏克萨哈、遏必隆、鳌拜，还是真切切的史实。

此四辅臣，没有一人为皇家亲王，没有一个姓爱新觉罗。除了遏必隆是清太祖努尔哈赤第四女、和硕公主穆库什的儿子，沾亲带故外，其他三人在顺治驾崩时都非皇亲国戚。

2

顺治帝为何不选自家兄弟亲王给儿子做辅政大臣呢？这是有原因的！

崇德八年（1643）八月初九日晚，皇太极暴卒，没有确定接班人。在最高权力突然出现真空的时机，皇室内部在皇位继承问题上，发生了激烈的冲突。像当初皇太极上位一样，又有三位最具争位实力：

一、皇太极嫡长子、和硕肃亲王豪格。他有其父拥有的强大的正黄、镶黄二旗作后盾，自己南征北战二十年，军功卓著，并统摄户部的财政大权，在王公大臣中享有威望。他该是皇太极精心培育的最理想的接班人。

二、和硕睿亲王多尔衮。他和同胞兄弟阿济格、多铎拥有正白、镶白二旗人马，他还是努尔哈赤末任大福晋阿巴亥所生的"嫡系"，得到了不少老臣的支持，势力相当强大。《清史列传·多尔衮传》记载他："又擅自诳称太宗文皇帝之即位，原系夺立，以挟制中外。"此次又是他的机会。

三、努尔哈赤的废太子、四大贝勒之首代善。他虽退居幕后数年，但拥有正红、镶红二旗，在八旗王公中资历最老、地位最高，又有一批封授王公的儿孙，势力还和他当初参与夺位战一样，是最强的。

议立新君，两黄旗欲立豪格，两白旗拥戴多尔衮。二人势均力敌。为了掌权，多尔衮向代善求援，提出一个折中办法（另一说法是济尔哈朗提出），改立皇太极第九子——六岁的福临，由济尔哈朗和多尔衮辅政。

济尔哈朗是努尔哈赤的侄儿、镶蓝旗主，一向为人谨慎，很得皇太极生前重用。他在继统的最大权力角逐上，不想卷入过深。表面上颇为软弱的济尔哈朗站到了豪格一边，但他又对豪格继位缺乏信心，担心日后被清算。他的"恭顺"，深深地影响了政治格局的走向。

福临冲龄嗣统，是为顺治帝。

济尔哈朗受封信义辅政叔王，但没过几年，因建造府邸逾制，被罢免了辅政职务。

多尔衮大权独揽，由辅政王改称摄政王，迅速打击豪格和代善，党同伐异，擅权自重。

朝政怎样处理，人事如何安排，都是多尔衮说了算！

多尔衮指婚，顺治不可以说不！

在多尔衮的眼里，顺治是他的儿皇帝！

做叔父摄政王、皇叔父摄政王不过瘾，多尔衮还想顺治自称儿皇帝。顺治不干，多尔衮索性做皇父摄政王。《清史稿·多尔衮传》说，顺治"五年十一月，南郊礼成，赦诏曰：'叔父摄政王治安天下，有大勋劳，宜加殊礼，以崇功德，尊为皇父摄政王。凡诏疏皆书之'"。

　　这份诏书很可能是多尔衮炮制的。顺治三年五月，他以皇帝印玺收贮皇宫，每次调兵遣将都要奏请钤印十分不便为由，遣人将印玺都搬到自家。是年起，多尔衮所用仪仗的种类与皇帝等同，均为二十种，只在具体数目上略少。第二年，多尔衮不再向顺治帝行礼，"以后凡行礼处，跪拜永远停止"。多尔衮做了皇父摄政王之后，"所用仪仗、音乐及卫从之人，俱僭拟至尊"。凡一切政务，多尔衮不再请示，专断独行，一律称诏下旨。

　　顺治七年八月，多尔衮追尊生母太祖妃乌拉那拉氏为孝烈恭敏献哲仁和赞天俪圣武皇后，祔享太庙。十二月初九，多尔衮因上月行猎跌伤，死于古北口外喀喇城。顺治率诸王大臣缟服东直门外五里，迎多尔衮遗体，下诏追尊为懋德修道广业定功安民立政诚敬义皇帝，庙号成宗，丧礼依帝礼。

　　这些事情，已逐渐明白事理的顺治帝，自然不情愿。民间还流行一首张煌言《建夷宫词》："上寿觞为合卺尊，慈宁宫里烂盈门。春官昨日新仪注，大礼恭逢太后婚。"说其母孝庄太后下嫁多尔衮，使顺治更加羞愧。

　　多尔衮死后不久，政敌纷纷站出来攻击。已乾纲独断的顺治帝，迅速作出反应，正式宣布多尔衮罪状，追夺一切官爵封典，毁墓平坟，接连处罚其党羽，使之势力顷刻瓦解。就连多尔衮从多铎家过继来的养子，也被勒令归宗。

　　无疑，多尔衮是顺治帝一生的痛！

3

　　顺治帝虽然摆脱了多尔衮的控制，真正亲政，但他不曾走出多尔衮留下的阴影。他给儿子玄烨选择的顾命大臣，大都是多尔衮的反对派和倒戈派。

　　索尼为正黄旗，苏克萨哈系正白旗，遏必隆、鳌拜皆镶黄旗，都属于上三旗臣，是帮助皇帝治理国家的中坚力量。辅臣人选必然出自上三旗，"有军国重事，在禁中与满洲学士、尚书等杂议"。同时，他们都是典掌侍卫亲军的内大臣。

　　《清史稿·索尼传》记载："太宗崩后五日，睿亲王多尔衮诣三官庙，召索尼议册立。索尼曰：'先帝有皇子在，必立其一。他非所知也。'"两黄旗大臣在大清门盟誓，令巴牙喇兵张弓搭箭，围绕宫殿站立。索尼首先提出立皇子为帝。福临继位。索尼等六人在三官庙盟誓，发誓忠心辅佐幼主，六人一体。索尼虽得到过多尔衮的奖赏，但"终不附睿亲王，于政事多以理争，王由是恶之"，被多尔衮夺官抄家。

　　鳌拜是皇太极生前统领的镶黄旗护军统领，在豪格与多尔衮的皇位争夺战中，他与索尼等八人会集于豪格府邸，"共立盟誓，愿死生一处"，谋立肃亲王豪格为帝，以武力威胁多尔衮不得觊觎帝位。多尔衮摄政后，首先打击豪格及其拥护者。鳌拜因是豪格的坚定拥护者，又不顺从多尔衮，结果遭到残酷打击。

　　顺治亲政后，闻知索尼、鳌拜等曾盟誓"一心为主，生死与共"，忠心耿耿，遂极为敬重。

　　顺治特召索尼回来，恢复前职，累进世袭一等伯，提拔为内大臣，兼议政大臣，总管内务府，成为首席大臣。索尼在任期间，严明法度，力求赏罚分明。

　　鳌拜随侍顺治，参与管理国家事务，如商讨本章批复程序、联络蒙古科尔沁部、协调太后与皇帝之间的关系、祭奠过世王公妃嫔、协助会审案狱，并倡议"大阅以讲武"，自教武进士骑射……顺治十三年，鳌拜旧伤复发，卧床不起，顺治亲临鳌府慰问。

　　苏克萨哈原为多尔衮近侍，正白旗骨干之臣，被多尔衮荐为议政大臣。多尔衮死后，未出三个月，苏克萨哈与詹岱、穆济伦首讦多尔衮私备"八补黄袍、大东珠、素珠、黑狐褂"，"阴谋篡逆"。《清史稿·苏克萨哈传》记载："苏克萨哈隶睿亲王多尔衮属下，王薨，苏克萨哈与王府护卫詹岱等讦王谋移驻永平诸逆状，及殡敛服色违制，王坐是追黜。是年，擢巴牙喇纛章京。"巴牙喇纛章京，即皇帝护卫营长官。而后，苏克萨哈率兵征战孙可望等，"六战皆捷"，"叙功，晋二等精奇尼哈番，擢领侍卫内大臣，加太子太保"。

遏必隆与多尔衮是否有交集，史书未载。但顺治五年，遏必隆侄儿、侍卫科普索诬告其与白旗诸王有隙，设兵护门，被夺去世职及佐领，此时为多尔衮执政，此事为多尔衮拍板。世祖亲政，科普索旋获罪，遏必隆打赢了官司，复职，以所袭图尔格二等公爵令遏必隆并袭为一等公。遏必隆被授议政大臣，擢领侍卫内大臣，累加少傅兼太子太傅。

《清史稿》评价："四辅臣当国时，改世祖之政，必举太祖、太宗以为辞。然世祖罢明季三饷，四辅臣时复征练饷，并令并入地丁考成。此非太祖、太宗旧制然也，则又将何辞？索尼忠于事主，始终一节，锡以美谥，诚无愧焉。苏克萨哈见忌同列，遂致覆宗。遏必隆党比求全，几及于祸。鳌拜多戮无辜，功不掩罪。圣祖不加诛殛，亦云幸矣。"

后来，鳌拜与康熙较量，曾居上风，但四辅臣相互制衡，使康熙借力打力，很快成为最后的胜利者。

4

至于顺治帝的遗诏，有人认为是孝庄太后以其遗诏的名义，宣布索尼、苏克萨哈、遏必隆、鳌拜辅佐幼主。福临病逝前一日，召原任学士麻勒吉、学士王熙至养心殿，降旨自责，立皇太子，定四大臣辅政，草拟遗诏，命麻勒吉和侍卫贾卜嘉"拜诏奏知太后"，宣示王贝勒大臣。所以说，这份遗诏，有孝庄授意、四辅臣炮制的可能。

但不管如何说，都能看出四大臣辅政未必不是顺治帝的心思，他就是要杜绝多尔衮及多尔衮式亲王擅权的政治影响。

非亲王的重臣辅政，少了叔伯亲王旗主的所谓议政和实力制衡。即便他们中间有人越权擅政，他们之间也会相互牵制，而且掌管着八旗的亲王群体也在后台制约。

尼堪拼死一战保住
大将军王荣耀

1

太祖长子褚英本是既定接班人，但在权力争夺战中，被太祖幽禁两年后处死。褚英死后第二年，太祖建国称汗。

清政权有一点较之前朝，要开明得多。褚英被处死后，其子女仍然得到了太祖和后世之君的善待，如其长子杜度接掌镶白旗；次子国欢深得太祖喜爱，因早殇而未封爵；女儿嫁给了蒙古第一任达尔汉亲王满珠习礼；最为显耀的当是第三子尼堪。

褚英死时，尼堪还只有四五岁。太祖及太宗并未因褚英之故，而牵连加罪尼堪，反是给了他不少锻炼、建功受赏的机会。

天命年间，少年尼堪曾随军征讨多罗特、董夔诸部。天聪到崇德年间，尼堪随多铎进攻宁远、锦州，追逃朝鲜军至南汉山城。几次战役，尼堪都立有战功，封固山贝子，至顺治元年（1644）十月进多罗贝勒。

虽然尼堪在太宗一朝，只在宗室爵位中居第四等，但他在崇德二年（1637）四月，获准参与议政。这为他在顺治朝多次奉命主持六部事务打下了坚实的基础。

2

顺治初年，多尔衮摄政，他依然给了侄儿更多的锻炼机会。多尔衮入关时，尼堪从征，参与击败李自成的大顺军。此后，尼堪又分别随多尔衮重用的胞兄阿济格、胞弟多铎出征，追击大顺军，平定河南。多铎攻克南明南京，擒获福王朱由崧，尼堪也立了汗马功劳。

功成不必在尼堪，但建功必须有尼堪。就是豪格西征，尼堪也随从。豪格被多尔衮处死，尼堪反而晋升多罗郡王，加号敬谨。不久，多尔衮命尼堪为定西大将军，征讨大同叛将姜瓖。

围困姜瓖日久，摄政睿亲王亲率诸王攻打，尼堪有功，承制晋升亲王。只是这个亲王爵，被多尔衮打了折扣。《清史稿·硕塞传》记载："会姜瓖叛，硕塞移师解代州围，进亲王。谕曰：'博洛、尼堪、硕塞皆不当在贵宠之列。兹以太祖孙故，加锡王爵。其班次、俸禄不得与和硕亲王等。'"但与硕塞比较，尼堪还算幸运，毕竟尼堪是太祖之孙、世祖堂兄，而硕塞为太宗之子、世祖亲兄，却被摄政睿亲王等同视之。

多尔衮对尼堪的封爵，虽遵循祖制，但他是非常信任尼堪的，顺治七年正月，命尼堪主持六部事务。是年底，多尔衮病逝，顺治帝下诏，敬谨亲王尼堪与巽亲王满达海、端重亲王博洛统管六部。

久被多尔衮压制、排挤的辅政叔王、郑亲王济尔哈朗再度出山，拉拢尼堪、满达海和博洛，搜罗多尔衮的十四宗大罪，将其摄政睿亲王兼成宗义皇帝的殊荣扫成一地鸡毛，弄了一个开棺扬灰。如此疯狂事例，尼堪并非主导，只是遂了顺治帝的政治需要罢了。然而，时过一月，被幽禁的英亲王阿济格私藏兵器，越狱未遂，尼堪心痛亲叔父和老上司，知情未报，被降为郡王。但顺治帝还是在命诸王理政六部时，让尼堪掌管礼部，不久复亲王，后来还掌宗人府事务。至其死后，顺治帝才安排亲兄硕塞接掌宗人府。

3

让尼堪、满达海和博洛绝对想不到的是，顺治十六年，他们曾经鼎力辅佐的堂弟世祖，在驾崩前一年对他们也来了一次清算。

追论已死七年的满达海在奏削多尔衮封爵后夺去其财物，并在掌管吏部时因惧怕吏部尚书谭泰骄纵，未有论劾谭泰。最终，满达海被削谥号，仆碑，降爵为贝勒。其袭亲王爵之子常阿岱，也因父罪而被降爵为贝勒。

追论已死七年的博洛分多尔衮遗财，以及谭泰逞私揽权而博洛不力阻两事，夺去其爵位及谥号。其袭亲王爵的儿子齐克新，亦被降为贝勒。

尼堪也因"分取睿亲王所遗财物，掌礼部时不参劾尚书谭泰罪，削爵，诏王以宗室阵亡，仍留王爵"（《清史列传·尼堪传》）。顺治帝对其袭亲王爵的儿子，并未降级："康熙六年二月，谕宗人府曰：'尼堪以亲王阵亡，殊属可悯！世祖章皇帝复尝矜念，仍留所袭之爵，又无不准承袭之旨。'"

尼堪们死后遭顺治帝惩罚，根源是贪欲的膨胀，以及其同顺治政敌多尔衮集团有瓜葛，故而未改秋后被算账的命运。但是，尼堪较之于满达海、博洛，却显得幸运，因为他死于战场。

顺治九年，南明桂王朱由榔阵营大将孙可望、李定国，分兵进攻湖南、贵州。敬谨亲王尼堪被任命为定远大将军，率大军前去征讨。出师前，顺治帝赐御服、佩刀、鞍马等，亲送至南苑。之后，李定国率军进入桂林，击毙了定南王孔有德，朝廷谕旨尼堪直接率军入桂剿灭李定国军队。

顺治九年十一月，尼堪大军到达湘潭，南明大将马进忠等隐蔽起来。清军向衡州进发，噶布什贤大军在衡山县攻打明军，击败了明军一千八百人。尼堪率领大军在夜里行进，日夜兼程到达衡州。第二天，大军还未来得及布阵，明军四万余人骤然出现，尼堪指挥军队进攻，大破明军，向北追击二十余里，俘获大象四头、战马八百多匹。

此战之后，南明军在林内设置伏兵，清军行进途中伏兵突然杀出，大军想要撤退，尼堪对他们说："我军击贼无退者。我为宗室，退，何面目归乎？"（《清史稿·尼堪传》）面对强劲的伏兵，尼堪率军奋勇直入，无法突围。尼堪指挥诸将冲杀，不幸陷入泥淖，箭都射尽，他拔出战刀与敌冲杀，力竭战死。

顺治十年十月，报丧的队伍回朝，顺治帝辍朝三日，命亲王以下官员到郊外迎接，并赐谥号"庄"。此战，从征诸将领都因损兵折将被论罪。尼堪的第二子尼思哈承袭了和硕敬谨亲王爵位。

尼堪沙场战殁，年四十三岁。也因此战，顺治帝后来对他贪财和牵扯多尔衮事发未加严惩。

当初，努尔哈赤与舒尔哈齐兄弟靠十三副铠甲起兵，从偏隅辽东建州一部落杀出重围，之后靠的就是太祖兄弟子孙英勇奋杀，才有了满洲开国，入主中原。他们之中，多有少年英雄，这在中国王朝开国史上无疑是一个奇迹。较之前朝，明太祖朱元璋世系、唐高祖李渊世系，虽有子侄开疆拓土建功立业，但能出大力者寥寥可数，立功的貌似只有唐之李建成、李世民，明之朱棣，孙辈更是凤毛麟角，完全不像满洲这般，皇家子孙集群式英雄辈出，皆以军功晋级获赏，在既定的"贵宠之列"中破格显耀。只可惜，权力的急剧膨胀，贪念的病毒反应，在能力凸显时侵蚀他们的灵魂和事业，直至最后葬送了他们打硬仗、拼死战所得来的王朝和江山。

顺治差点与逃亡的南明
画地而治

1

正朔，依循中国古代的天命理论和大一统思想，即王朝正统之意。

大清王朝入主中原，立国数十年后，君临天下的皇帝们还在担忧自己作为少数民族成为统治者，不被占绝大多数的汉族人承认，还多次强调自己的王朝统治具有合法性与唯一性。

康熙帝在康熙五十六年（1717）十一月颁示天下的《面谕》中强调："自古得天下之正莫如我朝。"（《清圣祖实录》卷二百七十五，康熙五十六年十一月辛未）

康熙在长篇累牍的《面谕》中，傲视前朝，叙说本朝，自摆承继祖宗洪业，开疆拓土，朝惕夕励，但纲领全文的，还是高唱他为之骄傲的大清得天下最正。

继立的雍正，虽然在入承大统的问题上饱受争议，但他在自辩书《大义觉迷录》中郑重指出："本朝之得天下，较之成汤之放桀、周武之伐纣，更为名正而言顺。"

乾隆为《世祖章皇帝实录》题序，也是说："自古得天下之正，未之有比也。"世祖顺治皇帝英年早逝，虽然被保守的四辅臣在所谓《世祖遗诏》中，将其施政方略及个人品行否定得一无是处，以其十四宗罪昭告天下。以孝庄为首的满洲权贵集团一致性地贬低顺治作为，近乎火山爆发般集体攻击顺治帝的崇汉抑满，试图解决满洲内部的权力威胁，如孟森在《世祖出家事实考》中所言"当时汉族新服，满族方张，柄国者所惮在满而不在汉"。而在事实上，顺治执政，仍在坚持首推满洲的既定国策。

康熙七年正月庚戌日，康熙皇帝在孝庄太后的支持下，建孝陵神功圣德碑，充分肯定顺治帝"数年之内，以次扫荡，遂成大一统之业"，"祗奉太祖、太宗成法，治具必张"，"视满汉如一体，遇文武无重轻"。(《清圣祖实录》卷二十五) 重新为顺治定位，大力褒扬圣德，间接地谴责了四辅臣独崇满洲、贬抑汉臣等异见，颠覆了七年前严斥顺治崇汉抑满的做法。

他们之所以如此重视得天下之正统，显得极不自信，其实是害怕反清复明、仇清排满的民间，仍然视早已寿终正寝的朱明王朝为王朝正朔。

而早在顺治元年 (1644)，崇祯帝在煤山找了一棵歪脖子树上吊时，就已改朝换代了。进城的李自成，没有宏观思想，不能及时调整追赃助饷的财赋策略和防患清军的军事部署，很快从紫禁城中仓皇西顾，造成了大顺政权的天命短暂，自我放弃了远大前程。

在甲申巨变中，势力最弱的清王朝，却因为实际统治者、摄政睿亲王多尔衮及时调整策略，先是在入关前寻求联闯攻明，继而打出为明朝复君父仇的旗号，迫使偏安江南的前明官员士大夫接受他的联明攻闯计划，最终有所成就。

鼓瑟胶柱，只有死路。

借力打力，自成活法。

传国四十年的南明，却在清军的利用、追亡中，无缘于封建正统。

2

有人问，南明为何没被列入正式的朝代？

1644 年，李自成率军攻占北京，明朝崇祯帝朱由检在煤山自缢，宣示朱明王朝的终结。随后，清军入主中原，问鼎京师，明朝部分遗老大臣和江南藩镇势力拥立福王朱由崧监国于南京，随后即皇帝位，改元弘光。

南明小朝廷开始了。

弘光政权的班底，主要是崇祯帝安排在南京陪都的内阁成员，以及他生前正式任命的江南疆臣。如操纵弘光帝如傀儡的马士英，就是崇祯帝钦定的凤阳总督。马士英联合崇祯安排在江南四镇的刘泽清、刘良佐、高杰、黄得功军力，以及开国军师刘伯温的后代诚意伯刘孔昭，挫败了以南京兵部尚书史可法为首的拥立潞王朱常淓的计划，迫使他们接受有严重人格缺陷的朱由崧成为南明开国之主。

朱由崧在位仅八个月就被南进的清军俘获。马士英逃走，朱由崧被处死。

南明先后经历了弘光政权（朱由崧）、鲁王监国（朱以海）、隆武政权（朱聿键）、绍武政权（朱聿鐭）、永历政权（朱由榔）和仍奉大明正朔但改为郑成功父子执政的明郑时期。

自 1644 年始，至 1662 年永历帝父子在昆明被吴三桂处死，明统治结束，再至公元 1683 年清军占领台湾，明朔终止，南明政权断断续续存在了近四十年。但是，它顶多算是一个割据的流亡政权，而不能算作中华帝制史上正式的朝代。这是因为：

一、他们虽然秉持着反清的主题思想，但随着清军的快速南下，很快分崩离析，就连初定的都城也不断变换（每个政权都有两个都城）。

二、这些政权的皇帝、监国等，虽然基本上是明朝宗室或与之有着千丝万缕的联系，但始终不是一脉相承的。谁有势力，或得到了明朝遗老、豪强的支持，谁就被拥立为帝，甚至皇帝只是豪强操纵的傀儡，只是作为反清名义上的领袖人物。

三、弘光之后，经常是两个不同的政权并存，只争正统，不能团结，甚至大动干戈，互相攻伐，如鲁王和隆武同在，绍武与永历纷争 [鲁王监国延续到永历七年（1653）]，郑氏政权自立也尊封宁靖王朱术桂作为永历正朔的象征。

他们争权夺利，打着反清复明的旗帜玩着过家家的政治游戏。

四、这些短暂的政权，除了朱以海在永历七年取消监国后病逝，其他所谓的皇帝都是被清军俘虏后遇害的。

这些政权，基本上是分离的，只因是朱明宗室，而被拼凑为南明政权。

3

李自成的大顺军余部和张献忠的大西军余部，先后迫于清军的严厉打击，被迫改投到南明抗清的大旗下。

但是，他们打出的旗号，是联明抗清，而不是投明抗清。

南明君臣瞧不起这些数量巨大的乌合之众。而这些农民义军的将领，虽然接受了隆武、永历朝廷的封爵和官职，却始终保持着自己的相对独立性。

大顺军营中，将士们称李自成的遗孀高夫人为太后，具疏称的先帝，是李闯王，而非崇祯帝。

大西军余部还在孙可望的组织下修撰大西国史，追尊张献忠为太祖高皇帝，作高祖本纪，将南明尊崇的崇祯帝比作桀纣。

他们只是扶明，而不是投明。

他们只是反清，但不是复明。

南明皇帝，只是联明抗清的共主，而不是义军绝对臣服的皇帝。这也说明了南明内部的正统性存在着各种混乱。

永历二年（顺治五年），曾受尽农民军将领郝永忠手下军官侮辱的永历重臣瞿式耜（时为文渊阁大学士兼吏、兵两部尚书），在一封家书中谈到大顺军余部时说："以天子之尊而不敢一触其凶威，胁之东则东，胁之西则西。彼时以甲申燕京之事横在胸中，目中且无共主，又何有于大僚。"（瞿式耜《瞿忠宣公集》卷九《家书·戊子又三年廿九日书》）

南明君臣明知，却只能压制怒火，因为他们需要倚仗义军作为抗清的主力。

永历六年，隶属大西军阵营的李定国，先在广西桂林迫使定南王孔有德自杀，继而在湖南衡州阵斩敬谨亲王尼堪，以两蹶名王的辉煌战绩，弄得清朝的顺治帝意欲画地而治。

但是，此时的永历帝主动把军政大权悉数交予李定国。因为此前的孙可望无视自己的存在，就连孙可望的心腹范应旭做了安龙知府，造册登记皇室开支时，也提笔直书："皇帝一员，后妃几口，月支银米若干。"（罗谦《残明纪事》）

偏安的皇帝毫无尊严，那逃亡的政权也遑论正朔了。

勒克德浑早逝，
却以功业换铁帽子

1

清史研究奠基者之一的萧一山在《清代通史》中，将顺承郡王勒克德浑作为太祖曾孙的代表人物，与祖、父辈豫亲王多铎、肃亲王豪格、英亲王阿济格、郑亲王济尔哈朗、敬谨亲王尼堪、端重亲王博洛，一同赞赏为帮助"福临以冲龄践祚，奠定中原，征服华夏"的"开国之大人物"，"勤劳佐命"，"殊勋茂绩"（《清代通史》卷上第三篇《一统期之政略与三藩之乱·开国之勋臣》）。

勒克德浑为礼亲王代善第三子萨哈廉的次子，生于天命四年（1619）。萨哈廉力挺皇太极继位，是太宗统治前期的主要帮手，可惜英才命薄，于崇德元年（1636）五月病逝，年仅三十三岁。当时，勒克德浑还是一个十六岁的少年。

勒克德浑少年丧父，虽在太宗朝没有事迹见诸史料，但有一点可以想到，太宗爱屋及乌，该对这个侄孙有所照顾。太宗叙功封赏兄弟子侄，拟封萨哈廉为多罗郡王，因爱侄的突然而死破格晋爵和硕颖亲王。萨哈廉有三子，长子阿达礼袭爵，为多罗郡王，崇德八年因与二叔硕托谋立睿亲王多尔衮为帝，被祖父代善大义灭亲。

大哥阿达礼被"谴死"，勒克德浑受牵连，被罢黜宗室，沦为堂叔肃亲王豪格所属正蓝旗的庶民。一个王子一夜之间成为庶民，还是自己那身为和硕亲王的祖父督办的。可想而知，年轻的勒克德浑身心上受到了怎样的折磨。

当然，这也说明，清朝皇家的内斗何其惨烈，只有权力之争而无亲情可言，一点也没有念及其父萨哈廉为大清的创建和壮大付出了年轻的生命。

2

或许是勒克德浑被判给豪格做奴才一事，无意间让摄政睿亲王愿意出手，于是解放勒克德浑，以期得到礼亲王世系的支持和谅解。

《清史列传·勒克德浑传》记载："顺治元年十一月，上念勒克德浑年幼，未与谋，命复入宗室，封多罗贝勒。"顺治帝还只是七岁的娃娃，权柄主要抓在多尔衮手上。将一个被开除宗籍的庶民复入宗室，且直接封为多罗贝勒，没有摄政睿亲王的授意与领衔上奏，诏书是无法用玺的。所谓勒克德浑年幼，其实他要年长顺治帝十九岁。这只能说是多尔衮的用意，而借了皇帝的名义。

第二年七月，刚被解放不久的勒克德浑，受命出任平南大将军，代替豫亲王多铎驻守江宁（南京），分兵剿抚两浙。而在上月，定国大将军多铎不但将南明弘光帝父子羁押送京斩首，而且遣贝勒博洛等进攻杭州，大败南明大学士马士英，迫降潞王朱常淓、淮王朱常清，完全控制了江浙。

多铎承制改南京为江南省，重新授封官员，建立了一套完善的官僚体系，并以南京为中心，各重镇要道派驻八旗重兵，雄视赣、闽、湘、粤、桂等省。多铎正准备继续南下，扫荡各地的抗清武装和明朝残余，而多尔衮临时以勒克德浑代多铎，似乎为免多铎坐大，而给了勒克德浑拼军功的一个最高平台。

不难看出，多尔衮是在拉拢勒克德浑，甚至是礼亲王家族，同时算是回报为自己争取帝位而赴死的阿达礼。勒克德浑不负使命，首战就遣左翼副都统珠玛喇大败马士英于余杭，右翼副都统和托击溃总兵方国安于富阳。勒克德浑两路大军在杭州城三十里外合营，一鼓作气，锐不可当，再次大败南明军。马士英与方国安率兵偷袭杭州，被副都统济席哈等追击，溺死者不计其数。

南明鲁王朱以海沿江在钱塘江以南构筑了一道坚固的防线。因"拥兵迎福王于江上"有功升任东阁大学士兼兵部尚书，成为南明弘光王朝首辅的马士英，在弘光朝覆灭后，被南明唐、鲁两王势力拒之门外，盘桓于浙江一带，多次参与反清战役，兵败后遁入空门躲避清廷缉拿，后因叛徒出卖被抓获，最终不屈就义。

顾诚《南明史》记载："马士英在唐、鲁两政权中几乎成了过街老鼠，他并没有因此就转投清方，而是尽力以抗清的实际行动改变自己过去的不佳形象。清方档案证明，马士英曾经多次参加渡钱塘江攻余杭、富阳以及会攻杭州之役。1646 年 6 月浙东兵败，马士英逃入四明山削发为僧，被俘就义，实属难能可贵。"

马士英是否真投降了清朝还是被误会，有不少争论，如清朝官方将他列于奸臣传中，而未将他视作贰臣等等，都不是此文所述重点。但他的存在，确是勒克德浑征战路上的一头拦路虎，否则，成书于乾隆初年的《明史》也不会给他一个近乎泄愤式的评价："为人贪鄙无远略，复引用大铖，日事报复，招权罔利，以迄于亡。"

老儒生治军，自然不是少壮派的对手。勒克德浑在江浙战场上势如破竹。清军在湖广战场上，遇到了南明唐王朱聿键的湖广总督何腾蛟招降的李自成余部多员大将，"分据诸府县"（《清史稿·勒克德浑传》），多尔衮急调勒克德浑偕镇国将军巩阿岱移军西征。

勒克德浑虽然年轻，但作战果决，先派护军统领博尔辉进击临湘、岳州，又是一轮过关斩将，连败联手的南明军和大顺军，迫使李自成的弟弟李孜及田见秀、张耐、李佑、吴汝义等大将带着残部五千余人，前往勒克德浑阵前投降。

江浙战场，勒克德浑主要是扫尾，而在湖广战场，他却充分展现出了一代名将的军事才干。在三年多的时间里，他基本上瓦解了南明鲁、唐两王的军事实力，并清洗了大顺军势力还算不小的余部。顺治五年（1648）九月，勒克德浑被晋封为顺承郡王。不久，他同堂叔公、郑亲王济尔哈朗挥师南下，在湘潭俘杀了南明名将何腾蛟。

3

　　顺治七年正月，勒克德浑班师回京，五月起参与议政王大臣会议。顺治八年三月，亲政的顺治帝任勒克德浑掌刑部事务。第二年三月，勒克德浑病逝，时年三十四岁，与其父享寿相仿。其第四子勒尔锦袭爵顺承郡王，康熙十一年（1672）掌宗人府事，第二年十二月任宁远靖寇大将军，进攻造反的吴三桂。

　　史载勒克德浑仅因受阿达礼谋立案牵连被除宗籍，而无其他过失。虽然多尔衮在短期内将他由庶民封爵贝勒，又拜他为大将军，代替大将军王多铎，但也不能不说勒克德浑实在有超人之处，否则难以服众。事实证明，勒克德浑年轻有为，治军有方，摄政睿亲王代顺治帝为之晋爵郡王，且封号"顺承"。

　　难道勒克德浑对多尔衮摄政，多有顺承之意吗？或说多尔衮期待勒克德浑顺承，而此人却揣着明白装糊涂，真正顺承的对象是顺治帝？顺治帝亲政，让这位年长自己近二十岁的堂侄，作为主管全国刑狱诉讼的中央最高长官。此时，正是顺治帝与济尔哈朗等清洗多尔衮党羽的高潮期，而勒克德浑并没有受到任何冲击，辞世之后也没有像理政三王满达海、尼堪和博洛那样，陷身于所谓党附多尔衮或包庇多尔衮党羽的罪责，而被追责或革爵夺谥。

　　多尔衮炙手可热时，对他盛意示好，而勒克德浑深受朝廷重任，既不谄事也不依附。当多尔衮遭身后荣辱巨变，落水之时，勒克德浑也没有像理政三王那样，跟着疯狂复仇的济尔哈朗追击痛打，对已死的亲人尽显寡情，甚至扩大化为肃清政敌。正因如此，顺治帝才有深意地将裁决天下刑案的大权付予之。当然，勒克德浑自觉地远离权斗是非，才得以被多尔衮和顺治帝连续重用。勒克德浑自知唯有持一颗公正之心，追随皇帝，忠诚朝廷而不挟私，方能避免触犯自负的顺治帝与报复心强的郑亲王的共同忌讳。这是激烈竞争的权力场上的一种聪明和智慧。

可以说，勒克德浑出任大将军，主要靠的是能力，人尽其才而能服众，睿王虽提议而其有战功做证。其晋升郡王，可以视作对其父萨哈廉王爵袭任的延续，而非多尔衮的还人情或搞拉拢所致。萨哈廉病逝前，勒克德浑已深得其言传身教，自然感受了乃父对太宗的忠诚和追随。

勒克德浑身后，子孙世袭王位。乾隆四十三年（1778），高宗为多尔衮平反，恢复其睿亲王爵位，并将其原嗣子多尔博世系承继，同时正式明确宗室爵位的世袭罔替，故而有了清初八大宗室王爵世袭罔替之制，即俗称的"八大铁帽子王"。吴振棫《养吉斋丛录》卷一记载："宗室封爵，自亲王、郡王、贝勒、贝子以下，凡十四等，以世递降。此下则为闲散宗室，用四品顶戴。惟礼亲王、睿亲王、肃亲王、郑亲王、庄亲王、豫亲王、顺承郡王、克勤郡王，皆国初有大勋劳者，世袭不降封。京师俗谚谓之'铁帽子王'（原文注：或获罪革爵，仍以旁支袭封）。"八王首任者，为礼亲王代善、睿亲王多尔衮、肃亲王豪格、郑亲王济尔哈朗、庄亲王硕塞、豫亲王多铎、顺承郡王勒克德浑、克勤郡王岳托。

代善、多尔衮、豪格、济尔哈朗、多铎与岳托，皆为太祖、太宗两朝的旗主贝勒亲王，以定鼎军功获封。硕塞为太宗之子、世祖之兄，因军功封亲王。勒克德浑作为太祖曾孙辈唯一代表，甚至还名列大伯岳托之前，说明：一、乾隆顾念其父萨哈廉力挺太宗即位而传之后世的至伟功勋；二、勒克德浑效忠顺治帝且建有不朽功业；三、勒克德浑身后顺承郡王爵位一直世袭罔替不曾爵除。否则，已到晚年深谙帝王平衡术的乾隆帝，断然不会在代善世系已有二人入选后，再将一个距自己已在五服之外的族伯公，弄进需朝廷世代花大价钱恩养且须尊崇的亲贵体系中。同时也可以看出，勒克德浑虽英年早逝，但他无疑是皇帝世系以外，太祖曾孙中功业最杰出的一个。按辈分，勒克德浑是千古一帝康熙的族兄。

皇孙拼军功，
位高权重误子孙

1

在《清史列传·宗室王公传二》中，有两人是父子关系，即太祖第七子阿巴泰与阿巴泰第三子博洛。他们没做过大将军王，但都以贝勒授大将军，因功而封王。有趣的是，博洛被安排名列阿巴泰之前，且博洛的爵位并非从其父阿巴泰那里袭来的。

阿巴泰在顺治元年（1644）叙功晋封多罗饶余郡王，生子五人，有爵位者四人，两年后正常病逝，爵位被第四子岳乐袭封，传之其后。至康熙元年（1662），岳乐晋和硕郡王，也使阿巴泰享受了"赠如其爵"的死后被优待的"反哺"。

满人是一个世袭军事特权阶层（"旗人"），但他们的世袭是有原则的，只传其一。即便袭封，也要论功大小，才能保证爵位持久。而没有袭爵者，却可以叙功，创造另一个爵位世系。宗室王公也不例外。

博洛年长岳乐十二岁，齿序在前，而没袭爵于其父，是有原因的。顺治四年，博洛因功进封多罗端重郡王。顺治六年，博洛随摄政睿亲王兵围大同、平叛姜瓖有功，以顺治帝的名义被晋级亲王。岳乐袭郡王爵，在顺治八年改号为安郡王。

岳乐袭爵，是否得益于嫡庶之分上的嫡子优势，笔者未见清朝宗室玉牒而不妄加猜测。但博洛以军功一路晋封，也算是凭本事获殊荣。

阿巴泰为太祖庶妃所生。受出身影响，他在太祖、太宗两朝三十余年屡建军功，而始终不被封王爵。博洛被封为亲王时，多尔衮还强调其"不当在贵宠之列。兹以太祖孙故，加锡王爵。其班次、俸禄不得与和硕亲王等"。博洛进封，一是叙功，二是承制，其亲叔给予有嫡庶之分的破格优赏、降格待遇，或在强调博洛是太祖庶子之子，也或在强调他不是七哥阿巴泰的嫡子。

2

博洛不靠出身加封王爵，他对于清朝开国、入主中原、统一国家，是立有汗马功劳的。

萧一山《清代通史》说："福临以冲龄践祚，奠定中原，征服华夏，其所以能成大业者，皆群臣襄赞之力也。当时宗室懿亲，僇力行间，栉风沐雨，勤劳佐命者：如豫亲王多铎、肃亲王豪格、英亲王阿济格、郑亲王济尔哈朗、敬谨亲王尼堪、端重亲王博洛、顺承郡王勒克德浑等，其殊勋茂绩，诚可为开国之大人物。"（《清代通史》卷上第三篇《一统期之政略与三藩之乱·开国之勋臣》）萧氏论功，博洛与著名的多铎、豪格等被放在同等位置。

《清史稿》和《清史列传》对博洛人生首战的记载，为天聪九年（1635）跟从太宗征伐关外明军，立有军功。崇德元年（1636），太宗对兄弟子侄叙功封爵，博洛封固山贝子，第二年让他参与议政，第三年授为正式组建的理藩院承政。初建的理藩院，虽还隶属礼部，但是职事蒙古事务的最高权力机关，博洛为最高长官。

明将祖大寿偷袭清军，巴牙喇纛章京（护军统领）哈宁阿等与之相持，博洛突前奋勇追击，迫使祖大寿引军退走。祖大寿曾因宁远大捷有功进封前锋总兵官，却不堪博洛一击，足见二十六岁的博洛已成一员虎将。

崇德六年，洪承畴以十三万人救援锦州，博洛偕阿济格攻击援军，追至塔山，取获笔架山之军粮；又同贝勒罗洛浑等设伏阿尔斋堡，击败明将王朴、吴三桂。

顺治元年，博洛从八旗大军入关，破李自成军队，进封贝勒。跟随多铎征战河南,大破大顺军于潼关,攻下西安。不久,博洛与多铎分兵,连续攻克常州、苏州、杭州,迫使明潞王朱常淓以杭州降、淮王朱常清从绍兴来降,其后又攻克嘉兴,徇吴江,大破明将吴易军队,攻下江阴。

清代大将军是战时军事统帅,自崇德三年八月太宗授多尔衮为奉命大将军起,至咸丰三年(1853)任惠亲王绵愉为奉命大将军,二百一十五年间共有五十四人、六十一次出任或署理大将军。清初多以王公贝勒为大将军,爵显权重。阿巴泰、博洛父子都掌过大将军印,算是一个特例。顺治三年,博洛被命为征南大将军,率师驻守杭州,领兵南下,进攻浙江、福建。

博洛代替原平南大将军贝勒勒克德浑指挥东南军务,通过降清大学士洪承畴与郑芝龙的同乡之谊,承诺给予三省王爵,利诱南明统帅郑芝龙。郑不顾儿子郑成功的反对,决意北上投降。不料,博洛背约,不但将郑芝龙与随行的诸子一同挟往北京,同时出兵攻打郑家故乡闽南南安。顺治四年,博洛率大军班师,被晋封为端重郡王。

3

顺治七年二月,摄政睿亲王命博洛偕同满达海、尼堪同理六部事。半年后,多尔衮派遣礼部尚书阿哈尼堪迎接朝鲜王弟,阿哈尼堪请示博洛、满达海和尼堪,让章京恩国泰代己前去,博洛等三人隐瞒,事发,被降为郡王。十二月,多尔衮出猎古北口外,跌伤病故,顺治帝亲政,第一道旨意是命博洛同满达海、尼堪料理朝政。第二年正月,博洛进封为和硕端重亲王。

多尔衮原只给亲侄普通亲王爵位,还说他"不当在贵宠之列",在待遇和位次上设了限制。而顺治帝一掌权,就让堂兄真正享受了所谓铁帽子王的待遇,让他名列皇帝之下的理政三王。

博洛受宠若惊,欣然接受堂叔郑亲王济尔哈朗的拉拢,与满达海、尼堪一道,给亲叔摄政王多尔衮炮制了能削爵、除籍和毁尸的十四宗大罪。

没过三个月，博洛因知英亲王阿济格私藏军刀事未报而被降为郡王，但是顺治仍命他掌管财政大权，复封亲王。正是位高权重时，博洛病逝，朝廷予以谥号"定"。其第八子齐克新袭封和硕端重亲王，第四子塔尔纳被封为多罗郡王。

顺治十六年，朝廷追论博洛同满达海、尼堪抄没摄政睿亲王府时分取多尔衮遗财，以及博洛掌户部时对吏部尚书谭泰逞私揽权而不力阻两事。博洛被夺去爵位及谥号。塔尔纳也被削爵。齐克新亦被降为贝勒，一年多后病逝。

博洛生前，先后被多尔衮与顺治帝委以主持朝政的重任，已然是能力超群而位高、权重、爵显，却放任原来党附多尔衮的谭泰擅权坐大，无疑是得了一些好处，如此便罔顾自家堂弟皇帝的威权，致使对他寄予厚望和付予重任的顺治帝大为失望，才近乎寡情地对已逝七年的堂兄给予严惩。

至于博洛、满达海与尼堪都借抄亲叔家妄生贪念、中饱私囊，也是犯了顺治帝的忌讳。想当初，博洛三人协助济尔哈朗罗列的多尔衮罪状中，也有一条"将官兵户口财产等项，既与皇上，旋复收回，以自厚其力"（《多尔衮母子撤出庙享诏》）。康熙初期为了不凸显顺治计较小利，而在修撰的《清世祖实录》中改作"且将官兵户口财产等项，不行归公，俱以肥己"。

博洛的和硕亲王爵位，本是世袭罔替，但因齐克新幼殇爵除，前后延续不到十年。齐克新为博洛第八子，也就是说博洛至少有八子，为何除塔尔纳、齐克新有简短的记叙外，其他诸子都不见史料呢？难道都因坐博洛罪，而死于非命？未见史料，笔者不好妄加猜测，不过可以说明的是，铁帽子并不铁，这是权斗时代不争的事实。

顺治背叛祖制了吗？
其实还是继承

1

顺治十八年（1661）正月初七日，年仅二十四岁的顺治帝在紫禁城养心殿驾崩。

这无疑是英年早逝。短命的顺治，毕竟将多尔衮留下的大业进行到底了。但是，顾命辅政的四大臣，为顺治帝拟定了一份所谓顺治遗诏，实为顺治罪己诏，历数其亲政十年的十四款罪状。

罪状的核心内容是：崇汉抑满，背叛祖制。

《清世祖实录》记载了这份遗诏，开宗明义："朕以凉德承嗣丕基，十八年于兹矣。自亲政以来，纪纲法度，用人行政，不能仰法太祖太宗谟烈，因循悠乎，苟安目前，且渐习汉俗，于淳朴旧制日有更张，以致国治未臻，民生未遂。"（《清世祖实录》卷一百四十四，顺治十八年正月丁巳）

渐习汉俗、更张旧制，为这篇罪己诏定下了政治基调。

全力推进国家统一、社会繁荣、改善满汉关系的顺治帝，却成了一个悖逆祖制、渐习汉俗的满洲"叛徒"。

全文严厉谴责顺治崇汉抑满的严重政治问题，几乎全盘否定了他一生所有的功绩和亮点。

2

此诏在正史记载中，为顺治帝在驾崩之夜召集礼部侍郎兼翰林院掌院学士王熙和原内阁学士麻勒吉入养心殿口授而成。条理清晰，措辞严厉，却让人怀疑，四天前发病、病势迅猛且即将驾崩的顺治帝，怎么突然文思泉涌、严厉自损？

这也为民间传闻他没病逝而是出家，提供了一条重要依据。

顺治出家，那是民间对皇帝的传说。

然而，从遗诏所指来看，极有可能为四辅臣拟定，由孝庄皇太后裁定而颁示天下。

或者说，是孝庄的意思，以此获取以四辅臣为首的满洲保守势力的继续支持。

孝庄之所以如此无情，不为早逝独子讳，不为大行皇帝讳，也是因为顺治亲政十年，将她伤得太深：

一、孝庄极力维系太祖太宗强化的满蒙贵族联姻制度。而顺治长期冷落来自科尔沁的后妃，两个正式的皇后，一个寻机被废，一个险些被废。顺治帝丝毫不给母家情面，甚至要改易出身正白旗的董鄂氏入主中宫，对亲娘舅兼岳父吴克善很不友善，使孝庄精心维系的满蒙政治联姻关系濒临破裂。

二、孝庄推崇满蒙旧俗，而顺治积极学习和引进汉文化，与以孝庄为首的满洲老一辈贵族格格不入。顺治十二年，辅政叔王济尔哈朗去世前，寄望顺治帝"效法太祖太宗，不时与内外大臣详究政务得失，凡事必预为商榷，然后颁之诏令"（《清世祖实录》卷八十九，顺治十二年二月壬戌）。顺治亲政后，我行我素，不惜与母后孝庄斗智斗勇。在长期政治斗争中成熟起来的孝庄，已然成为一位女政治家，不免有权力欲望和政治主张。

三、顺治重用汉臣，容许汉官掌印，位居满官之上，同时设立内廷十三衙门，严重侵害了满洲大臣的既得利益。汉官掌印，方便了顺治帝直接绕过满洲权贵下达各项命令。孝庄与两黄旗大臣，早在顺治继立时就暗定了同盟关系，所以对于顺治的"背叛"怒不可言。

从本质上说，孝庄对顺治的恨，主要源自权力博弈中的利益之争。

3

四辅臣中，索尼、遏必隆、鳌拜为两黄旗大臣代表。此三人在太宗驾崩、世祖继立之际，与当时还是永福宫庄妃的孝庄太后，在击败夺位的多尔衮、豪格的皇家内斗中，结下了深厚的"战友情"。

同时，他们也是满洲贵族保守势力的代表，虽然受亲政后的顺治重用，总管侍卫处和内务府，但对顺治倚信汉官、任用太监、笼络正白旗等做法是强烈不满的。

二号辅臣苏克萨哈，来自正白旗。索尼等两黄旗大臣对他，是敌视的、瞧不起的，同时也是嫉妒的。苏克萨哈原为摄政睿亲王多尔衮的心腹，是协助多尔衮打压两黄旗的得力干将。多尔衮突然病逝，苏克萨哈摇身一变，伙同多尔衮侍卫詹岱、穆济伦首告多尔衮生前秘密准备了八补黄袍、大东珠、素珠、黑狐褂之类的僭制物品。顺治帝将多尔衮生前所掌的正白旗升为自将的上三旗之一，擢苏克萨哈为领侍卫内大臣兼议政大臣，极力拉拢，甚至在临终前单独召见，命独送御讳。

第二个主子死了，苏克萨哈再次昧着良心，与索尼等严重污损顺治帝。只是他没有料到，他最终难逃两黄旗大臣对他秋后算账。

即便苏克萨哈与鳌拜结为儿女亲家，但矛盾也日益激化，"以论事龃龉，积而成衅"（梁章钜《归田琐记》卷五）。

鳌拜先是伙同遏必隆，强行将原属正白旗的蓟州、遵化、迁安诸屯庄改拨镶黄旗，而别圈民地换给正白旗。

正白旗不干,一桩群体性事件迅速震动朝野。

满洲正白旗人、内国史院大学士兼户部尚书苏纳海,汉军正白旗人、兵部尚书兼直隶总督朱昌祚,与保定巡抚加工部尚书衔王登联,受命实地丈量。

朱昌祚等勘明,奏请停止圈换,鳌拜不承认,即坐苏纳海以拨地迟误、朱昌祚等以纷更妄奏,将这三名朝廷重臣斩杀于市。

这是鳌拜打击苏克萨哈的前戏。

继而,鳌拜"以苏克萨哈疏称往守陵寝,得以生全之语,即诬坐以怀抱奸诈,存蓄异心二十四大罪,应予磔死"(梁章钜《归田琐记》卷五),康熙"鉴其诬,坚不允所请。鳌拜攘臂强奏累日,竟予绞决,并诛其族属"。

当初,四辅臣在孝庄太后的默认下,狂污顺治帝崇汉抑满、背叛祖制,而作为因对付保守势力而被顺治帝寄予厚望的苏克萨哈,只是一个典型的政治投机分子。最后,他没有得到一个好下场。

康熙八年(1669),鳌拜被擒,康熙帝下诏"以苏克萨哈虽有罪,不至诛灭子孙"(《清史稿·苏克萨哈传》)。

而在一年前,康熙帝为顺治帝建孝陵神功圣德碑,颂扬其"视满汉如一体,遇文武无重轻"(《清圣祖实录》卷二十五,康熙七年正月庚戌),而间接地批判四辅臣独崇满洲、贬抑汉臣的做法。

可见,少年康熙对苏克萨哈污损顺治背叛祖制,还是心生芥蒂的。

4

顺治帝真的背叛祖制了吗?

其父太宗皇帝皇太极即位伊始,就宣布"满汉之人,均属一体"(《清太宗实录》卷一,天命十一年九月丙子),强调在国家法令面前、履行社会义务诸方面,满汉不许存在差异。

　　他要坚决纠正太祖努尔哈赤对汉人推行的民族压迫和歧视政策，提出了重在安抚汉人的安民政策："治国之要，莫先安民。我国中汉官汉民从前有私欲潜逃及令奸细往来者，事属以往，虽举首概置不论。嗣后，惟已经在逃而被缉获者论死，其未行者，虽首告亦不论。"（《清太宗实录》卷一，天命十一年九月甲戌）为此，他在历史条件下，有限地放宽了"逃人法"，修订了"离主条例"。

　　正是因为皇太极倚信汉官，范文程、祖可法、张存仁、李国翰、孔有德、尚可喜等数百名汉官，进入了大清（后金）的行政管理体系，甚至参决国家军政大计。

　　天聪三年（1629），皇太极设文馆，安排专人研究汉人的政治经验，总结自己的执政得失。

　　崇德元年（1636），皇太极改汗称帝，改国号为大清。他不满足于做割据一方的民族国主，而要成为君临天下的大国天子。他改文馆为内三院，更定内三院官制，在这一皇权决策参谋机构中设置大学士。第一批四名大学士中，就有汉人范文程、鲍承先出任内秘书院大学士。

　　皇太极学习汉人中原政治，设内三院、六部和都察院、理藩院二院，合称三院八衙门，分派满、蒙、汉人充任要职，让他们参政理政，开始取代努尔哈赤后期推行的八和硕贝勒共治国政制。

　　他的这种做法，引起了满洲保守势力的强烈不满："昔太祖诛戮汉人，抚养满洲，今汉人有为王者矣，有为昂邦章京矣。至于宗室，今有为官者，有为民者，时势颠倒一止于此。"（《清太宗实录》卷六十五，崇德八年正月辛酉）

　　皇太极对此毫不理会，仍然坚持下去。

　　他之所以这样做，除了有一个大国君王的胸怀，且要集中和强化最高权力外，也是迫于即位之初的国内重重危机。

　　努尔哈赤进入辽沈地区后，暴力推行歧视与奴役的民族政策，将俘获的汉人变为后金贵族的奴隶，又肆意劫掠屠杀，连儒生也不放过。像太宗宠臣范文程、太祖孙婿李永芳，虽是抚顺一役中主动投效努尔哈赤的，也并没有得到努尔哈赤的重用。

努尔哈赤妄图用女真社会的奴隶制取代汉人地区成熟的封建社会制度，不惜使用血腥的武力。如天命四年（1619）六月，他在攻陷开原后，放任兵士屠杀城中男女老幼十余万众，撤离时毁城焚烧。此后，他率军相继攻占铁岭、沈阳、广宁等地，故技重施，疯狂杀戮，不分军民，导致尸横遍野，所有财物被哄抢一空。

他统治后期，国内汉人反抗不断，加之他不重视经济生产，导致皇太极即位之初便爆发了一场大饥荒，出现了人吃人的乱象。

国内危机频仍，四周强敌环伺。皇太极审时度势，及时改变努尔哈赤专重女真的既定国策，探索建立以满洲贵族为核心，与满、汉贵族地主联盟的政治体制，将原来单一的满族政权转变为以满蒙汉为主体的多民族国家。

为了强化统治，他优礼汉官，形成政策，形成了满洲八旗、蒙古八旗、汉军八旗三大八旗组织，为其死后继承者迅速统兵入关、定鼎中原奠定了坚实的基础。他的皇权继承者顺治帝年幼，代行皇权的多尔衮继承其制，在首崇满洲的前提下，进一步改善满汉关系，缓和满汉民族矛盾。

顺治帝的所谓背叛祖制，实质上还是对皇太极、多尔衮的方针大略的继承。

顺治与孝庄"并不知"
玄烨天生异象

1

顺治十八年（1661）正月，年仅二十四岁的世祖福临染天花崩逝，留下一道著名的罪己诏，罗列"自亲政以来，纲纪法度，用人行政，不能仰法太祖、太宗谟烈"（《清史稿·世祖本纪二》）的十四宗罪，称他"渐习汉俗"，重用汉官致使满臣无心任事，始设宦官办事的"内十三衙门"……几乎完全否定了他一生中最有光彩的政绩。

这道罪己诏，是孝庄太后的意思，还是初摄大权的四辅臣的主意，姑且不论。但，它最终是以世祖遗诏的形式公布于天下的。

诏书最后写道："太祖、太宗创垂基业，所关至重。元良储嗣，不可久虚。朕子玄烨，佟氏妃所生也，岐嶷颖慧，克承宗祧，兹立为皇太子。即遵典制，持服二十七日，释服即皇帝位。特命内大臣索尼、苏克萨哈、遏必隆、鳌拜为辅臣，伊等皆勋旧重臣，朕以腹心寄托。其勉天忠尽，保翊冲主，佐理政务，而告中外，咸使闻知。"（《清史稿·世祖本纪二》）

玄烨继位，年仅八岁。而世祖登基时，也在冲龄。世祖亲政之前，睿亲王多尔衮专权摄政，压制幼主，长达七年多。这道阴影在世祖的内心深处有着不可磨灭的烙印。即便他再改旧制，以非皇族亲贵的内大臣为辅臣，辅佐不谙世事的幼主，他也未必对这些对自己忠心耿耿的勋旧重臣彻底放心！

2

《清史稿·圣祖本纪》开篇，有一句这样的话：圣祖"六龄，偕兄弟问安，世祖问所欲，皇二子福全言：'愿为贤王。'帝曰：'愿效法父皇。'世祖异焉。"福全之答，又见于福全本传："幼时，世祖问志，对：'愿为贤王。'"

少年玄烨一语惊人，有着做帝王的远大理想。

这段文字，不是《清史稿》纂修者的杜撰，而是抄自《清圣祖实录》卷一："六岁时，尝偕世祖皇二子福全、皇五子常宁，问安宫中。世祖各问其志。皇五子甫三龄未对。皇二子以愿为贤王对。上奏云：待长而效法皇父，黾勉尽力。世祖皇帝于是遂属意焉。"

小小年纪，就有帝王志。史官们对康熙天命大肆渲染，不但称其少小就有当皇帝的志向，还为他勾画了一个孕育吉兆，生母佟妃十五岁"诞上于景仁宫，乃顺治十一年甲午三月十八日巳时也。先是，孝康章皇后，诣慈宁宫问安。将出，衣裾若有龙绕。太皇太后见而异之，问知有娠，顾谓近侍曰：朕曩孕皇帝时，左右尝见朕裾褶间，有龙盘旋、赤光灿烂。后果诞生圣子，统一寰区。今妃亦有此祥徵，异日生子，必膺大福。至上诞降之辰，合宫异香，经时不散。又五色光气，充溢庭户，与日并耀。是时，宫人以及内侍，无不见者，咸称奇瑞云"（《清圣祖实录》卷一）。

这一切，都在为康熙还是皇子时，甚至孕育胎中之时，即有天命吉兆，做极大的夸饰。

3

玄烨生于顺治十一年三月十八日。七个月前，即顺治十年八月，朝廷发生了一件大事：顺治帝要废掉孝庄太后安排的侄女皇后。

顺治废后，一意孤行，不但孝庄太后坚决不允，就连大臣们也是极力反对。礼部员外郎孔允樾激烈地批评道："皇后正位三年，未闻失德，特以'无能'二字定废嫡之案，何以服皇后之心？何以服天下后世之心？君后犹父母，父欲出母，即心知母过，犹涕泣以谏；况不知母过何事，安忍缄口而不为母请命？"（《清史稿·后妃·顺治废后传》）顺治只好命王公大臣再议，诸王贝勒大臣商量的意见是：皇后仍主中宫，皇帝可以再立东西两宫。

大臣们就是秉承孝庄懿旨，以保住蒙古皇后的位置为条件，容许顺治帝自行册立几个贵妃。

顺治不许，坚决废后，丝毫不给生母孝庄太后及其蒙古科尔沁外家情面。

孝庄极力维护的满蒙政治联姻关系濒临破裂，她因此与顺治发生了激烈的冲突。

按怀胎十月的说法，玄烨应该是其母佟妃在顺治十年五六月间受孕。孝庄猜测佟妃怀孕，也该是顺治十年十月废后之际的事情。顺治帝毅然决然地要废黜蒙古皇后，孝庄心里未必不想：难道顺治要改立这个新近临幸、新孕龙子的汉军庶妃？

史料没有记载，但这些未必不可能。

当时，后来被顺治帝宠冠后宫的董鄂妃还没有进宫。顺治废后，与她还扯不上实质性的关系。即便此时的顺治已经与经常入宫陪侍的董鄂氏有了情感纠葛，但顺治还不至于如此大动干戈，提前三年为一个贵妇入宫铺路。

顺治与孝庄在废后事件上，几乎闹到了孝庄可能考虑废帝的地步。深受满蒙文化影响的孝庄，在巩固清朝统治的前提下强化满蒙贵族联盟关系，千方百计地逼迫顺治帝屈从太祖太宗朝既定的满蒙贵族联姻制度。她不但得到了辅政叔王郑亲王济尔哈朗等宗室势力的支持，而且，掌控内务府、侍卫处、銮仪卫等要害部门的领侍卫内大臣兼议政大臣索尼、鳌拜、遏必隆等两黄旗大臣，更是唯孝庄马首是瞻。

　　佟妃的外家，虽然战功卓著，但相较于孝庄及其两黄旗勋旧重臣，还算不上真正的家世显赫。倘若佟妃怀孕影响，甚至危及了孝庄捍卫的满蒙政治联姻根基，那么孝庄是绝对不会允许一个非蒙古庶妃子夺嫡的情况存在的。佟妃怀孕显异象，与其个人及胎儿而言，在皇家后宫缠斗不休的决战时刻，并非是吉兆祥瑞。

　　顺治废后之际，佟妃孕育异象，有诞育嗣君的可能。这不但动摇了蒙古后妃生子继立的根本，也成了蒙古女子入主中宫的最大阻碍。孝庄对儿子顺治的强势悖逆，已然恨之切切，自然不会因为一个并无蒙古血亲，甚至交集不多的庶妃将生皇孙危及自身而宽容待之。

　　孝庄虽然被迫接受了顺治废后的残酷现实，但在玄烨出生不到两月，很快又从娘家选来两个侄孙女进入顺治帝的后宫。一个指定为后，即后来的孝惠皇后；一个册封为妃，即淑惠妃。孝庄采取了一份双保险，以保证蒙古科尔沁女人继续占据大清女主的绝对地位，也阻绝了佟妃有机会以母凭子贵的皇家传统而入主中宫的政治前景。

　　孝庄不惜以乱伦的方式，选择娘家两个旁系侄孙女做儿媳妇，除了赓续蒙古女子入主后宫的满蒙政治联姻传统外，更期待侄孙女能为顺治帝诞育嫡子或蒙古外孙，结出满蒙政治联姻的最大成果。顺治帝再次接受孝庄的婚姻安排，可见其在压力巨大的情势下不得不做出让步。

　　基于此，强势的孝庄断然不会容许一个汉军女人诞下的皇孙天生异象。如果孝庄爱孙情切，也当视作天有预知，自会告知顺治，对其做出精心的天子培育。

4

　　玄烨六岁，时为顺治十六年。

　　小小年纪，胸怀称帝的大志向，让顺治帝格外垂青。这是皇家史官记载，但结合顺治帝在那些年的政治安排，却显得史官们后来不无造作之嫌。

　　顺治帝的两任皇后都未生育子嗣，而他最钟爱的董鄂妃生育了第四子。皇四子于顺治十四年十月出生，顺治帝即谕告礼部："本月初七日丑时，朕第一子生，皇贵妃出，应行典礼，尔部即察例速议具奏。"随后，声势浩大地告祭天坛、地坛、太庙、社稷，接受满朝文武朝贺。《清初内国史院满文档案译编》下卷记载："帝生第一子之喜，诸王、贝勒、贝子、公及首辅大臣等，俱上马匹、缎帛以贺。"同时，大赦天下。这是年轻的顺治帝即将立储的征兆。

　　继皇后不孕无嗣，孝庄默认了顺治拟立储君的疯狂举措。因为这关系着皇家根本，也不违背满洲立少立爱的祖制。

　　可惜，此子命薄，无福消受，三月夭折，被追封和硕荣亲王，建地宫下葬。这个不幸的孩子，要比玄烨小三岁。也就是说，顺治帝对皇三子玄烨的爱，远不及对第四子的疼爱。

　　无疑，顺治也不知道玄烨孕育时、出生时的天生异象。《圣祖实录》称康熙生母刚刚受孕，即有真龙天子之兆。孝庄知道，为何顺治不知情，还要执意另立并无吉兆指示的董鄂妃之子？

　　董鄂妃虽为皇贵妃，但她在顺治帝那里已经享受了皇后的待遇，行礼赦天下，生子即为嫡子。董鄂妃在宫中的尊荣，是公开的，更何况此时的她，不仅受到顺治帝万般宠爱，独冠后宫，而且以贤惠孝养得到了皇太后的接纳。虽然她的第一子早夭，但顺治帝对其恩爱不减，她还是有希望再生皇子的。只要她生育了皇子，不免又被顺治帝视为嫡子立储。同时，她在后宫的地位，要高出只是庶妃的玄烨生母佟氏几个等级。

　　专制时代，母凭子贵是传统，但是佟妃却没有因为孕育康熙、生育康熙而改变，其终究只是没有位号的庶妃，甚至不为顺治所爱，流出与太监吴良辅淫秽后宫的传言。而董鄂妃生子，却可以制造子凭母贵的传奇，庶子逆袭为嫡子，有立储的征兆，即便幼儿无福消受天命，然顺治想必是千方百计地抚慰董鄂妃：我们正青春。

倘若董鄂妃还在世时玄烨就童言无忌地希望成为后继之君，虽然是六岁少儿的远大理想，但也难免犯了顺治帝及皇家礼制的立储立嫡大忌，少不了招致顺治帝的厌恶、言官的非议。结合史料来看，顺治帝对康熙，如同乃父太宗待他，并未表现出真切的疼爱和青睐。

故而，像玄烨期待继立的说法，只有在他成为皇帝之后，史官们才能以伟异而书之，渲染他从小就有一个冠冕堂皇的皇帝梦。

即使这个顺治帝问志的场景真实存在，然先答者该是皇二子福全。受汉文化深层影响的顺治帝，自然也接受了汉人立嫡立长的礼制观念。福全年长玄烨一岁，在顺治帝第一子早殇、尚无嫡子的前提下，他就顺序成了新的长子。而从福全的回答来看，七岁的他已经懂得如何拿捏汉人礼制，应对宫廷险恶。

福全只想做一个亲王，这对于身为皇子的他而言，并不难。但他在前面加了一个"贤"字，足见他的理想很崇高，年纪轻轻就明白了修身处世的大道理，难能可贵！康熙六年（1667）正月，福全在毫无军功政绩的前提下，在顺治帝诸子中率先破格获封裕亲王，命与议政。此时还是四辅臣执政时期，十五岁的福全能直接进入议政王序列，自然要有足够的本事来赢得四辅臣、太皇太后等多方面的认可。

福全与玄烨的生母都是庶妃。但福全生母宁悫妃为满人，是长史喀济海之女。《八旗满洲氏族通谱》卷八记载："有何合里次子多济理之长子喀济海，原任长史。"何合理，即清初五大臣之一的何和礼，原在董鄂部娶有一妻，归附努尔哈赤后，娶其长女东果格格，多济理（多济礼）便为东果格格所生。按辈分来推算，何和礼为顺治帝姑父，而福全的生母为何和礼的曾孙女，即顺治帝娶了姑姑的曾孙女、表兄的孙女，有违伦常，但不可否认宁悫妃身上有皇家血统。

而玄烨生母的祖父佟养正（佟养真）本是明朝军官，在与后金的抚顺战役中失败后，便和弟弟佟养性投靠了后金，成为开国元勋。崇德七年（1642）始分汉军为八旗，康熙的外祖父佟图赖被授正蓝旗固山额真，但其汉人身份还是存在的。《清史稿·后妃传一》说：孝康章皇"后家佟氏，本汉军，上命改佟佳氏，入满洲。后族抬旗自此始"。也就是说，玄烨继位之初，其母还为佟氏（"世祖遗诏"中的"佟氏妃"），后被抬旗入满才换姓为佟佳氏，似与太祖元妃佟佳氏同姓。但，在再次强调满汉之分、追责顺治帝崇汉抑满的关键时期，福全与玄烨的生母出身，是存在一定的差异性的。

顺治帝在临终前，嫡子无望，而玄烨身上有一半汉人血统，他在被迫自责改变"崇满抑汉"既定国策时，未必没有考虑过真正满人所生的皇子福全作为接班人选。

玄烨的最终胜出，与其挺过了天花有着很大的关联，让身染天花的顺治帝和看到身边多个亲人染痘而死的孝庄太后，看到了一个命硬的皇子。大难不死，必有后福。

当然，孝庄太后在娘家两个侄孙女不孕不育的情势下，果断扶持佟妃所生的并无满洲旗属外家优势的玄烨，对其精心培育，在最后关头联合两黄旗大臣推出此子冲龄践祚，对继承顺治大统起到了关键性作用。同时，也否决了顺治帝传位支持新政的堂兄、安亲王岳乐的可能。

岳乐家族被分入满洲正蓝旗，自然不被上三旗大臣接受。另外，比较福全、玄烨二人生母的娘家，佟氏家族只是汉军正蓝旗。而何和礼家族隶属满洲正红旗，多人出任正、副都统，且与旗属亲王代善家族有姻亲关系（何和礼第四子和硕图，被太祖指婚娶了代善之女）。如果福全胜出，难免会损害既定上三旗的部分利益。顾命辅政的两黄旗大臣，自然支持外家为汉军的玄烨。

《清圣祖实录》中的内容，为史官根据康熙继承者雍正授意编撰而成，不需要得到早逝的顺治帝与孝庄太后的首肯。至于孝庄所看的康熙孕育和出生时的天生异象，那都是牵强附会地为之镀上了几层厚厚的金。

雍正帝还传言福全"向以损一目不得立"（萧奭《永宪录》卷三），即福全有身体缺陷，从根本上注定了福全无缘皇位的政治生命。

5

康熙帝亲政后，对二哥虽然尊重，但不重用。康熙十一年，诸王上疏辞去议政职务，康熙帝挽留了旁系的岳乐、杰书，但批准了亲兄福全的请求。此后很长一段时期内，福全的主要任务是照顾祖母孝庄太后。

让人不解的是，萧奭在《永宪录》卷三中称"裕宪王向以损一目不得立"，指福全有生理上的缺陷。但是，为何福全生有残疾，还能被授以大将军，领兵去征讨强敌呢？

康熙二十九年，准噶尔部首领噶尔丹势力强盛，勾结沙俄，制造分裂，继偷袭了喀尔喀部之后，又进扰内蒙古乌朱穆秦。三十八岁的福全，在岳乐病故、杰书另有重任的情势下，才被起用为抚远大将军，同时康熙帝安排了十八岁的皇长子胤禔担任副手。胤禔名曰锻炼，实为监军，参与指挥战事。

此战为福全人生初战，经验不足，加之遭遇了能征惯战的噶尔丹主力，损失惨重，后不及时进军，听信狡猾的噶尔丹的谎言，"坐失事机"，被康熙帝当即命还师京城。福全至京师，队伍止于朝阳门外，康熙帝援引"贝勒阿敏弃永平，代善使朝鲜，不遵旨行事，英亲王以兵噪，皆取口供，今应用其例"，指责福全不遵从命令，自行其是，还让胤禔出面做证。福全没有争辩，独领全责，流泪说："我复何言！"言下之意，胤禔在前军对福全多有掣肘。王大臣共议福全的错误，应夺亲王爵位，康熙帝"以击败厄鲁特功，免夺爵"，但取消议政权，罚俸三年，撤除三佐领。

从此至康熙四十二年病逝，福全在十三年间除在康熙三十五年随圣祖再征噶尔丹、"四十一年，重修国子监文庙"外，再没有独立担任过重大任务。《清史稿》称"福全畏远权势，上友爱綦笃"，故而死后，康熙帝特命画工精绘一张像，为他与福全并坐于桐荫之下，示手足同老之意。但是，福全死时，年仅五十，应该是带着不受重用、长期被弃置的心病，抑郁而卒。

综观福全一生，被康熙帝评价最大的成绩，当是"裕亲王自太皇太后违豫，与朕同处，殊辛苦"。福全所谓愿为贤王的志向，仅仅如此。可以看出，他在专权独断的弟弟康熙面前，只能韬光养晦，而康熙帝对这个主动让位、愿为贤王的亲哥哥，也并没有给太多的机会。虽然福全首征噶尔丹失利，但康熙三次御驾亲征，也并没有彻底解决准噶尔问题。

康熙帝对福全一次重任不顺后，长期闲置，应该说他对这个曾是帝位潜在竞争者的亲哥哥长期设防。而他的假想敌并不止福全一人。

6

被世祖优遇的天主教耶稣会传教士汤若望留下记载：世祖曾考虑过安亲王岳乐作为储君人选。

据德国人魏特写的《汤若望传》记载，世祖发觉自己身染天花之后，一度想把皇位传给安亲王岳乐，征求汤若望意见。汤若望认为，幼主临朝固然要影响政局，但帝系的转移也会引发新的危机，于是力劝世祖把大位留给自己的儿子。世祖染痘而病危，而玄烨染痘而痊愈，成了汤若望劝立幼主的最大证明。

当然，玄烨继位，孝庄太后起到了关键作用。世祖亲政初期即认识了汤若望，孝庄太后称汤若望为义父，故而世祖称其为"玛法"（满语"爷爷"）。顺治十年三月，汤若望的地位迅速提高，被赐名通玄教师，两年后授通政使，十五年诰封光禄大夫，秩为正一品。一个外来的传教士，在清朝能官封一品，唯此一例。

顺治十七年八月，董鄂妃病逝，极度悲伤的世祖万念俱灰，来到五台山的清凉寺要出家。最后是在孝庄太后与汤若望力劝之下，世祖才作罢，带发修行，后来回宫。可见，世祖对这个外国人是很听从的。

岳乐为太祖第七子阿巴泰之子，年长世祖十三岁，是世祖亲政之后的少壮派领军人物，顺治十二年掌宗人府事，两年后晋封和硕安亲王。岳乐与先辈不同，他是顺治朝改革派的代表，全力支持世祖大胆启用汉人，缓解与汉族地主阶级的矛盾；停止圈地，使人民能正常从事生产活动。

清史大家戴逸说："岳乐、杰书是皇族，已封安亲王、康亲王。他们对关外时期的生活和传统并无留恋之情，而一心要营建统治全中国的宏伟大业。这一新的势力集团的崛起预示着鳌拜集团的覆灭指日可待。"主要生长在关内的岳乐、杰书们考虑得最多的，是如何借力对天下进行稳妥的政治统治，而不是对更多的汉人继续推行简单粗放的武力征服。

顺治末年，岳乐以亲王之尊，主持议政王大臣会议，决策军国大政，是清朝最高统治集团的核心人物之一。

顺治帝属意岳乐一说，仅见于汤若望的回忆，却不见于清朝官方史料。难免有汤若望在炫耀大功之嫌。后来康熙帝亲政之后，对岳乐长期弃用，在平定三藩之乱危急时才不得不重新起用其为定远平寇大将军，对抗强大的吴三桂主力，扭转战局，而在最后临近决战扫尾时，又下紧急命令将岳乐召回，将军权交与他人。虽然康熙帝亲赴卢沟桥迎接，对岳乐大加褒奖，但并未及时让他重回宗人府掌印。七年后，噶尔丹与喀尔喀部构衅兴兵，康熙帝命岳乐与简亲王雅布受命，各带兵丁五百人，远赴塞外高原的苏尼特部驻防。此时的岳乐，已是年过花甲的老人。几个月后，岳乐病逝在军中。

可见，康熙帝对岳乐并不是真正的尊重，反而对这位帮助自己拿下强敌吴三桂的堂伯父，采取了变相的折磨。当然，岳乐主持议政王大臣会议时，也伙同鳌拜险些弄死老迈的汤若望。这样的博弈，或许是一种帝位竞争成功或失败之后，对曾经的对手的残酷报复。